L… …ulaire

Jacques Kergoat

La France du Front populaire

La Découverte / Poche
9 *bis*, rue Abel-Hovelacque
75013 Paris

Ce livre a été précédemment publié en 1986 aux Éditions La Découverte dans la collection « Textes à l'appui » et en 2003 dans la collection « Redécouverte ».

Catalogage Électre-Bibliographie

KERGOAT, Jacques
La France du Front populaire.- Paris : La Découverte, 2006 (La Découverte/Poche ; 225. Sciences humaines et sociales)
ISBN 2-7071-4862-8

RAMEAU :	France : 1936-1938 (Front populaire)
DEWEY :	944.73. France. Entre-deux guerres (1918-1939)
Public concerné :	Tout public

Nombre de grévistes en juin 1936

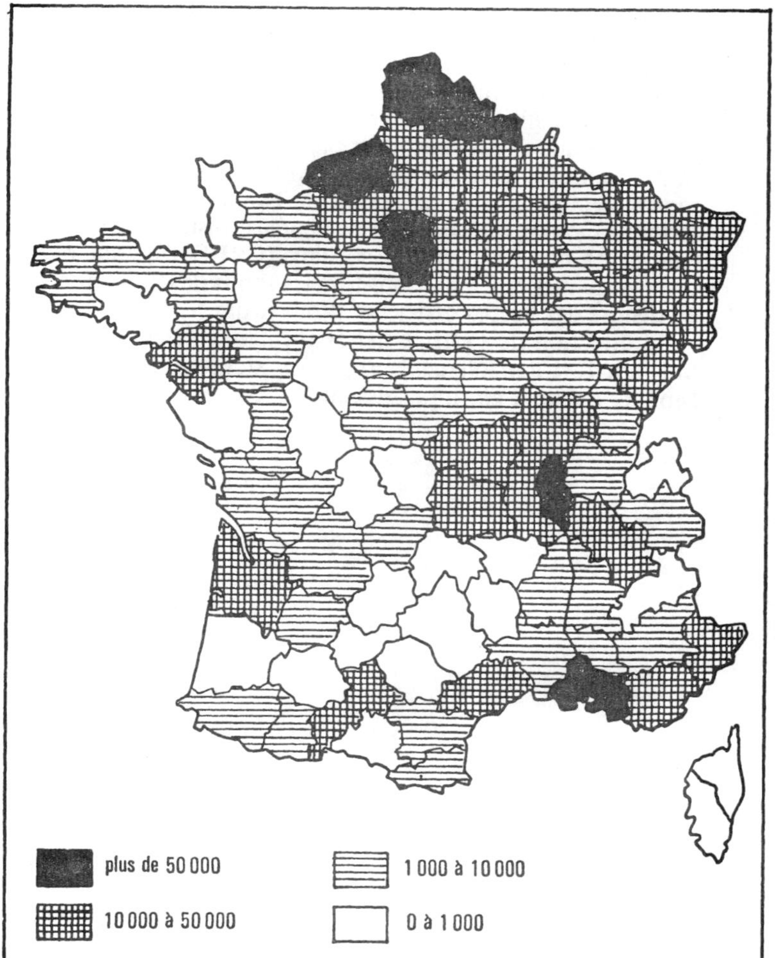

Que trouvent ici mes remerciements :
— tous ceux qui ont accepté de me consacrer une partie de leur temps et de me prodiguer leurs conseils, notamment : Marius Apostollo, Colette Audry, Marcelle Berthaud, Robert Chatron, Yves Cohen, Michelle Ferrand, Patrick Fridenson, Jean-Claude Klein, Aimée Moutet, Jean-Paul Sénéchal, Rodolphe Prager, Rolande Trempé ;
— les instituts, bibliothèques et centres de documentation qui ont accueilli mes recherches. Trop longue serait leur liste. Mais que soient cependant particulièrement remerciées Marie-Claude Guin, du Centre de documentation sur le mouvement ouvrier et le travail, de Nantes (CDMOT), et Suzanne Gossez, du Centre de recherche d'histoire du syndicalisme et des mouvements sociaux (CRHSMS), qui ont bien voulu mettre à ma disposition les fonds de leurs centres en dehors des heures officielles d'ouverture ;
— la direction de l'Office national inter-céréales (ONIC), qui m'a fort aimablement confié les archives de Georges Monnet qui sont en sa possession.

1

Les années hésitantes

« Ceux qui pieusement
Ceux qui copieusement
Ceux qui tricolorent
Ceux qui inaugurent
Ceux qui croient
Ceux qui croient croire
Ceux qui croa croa (...)
Ceux qui debout les morts
Ceux qui baïonnette... on (...)
Ceux qui traient les vaches et ne boivent pas
le lait (...)
Ceux qu'on engage, qu'on remercie, qu'on
augmente, qu'on diminue, qu'on manipule,
qu'on fouille, qu'on assomme (...)
Ceux qui n'ont jamais vu la mer
Ceux qui sentent le lin parce qu'ils travaillent le lin
Ceux qui n'ont pas l'eau courante
Ceux qui sont voués au bleu horizon
Ceux qui crèvent d'ennui le dimanche après-midi
parce qu'ils voient venir le lundi
Et le mardi, et le mercredi, et le jeudi, et le vendredi,
Et le samedi et le dimanche après-midi. »

Jacques Prévert (*Commerce*, 1931)
« Tentative de description d'un dîner de têtes à
Paris-France »

La mutation morose

En cette année 1930, la « réclame », encore balbutiante, sait déjà être obsessionnelle. Trois affiches couvrent les murs de Paris : *le Bébé Cadum, Y'a bon Banania* et *la Vache qui rit*. Bref, aimait à le rappeler Jean Touchard, un bébé hilare, un Noir hilare, une vache hilare. Cette autosatisfaction hilare ne reflète pourtant pas la réalité d'une société française traversée de multiples contradictions. Certes, les temps sont florissants pour le capitalisme d'affaires, tandis que la classe ouvrière, victime du taylorisme, voit ses conditions de travail se dégrader. La croissance de la productivité par homme/heure — bonne mesure du taux d'exploitation — augmente de plus de 4 % entre 1921 et 1929. Le rapport de forces apparaît cependant instable. Loin d'être béate, immobile et stagnante, la société française hésite. On sent sourdre, ici et là, besoins de mutations et désirs de changements. Mais la croûte du conservatisme social reste fort épaisse. Dans ce contexte, la morosité domine et les révoltes s'enfouissent. L'armée est mal à l'aise. Effectifs en baisse, haut commandement conformiste, crédits militaires qu'elle n'arrive même pas à dépenser et pourtant les « grandes manœuvres » se déroulent bien souvent à grand renfort de pancartes sur lesquelles on peut lire « Je suis un escadron de chars », « Ici, tir de barrages »...

Le service militaire s'effectue dans des conditions matérielles désastreuses, entraînant, parmi les marins et les soldats, des gestes de révolte de plus en plus fréquents. Pourtant, la propagande antimilitariste qu'animent les Jeunesses communistes est pour le moins « gauchiste » et maladroite : ainsi, par exemple, la souscription « pour offrir trois mitrailleuses à l'Armée rouge ».

Autre séquelle de la guerre de 1914-1918, les anciens combattants. Le phénomène est incontournable : ils sont 3 168 999 « en cartes » dans leurs diverses associations. Sans doute, « l'esprit ancien combattant » ne peut être catalogué à 100 % réactionnaire. Il y a en son sein une droite et une gauche, et certaines de ses composantes sont pacifistes, voire violemment hostiles à la hiérarchie militaire. Mais dans une France qui vieillit, la pesanteur sociale que représente un tel mouvement est évidemment considérable.

Quant à la jeunesse, elle est dès l'école prise dans le labyrinthe de la ségrégation sociale. « L'école pour tous », ainsi que se présente l'école publique, recouvre en fait deux systèmes scolaires parallèles : d'un côté, classes élémentaires de lycée, puis lycée, que fréquentent les enfants de la bourgeoisie ; de l'autre côté, enseignement primaire, puis « école primaire supérieure » : c'est l'école des pauvres. Les quelques tentatives pour établir des passerelles entre les deux systèmes ont été les unes après les autres vidées de tout contenu : la bourgeoisie se révèle incapable d'accepter des évolutions qui, pourtant, ne lui porteraient pas forcément préjudice.

Le même conservatisme et les mêmes obstacles apparaissent quant à l'enseignement prodigué.

Le cours magistral y règne en maître et l'autorité et la discipline restent des vertus cardinales. L'on trouve bien, à Saint-Paul-de-Vence, un instituteur qui a entrepris de faire participer les enfants à l'organisation de leur scolarité. Il s'appelle Célestin Freinet, et il est en 1933 déplacé d'office. Un tel système éducatif ne peut que nourrir des révoltes et des rancœurs, mais l'on évite d'en parler. Jean Vigo l'apprendra à ses dépens : son film *Zéro de conduite* (1932) n'obtiendra pas de visa de sortie...

Le désarroi de ces années tournantes pousse toute une génération de jeunes intellectuels à l'engagement politique. Il y a ceux qui occupent l'espace où confluent Sorel et Proudhon, où l'on se réclame à la fois de l'ordre et de la révolution : ceux-là se disperseront quand viendra l'heure des choix : à gauche, comme Georges Izard, à droite comme Robert Brasillach. Il y a les surréalistes, qui se rapprochent de Trotsky. Et il y a ceux qui, comme Henri Lefebvre, Georges Politzer et Paul Nizan, commencent à graviter autour du PCF : c'est en partie autour d'eux que le PCF lance, en 1932, l'AEAR, l'Association des écrivains et artistes révolutionnaires.

Entre ces différents courants, les frontières ne sont certes pas infranchissables. En témoigne, autour de Jacques Prévert, le groupe « Octobre » (« Octobre, pour qu'il n'y ait pas de gourance », disait Raymond Bussières) dont nombre des animateurs viennent du surréalisme et au sein duquel cohabitent trotskystes (Yves Allégret) et membres du PCF (Raymond Bussières, Jean-Paul Le Chanois).

Signes de profondes fêlures, craquements annonciateurs ? En ce début des années trente, l'avant-garde politico-culturelle n'est en tout cas qu'une goutte d'eau dans l'océan du conformisme. Et dans cette France qui s'ennuie, l'évasion fait recette et prend de multiples visages. Celui de l'aviation, par exemple : Mermoz réalise en 1930 la première liaison Afrique-Amérique du Sud ; celui de l'Exposition coloniale en 1931 ; celui de la Loterie nationale aussi, dont le premier gros lot, en 1932, est gagné par un garçon coiffeur.

Nizan prend date : « La plaisanterie a assez duré, la confiance a assez duré, et la patience et le respect [...]. Un refus, une dénonciation seront publiés partout, malgré toutes les polices et toutes les conspirations, tellement complets, tellement radicaux, qu'ils seront à la fin entendus des plus sourds [1]. »

La crise

C'est sur cet univers déjà traversé par de profonds antagonismes sociaux que s'abat, en 1931, la crise née en 1929 aux États-Unis. La production industrielle passe de l'indice 121 en 1929 à l'indice 90 en 1932. Les dividendes, entre 1930 et 1934, baissent de 46 %. Entre 1929 et 1934, la moyenne mensuelle des faillites augmente de 77 %.

Dans l'agriculture, l'augmentation de l'offre — accentuée par d'exceptionnelles conditions météorologiques — coïncide avec le rétrécissement de la demande : le pouvoir d'achat agricole passe ainsi de 100 en 1929 à 87 en 1932, 77 en 1934. Les salaires agricoles, stables jusqu'en 1932, diminuent de 22 % entre 1932 et 1935.

Quant à la classe ouvrière, sa situation est très variable : si les fonctionnaires continuent, jusqu'en 1935, de voir progresser leur pouvoir d'achat, le pouvoir d'achat ouvrier, dans son ensemble, baisse de 15 à 17 % entre 1930 et 1935. C'est que, si l'on recense en 1935 425 000 « chômeurs totaux [2] », l'on oublie souvent de signaler la montée du

1. *Nouvelle Revue française*, décembre 1932.

2. En fait, si l'on complète les remarques de Jean Lhomme par une analyse plus précise des conditions d'inscription au chômage, c'est à un nombre encore supérieur de chômeurs réels que l'on aboutit. Il faut en effet préciser que ne peuvent être inscrits au chômage : les travailleurs victimes de « lock-out » (sauf entre le 14 avril 1933 et le 31 août 1934) ; les personnes âgées « dont on estime qu'elles ne sont plus en état de travailler normalement » (depuis le 9 juin 1931) ; les femmes mariées si le mari travaille, ainsi que les concubines, même si le concubin chôme ; les étrangers dont les pays n'ont pas passé d'accord de réciprocité avec la France ; les chômeurs saisonniers, sauf s'ils peuvent faire la preuve qu'ils occupaient l'année précédente, à la même époque, un emploi dont ils tiraient un salaire régulier ; les personnes convaincues de se livrer habituellement à la boisson... (Cf. Journée d'étude « Sociologie et Statistique », communication de Maryse Marpsat, Unité de recherche INSEE, 15 octobre 1982, doc. ronéo.) À titre d'exemple, on recensera ainsi dans le Gard 13 232 emplois industriels en moins entre 1931 et 1936, et seulement 1 009 chômeurs secourus en plus.

« chômage partiel » : Jean Lhomme a calculé que son volume représentait en fait 1 500 000 chômeurs « à temps complet ».

Bien sûr, ces chiffres dissimulent des situations très différentes d'un secteur à l'autre, d'une région à l'autre. Si, dans les grands magasins parisiens, le salaire moyen est de 600 F par mois, il n'est que de 250 F dans les *Prix uniques*. À Carcassonne, le salaire moyen journalier d'un ouvrier est de 37,60 F en 1931, de 30 F en 1935. À Limoges, il y a 8 000 chômeurs sur une population de moins de 100 000 habitants. Dans l'Isère, le nombre de chômeurs partiels passe, entre 1929 et 1932, de 4 000 à 30 000. Dans la chaussure, à Laval, le salaire est bien de 12 F par jour, mais il n'y a que trois jours de travail par semaine. Système patronal que l'on retrouve d'ailleurs à Longwy : les indemnités de chômage n'étant versées qu'aux ouvriers qui travaillent moins de trois jours par semaine, la durée hebdomadaire du chômage, entre 1931 et 1936, y oscille régulièrement entre deux jours et une demi-journée. À Grand-Combes et à Bessègues, dans le Gard, les mineurs, dès l'été 1933, ne travaillent plus que deux jours par semaine. Au Havre, sur 4 000 dockers, 1 500 seulement trouvent du travail tous les jours.

Les immigrés sont touchés de plein fouet. Le conseil général de Meurthe-et-Moselle explique la stratégie patronale : « Les licenciements ont porté en premier lieu sur les ouvriers étrangers célibataires ; puis les ouvriers étrangers mariés, puis les Français célibataires, et enfin, les Français mariés [3]. » Entre 1931 et 1936, leur nombre passe ainsi de 2 891 000 à 2 227 231 [4].

C'est qu'au chômage vient s'ajouter la loi d'août 1932 (et ses décrets d'application d'octobre) fixant à 10 % le pourcentage de travailleurs étrangers [5]. L'évolution des entrées réalisées par la Société générale d'immigration est démonstrative :

---

3. Archives départementales de Meurthe-et-Moselle, 1932. Citées par Gérard Noiriel, *Longwy, immigrés et prolétaires*, PUF, Paris, 1984.

4. Diminution dans laquelle il faut inclure un phénomène sensible de naturalisations (155 000 entre 1931 et 1936) : c'était souvent là la solution à laquelle essayaient de recourir les immigrés pour garder leur travail et éviter l'expulsion.

5. Communistes et socialistes s'abstiennent. Les communistes parce qu'ils défendent encore la libre circulation des travailleurs ; les socialistes, parce qu'ils auraient souhaité que le contingentement soit étendu à l'agriculture. Parmi les députés qui, dans leur profession de foi pour les élections de 1932, réclament « la protection de la main-d'œuvre nationale », on trouve d'ailleurs six socialistes.

1929 = 82 600
1930 = 85 200
1931 = 27 640
1932 = 8 210
1933 = 10 630
1934 = 7 870
1935 = 4 660

Quant aux femmes, non seulement leur taux d'activité décroît, mais il décroît plus vite que celui des hommes [6], et ce sont alors elles que le chômage frappe en premier lieu. La courbe des salaires suit la même évolution : si l'écart entre les salaires masculins et féminins tend à se résorber au cours des années vingt, il s'aggrave au contraire à partir de 1931 [7].

Au-delà de ces différenciations, c'est la famille ouvrière [8] que la crise atteint directement, y compris dans ses normes d'habitat : expulsions et saisies se multiplient sans vergogne.

Il conviendrait encore de ne pas oublier la dégradation des conditions de travail, sur lesquelles manquent des statistiques d'ensemble. « Dégraissage » et « rationalisation » ne vont pourtant pas sans conséquences. La statistique des Mines d'Anzin est, par exemple, d'une logique impressionnante :

Personnel moyen au fond de la mine		*Pourcentage d'accidents*	*Pourcentage de tués et d'invalides*
1932	13 508	34,32 %	0,48 %
1933	12 669	34,76 %	0,57 %
1934	11 890	36,03 %	0,69 %
1935	11 103	38,56 %	0,79 %

6. Le phénomène est particulièrement sensible pour les ouvrières.
Pourcentage dans la catégorie d'actifs ouvriers :

	1906	*1921*	*1926*	*1931*	*1936*
H	42,8 %	49,5 %	53,9 %	52,7 %	46,1 %
F	25,1 %	25,2 %	31,8 %	29,9 %	26 %

7. Écart moyen en pourcentage, par rapport aux salaires masculins :

1924 : 37 %	1927 : 28 %	1930 : 19 %	1933 : 20 %
1925 : 31 %	1928 : 26 %	1931 : 18 %	1934 : 20,9 %
1926 : 29 %	1929 : 22 %	1932 : 20 %	1935 : 22 %

À Montpellier, par exemple, le salaire journalier pour les vendanges, qui était en 1931 de 32 F pour les hommes et de 12 F pour les femmes, passe en 1935 à 25 F pour les hommes et à 8 F pour les femmes.

8. Il y a encore 36 % des garçons qui travaillent dès l'âge de 13 ans en 1931 (40 % en 1906) et 28 % des filles (29 % en 1906).

Les ripostes collectives sont rares. Pourtant, à travers la répression, les licenciements et le chômage, c'est une nouvelle génération qui s'endurcit peu à peu.

Le choix du patronat

Le patronat, à quelques exceptions près, se refuse à prendre le risque d'investir alors qu'il n'est pas certain de disposer du marché nécessaire pour vendre sa production. C'est une autre solution qui est retenue : compresser au maximum la part, dans le coût des produits, liée à la main-d'œuvre. Licenciements et chômage partiel, baisse des salaires et du pouvoir d'achat ouvrier, dégradation des conditions de travail, démantèlement des acquis sociaux, flexibilité de la main-d'œuvre (le chômage partiel et les heures supplémentaires font bon ménage) représentent la charpente de cette politique.

Quel gouvernement peut « couvrir » et pour partie impulser une politique de cette nature ? Dans un premier temps, le patronat semble s'accommoder des gouvernements à direction radicale. Ce choix est compréhensible. Les radicaux ont l'habitude d'être élus grâce à l'apport des voix de gauche et de mener ensuite, une fois au pouvoir, la politique de la droite. Et le soutien embarrassé que leur apporte la plupart du temps le parti socialiste peut également aider à neutraliser les réactions ouvrières.

À partir de 1932, ce sont donc des ministères radicaux qui se succèdent. Mais leur politique apparaît bientôt, aux yeux d'une fraction grandissante de la droite, comme hésitante et timorée. Certes, ils mettent en place une politique protectionniste, et pas seulement sur le plan agricole. Sans doute permettent-ils au patronat de diminuer brutalement les salaires dans le secteur privé. Mais on attend d'eux qu'ils diminuent également le traitement des fonctionnaires. Le point figure bien dans le programme Herriot, mais celui-ci recule devant les réactions que ses intentions suscitent. Il en va de même pour les acquis sociaux : les radicaux tolèrent que la législation sociale ne soit pas appliquée, mais hésitent à la démanteler : ils prolongent même, en 1932, les secours aux chômeurs. Le patronat, de son côté, s'impatiente.

Le parti radical à la croisée des chemins

Apparemment, pourtant, le parti radical est à son apogée. Les élections de 1932 font de lui, avec 160 élus (ils étaient 125 en 1928), le plus important groupe de l'Assemblée nationale, alors qu'il domine déjà le Sénat, où il passe de 50 sièges en 1920 à 76 en 1928, et 89 en 1932.

Sa surface « militante » est plus difficile à déterminer, et le chiffre de 100 000 adhérents, en 1931, peut paraître « outrancier ». Mais l'effort d'organisation n'en est pas moins réel. Et s'il s'accompagne d'une audience — ou en tout cas d'une influence sur l'opinion publique — non négligeable : la pénétration radicale dans la presse, en particulier en province, est en effet considérable [9].

Socialement, que représentent les adhérents du parti radical ? Les seules sources dont nous disposons sont des études sur le groupe parlementaire radical entre 1898 et 1940 [10], sur le groupe parlementaire entre 1929 et 1939 [11], et sur le comité exécutif du parti radical entre 1922 et 1938 [12]. Il importe donc de bien voir que ces chiffres ne fournissent pas d'éléments sur la composition sociale du *parti* lui-même, mais uniquement sur les couches qu'il délègue à un certain type de responsabilité (cf. tableau ci-contre).

Parmi celles-ci, le pourcentage des ouvriers est fort réduit. De même, on est loin de la « République des professeurs ». Le poids des enseignants — pourtant traditionnellement surreprésentés dans les mécanismes de délégation — reste extrêmement faible.

La place des agriculteurs, pour un parti qui prétend représenter les « couches moyennes », est également mince : entre 9 et 13 %, surtout comparée à la place des agriculteurs dans la société française : 32,90 % au recensement de 1931.

La catégorie « patrons » représente pour l'essentiel un petit patronat, issu de l'artisanat, peu lié aux branches éco-

---

9. Elle passe par *l'Œuvre* pour la presse nationale, et en province, à côté du « géant » radical qu'est *la Dépêche*, ce sont environ 400 journaux départementaux qui sont d'obédience radicale.

10. Jean Thomas NORDMAN, *Histoire des radicaux*, La Table Ronde, Paris, 1974.

11. Serge BERNSTEIN, *Histoire du parti radical*, FNSP, Paris, 1980.

12. *Ibid.*

	Groupe parlementaire (1898-1940)	Groupe parlementaire (1929-1939)	Comité central (1922-1938)
Agriculteurs	9,3 %	10 %	13 %
Commerçants, négociants, artisans	6,03 %	4,5 %	19 %
Patrons, industriels	11,03 %	10 %	14 %
Avocats, juristes	29,82 %	29,3 %	9,7 %
Médecins, pharmaciens	16,37 %	12,9 %	10,5 %
Journalistes	5 %	6,2 %	3,3 %
Cadres et employés	4,29 % [1]	4 %	7,7 %
Enseignants	11,37 % [2]	10 %	6 %
Autres fonctionnaires	3,27 % [3]	9 %	8,5 %
Ouvriers	0,86 %	0	0,2 %
Retraités	0,34 %	0	0,3 %

1. Dont 0,68 % d'employés, 2,93 % d'ingénieurs et 0,68 % de cadres.
2. Dont 2,06 % d'instituteurs et 9,31 % de professeurs.
3. Dont 2,24 % de hauts fonctionnaires et 1,03 % de fonctionnaires.

nomiques en expansion, et employant au maximum quelques dizaines de salariés. Cependant le parti radical n'est pas totalement dépourvu de patrons « de poids », le baron Louis Dreyfus [13] par exemple.

Dans la rubrique cadres et employés figurent plus souvent des cadres et des ingénieurs que des employés, et chez les « autres fonctionnaires », les hauts fonctionnaires sont de loin les plus nombreux. Pour l'essentiel, employés et fonctionnaires sont souvent soit des salariés des municipalités radicales, soit des sous-produits des ministères à tradition radicale, soit des militants ayant transité par les loges maçonniques.

L'hégémonie des professions libérales, notamment sur le groupe parlementaire, gagne à être décomposée : les journalistes sont en effet souvent liés à la presse radicale et ressemblent fort à des « permanents » ; médecins et pharmaciens sont les prototypes des notables ruraux, tandis qu'avocats et juristes sont souvent directement reliés au monde des affaires.

En fait, c'est la définition de Trotsky qui semble bien cerner au plus près la réalité : « Le parti radical représente l'instrument politique de la bourgeoisie le mieux adapté aux traditions et aux préjugés de la petite bourgeoisie. »

Le temps des ligues

La crise et l'impuissance parlementaire nourrissent, dès avant la multiplication des scandales, la tentation des solutions autoritaires. C'est sur ce terrain que se développent les formations d'extrême droite. Habituellement réunies sous le vocable commun de « ligues », elles présentent en fait entre elles de notables différences.

Issue en 1899 des affrontements de l'affaire Dreyfus, convertie au monarchisme dès 1900 sous l'influence de Charles Maurras, l'Action française se trouve rapidement en harmonie avec les préoccupations d'une fraction de l'« élite » intellectuelle. Sa condamnation par le Vatican en 1926 ne la réduit pas au silence ; pas plus que, quelques années plus tard, sa condamnation par la famille royale elle-

13. François Peugeot est candidat radical à Montbéliard en 1936.

même [14]. L'AF a toujours été plus monarchiste que royaliste, plus attachée à l'institution qu'à la personne.

C'est son journal, pour l'essentiel, qui assure son rayonnement. Au milieu des années vingt, *l'Action française* a 55 000 abonnés : ses rubriques culturelles de haut niveau et la fougue de ses polémistes (Daudet et Maurras au premier chef) attirent les fils de bonne famille, pénètrent profondément l'armée et la magistrature, et, surtout, *l'Action française* est souvent le seul organe de presse national qui ait véritablement droit de cité parmi la petite bourgeoisie réactionnaire des bourgs et des campagnes.

Peu à peu, l'AF s'est solidement structurée. À la base, il y a la Ligue d'action française, flanquée de diverses formations annexes : Étudiants d'action française, Dames royalistes, Jeunes Filles royalistes, l'Institut d'action française (qui regroupe de nombreux intellectuels prestigieux), l'Assocation Marius-Plateau, tournée vers le milieu des anciens combattants, etc. Il y a aussi les « commissaires d'Action française », service d'ordre et de protection très efficace. Et il y a surtout les « Camelots du roi » : structure spécifique destinée à assurer la vente à la criée du journal ; les « Camelots » ont fini par regrouper l'ensemble des activistes de l'AF, tout autant spécialisés dans le coup de poing et les manifestations « dures » que dans la vente du journal.

Combien d'adhérents ? 70 000 en 1934 [15], dont 7 000 en région parisienne, tandis que le journal lui-même tire à 100 000 exemplaires.

En tout cas, dans ce début des années trente, c'est incontestablement l'AF qui apparaît comme la plus présente des formations d'extrême droite.

Autre formation activiste, les Jeunesses patriotes sont fondées en 1924, sous l'impulsion de Pierre Taittinger, député de Paris. Reprenant le flambeau de la vieille tradition nationaliste française, elles sont les héritières directes de la Ligue des patriotes de Déroulède [16].

Milice de masse plus que parti politique, les Jeunesses patriotes n'auront jamais les prétentions théoriques de

---

14. Léon Daudet répondra dédaigneusement dans *l'Action française* « qu'il était royaliste alors que Monseigneur n'était pas encore né ».

15. 60 000 selon la police.

16. Jusqu'en 1924, les JP ne sont qu'une organisation de jeunesse autonome au sein même de la Ligue des patriotes.

l'Action française, mais elles recruteront cependant largement, sur la base d'un activisme débridé, notamment dans la jeunesse étudiante. Les effectifs qu'ils annoncent sont peu crédibles : 300 000 en 1929, 240 000 en 1934, et il convient de les diviser à peu près par trois [17]. La courbe cependant traduit la réalité : à partir du début des années trente, les Jeunesses patriotes sont un mouvement en déclin.

La concurrence, en effet, est dure : recrutant sur le même terrain qu'eux, deux autres mouvements méritent d'être signalés. Le Francisme, de Marcel Bucard, est historiquement issu d'une scission de l'Action française, le Faisceau qu'animait Georges Valois [18]. Mais les évolutions sont sensibles. Sans doute, garde-t-il la tradition du patriotisme et de l'ouverture au socialisme, que symbolise pour lui la double référence « à Jeanne d'Arc et aux patriotes anticapitulards de la Commune ». Mais, justement, patriotisme et nationalisme s'effacent peu à peu au profit de l'internationalisme fasciste. Directement financé par Mussolini, son journal, *le Franciste*, a un budget très largement pourvu par l'apéritif italien « Asti Spumante ».

Plus prolétarienne que la plupart des autres ligues, la « Franciste » a également bâti une série de pseudopodes [19] dont la raison d'être semble plus financière que militante. Les effectifs réels n'atteignent sans doute pas les 10 000 adhérents.

Enfin, c'est en 1934 que surgit le mouvement de la Solidarité française qu'anime Jean Renaud, un ancien commandant des troupes coloniales. Également fasciste, xénophobe et antisémite, ce mouvement se spécialisera dans les « coups de main » anti-ouvriers, et n'hésitera pas à recruter pour ce faire des mercenaires dans le *lumpenproletariat*. Ses effectifs

17. La police leur accorde 90 000 adhérents en 1934, dont 6 000 dans la région parisienne.

18. Ancien syndicaliste révolutionnaire rallié au monarchisme, Valois avait été à l'origine du Cercle Proudhon qui visait, sur la base du refus de la démocratie, à opérer une synthèse entre monarchistes et syndicalistes révolutionnaires. Le Faisceau est très certainement la première tentative fasciste consciente et pas seulement par la dénomination. Les formes d'organisation sont revendiquées : faisceau des combattants, faisceau des producteurs, jeunesses fascistes et faisceau civique. L'idéologie elle-même est empruntée : contre le « ploutocratisme », Valois prône la fusion « du nationalisme et du socialisme » et n'exclut pas, d'ailleurs, la recherche d'alliance avec le PCF. Fait notable, le Faisceau de Valois n'est pas antisémite. En fait, l'ambiguïté que cultive Valois est suffisante pour que le Faisceau compte quelque temps dans ses rangs un jeune adhérent nommé Paul Nizan.

19. Le Vestiaire franciste, la Cuisine franciste, l'Enfance franciste, la Caisse franciste d'aide aux soldats...

semblent être restés sensiblement inférieurs à ceux des francistes.

D'une tout autre nature et d'une tout autre dimension est le mouvement des Croix-de-Feu qu'anime le colonel-comte François de La Rocque. Ce mouvement est fondé en 1928 avec un objectif limité : regrouper les anciens combattants décorés au feu. Un an plus tard, il s'adjoint l'Association des briscards, regroupant tous ceux qui ont passé six mois au front. Il regroupe ainsi 500 adhérents en 1928, entre 3 500 et 5 000 en 1929, 15 000 [20] en 1930. Et le 5 juin 1930, à l'initiative de l'un de ses dirigeants, Pozzo di Borgo, belle figure « bonaparto-conspirativo-fasciste », sont créés les Fils et Filles de Croix-de-Feu.

Contrairement à une idée reçue, ce n'est pas de la présidence de La Rocque que date la politisation du mouvement. Dès 1929, les Croix-de-Feu désignent assez précisément leurs adversaires : « Les métèques, les profiteurs d'après-guerre, les politicaillons, les politicards au patriotisme douteux, à vénalité presque certaine, les "abandonneurs" intéressés de notre victoire, profiteurs d'une guerre plus terrible et plus douloureuse encore que l'autre : la guerre civile, la révolution [21]. »

Mais c'est à partir de 1931 que le mouvement prend véritablement son essor. Il regroupe ainsi 24 000 adhérents au début de l'année 1932, 36 000 à la fin de l'année, et près de 60 000 en 1933. Le 1er octobre 1933, sont créés les Volontaires nationaux, ouverts, eux, à l'ensemble de la population ; puis en février 1934, les sections féminines du Rassemblement national. Les Croix-de-Feu deviennent très vite l'organisation d'extrême droite la plus massive et la plus disciplinée. La Rocque transpose en effet dans son organisation une hiérarchie et un culte de l'obéissance tous militaires. Et il met en place en son sein des troupes de choc semi-clandestines, les « dispos » (disponibles), qui lui permettent de mobiliser, à tout moment et en quelques heures, près d'une dizaine de milliers de militants.

Le programme des Croix-de-Feu est et restera extrêmement flou : renforcement de l'exécutif et diminution des pouvoirs du Parlement, association capital/travail et limi-

---

20. Les chiffres donnés par Émilie et Gilles de La Rocque pour l'année 1930 (5 000 adhérents et 34 sections) concernent vraisemblablement le début de l'année.
21. *Le Flambeau*, 1er novembre 1929.

tation du droit de grève. Peut-être est-ce d'ailleurs pour cela que son recrutement sera plus large, plus populaire et, en tout cas, plus « familial » que celui des autres formations d'extrême droite.

La flambée verte

Si, dans sa masse, la classe ouvrière est alors peu sensible au phénomène des ligues, c'est en revanche une réelle poussée à droite qui se fait sentir dans les campagnes.

En Bretagne, par exemple, l'Office central des associations agricoles de Landerneau, tenu par l'aristocratie bretonne, obtient de la hiérarchie catholique, au nom de la lutte pour l'unité du monde agricole, la condamnation des cultivateurs-cultivants [22], développe vigoureusement ses propres organisations syndicales [23], et impose son modèle d'organisation aux départements voisins [24], le tout sur une base ultra-conservatrice.

Nationalement aussi, des problèmes se posent. Jusqu'à présent, deux institutions se partageaient le monde paysan : la Société des agriculteurs de France (la « rue d'Athènes »), liée aux hobereaux et aux « ducs », et la Société nationale d'encouragement à l'agriculture (le « boulevard Saint-Germain »), de tradition républicaine et radicale, animée par des notables et des fonctionnaires agricoles. Les deux institutions cohabitaient paisiblement, l'une faisant plutôt dans le syndicalisme et l'autre dans la coopérative, mais leur torpeur était évidente. À cette torpeur répond alors la création de l'Union nationale des syndicats de paysans (la « rue des Pyramides »), où bien des lieutenants de Dorgères vont d'abord faire leurs classes.

Car c'est Henri Dorgères — de son vrai nom d'Halluin — qui catalyse la situation. Issu de l'Action française, Dorgères, qui dirige à Rennes *le Progrès agricole de l'Ouest*, crée dès

22. Animé par des prêtres « démocrates », l'abbé Trochu et l'abbé Mancel, ce mouvement s'est donné pour objectif d'enlever la direction des organisations paysannes aux notables « oisifs » et de les faire gérer désormais par d'authentiques cultivateurs et cultivatrices. En 1930, le mouvement existe dans 8 départements de l'Ouest, regroupe 242 syndicats et 15 000 adhérents.

23. En 1933, en comptant les Côtes-du-Nord, 531 syndicats et 41 574 adhérents.

24. Morbihan, Loire-Inférieure, Ille-et-Vilaine.

1929 le premier Comité de défense paysanne pour combattre la loi sur les assurances sociales obligatoires pour les ouvriers agricoles. Elle est accusée de provoquer la prolifération des fricoteurs et des malades et la création d'une armée de fonctionnaires nouveaux. Cette mirifique libéralité oriente les masses vers le moindre effort, la paresse et le désordre[25] ».

Quand la loi est adoptée, le 22 avril 1930, il tente d'organiser le boycott : à cette occasion, une manifestation pour empêcher une saisie lui vaut trois mois de prison et accroît brutalement sa popularité. Mais surtout les répercussions de la crise dans le monde paysan, les méthodes d'« action directe » qu'il emploie, associées à une démagogie corporative qui joue habilement sur le sentiment qu'ont les paysans d'être méprisés par la société urbaine, expliquent l'essor du « dorgérisme »[26]. C'est pour ces raisons que le dorgérisme fut, sans doute, de tous les mouvements d'extrême droite, celui qui, à la campagne, se rapprocha le plus des traits d'un fascisme à la française. Car, s'il est vite encadré par « Landerneau » et par tout ce que la paysannerie de l'Ouest compte d'éléments conservateurs, le « dorgérisme », même s'il prêche pour l'unité du monde paysan — pour son « identité » est d'ailleurs plus juste —, est au départ un mouvement populaire, entraînant pêle-mêle fermiers, métayers et même ouvriers agricoles. C'est pour ces raisons aussi que Dorgères arrive à casser très vite le mouvement des « cultivateurs-cultivants », dont toute une partie de l'état-major le rejoint dès le début 1933. Le rayonnement de Dorgères est déjà, au moins en Bretagne, considérable : réunions, manifestations et contre-manifestations se succèdent avec une audience croissante[27]. Audience que l'on aurait tort d'ailleurs de croire limitée à l'ouest de la France. Ainsi, à l'invitation de la Fédération des jeunes paysans, Dorgères réunit 6 000 personnes à Montpellier en juin 1935. Quand il parle à Revel, le 18 août, ce sont 2 000 paysans de Castelnaudary

25. *Le Progrès agricole de l'Ouest*, octobre 1928.

26. Dorgères aura en Alsace un émule, Joseph Bilger, qui organisera jusqu'à 40 000 paysans dans l'Union paysanne d'Alsace (chemises vertes et brassard vert à croix de Lorraine), et finira pronazi.

27. Dans les autres départements de l'Ouest, Dorgères progresse en revanche bien plus lentement : il se heurte par exemple à de sérieuses difficultés dans la Manche et dans l'Orne. Dans ce dernier département, la JAC, influente dans le Syndicat des agriculteurs, lui est hostile et défend les allocations familiales. Dorgères ne tiendra en tout et pour tout qu'une seule réunion dans l'Orne, et au sommet de son développement, il n'y aura de « Comités de défense paysanne » que dans six cantons sur trente-six.

qui se déplacent pour l'écouter[28]. Dans les Pyrénées-Orientales, il y aura ainsi, dès novembre 1935, 51 sections du « Front paysan ».

Les stratégies syndicales

La crise économique ne stimule guère la combativité ouvrière. Sans doute peut-on noter des grèves longues et dures, des affrontements avec la police, voire des phénomènes nouveaux comme l'organisation des chômeurs et les « marches de la faim » de Saint-Nazaire à Nantes en juin 1933, du Nord sur Paris à la fin de l'année. Mais, globalement, l'activité revendicative reste faible : si le nombre de grévistes peut apparaître en légère augmentation, le nombre de grèves stagne et le nombre de journées perdues pour fait de grèves diminue, lui, sensiblement. La durée moyenne des conflits est, en fait, particulièrement courte pour l'année 1935.

	*Nombre de grèves**	*Nombre de grévistes*	*Nombre de journées perdues*	*Durée moyenne*
1930	1 093	582 000	7 209 000	17,4 j
1931	286	48 000	950 000	19,7 j
1932	362	71 000	2 444 000	34,4 j
1933	343	87 000	1 199 000	13,8 j
1934	385	101 000	2 393 000	23,8 j
1935	376	109 000	1 182 000	10,9 j

(*) Étant entendu que ces statistiques ne comprennent pas la fonction publique, et ne peuvent donc pas rendre véritablement compte des réactions aux décrets Laval-Herriot.

Les grandes organisations politiques et syndicales du mouvement ouvrier affrontent cette situation divisées à l'extrême, et sans stratégie très convaincante.

28. Les ambiguïtés dont s'entoure Dorgères sont considérables. Le journal du PCF, *Le travailleur languedocien*, signale que ses partisans l'appellent « le Marcellin Albert de 1935 », l'identifiant ainsi au héros populaire de la Commune de Narbonne.

La CGT n'apparaît guère préoccupée par les luttes. Pour l'essentiel, elle fonctionne comme un groupe de pression sur l'État et développe une politique contractuelle, préconisant le recours systématique aux conventions collectives. Mais la crise et l'attitude patronale font qu'il y a de moins en moins de conventions collectives. Du coup, les effectifs — qui s'étaient maintenus jusqu'en 1930 grâce à l'adhésion des enseignants, puis à celle des fonctionnaires — déclinent. Et surtout, alors qu'en 1922 les ouvriers du secteur industriel constituaient plus de la moitié des adhérents, ils n'en représentent plus le quart en 1934.

Quant à la CGTU, niant les faits, elle déclare que la résistance ouvrière se développe et que l'heure est à l'offensive. Mais les conflits qu'elle impulse se terminent souvent par des échecs. Pour elle aussi, les effectifs fondent.

Dans ce contexte, l'on ne s'étonnera pas que les actions unitaires soient peu nombreuses [29].

La question de l'unité, et même de la réunification, se pose cependant. Le 9 novembre 1930, 21 militants syndicalistes (6 CGT, 7 autonomes, 8 CGTU) rendent publique une déclaration : « Pour reconstruire l'unité syndicale. » Ils sont fort mal accueillis et l'opération tourne court. Derrière Chambelland, une partie des « unitaires » signataires du Manifeste rejoint la CGT au début de l'année 1932. Et la division syndicale fonctionne de nouveau à plein régime.

Le PCF : sectarisme et ultra-gauchisme

La situation du parti communiste est à cette époque catastrophique. Les effectifs ont fondu : le parti qui avait entraîné l'immense majorité de la section française de l'Internationale ouvrière, et qui comptait donc en 1920 135 000 adhérents, n'en a plus en 1933 que 28 000 [30]. Ses résultats électoraux chutent également : 875 812 voix en 1924 (9,5 % des suffrages exprimés) ; 1 063 943 en 1928 (11,3 %) et 794 883 voix en 1932 (8,4 %). Il a 26 députés en 1924, 14 en 1928, 12 en 1932.

29. Il y en a cependant : la marche de la faim de Saint-Nazaire à Nantes comprend au départ 680 confédérés et 40 « unitaires ».

30. 1920 : 131 000 ; 1930 : 39 000 ; 1933 : 28 000.

Dès le lendemain de sa fondation, il connaît des vagues successives d'exclusions et de départs. Ce ne sont pas que des « personnalités » qui s'en vont [31]. À travers l'entreprise dite de « bolchévisation » [32], les départs du parti apparaissent plus nombreux que ne le signale la baisse des effectifs : une enquête réalisée en 1930 dans le XIXe arrondissement montre que 14 % seulement des effectifs datent de 1920 et du congrès de Tours. Le même phénomène est visible au niveau des directions intermédiaires. En 1930, plus de la moitié des dirigeants intermédiaires (direction de rayon) ont moins de six ans de parti.

La « bolchévisation » a-t-elle au moins permis au parti de s'ancrer en milieu ouvrier ? Jusqu'en 1926, la progression du pourcentage de cellules d'entreprise est réelle, mais elle décroît très rapidement [33]. De plus, le nombre de cellules d'entreprise n'est pas un indicateur très précis : parmi leurs membres figurent ceux que l'on appelle les « rattachés », qui n'ont strictement aucun lien avec l'entreprise [34]. Mais si l'implantation dans les entreprises est encore faible — il y a, en mai 1931, 19 adhérents dans l'usine Renault de Billancourt — la proportion d'ouvriers dans le PCF est déjà loin d'être négligeable : 38,28 % d'ouvriers du secteur privé ; 18,67 % de « travailleurs à statut », selon le secteur d'organisation, pour 1928 [35]. Ce phénomène est surtout sensible dans l'encadrement, dans l'« appareil ». Dès 1926, 53 % des membres du BP et 63 % des membres du CC sont des

31. Jusqu'en 1924, ces départs concernent des éléments droitiers et sont notamment motivés (Frossard, Henri Torrès, Séverine) par l'interdiction d'adhérer à la franc-maçonnerie. Ils sont compensés, au moins qualitativement, par l'adhésion spectaculaire de Monatte (« Les politiciens étaient partis, il fallait y aller ») et de Monmousseau. Mais, à partir de 1924, les répercussions en France de l'offensive stalinienne contre Trotsky entraînent un autre type de départ. En juillet 1924, Souvarine est exclu. Le 7 décembre, c'est au tour de Monatte et de Rosmer. Un par un suivront Paz, Loriot, Dunois.

32. Il s'agissait d'une « refondation » du parti autour des cellules d'entreprise, au détriment non seulement des anciennes « sections » héritées du parti socialiste, mais aussi des cellules locales, de quartier. Une telle restructuration permettait également d'isoler les « contestataires », de circonscrire leur influence.

33. 1926 : 48,43 % ; 1927 : 31,1 % ; 1928 : 27,31 % ; 1929 : 29,2 % ; 1930 ; environ 25 %.

34. Ainsi, quand Thorez, alors secrétaire à l'organisation, explique qu'il y a, en 1927, 31,15 % des communistes militant à l'entreprise, il suffit de la coïncidence, à la deuxième décimale près, entre ce pourcentage et celui des cellules pour que son affirmation ne soit guère crédible.

35. Ces chiffres doivent évidemment être traités avec prudence. Ainsi, Semard, alors secrétaire général, annonce « 10 % d'éléments des classes moyennes » le 16 juin 1926, 5 % dans son rapport au congrès, alors que le rapport de 1928 s'autorise à en dénombrer 20,21 %.

ouvriers. Dans la région parisienne, les conseillers municipaux communistes en 1935 sont à 64 % des ouvriers, pas seulement des métallurgistes, mais aussi des héritiers des traditions « syndicalistes-révolutionnaires » du bâtiment et du bois [36].

La situation, dans les autres couches de la société, n'est guère brillante. Dans la paysannerie, le PCF ne dispose que d'une influence éparse et instable [37]. Chez les enseignants, il ne représente qu'une minorité — hyper-dogmatique par ailleurs [38] — au sein de la Fédération unitaire affiliée à la CGTU. Sans doute a-t-il réussi à construire une organisation d'anciens combattants, l'ARAC, mais celle-ci pèse peu par rapport au dense réseau des fédérations nationales [39], et ce petit succès est surtout dû à la médiation d'un certain nombre d'intellectuels — Barbusse au premier chef —, milieu dans lequel le PCF, à défaut de recruter beaucoup, attire à lui un certain nombre de « compagnons de route ». De plus, le PCF souffre d'une tare congénitale : il n'a pas réussi à régler ses problèmes de direction, laquelle fait preuve d'une grande instabilité. Le pourcentage de renouvellement du CC est considérable [40], et au-dessus, c'est pire Au poste de secrétaire général, on trouve d'abord L.O Frossard, un politicien franc-maçon qui quitte le parti en 1922, puis, à

36. Contrairement à une idée fortement ancrée, la prédominance de l'implantation « métallurgie » dans le PCF n'en est encore, au début des années trente, qu'à ses débuts. Il y a, en 1935, 23,1 % de métallos parmi les iseillers municipaux du PCF dans la région parisienne, alors que ceux-ci représentent 28,9 % dans la population active. Il y a par contre 4 % venant du « bois (3,7 % dans la population active) et 11,8 % du bâtiment (7 3 dans la population active). Cf. Claude Pennetier et Denis Peschanski, intervention au colloque « Le 'F de la fin de 1938 à la fin de 1941 ».

37. « Trop de cellules rurales se limitent à des réunions to les deux mois, voire tous les trois mois », explique-t-on à la C nférence de la région ' nousine, les 8 et 9 juillet 1930.

38. Dans une brochure du PCF redigée en 1931 à l'occasion du cinquantième anniversaire des lois laïques, Boyer dirigeant syndical communiste, écrit ainsi : « Il est faux que par le seul fait d'instruire des hommes, on les libère. L'une des raisons pour lesquelles le prolétariat russe a pu se libérer le premier de l'exploitation bourgeoise est sans nul doute l'ignorance où il se trouvait (...). 'école laïque bourgeoise et l'école congréganiste (. sont au même titre des instruments de domination du capital (...). Le maître révolutionnaire ne peut int, au sein de l'école laïque bourgeoise, travailler à l'émancipation prolétarienne. »

39. Il y a des exceptions locales, mais celles-ci ne se trouvent que là où l'ARAC apparaît comme une réelle structure du Front unique, et non comme un pseudopode du PCF. Ainsi à Issoire, dans le Puy-de-Dôme, où c'est un socialiste qui est secrétaire de l'ARAC.

40. 1921 : 53 % ; 1922 : 61 % · 1924 : 81 % ; 1925 : 47 % ; 1926 : 32 % ; 1932 : 70 %.

partir de janvier 1923, deux secrétaires généraux, Sellier, pur produit de la IIe Internationale, et Treint, alliage quasi unique du gauchisme « à la française » et de la culture militaire. En août 1924, ils sont remplacés par le cheminot Semard, issu, lui, de la tradition « syndicaliste-révolutionnaire ». En avril 1929, Semard est remplacé par une direction articulée autour du noyau des Jeunesses, et dont le porte-parole est un métallurgiste, Henri Barbé, qui a alors 26 ans. Et enfin, en 1932, c'est l'élection de Maurice Thorez.

En fait, trois grands problèmes pèsent alors sur le PCF.

Le premier est sa dépendance totale à l'égard de l'Internationale. Le principal n'est pas ici la manière disciplinée dont, après les tourmentes des premières années, la direction applique les zigzags de l'Internationale. Il est, en revanche, dans la manière dont s'atrophient peu à peu les liens avec les réalités de la société française. Les véritables « patrons » de la section française sont les envoyés de l'Internationale qui se succèdent auprès d'elle : en 1932, arrive ainsi Fried, « l'ami Clément ».

Les deux autres problèmes sont un peu la conséquence de cette situation.

À partir de 1927, le PCF applique ainsi sans nuance la politique dite de la « troisième période » de l'Internationale. Celle-ci se concrétise notamment par l'analyse de la SFIO comme « social-fasciste ». André Ferrat écrit [41] : « Au fur et à mesure que se développe cette politique du parti socialiste et que se modifie sa structure, il devient un parti bourgeois d'un type nouveau : un parti social-fasciste. » L'absence d'unité d'action qui découle de cette tactique froisse profondément les aspirations unitaires de toute une fraction de l'électorat ouvrier.

Enfin, le PCF fait une analyse fausse de la situation sociale et des répercussions de la crise. Citons là encore André Ferrat : « Telles sont les raisons économiques qui font que le mouvement ouvrier, remis de ses défaites de 1920, présente de plus en plus les indices d'un nouvel essor [...]. D'année en année, le mouvement gréviste va croissant, non seulement en quantité, mais aussi en âpreté. »

Cette analyse est fausse : la combativité ouvrière reste à un niveau peu élevé, et la radicalisation artificielle du lan-

---

41. *Histoire du PCF*, Bureau d'éditions, 1931.

gage — et de l'activité communiste — tombe en porte à faux par rapport à des luttes qui aboutissent bien souvent à des défaites.

Socialistes : reconstruction et nouvelles divisions

L'affaiblissement du PCF et ses problèmes internes jouent en faveur de la petite SFIO : les 50 449 adhérents qui lui restaient en 1921 sont devenus, en 1930, 125 563. Pourtant, la SFIO fait preuve d'une grande indifférence à l'égard des luttes ouvrières et, dans une période de « radicalisation des masses », elle eût peut-être pâti de son attitude. Mais ce n'est pas le cas... Et la seule autre politique proposée à la classe ouvrière — celle du parti communiste — apparaît comme un ensemble de gesticulations sans liens avec la réalité.

Bien des éléments poussent alors la SFIO à se cristalliser encore plus comme parti parlementaire. Pour se reconstruire, c'est sur ses élus qu'elle a dû s'appuyer. De plus, absente du terrain des luttes, disposant de faibles moyens, la SFIO voit dans les élections la seule occasion d'une campagne véritablement nationale. Et d'ailleurs, les élections lui profitent. Dès 1924, elle passe ainsi de 55 à 101 députés.

La question de la participation ministérielle se trouve alors reposée. Un courant de droite — regroupé autour de Renaudel et du journal *la Vie socialiste* — la défend ouvertement. Et, dès 1927, apparaît également une tendance opposée à toute velléité de participation ministérielle, la « Bataille socialiste ». Celle-ci a la particularité d'être une tendance « née dans l'appareil » : Severac, le bras droit de Paul Faure, est directeur de la publication. Paul Faure lui-même y collabore très régulièrement, ainsi que près de la moitié des membres de la commission administrative permanente. Le socle de la « Bataille », c'est — outre son opposition au ministérialisme — sa filiation guesdiste très affirmée. En ce sens, sa plate-forme va au-delà de la participation ministérielle : elle se proclame marxiste, se prononce contre la collaboration de classe, voit dans le parti radical un parti qui, « à l'heure de l'accroissement des antagonismes de classe », s'est transformé en parti bourgeois avec lequel il est impossible de faire alliance.

Le premier résultat de cette polarisation, c'est qu'elle isole Blum. De plus, l'évolution du débat divise le parti en deux blocs : 1 590 voix contre la participation ministérielle, 1 451 pour, en 1929. Il devient nécessaire pour Blum de trouver une réponse au problème posé.

Il s'y était déjà essayé au congrès de la Bellevilloise en 1926, en introduisant la distinction entre la « conquête du pouvoir » et l'« exercice du pouvoir ». La conquête du pouvoir, expliquait Blum, est un acte révolutionnaire : c'est la prise totale du pouvoir politique comme condition de la transformation du régime de la propriété. L'exercice du pouvoir, lui, découle de l'acceptation des règles de la démocratie parlementaire, de l'alternance dirions-nous aujourd'hui : il doit alors se situer loyalement dans le cadre des institutions et du régime capitaliste [42].

Mais cette évolution ne suffit pas à calmer les ardeurs d'une partie de la droite socialiste. Groupé autour de Marcel Déat, leur réflexion porte déjà bien au-delà des problèmes de la participation. Curieux personnage que Marcel Déat. Le bruit court, par exemple, que, lycéen, interne en fin d'études, il aurait, par la simple force de son raisonnement, persuadé l'un de ses camarades de se suicider « afin de connaître ce qu'il y aurait après » : il aurait ainsi servi de modèle à André Gide pour l'un des personnages des *Faux-Monnayeurs* [44]. En tout cas, jeune et brillant, intelligent et convaincant, il est, en ce début des années trente, l'un des espoirs du parti. C'est avec fascination et inquiétude qu'il regarde la montée du nazisme. « Quelle intense utilisation de la victoire d'Hitler serait faite par les nazis du monde entier, à commencer par ceux de France », écrit-il dès le 12 mars 1932, dans *la Vie socialiste.* La fascination l'emporte peu à peu sur l'inquiétude. Déat et ses amis sont

---

42. « Bien qu'en ce qui concerne la conquête du pouvoir, je ne sois pas un légaliste, je le suis en ce qui concerne l'exercice du pouvoir. J'estime que si le déroulement des pratiques parlementaires nous appelle à exercer le pouvoir dans le cadre des institutions actuelles, nous devons le faire légalement, loyalement, sans commettre cette espèce d'escroquerie qui consisterait à profiter de notre présence au gouvernement pour transformer l'exercice du pouvoir en conquête du pouvoir. » (Compte rendu du congrès extraordinaire des 10 et 11 janvier 1926.)

43. Sur l'ensemble de ces problèmes, cf. Jacques KERGOAT, *Le Parti socialiste*, éditions Le Sycomore, Paris, 1983.

44. Entretien avec Louis Vallon, in *Marcel Déat et les néo-socialistes*, Henri JOSSERAN, mémoire IEP, Paris.

exclus en 1933 et fondent le parti socialiste de France dans lequel ils sont rejoints par une dizaine de milliers d'adhérents [45].

Une partie de la presse internationale, celle qui sympathise avec le national-socialisme, ne se trompe guère sur la signification de leur démarche. *La Tribune* écrit ainsi, en juillet 1933 : « Si la scission se fait, elle aura choisi entre le vieux marxisme international et cette rébellion critique et politique faite au nom du fascisme. »

La physionomie de la SFIO en 1933 est curieuse [46]. Si le départ des « néos » l'affaiblit (la SFIO perd 21 000 adhérents de 1933 à 1934), le chemin parcouru depuis le congrès de Tours est cependant loin d'être négligeable.

Les effectifs ont doublé et l'implantation sur l'ensemble du territoire est désormais moins disparate. *Le Populaire,* qui avait 2 744 abonnés au lendemain de la scission, en a 46 000 en avril 1932.

Électoralement, la SFIO est devenue le premier parti de gauche et, en 1932, elle a obtenu un score supérieur à celui qu'elle obtenait en 1919, avant la scission.

Mais les chiffres ne traduisent pas toute la réalité. L'électorat de la SFIO, par exemple, se développe surtout dans les

---

45. Le parti socialiste de France annonce 20 000 adhérents répartis en une trentaine de fédérations. Si le nombre d'adhérents paraît grossi, le décompte des fédérations est vraisemblablement exact : le PSF n'existera guère que là où il pourra s'organiser autour des élus exclus. Les plus fortes fédérations du PSF seront ainsi le Var, autour de Ramadier, la Gironde, autour de Marquet, et l'Hérault, autour du porte-parole attitré des viticulteurs, Barthe. Dans ce dernier département, le PSF comptera jusqu'à 180 groupes, alors même que la SFIO n'a plus que 60 sections.

46. Le débat politique ne s'est pas en effet limité à l'affrontement entre la « Bataille socialiste » et les « néos », et aux arbitrages de Blum. Deux autres courants doivent être signalés. Le premier est un courant d'extrême gauche, l'« Action socialiste », qui défend avec vigueur le Front unique, l'opposition à la « défense nationale » en régime capitaliste et la nécessité d'une réelle politique anti-impérialiste. Ses animateurs sont exclus en 1933, mais le même courant continuera à s'exprimer sous le nom de « Comité d'action socialiste et révolutionnaire » : il ne dépassera jamais 5 % des mandats. À l'opposé, une autre tendance est apparue dès 1930 : « Révolution constructive ». On y trouve surtout des intellectuels : Georges Lefranc, Albertini, Marjolin, Lévi-Strauss. Avec les « néos », elle partage bon nombre de préoccupations : l'impatience devant les « tergiversations » de Léon Blum, l'importance accordée aux classes moyennes, la priorité donnée au cadre national, la nécessité de l'intervention de l'État, d'un plan, pour aider le secteur privé défaillant. Elle s'abreuve d'ailleurs aux mêmes sources, le « planisme » d'Henri de Man. « Révolution constructive », qui ne suit pas les « néos » dans la scission, trouve difficilement sa place dans les congrès du parti. Mais l'influence intellectuelle qu'elle exerce est indéniable.

zones rurales du sud de la France, aux dépens du parti radical, tandis qu'il régresse dans les banlieues industrialisées de la région parisienne, au profit du parti communiste.

En fait, outre la prééminence du parlementarisme, pèse sur la SFIO la nature de ses alliances. L'alliance avec les radicaux ne peut trouver de traduction pratique hors des périodes électorales. En revanche, qu'il s'agisse des femmes, des jeunes ou des luttes ouvrières en général, toute présence « sur le terrain » implique d'accepter la promiscuité et la concurrence des communistes. Or ce problème est loin d'être maîtrisé. À partir de 1933, les événements allaient se charger de démontrer qu'il ne pouvait cependant plus être contourné.

Paysans, ouvriers : même combat ?

Dans un contexte dominé par le mythe de l'unité paysanne, la syndicalisation des ouvriers agricoles à la CGT ou à la CGTU [47] reste faible et les luttes qu'ils déclenchent restent éparses (cf. tableau), menées pour l'essentiel par les « agricoles » du Midi, puis par les bûcherons et les jardiniers, les « agricoles » de la région parisienne entrant cependant en lutte en 1932 et en 1934. C'est pour l'essentiel dans

Nombre de grèves		*Nombre de grévistes*	*Nombre de journées perdues*	*Durée moyenne*	*Proportion par rapport à l'ensemble des grèves*
1930	8	1 020	10 348	5 j	0,7 %
1931	9	6 641	10 348	9 j	11 %
1932	5	1 311	51 821	2 j	1,2 %
1933	15	3 890	2 473	15 j	4,4 %
1934	10	1 587	45 598	2 j	1,4 %
1935	12	10 844	24 595	3 j	9,7 %

47. Avec un léger avantage pour la CGTU : on doit pouvoir recenser à la fédération des travailleurs de l'agriculture, qui lui est affiliée, environ 3 500 syndiqués contre 2 500 à la fédération de l'agriculture (CGT).

la constitution d'organisations paysannes, liées au mouvement ouvrier, que réside la nouveauté de la période.

Dès 1929, le PCF crée en effet la Confédération générale des paysans travailleurs, dont l'un des dirigeants est un jeune maraîcher, Waldeck-Rochet, et qui dispose rapidement d'un organe de presse, *la Voix paysanne*. C'est d'abord dans le Limousin et en Aquitaine, autour de Vazeilles et de Renaud-Jean, que le mouvement s'organise, puis dans les Côtes-du-Nord où les paysans socialistes participent à la constitution de la CGTP. Celle-ci, en 1932, a environ 8 000 membres, répartis sur 241 cantons. Renaud-Jean a très vite compris qu'il ne fallait pas laisser à la droite paysanne le monopole de l'action directe. En octobre 1933, il s'oppose aussi à une saisie à Miramont-de-Guyeure : chaque fois que l'huissier enregistre une offre, les paysans qu'il a rassemblés surenchérissent. Et à chaque fois que l'huissier leur attribue le meuble ou la vache qui leur revient, ils déclarent n'avoir pas d'argent... Il faut donc recommencer, et l'huissier part sans qu'aucune vente n'ait pu être effectuée. C'est la « folle enchère ». En décembre, à Lévignac-de-Guyeure, Renaud-Jean s'installe à côté de l'huissier, et prononce, plusieurs heures durant, un « important discours » qui a pour fonction de couvrir totalement la voix de l'huissier : c'est l'« obstruction [48] ». D'octobre 1933 à décembre 1935, il y aura trente-sept oppositions à des saisies.

Quant au parti socialiste, c'est en 1933 qu'il est à l'initiative de la création de la Confédération nationale paysanne, animée par Calvayrac. Elle regroupe très vite des associations locales animées par des socialistes, comme l'Union fédérative des associations agricoles de la Corrèze que dirige le sénateur Marcel Faure, ou comme la Fédération paysanne du Finistère, qu'a créée un tout jeune paysan, Tanguy Prigent. Avec ce dernier, les paysans finistériens ont trouvé un véritable « homme de masse ». Tanguy ne fait guère plus d'un mètre cinquante et donne l'impression qu'il va s'envoler à chaque rafale de vent. Mais il est tout en nerfs. Lui aussi s'oppose aux ventes-saisies, à Lemezel, à Clipériou, à Poullaouen. Surtout, installé en pleine « terre des prêtres », il est d'emblée confronté à « Landerneau » — et au comte de Guébriant qui essaiera d'ailleurs de l'acheter —, à

48. Une séquence du film *La vie est à nous* est visiblement inspirée de ces actions.

l'Action française, à la hiérarchie catholique, et aux troupes de Dorgères. Au cours de l'été 1933, il conduit aussi une manifestation de 3 000 paysans à Saint-Goazec, pour « interpeller » Léon Daudet qui y tient meeting. À Pont-Croix, à Quimper, à Plouigneau, Tanguy porte la contradiction à Dorgères, avec ses « cravates rouges » qu'il organise contre les « chemises vertes ». *Bretagne socialiste* donne un intéressant compte rendu de la réunion de Plouigneau :

« Prigent, Marzin et une dizaine de camarades, appuyés par la foule, enfoncèrent le barrage des chemises vertes et prirent la tribune d'assaut. Un des nôtres ayant été jeté à terre, une femme le dégagea en endommageant le nez d'un fasciste. Sur la tribune, c'était la mêlée. Dorgères, fou de rage, mordit un camarade, puis craignant d'être jeté par la foule, il alla se tapir au fond du caniveau. »

À Quimperlé, en revanche, il ne sont que 10 contre 200 dorgéristes. Roué de coups, l'arcade sourcilière en sang, Tanguy remonte à trois reprises à la tribune dont on veut l'expulser, refuse de vider les lieux, et quitte finalement la salle le dernier.

Mais les socialistes ne possèdent guère de dirigeants paysans de la trempe de Tanguy. Et si la Fédération du Finistère compte 1 500 adhérents, la Confédération elle-même se développe peu, et représente un courant minoritaire par rapport à la CGTP.

2

La naissance du Front populaire

« Travailleurs, attention
Votre vie est à vous
Ne vous la laissez pas prendre
Socialistes
Communistes
La main qui tient l'outil ressemble à la main qui tient l'outil. »

Jacques PRÉVERT
Chœur parlé inédit et sans titre, réalisé apres le 6 février 1934, et présenté à la Maison des syndicats (cité in Michel FAURÉ, *Le Groupe Octobre*, Christian Bourgois, Paris, 1977).

Le scandale Stavisky et le 6 février

C'est dans ce contexte qu'éclate l'« affaire Stavisky ». Escroc notoire, fréquentant la « bonne société » et y disposant de nombreuses relations politiques de droite comme de gauche, notamment dans la franc-maçonnerie, Stavisky avait, à dix-neuf reprises, réussi à échapper aux poursuites judiciaires engagées contre lui. En décembre 1933, cependant, éclate une nouvelle escroquerie qui ne peut, elle, être étouffée : le Crédit municipal de Bayonne qu'il avait fondé a émis pour plus de deux cents millions de faux bons de caisse. Stavisky prend la fuite, la police le retrouve le 9 février dans un chalet de montagne qu'elle cerne : elle déclarera y avoir trouvé Stavisky agonisant. L'incrédulité est générale. *Le Canard enchaîné* titre : *Stavisky a été suicidé d'une balle dans la tempe gauche.* Et le scandale va s'amplifiant, orchestré par la presse de droite. Car cette fois-ci des personnalités franc-maçonnes, des notables radicaux sont directement compromis : Garat, le député-maire de Bayonne, Bonnaure, élu parisien, et même Dalimier, ministre radical des Colonies. Le 27 janvier, Chautemps, dont le beau-frère Pressard est lui-même compromis, démissionne. Le 31 janvier, Daladier forme un nouveau cabinet, lui aussi à prédominance radicale, et qu'il tente d'élargir vers la droite. Mais celle-ci, sous l'impulsion de Tardieu, refuse de s'engager : c'est le pouvoir tout entier qu'elle veut, elle sent la situation propice et n'est pas prête à se contenter de quelques postes ministériels. Daladier a donc besoin, pour son investiture, du soutien socialiste. Il l'obtiendra en révoquant le préfet de police de Paris, Jean Chiappe, dont les liens avec l'extrême droite sont publics, et qui est lui aussi compromis dans l'affaire Stavisky.

C'est l'occasion qu'attendaient les ligues d'extrême droite. Dès le début du mois de janvier, en effet, les manifestations de rue se sont multipliées : entre le 9 et le 28 janvier, on a pu en dénombrer dix, et elles sont en général violentes : en tout 175 gardes mobiles blessés, 1 038 arrestations. C'est l'Action française pour l'essentiel qui les anime.

Mais l'agitation existe aussi du côté des anciens combattants avec, à Paris, l'action revendicative des amputés.

La révocation de Chiappe fait que toutes les organisations d'extrême droite appellent à manifester le 6 février. L'Union nationale des combattants s'y joint, mais cet appel n'engage en fait que le seul groupe parisien, même si son président, Lebecq, par ailleurs conseiller municipal d'extrême droite, joue habilement de son double titre de président parisien et de président national.

Pendant des heures, manifestants et policiers s'affronteront aux alentours de la Concorde. À deux reprises, le barrage qui interdit l'accès à la Chambre des députés sera sur le point de céder. Les policiers devront tirer. Il y aura en tout 14 morts parmi les manifestants, et 655 blessés dont 57 par balle. Mais finalement, les émeutiers n'atteindront pas la Chambre des députés, sans doute parce qu'au dernier moment le colonel de La Rocque donnera à ses troupes l'ordre de rebrousser chemin.

Y a-t-il eu complot ? C'est, semble-t-il, l'avis de Léon Blum[1], de Pierre Franck[2], et de Charles Serre[3]. À l'inverse, René Rémond estime que « le 6 février n'est pas un putsch, pas même une émeute, seulement une manifestation de rue[4] ». La « manifestation de rue » que décrit René Rémond a cependant quelques caractères spécifiques. Si la grande masse des manifestants se sert de projectiles en asphalte ou en fonte que leur fournit l'environnement, une partie d'entre eux, cependant, n'est pas venue les mains vides : pétards, billes et rasoirs pour les chevaux, massues, matraques, voire armes à feu pour les gardes mobiles. L'objectif matériel qui cristallise la partie la plus active des manifestants n'est pas d'arpenter les grands boulevards, mais bien de prendre d'assaut la Chambre des députés. Quant à l'objectif politique, il est proclamé par l'Action francaise : « étrangler la gueuse », en finir avec « le régime abject » ou, pour les Jeunes Patriotes : « Donner à la nation des chefs dignes d'elle. »

Pourtant, une série d'éléments ne permettent pas non plus d'accréditer la thèse du complot « minutieusement préparé ».

Ainsi, il ne semble pas y avoir eu de coordination préalable entre les diverses organisations d'extrême droite[5]. Les mots d'ordre sont différents (très flous pour les Croix-de-Feu et pour l'UNC), les heures d'appel à manifester ne coïncident pas, et le dispositif géographique ne correspond guère à un dispositif insurrectionnel : pourquoi, par exemple, avoir concentré l'essentiel des manifestants (à l'exception du moins important des cortèges des Croix-de-Feu) sur la rive droite, permettant ainsi à la police de n'avoir qu'un pont à défendre ? Les itinéraires mêmes des différents cortèges ne

1. « L'insurrection avait, à l'intérieur de la Chambre, des représentants et des chefs » (commission d'enquête de l'Assemblée nationale).

2. « Il est sûr que des enquêtes seront faites qui prouveront la préparation d'un coup de force » (*La Semaine du 6 au 12 février,* Paris, 1934).

3. « On n'est pas en présence d'une manifestation spontanée, mais d'une véritable insurrection, minutieusement préparée » (commission d'enquête de l'Assemblée nationale).

4. René RÉMOND, *La Droite en France,* Aubier, Paris, 1963.

5. Seul le comte de Paris a multiplié les contacts préalables avec diverses organisations et semble avoir pensé que les manifestations pouvaient déboucher sur un coup d'État. Il est écouté poliment par ses interlocuteurs (Dorgères, de La Rocque, Charles Nicolle, qui est président du Comité de salut économique), mais ne semble pas avoir entamé leur scepticisme, pas plus d'ailleurs que celui de l'Action française : Daudet est à Bruxelles quand l'émeute prend tournure, et Maurras passe la nuit à composer un poème provençal.

confirment pas la thèse du complot, qu'il s'agisse de l'UNC obliquant vers l'Opéra, de l'Action française abandonnant précipitamment son parcours du boulevard Saint-Germain, ou des Croix-de-Feu contournant la Chambre pour se regrouper aux Invalides. À quoi il faut ajouter le calme en province [6], où les ligues étaient parfois puissantes, et la passivité de l'armée.

Les contacts des émeutiers avec celle-ci paraissent d'ailleurs incertains. Témoin ce coup de fil, le 6 janvier dans l'après-midi, au 46e d'infanterie, demandant « au colonel, de la part des Croix-de-Feu, d'observer une attitude pacifiste face aux anciens combattants ». Les résultats sont minces : 150 « corniches » (élèves de Saint-Cyr) qui défilent à Paris. En fait, Lyautey s'était invité à dîner chez Vladimir d'Ormesson, afin de ne pouvoir être contacté par les dirigeants des ligues. Weygand semble bien avoir fait savoir, par l'intermédiaire du Croix-de-Feu Léopold Marchand, « qu'il ne fallait pas compter sur l'armée ». De plus, le ministre de l'Intérieur, Frot, possédait, par l'intermédiaire du commandant de Lattre de Tassigny, ses propres liaisons dans l'armée.

En réalité, certaines organisations voulaient très certainement « en découdre » : la répartition des morts et des blessés par balle le prouve à l'évidence [7]. D'autres, en revanche, comme l'UNC ou les Croix-de-Feu, visaient à la démonstration de force et souhaitaient faire pression. Le cocktail ainsi réalisé était cependant assez explosif pour répondre aux objectifs immédiats d'une partie du grand patronat [8] et de la droite classique [9] : ni la monarchie, ni le fascisme, ni même la « dictature », mais un gouvernement fort capable de gérer la crise économique au mieux des intérêts du grand

6. Exceptions : à Nantes, où les Jeunesses patriotes et l'Action française manifestent le 6 ; au Havre, où 200 Croix-de-Feu se rendent au monument de la victoire.

7. Sur 14 morts, 4 appartenaient à l'Action française, 2 aux Jeunesses patriotes, 1 à Solidarité française. Sur 57 blessés par balle, l'Action française revendique 26 adhérents et sympathisants, Solidarité française : 8 ; les Jeunesses patriotes : 2.

8. Mathon (du Textile du Nord), de Peyerimhoff (des Houillères) et surtout Ernest Mercier (de l'Électricité) sont directement mêlés aux agissements des groupes d'extrême droite.

9. Appuyant Tardieu, il y a la droite de l'Assemblée nationale (Philippe Henriot, Xavier Vallat, Georges Scapini, etc.) et surtout les élus municipaux de Paris (des Isnards, Taittinger, etc.) dont les liens avec les Jeunesses patriotes sont de notoriété publique.

patronat, ce dont les radicaux ne leur paraissaient plus capables. Ainsi, le 6 février, si la visée apparente échappe, l'objectif réel, lui, est atteint : le 7, Daladier démissionne.

Que s'est-il passé ? Daladier, qui a été investi durant l'émeute par 343 voix contre 237, envisage durant quelques heures de tenir bon. La deuxième étape de l'opération se déroule alors, et elle débute par le peu de disponibilité — c'est le moins que l'on puisse dire — que manifeste alors l'appareil de l'État. Peut-on déclarer l'état de siège ? Le procureur général consulté répond que non : il faudrait une loi. Le général commandant la place de Paris pèse dans le même sens. Peut-on alors ouvrir une information pour complot contre la sûreté de l'État ? Non, répond toujours le procureur, cela « discréditerait la justice ». Faut-il alors procéder à des arrestations préventives ? Oui, si l'on excepte les élus, les journalistes et les anciens combattants. On prévoit cependant d'arrêter Charles Maurras. Mais il ne sera jamais appréhendé : il expliquera plus tard que, dur d'oreille, il n'a pas entendu le commissaire de police sonner à sa porte. Le commissaire, en tout cas, n'insiste pas...

À l'aube, ce sont les Renseignements généraux qui accumulent les rapports alarmistes : une nouvelle manifestation est prévue pour le soir, dans la nuit des armureries auraient été pillées, on parle d'utiliser des grenades, Lyautey prendra la tête de la manifestation, le ministre de l'Intérieur a été condamné à mort, etc.

Dans la matinée, ce sont, avec Pierre Cot et Jean Mistler, les « jeunes radicaux » qui viennent demander à Daladier de démissionner, puis Herriot, le président du parti, puis son ministre de l'Intérieur, Frot, puis le socialiste Frossard...

À 11 heures 30, Daladier démissionne. C'est Doumergue, le brave « Gastounet », qui est chargé de former le cabinet et il y prend comme ministre d'État Tardieu. Les ligues d'extrême droite décommandent alors les manifestations prévues pour le soir.

Les appareils hésitent

À gauche, le traumatisme est profond. La SFIO, à l'annonce des manifestations du 6, n'a prévu aucune riposte : simplement, les locaux, ce soir-là, sont gardés. Pendant les événements, la seule réplique s'est située sur le plan parlementaire. Le groupe SFIO a voté la confiance à Daladier, puis, à l'initiative de Blum, a tenté de persuader Daladier de ne pas démissionner, allant même jusqu'à envisager la participation à son gouvernement.

À la base cependant, dans les fédérations de Seine et Seine-et-Oise, la réaction est d'une autre nature. Émile Farinet pour la Seine-et-Oise, Jean Zyromski et Marceau Pivert pour la Seine demandent à rencontrer leurs homologues du PCF « afin de fixer les bases d'un accord loyal et de réaliser l'unité d'action des travailleurs » ; ils précisent qu'ils attendent une réponse jusqu'à minuit dans leur permanence. À minuit, comme la réponse n'est pas arrivée, Farinet, Pivert et Zyromski se rendent en délégation au siège de *l'Humanité*. À André Marty et à Paul Vaillant-Couturier, qui les reçoivent, ils proposent l'organisation en commun d'une grande manifestation le surlendemain, 8 février. L'accueil est réservé : leurs interlocuteurs se contentent d'enregistrer leur demande et de promettre une réponse pour le lendemain. Sans plus attendre cependant, les dirigeants parisiens du parti socialiste font paraître dans *le Populaire* du 7 leur appel à manifester le 8. Mais quand la réponse du parti communiste arrive — tardivement le soir du 7 — elle est négative. Pis, le texte du PCF multiplie les injures à l'égard de la SFIO et, surtout, appelle à sa propre manifestation le 9, place de la République. Les dirigeants socialistes parisiens se retrouvent dans une impasse.

Du côté de la direction nationale, les perspectives ne sont pas plus claires. Jusqu'au dernier moment, Blum a cru pouvoir persuader Daladier de ne pas démissionner. Quand celui-ci capitule, Blum ne cache pas sa déception et son amertume [10]. Mais la désaffection des radicaux le laisse dans

10. « Aujourd'hui comme il y a huit ans, les représailles de la réaction ont été favorisées par les fautes et finalement par l'abandon des gouvernements radicaux (...). La seconde leçon est encore plus dure que la première. Le Parti la retiendra plus longtemps. » (*Le Populaire*, 10 février 1934.) Comme on le sait, la leçon fut cependant assez vite oubliée.

l'immédiat sans proposition d'actions, ballotté entre la volonté d'action unitaire des dirigeants parisiens, et les réserves de Paul Faure.

Quant au PCF, persuadé que le capitalisme connaît ses ultimes convulsions, il ne voit dans la « défense de la République » que la volonté de défendre le régime capitaliste. Les scandales dont l'affaire Stavisky est l'aboutissement lui paraissent d'abord une occasion de déstabiliser le régime lui-même. Dans le chœur de protestations qui s'élève alors, il tient à jouer sa partition : cela lui paraît d'ailleurs le seul moyen de disputer à l'extrême droite le petit peuple de Paris, et notamment les anciens combattants.

Pourtant, s'il eût été plus attentif, il se serait rendu compte que l'aspiration à l'unité croissait, en tout cas chez les intellectuels. Le Mouvement Amsterdam-Pleyel contre la guerre, qu'il avait lui-même lancé en juin 1932, avait obtenu un succès non négligeable auprès des militants socialistes [11]. Le « Front commun », lancé en mai 1933 par un député radical en rupture de banc, Gaston Bergery (avec le soutien discret d'une fraction de la franc-maçonnerie [12]), n'est pas non plus sans audience, même si, de nouveau, le parti socialiste interdit à ses militants d'y participer. Mais, seuls au sein du bureau politique, Jacques Doriot et André Ferrat défendent la nécessité d'une autre politique. Au CC de janvier 1934, Doriot a plaidé pour une politique antifasciste et pour relancer les tentatives d'unité d'action avec les directions socialistes. Il insiste : il ne s'agit pas de « remplacer » le front unique à la base par le front unique au sommet, mais d'articuler l'un et l'autre. Rien à faire, ses propositions sont rejetées. La résolution, du coup, n'est pas votée à l'unanimité, ce qui est contraire aux habitudes prises : Doriot vote contre, et Ferrat s'abstient.

Le matin du 6, *l'Humanité* titre : *Aux usines, aux chantiers, dans les gares, manifestez !* Il s'agit de manifester tout à la fois contre les bandes fascistes, contre le gouvernement,

11. Bien que la direction du PS ait interdit toute participation dans l'Indre-et-Loire, c'est la section de Hommes, puis celle de Saint-Pierre-des-Corps, qui y adhèrent. Dans le Languedoc-Roussillon également, des sections du PS adhèrent, à la Grande-Combe, à Bagnols-sur-Cèze, à Vauvert, à Lézignan. Au total, 141 sections et 3 fédérations (Ariège, Côtes-du-Nord, Landes) rejoignent Amsterdam-Pleyel. Sur les 585 délégués français au congrès, le PCF dénombrera 125 socialistes.

12. Bergery lui-même n'est pas maçon, mais ceux-ci sont nombreux parmi les hommes qui l'entourent : Félicien Challaye, Gabriel Cudenet, Georges Monnet.

et contre la social-démocratie, mais... pas à la Concorde. L'ARAC seule est convoquée au rond-point des Champs-Élysées : il n'est pas question de perdre le contact avec les anciens combattants influencés par l'UNC ou par les Croix-de-Feu.

En fait, les témoignages abondent sur la présence de militants communistes dans les manifestations du 6 [13]. Le soir même, à la Chambre, Doriot et Renaud-Jean essaient de convaincre Maurice Thorez d'appeler à une riposte unitaire : en vain. Le 7, *l'Humanité* déclare : « Paris ouvrier a riposté », et traite le gouvernement Daladier de gouvernement d'assassins [14]. Le bureau politique répond par la négative à la proposition des fédérations parisiennes de la SFIO de manifester le 8, mais déjà les premières fissures apparaissent : Doriot, à Saint-Denis, donne son accord. Et quand le PCF appelle seul [15] à manifester le 9, Doriot, bravant la décision selon laquelle les membres du bureau politique ne doivent pas y participer, est à la tête du cortège qui part de la gare de l'Est. Les heurts avec la police sont violents, et l'on dénombre finalement 9 morts [16].

---

13. Témoignage de Georges Lefranc, de Jeanine Bouinossousse, de Daniel Guérin, des *Cahiers des droits de l'homme*... Drieu La Rochelle écrit (NRF, mars 1934) : « Communistes, patriotes, ce n'est pas la même chose... Ils étaient pourtant bien près les uns des autres. À un moment, vers 10 heures, le mardi, dans la rue Royale, dans la foule qui se ruait vers la place de la Concorde (...) on chantait pêle-mêle *la Marseillaise* et *l'Internationale*. J'aurais voulu que ce moment durât toujours. »

14. Pour donner à sa présence dans la rue une coloration antifasciste, le PCF s'appuiera longtemps sur une scène de rue rapportée par les socialistes eux-mêmes dans *le Populaire* du 7 février : « Les employés communistes de l'Hôtel de Ville et les habitants du quartier étaient venus là pour contre-manifester et pendant plus d'une heure, la "mobilisation" des JP ne fut qu'une démonstration communiste et ouvrière qui n'alla pas sans quelque violence. *L'Internationale* retentissait, interrompue périodiquement par des charges de police et de gardes à cheval ou à pied. Les cris de "Chiappe en prison" parvenaient aux oreilles de quelque Topaze... » En fait, les explications communistes ont varié avec le temps. En 1966, à la Conférence scientifique internationale sur le Front populaire et l'action de Maurice Thorez, Pierre Delon explique encore qu'il s'agissait de manifester *contre* les fascistes. En 1981, Danièle Tartakowski (*Le PCF, étapes et problèmes*, Éditions sociales) est moins affirmative et écrit que l'ARAC était dans la rue « sinon aux côtés, du moins en même temps que les ligues fascistes ».

15. En fait, la Fédération autonome des fonctionnaires appelle également à manifester. Son secrétaire général, Pierre Boursicot, futur directeur de la Sûreté nationale, est sévèrement matraqué par les forces de l'ordre.

16. La mobilisation policière est considérable et l'armée se voit confier l'occupation des points stratégiques de la capitale (gares, centraux téléphoniques, etc.). Fruit du travail « anti » ? Des scènes de fraternisation soldats-ouvriers ont lieu à Vaires, à La Villette, gare de Lyon, et aux centraux téléphoniques de Grenelle et de Ségur.

Le 12 février

Entre-temps, la CGT a décidé d'appeler pour le 12 à une grève générale avec manifestation. La plupart des organisations de la gauche non communiste [17] se joignent à cet appel, non sans réticences de la part de la direction de la SFIO, où Paul Faure, de toute manière hostile à l'unité d'action, croit davantage aux « réactions républicaines » qui peuvent partir des municipalités de province [18]. Quant au parti communiste, il appelle à la grève dès le 10, et à partir du 11, à la manifestation. La CGTU fait de même [19].

Que s'est-il passé ? Les pressions de l'Internationale ont sans doute existé, mais il n'en existe, quant à leur forme, qu'un témoignage unique [20]. Mais par ailleurs, la pression unitaire se fait sentir en province dès le lendemain du 6. Le 7 au soir débutent à Nîmes de violentes manifestations de rue, à l'initiative du PCF et de la CGTU, mais auxquelles participent des responsables socialistes. Le 8 à Brest, 2 500 personnes assistent au meeting au cours duquel prennent la parole Le Meur pour la SFIO et Valière pour le PCF. Dès le 8, une trentaine de villes ont réagi. À Bordeaux, à Valence, à

---

17. Sauf le parti radical. Localement, ce dernier ne sera d'ailleurs partie prenante des manifestations du 12 que dans de très rares endroits (Lézignan, Morlaix...). Le PSF de Marcel Déat est par contre signataire de l'appel. Ce qui est plus étonnant, c'est que, de nombreuses années après que son itinéraire l'ait mené jusqu'au nazisme, Déat porte toujours le même jugement sur le 6 février 1934. Il écrit ainsi dans ses mémoires : « Il fallait réprimer ce complot [...] même au prix de quelques centaines ou milliers de cadavres [en] utilisant l'armée, [en] appelant à la rescousse les syndicats ouvriers et la province. »

18. En l'occurrence, Paul Faure se heurte même à Blum, qui sent monter le courant unitaire : « Mon petit Paul, si le secrétariat ne convoque pas, *le Populaire,* lui, convoquera », conclut sèchement Blum.

19. Les historiens communistes Jean Bruhat et Marc Piolot *(Esquisse d'une histoire de la CGT)* donnent la version suivante : « Le 7 février, cinq syndicats parisiens de la CGTU décident du principe d'une grève générale antifasciste et prennent contact avec les syndicats confédérés dont celui des services publics qui a lui aussi décidé la grève. De nombreux militants confédérés effectuent des démarches pressantes auprès de la direction de la CGT qui a réuni sa commission administrative. Celle-ci se décide alors à appeler à la grève générale pour le 12 février. » La volonté de dissimuler que l'initiative revient aux « confédérés » apparaît particulièrement maladroite.

20. Celui de Vassart, selon lequel un télégramme de l'Internationale aurait transmis cette consigne dès le 10. L'hostilité de Marty expliquerait que l'appel ne soit paru, ce jour, que dans les dernières éditions de *l'Humanité.*

Nevers, à Cherbourg, à Lorient, à Mulhouse, les manifestations se font dans l'unité. L'aspiration unitaire semble particulièrement vive dans la CGTU. Ainsi, dès le 7, à Saint-Nazaire, ce sont la CGT et la CGTU qui prennent l'initiative. Le 8, à Nantes, le PCF n'appelle pas à la manifestation, mais aux côtés de la CGT et de la SFIO il y a la CGTU. Le 9, à Montpellier, la CGT et les enseignants de la CGTU publient un communiqué commun tandis qu'au Havre 150 syndicalistes (autonomes, CGTU et CGT) se réunissent pour préparer le 12 et appeler à l'unité syndicale. Ce vendredi 9, on dénote d'ailleurs encore sept manifestations en province. En réalité, dans la plupart des grandes villes de province, l'appel unitaire à la grève et aux manifestations du 12 précède l'appel que publie le 11 *l'Humanité*. Et le 10, trente intellectuels parmi lesquels Alain, Breton, Eluard, Malraux, Rivet, Vigo, etc., ont rendu public un appel à l'unité d'action.

Il va de soi que ces réactions pèsent dans l'évolution du bureau politique du PCF, où, au-delà des incartades de Doriot, un courant existe, sensible aux aspirations unitaires : Ferrat, Renaud-Jean [21], et probablement Frachon.

De nombreux points d'interrogation subsistent. Qu'allaient faire les instituteurs ? Et plus généralement, la fonction publique ? Qu'allaient faire les cheminots, où le souvenir de la répression des grèves de 1920 est encore très présent, et où la consigne fédérale de grève est un peu symbolique : 1 minute pour les roulants, 15 minutes pour les autres services. Finalement, la consigne de grève n'est générale qu'en apparence, afin de ne pas gêner les usagers : il n'y aura pas de mot d'ordre de grève dans l'alimentation ni de coupure d'électricité. La grève est cependant massive.

Dans la région parisienne, il y a plus d'un million de grévistes : 100 % dans le livre, 90 % dans les PTT, 80 % chez les instituteurs et dans la métallurgie. À Renault, où le climat est particulièrement tendu, la direction fait apporter des chariots de nourriture à l'intérieur des établissements, afin

21. Il semble bien que, pour toute la période qui vient, Renaud-Jean tiendra le même langage à Paris et en province. *Le Réveil socialiste* écrit ainsi, le 7 juillet 1934, à propos de Renaud-Jean à un meeting à Agen : « Pas une seule fois Renaud-Jean n'a été agressif ou injuste à l'égard de notre parti. Il sent mieux que quiconque, plus que les avocaillons de Paris, que l'unité est nécessaire et il ne veut rien faire qui puisse l'empêcher. »

de dissuader les ouvriers de quitter l'usine. Un chariot renversé, puis incendié, entraîne l'intervention de la police. C'est l'affrontement, autour des barricades spontanément dressées, au coin desquelles un jeune ouvrier, Marc Tailler, est tué. Mais la direction a perdu son pari : à Renault, où la présence syndicale est infime, il y a près de 50 % de grévistes. Enfin, clé de toute grève générale, l'arrêt est quasi total dans les transports en commun de la région parisienne.

En province, il y a certes des bavures. Dans le Finistère, le secrétaire du Cartel des fonctionnaires ne transmet pas le mot d'ordre de grève, et seuls les instituteurs arrêtent le travail. À l'usine à gaz de Saint-Nazaire, les syndicats s'opposent sur le mot d'ordre de grève. Ce sont les instituteurs, en revanche, qui sont absents dans le Gard. Mais la combativité s'exprime aussi de mille manières. Ainsi, le syndicat CGT des cheminots du réseau breton parle de « dégonflage » et « blâme la Fédération pour son attitude platonique ». Dans l'ensemble, ils sont plus de quatre millions à cesser le travail.

Succès également pour les manifestations à Paris ; il y a près de 100 000 manifestants [22]. En province, meetings et manifestations se déroulent dans 346 villes. Selon les organisateurs, il y a, dans 20 villes, plus de 10 000 manifestants [23]. Sur 39 villes de plus de 50 000 habitants, la manifestation a été 27 fois unitaire [24].

Premières initiatives unitaires

Dans les semaines qui suivent le 12 février, diverses structures unitaires tentent de se mettre en place.

Amsterdam-Pleyel propose le 19 février d'être le lieu de coordination des initiatives unitaires. Mais ni le PS, ni la CGT ne donnent suite à cette proposition.

Le 21 février, la CGT convoque, pour sa part, des états

---

22. 30 000 selon la Sûreté nationale, entre 150 000 et 200 000 selon *l'Humanité*.

23. Selon la police, 4 (Grenoble, Toulouse, Bordeaux, Marseille). Antoine Prost (« Les manifestations du 12 février 1934 en province », *Mouvement social*, n° 54) y ajoute Mulhouse, Le Havre, Limoges, Toulon, Lille et Lyon, soit un total de 10.

24. C'est à tort, à notre avis, que Antoine Prost classe Brest parmi les villes « non unitaires ». S'il n'y a pas eu d'appel commun à la manifestation, sa préparation et son déroulement ont été unitaires.

généraux du travail. La direction confédérale[25] est alors fortement intéressée par les thèses de Henri de Man, et par les idées « planistes » qui commencent à se répandre : les états généraux du travail devraient être l'occasion de concrétiser « le plan ». Pour autant, les consignes transmises aux syndicats de base ne doivent pas être très claires. À Saint-Nazaire, ainsi, les délégués sont désignés sur la base d'une vision des états généraux comme devant créer « une nouvelle organisation destinée à former des troupes de choc pour la lutte contre le fascisme[26] ». En fait, les états généraux du 7 avril ne seront ni l'un ni l'autre, décevant tout le monde. Et le meeting qui devait avoir lieu le lendemain est, faute de salle, décommandé.

De la même manière, l'initiative de lancer un Comité de vigilance des intellectuels antifascistes connaît un démarrage difficile. L'idée a surgi des conversations entre un membre du cabinet du ministre de l'Éducation nationale, Pierre Gérôme, et des dirigeants du syndicat des instituteurs, comme Delmas et Lapierre. Mais la réunion convoquée le 17 février se tient dans un « invraisemblable désordre ». Rivet y apostrophe Prenant, arrivé en retard : « Comment, vous, un homme de science, vous voulez critiquer un texte dont vous n'avez même pas entendu la lecture ? » C'est seulement le 5 mars qu'un manifeste peut être lancé, et le 8 mai qu'un bureau est élu[27]. Mais le succès très rapide de l'initiative témoigne de l'attente qui existait : 2 000 adhésions dès avril, plus de 3 500 adhérents début juillet.

Pas plus qu'elle n'améliore dans l'immédiat les relations intersyndicales[28], la réussite unitaire des grèves et des mani-

25. En tout cas, Jouhaux lui-même, Belin, Lacoste, le secrétaire de la fédération des fonctionnaires, et des économistes animant le Centre confédéral d'études ouvrières : Lefranc, Laurat, Delaisi, etc.

26. In *Saint-Nazaire et le mouvement ouvrier de 1920 à 1939*, Aremors, 1983.

27. On y trouve des membres du PCF (Baby, Prenant, Wallon, Wurmser), du PS (Dominois), du parti radical (Bayet), mais aussi des « inorganisés ». Le président élu est Paul Rivet, socialiste, et les vice-présidents Paul Langevin et Alain. « Il nous parut essentiel, écrit Delmas, que ce fût Rivet qui prît la tête du mouvement, Langevin ayant participé trop souvent à des manifestations organisées par les communistes. » Quant à Alain, considéré comme proche du parti radical, « il donna sa signature, mais, de mémoire de contemporain, ne participa jamais à aucune réunion ».

28. Du côté de la CGTU, une circulaire interne, signée Léon Mauvais, explique ainsi dès le 14 février : « Notre critique contre la CGT ne doit nullement s'atténuer, bien au contraire. Les dirigeants de la CGT, obligés de lancer le mot d'ordre de grève générale, ont agi dans bien des endroits pour qu'elle n'ait pas la portée que lui voulaient les travailleurs. » Et une deuxième circulaire interne, du 6 juin,

festations n'a pas suffi à modifier les rapports entre le parti socialiste et le parti communiste. Commentant les obsèques des victimes communistes du 9 février, Vaillant-Couturier écrit le 17 : « Nous n'oublions pas que nos camarades ont été tués par des balles payées sur les crédits votés par les socialistes. » Au parti socialiste, la direction repousse, le 21 février, l'appel, proposé par Pivert et Zyromski, à « favoriser le mouvement vers l'unité d'action ». Pivert et Zyromski n'en ont cure et impulsent imperturbablement des « comités unitaires »[29], arrondissement par arrondissement, localité par localité. Dans le journal du courant qu'ils animent — *la Bataille socialiste*[30] — ils argumentent en faveur du front unique.

Le phénomène n'est pas spécifique à la région parisienne : sous des appellations diverses, et la plupart du temps sans lien avec l'activité de la « Bataille socialiste », des comités antifascistes apparaissent en province aussi. Dès mai 1934, on en dénombre ainsi 74 dans le Lot-et-Garonne et 70 dans l'Yonne. Dans le Finistère, il s'en crée, dès le 24 mars, à Carhaix puis à Brest, Morlaix, Elliant, Pont-l'Abbé, Concarneau, Lescouet et Quimper[31]. Dans le Languedoc-Roussillon, il existe, avant le 6 février, 7 comités antifascistes. Entre le 12 février et le 11 mars, il s'en crée 25 nouveaux, et entre le 11 mars et le 22 juillet, ce sont 22 autres comités qui apparaissent. Dans le Cher, entre le 8 et le 18 mars, il s'en crée à Bourges, à Mussay, à Vierzon et à Gracay.

Mais, quand arrive, au mois de mai, le XXXIe congrès du PS à Toulouse, l'unité d'action ne semble plus faire partie des préoccupations de Zyromski et de Pivert. Seule la petite tendance animée par Claude Just — et qui a succédé à l'Action socialiste — mène réellement le débat. Elle n'obtiendra cependant que 6 % face à la motion « cassoulet toulousain » — selon l'expression de Just — que défendent

---

précise qu'il faut « aider au développement de l'opposition dans la CGT, se lier à elle, la soutenir ».

29. Ils agissent, sur ce point, de concert avec les trotskystes. C'est en particulier à l'initiative de ces derniers que se forment les premiers comités sur le XVe, le XIXe et le XXe arrondissement.

30. Les événements de 1934 scissionnent de fait la BS : Paul Faure et ses amis, hostiles à l'unité d'action, n'y participeront plus.

31. On peut d'ailleurs se demander si, dans le Finistère, un certain nombre de comités de défense laïque ne jouent pas le rôle de comités antifascistes. Ce type de symbiose n'est d'ailleurs pas propre à la Bretagne. Dans le Lot-et-Garonne, le journal unitaire de Miramont, *le Réveil miramontais,* porte en sous-titre : « organe antifasciste de défense laïque et d'intérêts communaux ».

ensemble Blum, Faure, Pivert et Zyromski, et qui ne souffle mot de l'unité d'action.

L'affaire Doriot

Quant au parti communiste, il semble fermer la parenthèse unitaire du 12 et revenir à ses anciennes positions. La lutte ouverte qu'entame alors Jacques Doriot complique d'ailleurs la situation interne [32]. Le débat apparaît d'abord dans la presse du parti sans que Doriot soit mis en cause nominalement. Thorez écrit ainsi, en avril :

« C'est à ce moment que quelques opportunistes proposent à notre parti de renoncer à sa politique de front unique à la base pour pratiquer une politique de bloc avec la social-démocratie. C'est à ce moment que l'on nous invite, en définitive, à abandonner les positions du bolchevisme pour retomber au vomissement social-démocrate. »

Mais quand, en réponse au vote de la région Paris-Nord, qui approuve la position du bureau politique par 84 voix contre 54, Doriot se démet de ses fonctions de maire [33] et

32. Dès le 12, en effet, celui-ci crée, avec les socialistes locaux, le « comité de vigilance antifasciste de Saint-Denis ». La charte de ce comité est particulièrement claire :

a) lutte contre les organisations fascistes locales ;
b) constitution d'une autodéfense de masse ;
c) constitution d'un comité d'action dans chaque entreprise ;
d) convocation après la grève d'une conférence locale des organisations ouvrières et des usines ;
e) droit de critique pour les organisations participantes.

Le bureau politique en demande la dissolution, mais Doriot se retourne vers sa base, où trente des trente-cinq cellules de Saint-Denis l'appuient. Le 24 février, Doriot fait adhérer son comité au Centre de liaison des forces antifascistes, formé à l'initiative des dirigeants parisiens de la SFIO. Le 9 mars Doriot convoque une réunion du 9e rayon, à laquelle se rend Thorez. À nouveau Doriot est majoritaire (110 voix contre 61), et une motion « Falosse », qu'il a suscitée, propose de porter le différend devant le *Komintern*.

33. Le Parti laisse faire Doriot, et ne lui oppose aucun candidat. Mais Doriot publie, le 11, une « lettre ouverte à l'Internationale communiste », signée par 264 communistes. Le 21, l'Internationale convoque à Moscou Thorez et Doriot, mais ce dernier argue de la nécessité de sa présence à Saint-Denis durant la campagne électorale. Le 26 avril, une réunion contradictoire à Saint-Denis oppose, au milieu des cris et des invectives, Doriot et Cachin. Le 6 mai, Doriot est plébiscité avec 75 % des voix. Le 10, arrive un deuxième télégramme de Moscou, où Thorez est déjà présent depuis deux semaines : « Avez-vous l'intention de venir à Moscou, étant convoqué par le Comité exécutif de l'IC ? Répondez par oui ou par non. » À nouveau, Doriot se dérobe.

provoque une élection partielle, le débat passe sur la place publique. À la mi-mai, tombe la décision de l'Internationale : elle ne dit mot sur le fond politique des désaccords, mais enregistre les manquements à la discipline, et autorise le CC du PCF à « prendre envers Doriot toutes les mesures d'ordre idéologique et d'organisation qu'il considérera nécessaires afin de pouvoir assurer l'unité du parti et la lutte victorieuse contre le fascisme [34] ».

Le 23 mai, Thorez, revenu de Moscou, développe dans une réunion publique les reproches faits à Doriot : surprise, l'accusation d'avoir « fait bloc » avec les socialistes n'y tient qu'une faible place, noyée parmi une série d'autres griefs. C'est que le tournant a été pris.

Le pacte d'unité d'action

La direction du PCF n'y est pour rien : c'est l'Internationale communiste qui prend une nouvelle orientation, comme le manifeste l'article qui paraît le 25 mai dans *la Pravda* : « À plus forte raison, un pareil appel [pour un front unique de lutte, *ndlr*] est-il possible dans un pays comme la France ? [...]La question de s'adresser à la direction du parti socialiste n'a jamais été, pour les communistes de France, une question de programme [35]. »

Que s'est-il passé ? À Moscou, parmi les dirigeants de

34. Le CC prend le 18 mai une position d'une surprenante modération. Il demande à Doriot :

a) d'approuver et de se conformer au document de l'IC ;

b) de cesser immédiatement la lutte contre le CC sous toutes ses formes ;

c) de publier la déclaration de l'IC dans *l'Émancipation* ;

d) de faire une déclaration publiée dans *l'Humanité* et dans *l'Émancipation*, indiquant qu'il acceptait de cesser la lutte contre le Comité central, et que, sous sa direction, il allait lutter contre le fascisme ;

e) d'assurer la parution d'*Émancipation* sous le contrôle du comité régional de la région Paris-Nord, ainsi qu'il est prévu dans les statuts fondamentaux du Parti.

35. Le professeur Pospielov, directeur de l'Institut du marxisme-léninisme de Moscou et membre du CC du PCUS, faisait allusion, lors de la Conférence scientifique internationale sur le Front populaire et l'œuvre de Maurice Thorez, tenue à Ivry en octobre 1966, à une lettre du Praesidium de l'IC, datée du 27 mai 1935, où celui-ci se félicite que « le bureau politique du PCF ait adopté cette position juste de sa propre initiative et avant la réception de nos instructions et directives ». Cette lettre, dont il est bien sûr impossible de vérifier l'authenticité, confirme au moins qu'il y a bien eu « instructions et directives ». Sur les dates, l'affirmation est contestable. Il y a eu précédemment l'article de *la Pravda* du 25 mai.

l'Internationale communiste, la défaite du prolétariat allemand entraîne un début de réévaluation politique : on ne s'explique pas autrement l'extraordinaire impunité dont jouit Doriot en France : cinq mois de rébellion ouverte sans qu'il soit l'objet de la moindre sanction ! Mais, sous l'influence de Manouilski — et sans doute de Vassart, qui représentait alors la direction du PCF à l'exécutif de l'Internationale — Staline s'inquiète désormais d'une possible « poussée vers l'Ouest » du nazisme allemand. Il se convainc peu à peu qu'il convient de rechercher contre l'expansionnisme hitlérien l'alliance des démocraties parlementaires. En France, l'accord avec le parti socialiste est un point de passage obligé de cette politique. Thorez part pour Moscou fin avril. À la veille de son départ, son éditorial dans *l'Humanité* s'intitule : *Contre le bloc avec le social-fascisme*. Quand il en revient, fin mai, son article de *l'Humanité* est titré : *Pour l'action commune immédiate*.

Le 23 mai, puis le 5 juin, la direction du PCF envoie à la direction de la SFIO des propositions d'unité d'action concernant notamment la défense du dirigeant communiste allemand Thaelmann. Mais, quand celle-ci conditionne son acceptation par l'arrêt des polémiques, la direction du PCF refuse. De nouvelles directives de l'Internationale sont alors adressées au parti français le 11 juin. Elles seront de nouveau précisées durant le déroulement même de la Conférence nationale du PCF[36], qui adopte alors, le 26 juin, le mot d'ordre de « l'unité à tout prix », et adresse au PS une proposition en bonne et due forme d'unité d'action contre le fascisme.

Du côté de la direction socialiste, c'est l'embarras. Alors qu'il était apparu au lendemain du 6 février comme pouvant être l'aile marchante de l'unité d'action, le parti socialiste sort de son congrès désarmé. Le 7 juin, elle répond positivement à la proposition de campagne commune, à la seule condition que « cessent les polémiques ». Une première entrevue a lieu le 11 juin, mais la direction du PS, constatant

36. Les dirigeants français semblent avoir du mal à interpréter avec précision les desiderata de l'Internationale. Le 8 juin, Marcel Gitton, membre du bureau politique, explique ainsi encore que ce n'était qu'avec la base du parti socialiste qu'il fallait rechercher « l'identité de but, et partout des moyens pour y parvenir ». Selon l'historien tchécoslovaque Soukup, le texte même issu de la conférence d'Ivry aurait été envoyé de Moscou à Thorez par le délégué français auprès de l'Internationale communiste (Vassart).

que les injures continuent de fleurir dans la presse communiste, estime, le 19, « impossible la continuation des pourparlers ». La pression de la gauche socialiste s'intensifie. Le 25 juin, la Fédération de la Seine signe un accord d'unité d'action avec son homologue du PCF. Et, prenant appui sur les décisions de la Conférence nationale du PCF, les deux fédérations convoquent un meeting commun pour le 2 juillet. C'est un triomphe : il y a 25 000 participants, que la salle Bullier ne peut contenir, et il faut organiser en hâte un deuxième meeting salle Huyghens. Les accords d'unité d'action se multiplient : Lyon, Marseille, Douai...

Le 7 juillet, Blum estime, dans *le Populaire*, « impossible » de répondre par une fin de non-recevoir à la proposition du PCF. De toute façon, celui-ci est maintenant décidé à lever tous les obstacles. Le 14 juillet, une entrevue a lieu entre les deux directions. Cachin, pour le PCF, s'y affirme résolu aux « concessions les plus grandes », à un point tel que Just, dans la délégation socialiste, est quelque peu désorienté : « Pour nous, nous n'avons rien vu qui nous gênât dans le pacte proposé par le parti communiste. Mais je suis heureux que les camarades communistes offrent de retirer des articles qui gênaient certains des nôtres. » Le lendemain, le Conseil national accepte l'offre d'action commune par 90 % des mandats, seule une petite minorité, autour de Frossard, s'y opposant.

La signature du pacte, le 27 juillet 1934, marque donc la victoire de ceux qui, dans le PS et le PCF, se sont battus des mois et des années durant pour l'unité d'action. Mais pour Doriot, la victoire a vite un goût amer : il est exclu du PCF le lendemain même de la Conférence nationale qui décide de proposer l'unité d'action.

Les attendus des procès staliniens ont toujours un côté surréaliste. Doriot est ainsi accusé de comportement « antiunitaire », d'avoir considéré le front unique « comme une manœuvre subalterne » et d'avoir souhaité que le parti socialiste le refuse...

Remous radicaux

Que devient pendant ce temps le parti radical ? Laissé de côté par le mouvement unitaire qui rapproche les deux partis ouvriers, il panse ses plaies dues à la compromission d'un certain nombre des siens dans le scandale Stavisky. Le congrès extraordinaire qu'il tient le 11 mai 1934 à Clermont-Ferrand doit être celui de l'épuration ; il se contente finalement de 7 exclusions [37].

Herriot obtient un très large vote de confiance (20 abstentions sur 1 500 votants), qui revient à approuver la participation radicale au cabinet d'Union nationale de Doumergue. Déjà exaspéré par la « capitulation » de Daladier après le 6 février, et hostile à l'Union nationale, Gabriel Cudenet, secrétaire de la Seine-et-Oise, scissionne, et fonde, avec Jean Sennac et Pierre Lebrun, le parti radical-socialiste « Camille Pelletan ».

Devant l'effritement qui menace, deux initiatives ont lieu, quasi simultanément, pour rassembler dans le parti, sinon les éléments de gauche, du moins les rénovateurs. L'une part de ceux que l'on appelle « jeunes turcs », avec une circulaire signée notamment par Jean Zay et Jacques Kayser. L'autre prend la forme d'un appel de jeunes députés que signent Pierre Mendès France et Gaston Monnerville. Les deux initiatives convergeront, dessinant ainsi le cadre des débats qui vont désormais traverser le parti radical.

L'Internationale communiste et le tournant du PCF

Le 7 octobre 1934, ont lieu les élections cantonales : les communistes progressent (de 10 à 28 sièges), les socialistes également (de 105 à 119 sièges), mais les radicaux perdent 21 sièges. Les progrès communiste et socialiste sont généralement interprétés comme l'approbation électorale de l'unité d'action. À l'inverse, le recul radical semble bien sanction-

37. Les francs-maçons ne sont guère plus exigeants. Il y a bien, entre juin 1934 et septembre 1935, 41 exclusions définitives et 14 exclusions temporaires, mais cinq d'entre elles seulement semblent se rattacher à l'affaire Stavisky. Chautemps est cependant « excommunié ». Il ne sera réintégré qu'en 1937.

ner l'incompréhension que suscite la présence des radicaux dans le cabinet Doumergue, en même temps que leur dérobade de février.

Dès le 9 octobre, Maurice Thorez lance l'expression « front populaire[38] », et lui donne un contenu le 24 octobre, à Nantes, quelques jours avant l'ouverture du congrès radical dans cette même ville. Il s'y adresse « dans le même esprit d'union [...] à toutes les organisations ouvrières et paysannes, *aux groupements radicaux hostiles à la réaction (c'est nous qui soulignons)* et d'une façon générale à tous les travailleurs des villes et des campagnes ».

A posteriori, Maurice Thorez estimera que l'élargissement aux radicaux était en germe dans la signature du Pacte d'unité d'action. Il ne semble pas que ce point de vue soit tout à fait exact. En effet, en juin 1934, les communistes français n'ont pas modifié leur analyse traditionnelle du parti radical comme parti « bourgeois ». *Les Cahiers du bolchevisme* écrivent le 15 juin, à propos du parti radical : « Croire que des engagements écrits, même les plus solennels, peuvent changer la nature des politiciens représentant une classe déterminée, en l'occurrence la bourgeoisie, cela signifie ne rien comprendre à la vie sociale et à la lutte des classes. »

Ni le rapport de Thorez à la conférence d'Ivry le 23 juin, ni la résolution issue de cette conférence ne mentionnent de quelque manière que ce soit le parti radical comme partenaire possible. En réalité, c'est dans l'Internationale que le débat d'abord se poursuit et que s'impose peu à peu la logique de Staline.

En effet, si le problème de l'heure est au rapprochement avec les démocraties occidentales, alors il faut renoncer au langage révolutionnaire, à tout ce qui pourrait être interprété comme la volonté de déstabiliser ces mêmes démocraties. En revanche, il devient absolument nécessaire d'étendre le plus possible à droite les coalitions démocratiques antifascistes. Le 21 août, une nouvelle directive est envoyée au parti français par le secrétariat de l'Internationale communiste, lui enjoignant d'élargir l'accord pour qu'il comprenne la réalisation de l'unité syndicale, l'extension du pacte « aux

38. La plupart des historiens attribuent la paternité de l'expression à Fried — « l'ami Clément » —, conseiller de l'Internationale auprès de la direction du PCF pendant toute cette période.

partis de la petite bourgeoisie et de la paysannerie » et l'unité organique des deux partis [39].

À l'évidence, Thorez est favorable à la nouvelle orientation. Dès le début d'octobre, d'ailleurs, des réunions ont lieu chez le sénateur radical Steeg et des contacts sont pris avec Daladier par Racamond d'abord, puis par Frachon et Duclos. Mais Thorez ne se serait pas engagé sans l'appui de Fried, et celui-ci n'aurait pas donné le feu vert sans être assuré de ses arrières du côté de l'Internationale [40].

On ne peut s'empêcher de penser, cependant, que l'objectif initial de la direction du parti communiste n'est pas d'entraîner dans le Front populaire la totalité du parti radical, mais d'y favoriser une scission à gauche : tant la situation interne des radicaux que le vocabulaire employé par la direction du PCF confortent cette hypothèse. Mais, après le congrès radical de Nantes, l'objectif change. Maurice Thorez, devant le Comité central du 1er novembre, se déclare en accord avec le programme établi par le congrès radical : « Tout cela n'est certes pas le programme des communistes [...]. Mais ces revendications, ces aspirations exposées dans la politique du parti radical s'y trouvent, croyons-nous, parce qu'elles correspondent, en général, au désir du peuple de France. »

Il n'est plus question de gagner la petite bourgeoisie aux « actions de masse du prolétariat », mais de s'aligner sur le programme du parti radical qui, entre-temps et sans plus d'explications, est passé du statut de « parti bourgeois » à celui de représentant des classes moyennes.

---

39. Le 17 septembre, le PCF s'adresse à la CAP de la SFIO pour suggérer que des pressions amicales s'exercent sur la CGT afin de la rallier au « front unique » et, le 4 octobre, la CGTU fait très officiellement la proposition de la fusion à la base et la convocation d'un congrès d'unification. Le 9 octobre, Thorez évoque la nécessité de l'élargissement aux couches moyennes et, le 24, cite « les groupes radicaux ». Le 25 novembre, une lettre de la direction du PCF, adressée au Conseil de la SFIO, propose l'unité organique entre les deux partis.

40. La démarche de Togliatti à l'égard de Thorez, la veille de son départ à Nantes, les conseils de prudence à l'égard du parti radical qu'il lui transmet officiellement, comme ses encouragements officieux, signifient sans doute que le débat n'est pas entièrement clos dans l'Internationale communiste. (*À l'ombre des deux T*, Giulio CERETTI, Julliard, Paris, 1973). Par ailleurs, selon Serge Wolikow, une lettre critiquant l'élargissement du Front populaire aurait été envoyée fin octobre 1935 par le secrétariat de l'IC.

Les répercussions à gauche

La vision, souvent colportée, d'un parti socialiste qui se voit soudainement imposer par le PCF une alliance non souhaitée avec les radicaux, est largement inexacte. Certes, le parti est divisé, mais le débat a déjà eu lieu, et Zyromski, persuadé que l'alliance avec les radicaux est impossible, a déjà été minoritaire [41].

À vrai dire l'ouverture vers le parti radical divise l'ensemble de la mouvance que le rapprochement PCF/SFIO avait mis en mouvement. Le Syndicat national des instituteurs approuve, qui y voit la seule chance d'éviter l'épreuve de force et l'insurrection armée. Le CVIA prend une position identique. Et la Ligue des droits de l'homme partage assez largement ce point de vue. À l'extrême gauche, en revanche, la perspective de l'alliance avec les radicaux suscite des inquiétudes : c'est le cas pour les amis de Monatte, groupés autour de la « Révolution prolétarienne », mais aussi pour les trotskystes qui, sur les conseils de Trotsky lui-même [42], sont entrés par petits bouts dans le parti socialiste au cours de l'été 1934. Les trotskystes français n'étaient pourtant pas hostiles à toute démarche en direction des radicaux. *La Vérité* du 15 juin 1934 écrivait ainsi :

« Le radical-socialisme se décompose. Par son sommet, la bourgeoisie l'enchaîne étroitement à la politique déflationniste de Doumergue. Par sa base, les masses exploitées, petites-bourgeoises, refusent de faire les frais de cette déflation. Et maintenant, voilà que le nœud coulant de l'Histoire l'étrangle. Ayant anesthésié ses cadres, le capitalisme bancaire et industriel s'apprête à enchaîner ses troupes et à les

41. À l'occasion du congrès de mai 1934, à Toulouse, deux motions avaient été en présence concernant les cantonales. Celle de Zyromski, définissant la réaction comme étant l'union nationale et *les partis qui la composent*. Ce dernier membre de phrase, qui visait les radicaux, était en revanche absent de la motion Lebas. Zyromski avait été minoritaire par 1 280 voix contre 2 502 à Lebas.

42. Trotsky estime en effet, dès 1933, que, pour remplir leurs tâches (« féconder le front unique d'un contenu révolutionnaire »), ils n'ont d'autre solution, compte tenu de leurs forces, que d'être présents au sein d'une des organisations qui constituent le Front unique, c'est-à-dire, concrètement, en fonction notamment de son régime interne plus ouvert, dans la SFIO. C'était incontestablement là une perspective réaliste. En revanche, l'analyse que fait Trotsky du parti socialiste comme parti « centriste », c'est-à-dire, selon le vocabulaire marxiste, comme organisation « intermédiaire », oscillant entre la réforme et la révolution, se révélera largement erronée.

attacher à son char de triomphe, de réaction, et de fascisme [...]. Eh bien, à ce plan d'asservissement [...] nous devons opposer immédiatement un autre plan, qui rallie non seulement les prolétaires, mais aussi les classes moyennes (et spécialement les radicaux) [43]. »

C'est bien là la question : s'agit-il d'abandonner tout programme « anticapitaliste » — ou, ce qui revient au même, d'accepter le programme des radicaux — au nom du rassemblement des « antifascistes » ? Ou s'agit-il au contraire d'élaborer un programme qui, par son anticapitalisme même, puisse rallier les couches moyennes, voire une fraction du parti radical ?

Plan, catalogue ou programme ?

Or, justement, sur la question du programme, les discussions patinent. Le programme que propose à la discussion, le 25 novembre 1934, le PCF n'est qu'un simple catalogue de revendications. Les socialistes ne sont pas unanimes dans leurs appréciations [44]. Mais la CAP répond cependant dès le 28 novembre — à l'unanimité moins une voix, celle de Just : « Il nous paraît impossible d'apposer la signature de notre parti et la signature du vôtre au bas d'un programme commun qui ne contient pas une seule mesure d'essence socialiste. »

Le 9 janvier 1935, la CAP approuve le projet de programme socialiste élaboré par Zyromski. On y lit notamment : « La crise dans laquelle se débat toute l'économie capitaliste ne pourra être vaincue définitivement et totalement que par une politique de socialisation s'étendant à

43. Cet article, à l'analyse souvent prophétique, se terminait par un curieux « envoi » qui n'est pas sans préfigurer l'angle d'attaque que prendra par la suite le PCF : « Et puisque les radicaux se réfèrent souvent au souvenir des jacobins, qu'ils se rappellent la Convention. Nous ne répugnons pas à l'évocation de cette assemblée révolutionnaire, qui dut son énergie révolutionnaire avant tout au soulèvement des prolétaires et artisans armés et unis fraternellement dans leurs sections locales au cri de *la liberté ou la mort*. »

44. Frossard, par exemple, précise : « J'ai défendu ici même un programme analogue » (*le Populaire*, 14 décembre 1934), mais l'appréciation de Marceau Pivert n'est pas non plus totalement négative : « Le rôle d'un programme minimum n'est cependant point négligeable pour la conquête des masses encore éloignées de leur avant-garde » (*le Populaire*, 13 décembre 1934).

toutes les branches concentrées de l'économie politique, conditionnée elle-même par la conquête du pouvoir par la classe ouvrière. »

Et le projet socialiste se termine par une série de paragraphes, commençant tous par « Tout le pouvoir aux travailleurs », et précisant : « Pour la destruction de l'armature de classe de l'État bourgeois, et pour l'instauration d'une véritable démocratie ouvrière et paysanne. Pour instituer la propriété collective des instruments capitalistes de production et d'échange et pour aller ainsi vers la société sans classe, la société socialiste libératrice de l'humanité. »

Le comité de coordination, réuni le 10 janvier, prend acte que le projet de programme commun n'a pas abouti. Dans ce vide, fleurissent les projets de « plans » divers.

Il y avait eu d'abord les propositions du groupe « Révolution constructive »[45] dans le parti socialiste, et les tentatives d'adaptation à la réalité française formulées dans *Esprit*[46]. Puis il y avait eu le plan adopté par le parti radical en mai 1934 à l'initiative d'Émile Roche. La CGT, après de nombreux remaniements, publie elle-même son « Plan » en octobre 1934[47]. Les « Jeunes Radicaux » (Kayser, Valabrègue, etc.) avaient publié dans *l'Œuvre* leur propre plan (4 mai 1934), de même que Georges Valois, le 1er juin 1934, dans *Nouvel Âge*. Et le 9 juillet, un groupe disparate, dont la plupart des membres s'étaient connus à « X-Crise »[48], publiait, sous la direction de Jules Romains, un plan connu comme « plan du 9 juillet ».

Tous ceux qui se revendiquaient « planistes » se tar-

45. « Éléments d'un plan français », septembre 1933.

46. Jean Lacroix, « De la révolution nécessaire au plan de Man », *Esprit*, février 1934. Cf. aussi le plan élaboré par la « Troisième Force » de Georges Izard, lié à *Esprit*, en septembre 1933.

47. Parmi ses rédacteurs, on trouve René Cassin, Francis Delaisi, Lucien Laurat, Grunnebaum-Ballin, Pierre Lebrun, Georges Lefranc, Louis Vallon, Ludovic Zoretti.

48. « X-Crise », fondé en octobre 1931, et devenu en 1933 le Centre polytechnicien d'études économiques, se donne pour but, « alors que l'armature de notre société craque », d'avoir une réflexion approfondie sur les grands problèmes de l'heure « en dehors de tout *a priori* doctrinal ». Sorte de « fondation Saint-Simon » des années trente, « X-Crise » voyait cohabiter des polytechniciens d'extrême gauche (Soulès, Beaurepaire), des socialistes blumistes (Jules Moch et Charles Spinasse), des néo-socialistes (Montagnon), des libéraux (Jacques Rueff), des patrons de droite (Duchemin) et d'extrême droite (Ernest Mercier), des fascistes (Pucheu), etc. Ses principaux animateurs furent ses trois initiateurs, Bardet, Loizillon et Nicoletis, ainsi que le mystérieux Jean Coutrot, dont nous aurons l'occasion de reparler.

guaient pour commencer d'être des « réalistes » : « Dire ce que l'on veut, c'est exposer un programme ; dire ce que l'on peut, c'est dresser un plan », explique Jacques Branger [49]. Et bien qu'ils commençassent tous par expliquer la nécessité de « réformes de structure », ils se situaient, dans le meilleur des cas, dans la logique du réformisme et de la collaboration de classe. C'est « de gauche », d'ailleurs, que Léon Blum avait combattu, lors du XXXIe congrès en mai 1934, les « planistes » de « Révolution constructive ».

Mais l'absence de débouché programmatique du rapprochement PC/PS fait que les « plans » font parler d'eux.

Doriot et Bergery

Simultanément, une série de petits groupes hésitent encore quant à leur positionnement.

Doriot par exemple, auquel le PCF semble alors avoir volé sa politique de « front unique », ne modifie pas sa trajectoire « à gauche », mais au contraire l'accentue. D'emblée, il se prononce pour la fusion organique : « Unité totale = une seule classe, un seul syndicat, un seul parti » ; il n'a que sarcasmes pour les néo-socialistes, qualifie le « plan du 9 juillet » de « mauvaise copie du fascisme » et s'oppose vigoureusement à Doumergue, ce « hâbleur préfasciste ».

Sur le plan de la politique extérieure, il reste fidèle à la défense de l'URSS (« cause sacrée qui se confond avec la défense de l'humanité [50] »), se proclame partisan du « défaitisme révolutionnaire » tout en qualifiant Hitler de « bourreau du peuple allemand ».

En même temps, il essaie de consolider et d'élargir son influence. En novembre 1934, les militants qui lui sont restés fidèles sont encore 857 à Saint-Denis [51]. Il convoque, en accord avec le parti d'unité prolétarienne, une conférence des « groupes autonomes » le 20 octobre 1934. Il participe,

49. « Le contenu économique des plans et le planisme », conférence à X-Crise, 22 février 1935.

50. *L'Émancipation*, 1er novembre 1934.

51. Ils sont, les 3 et 4 novembre, exclus du PCF. Les effectifs orthodoxes varient, selon les estimations, entre 100 et 234. Doriot a donc conservé à ses côtés entre 80 et 90 % du « rayon » de Saint-Denis.

en février 1935, à une conférence internationale des partis qui ne se reconnaissent ni dans la IIe, ni dans la IIIe Internationale. Mais les résultats de ces diverses tentatives sont maigres. Au bout de six mois d'efforts, les « Amis de l'unité ouvrière », fondés par Doriot, ne comptent pas plus d'une demi-douzaine de relais en province (Aube, Marne, Moselle, Oise, Bas-Rhin, Seine-Inférieure). En fait, la seule voie qui semble bien lui rester ouverte est celle de l'adhésion à la SFIO. Zyromski et Pivert y sont favorables, ainsi que Rosenfeld et Lebas, mais Blum est hostile :

« Doriot est un fasciste qui s'ignore encore. Mais il en a le tempérament, les défauts, les méthodes, et l'ambition. Il ira très loin, jusqu'à l'extrême droite, heureusement sans s'arrêter chez nous [52]. »

Au printemps, aucune décision n'est encore prise.

Quant au « Front commun » de Bergery, le rapprochement antifasciste semble également lui enlever sa raison d'être. Il survit cependant grâce à d'impétueuses campagnes antifascistes et anticapitalistes de son bimensuel *la Flèche* et, surtout, ses préoccupations convergent avec celles de la « Troisième Force », un petit mouvement lié à *Esprit*, qu'anime Georges Izard. Les deux groupes fusionnent en novembre 1934, sous l'appellation « Front social ». Bergery a dû payer cette fusion de l'abandon de toute position anticléricale, et Izard la paie de la rupture avec *Esprit* [53]. L'addition des deux groupes ne suffit pas à créer un vaste mouvement : quelques centaines plus quelques centaines...

Une droite sans politique

Heureusement pour la gauche, la droite parlementaire ne parvient pendant ce temps ni à surmonter ses divisions, ni à définir une politique. Le gouvernement Flandin se heurte même à plusieurs reprises à ses soutiens naturels : aux régents de la Banque de France, et notamment à de Wendel, qui s'opposent aussi bien à la dévaluation qu'à l'inflation à

52. In Jules Moch, *Rencontres avec Léon Blum*, Plon, Paris, 1970.

53. « Vouloir forcer le temps par des tactiques, c'est perdre la foi », déclare Emmanuel Mounier (lettre de Mounier à Izard, 16 octobre 1934).

la petite semaine, comme aux associations d'anciens combattants — y compris celles orientées à droite. En revanche, la droite extra-parlementaire reprend du poil de la bête.

Curieusement, c'est l'organisation qui est apparue la plus indécise le 6 février — les Croix-de-Feu — qui tient maintenant le haut du pavé. Les adhésions n'ont depuis lors cessé d'affluer, et les Croix-de-Feu sont maintenant près de 100 000. Dès le mois de mai, le colonel de La Rocque a appelé à un « front national » au sein duquel les Croix-de-Feu cohabitent avec Solidarité française et les Jeunesses patriotes, et que soutient l'Action française. Faut-il mettre au compte de l'effort doctrinal l'écriture par le colonel de La Rocque d'un livre-programme, *Service public* ? L'ouvrage n'a pas grand écho, et suscite surtout des quolibets. Mais c'est volontairement que La Rocque s'en tient à des formules générales : « J'ai résolument placé les programmes dans ma bibliothèque, avec les dictionnaires et les tables de logarithmes ; j'ai imposé la priorité au plan d'action. »

De l'action, le colonel de La Rocque en distribue à tour de bras : colonnes motorisées, rendez-vous clandestins, obéissance aveugle : les « dispos » doivent être prêts à l'action dans l'heure qui suit l'appel du chef. La plupart du temps, l'« action » est davantage du domaine de l'exercice scout que de la démonstration de rue [54].

Pacifisme et nationalisme face au pacte Laval-Staline

Dans ce contexte tendu, c'est la situation internationale qui évolue brutalement et redistribue les cartes. En mai 1935, Pierre Laval, alors ministre des Affaires extérieures du gouvernement Flandin, signe le pacte franco-soviétique. Le 15 il rentre de Moscou, avec en poche une déclaration de Staline : « Monsieur Staline comprend et approuve la poli-

54. Mais il y a des bavures. En septembre 1934, à l'occasion d'un meeting des Jeunesses patriotes, un jeune militant socialiste, Villemin, est tué. En avril 1935, ce sont à nouveau les Croix-de-Feu qui mettent à sac le local de la Fédération socialiste de la Seine, rue Feydeau. En face, Marceau Pivert et les trotskystes (dont la tendance dans la SFIO a pris la dénomination de « Groupe bolchevik-léniniste ») ont mis sur pied les TPPS (« toujours prêts pour servir »), que la direction du parti n'ose désavouer.

tique de défense nationale faite par la France pour maintenir sa force armée au niveau de sa défense. » Le pacte et la déclaration de Staline sont dans la droite ligne de la politique suivie depuis quelque temps par l'Union soviétique. Se sentant menacée par l'expansionnisme hitlérien, celle-ci a tout fait pour sortir de son isolement : traité de non-agression avec l'Italie mussolinienne (2 septembre 1933), reprise des relations avec les États-Unis (12 septembre 1933), entrée de l'URSS à la Société des Nations (septembre 1934).

Le pacte, en tout cas, découpe toutes les forces politiques selon un nouvel axe : d'un côté, pêle-mêle, se retrouvent les germanophobes, les prosoviétiques, les nationalistes de toute sorte et les anti-hitlériens partisans d'une politique de fermeté. De l'autre, les pacifistes, les pro-hitlériens, les anticommunistes irréductibles, les adversaires de l'union nationale, les partisans du « défaitisme révolutionnaire ».

À l'extrême droite, La Rocque se retrouve dans le camp de la fermeté, tandis que la Franciste de Bucard, et aussi l'Action française, penchent du côté germanophile.

Dans le patronat, de Wendel [55] et Mercier sont germanophobes — voire, dans le cas de ce dernier, soviétophile [56] — tandis que Duchemin, le président du CGPF, qui a gardé des liens étroits avec Carl Bosch, le directeur de la Banque allemande Badisch Anilin, se range dans le camp pacifiste.

La droite parlementaire se divise également : à la Fédération républicaine, Paul Reynaud et Georges Mandel sont favorables à l'alliance soviétique, mais à la Chambre, la majeure partie des députés de leur groupe s'abstiennent ou votent contre.

L'armée, du moins l'état-major, est favorable au pacte, mais dans leur grande masse, les anciens combattants, toutes tendances confondues, penchent dans un premier temps du côté du pacifisme et de la réconciliation franco-allemande [57].

---

55. « Au train où vont les choses, ce seront bientôt les communistes qui feront figure de patriotes. Plus je vais, plus je pense que j'ai bien fait l'autre jour [au Sénat] de suivre mon tempérament et de voter national » (de WENDEL, *Carnets*, 18 mars 1936).

56. Ernest Mercier avait fait un long voyage en URSS à la fin de 1935. Il explique à son retour que l'association avec la Russie permet que soit « opposé un obstacle supplémentaire aux entreprises guerrières » de l'Allemagne (« Retour d'URSS et réponse d'Ernest Mercier », conférence à « X-Crise », 29 janvier et 20 février 1936).

57. Pichot, pour l'Union fédérale, et Goy, pour l'Union nationale des combattants, participeront quelques mois plus tard au comité France-Allemagne.

Du côté des petites formations intermédiaires, Bergery et bientôt Doriot [58] se retrouvent du côté pacifiste.

Au CVIA également, les divergences s'aggravent avec le pacte Laval-Staline, que les communistes — mais aussi le radical Albert Bayet — présentent comme une garantie de paix. Au moment de la remilitarisation de la Rhénanie par Hitler (mars 1936), elles éclatent sur la place publique. Une brochure du comité, signée par un proche d'Alain, Henri Bouché [59], se prononce pour des négociations avec Hitler. René Maublanc réplique par une autre brochure [60], où il accuse « l'étrange coalition » pacifiste d'une ‹ singulière indulgence » à l'égard des revendications hitlériennes. Déjà, constatant ces divergences Paul Rivet a remis sa démission (janvier 1936).

À la SFIO, la nouvelle situation divise tous les courants. La « Bataille socialiste » éclate à nouveau en deux tronçons distincts. Zyromski, en effet, n'a guère de tendresse pour le pacifisme [61]. Mais surtout, il plaide pour une différence de nature entre le fascisme et la démocratie bourgeoise. Pour lui, et pour ceux qui l'approuvent [62], ce qui est à l'ordre du jour, c'est la défense de la démocratie. Le socialisme, explique-t-il, il sera bien temps de s'en occuper quand Hitler aura été battu. Cette conception l'amène à approuver les efforts en matière de défense nationale ainsi que la recherche de coalitions larges, tant au niveau des relations entre États que sur le plan intérieur. Lui qui estimait, il y a seulement six mois, qu'avec les radicaux « toute possibilité d'accord est impossible », se contente maintenant de préciser que « les partis ouvriers doivent être la colonne vertébrale de ce rassemblement [63] ».

58. « Elle, la classe ouvrière, exige des dirigeants qu'ils fassent tout pour que soit maintenue la paix avec l'Allemagne [...], et pour cela, il faut parler avec Hitler, comme on parle avec tous les autres gouvernants, quel que soit le régime qu'ils représentent. »

59. « Non, la guerre n'est pas fatale. »

60. *Le Pacifisme et les intellectuels.*

61. « Et si on croit être révolutionnaire [...] en transposant dans le domaine de l'action socialiste révolutionnaire les conceptions tolstoïennes du pacifisme bourgeois, on se trompe lourdement. » (Compte rendu sténographié du XXXIIe Congrès national, Mulhouse, 1935.)

62. Cf. *l'Internationale et la guerre, pour la discussion internationale,* Dan, Bauer, Dunois et Zyromski 1935.

63. « Front populaire et action de classe », *Bataille socialiste,* août-septembre 1935.

Pour Pivert au contraire, plus lucide sur la stratégie stalinienne [64], « ceux qui attendent la révolution pour "après la guerre" nous entraînent à un nouveau 1914 [65] ». Et il réaffirme avec vigueur : « pas de défense [nationale] en régime capitaliste », ne faites jamais chorus avec votre propre bourgeoisie [66] ». En août 1935, la rupture avec Zyromski est consommée, et Marceau Pivert s'apprête à constituer sa propre tendance

Mais Lebas présente au congrès de Mulhouse une motion qui prévoit dans des circonstances exceptionnelles » la participation des socialistes à un gouvernement regroupant « tous les républicains déterminés à opposer à la violence fasciste la force républicaine ».

Au sein du PCF, le pacte franco-soviétique et la déclaration de Staline suscitent peu de remous : quelques départs individuels, dont celui d'un jeune journaliste algérois qui s'appelle Albert Camus, et la méfiance d'un petit groupe d'opposants clandestins [67], qui publie depuis juin 1934 un bulletin appelé *Que faire ?* où ils écrivent : « Il [le prolétariat français] doit à la fois, dans le cadre de sa lutte révolutionnaire, soutenir activement chaque mesure, chaque acte qui correspond aux intérêts de la défense de l'URSS, et mener une lutte implacable contre ceux qui voudraient entraîner les ouvriers dans l'union nationale au nom de la défense de l'URSS [68]. »

Mais ce fut tout. Le surlendemain du communiqué de

---

64. Les 25 et 27 avril 1935, Kossarev, dirigeant des *Komsomols*, et Tchemodanov secrétaire général de l'Internationale communiste des jeunes, avaient clandestinement rencontré Fred Zeller, dirigeant des JS proche de Marceau Pivert, et avaient tenu des propos « étonnants » : « La révolution ? Nous n'y croyons pas [...]. Il nous faut des alliés à tout prix et nous sommes forcés de nous rapprocher de votre gouvernement et de conclure des accords avec tous ceux qui peuvent nous aider. Les radicaux français nous promettent d'être fidèles à l'alliance franco-soviétique [...]. Vous devez dès maintenant cesser tout travail antimilitariste. Nous avons besoin d'une armée française forte et disciplinée. En cas de conflit, vous devez marcher avec votre État-Major » (in Fred ZELLER, *Trois points, c'est tout*, Robert Laffont, Paris, 1976). Dans *Jeunes comme JC* (Éditions sociales), Lyssanski qui accompagnait Zeller à cette entrevue, et qui est par la suite passé au PCF, ne dément pas le compte rendu de la conversation.

65. *Le Populaire*, 26 août 1935.

66. *Ibid.*

67. André Ferrat (Breval), membre du bureau politique du PCF, Georges Kagan (Lenoir), membre de l'exécutif de l'Internationale communiste, Victor Fay (Pascal), ancien responsable des écoles de formation du parti, et Kurt Landau (Bertram), ancien dirigeant du parti communiste.

68. *Que faire ?*, avril 1935.

Staline-Laval, la direction du PCF faisait coller massivement des affiches au titre explicite « Staline a raison ».

Les conséquences sont immédiates en ce qui concerne le travail antimilitariste et l'attitude envers l'armée : la « Tribune du soldat », dans *l'Humanité*, est supprimée *La Caserne* et *le Conscrit* — qui tirait encore en avril 1935 à 20 000 exemplaires — ne paraissent plus. La « section centrale mixte antimilitariste », dont étaient responsables Raymond Guyot, Maurice Thorez et, comme « technicien national », Laurent Casanova, est dissoute. La brochure que publie la JC en 1936, destinée « à renseigner les jeunes gens de France », assume sans nuance le tournant :

« Les conscrits qui partent en cet automne 1936 doivent être assurés de trouver dans les casernes et sur les navires des conditions de séjour humaines et même agréables. L'armée française n'en sera que plus forte et plus cohérente. »

Un 14-Juillet tricolore

L'unité passe donc, durant cette période, par de multiples zigzags : si l'impossibilité d'avancer sur le plan programmatique est entérinée [69], il y a eu, contre le service militaire à deux ans, accord sur une série de thèmes « que les orateurs des partis socialiste et communiste devaient développer dans leurs meetings ». Il n'y a pas accord pour appeler ensemble au 1er-Mai, mais il y a manifestation commune le 12 février, et encore le 19 mai, au mur des Fédérés. Le 16 mars, le parti socialiste a lancé un appel pour l'unité organique. La première réunion se tient le 11 avril, mais sans le PCF, peut-être parce que le parti d'unité prolétarienne (PUP) y était représenté. Mais il s'y rend le 25 avril, puis le 29 mai.

Entre-temps, les élections municipales du mois de mai ont confirmé la poussée de la gauche. Le parti socialiste perd Grenoble, mais gagne Agen, Calais, Colmar, Marseille, Nantes, Perpignan, Rochefort. Le parti communiste double

69. Le Conseil national de la SFIO du 3 mars 1935 regrette ainsi « que l'effort fait par ses délégués pour l'élaboration d'un programme commun de revendications immédiates ait échoué ».

ses voix : sa progression est surtout sensible dans la banlieue parisienne où les municipalités communistes passent de 9 à 26, en Seine-et-Oise (de 6 à 29), dans le Nord-Pas-de-Calais (de 17 à 50). Dans les villes de plus de 5 000 habitants, le nombre de municipalités communistes passe de 38 à 90. Les radicaux, en revanche, reculent.

Mais surtout, l'une de ces élections prend figure de symbole. À Paris, dans le Vᵉ arrondissement, la droite avait présenté un candidat unique, Lebecq, le président de l'UNC, celui-là même qui avait entraîné ses troupes dans les émeutes du 6 février 1934. Contre 4 candidats de gauche, il ne lui manque, au premier tour, que 26 voix pour atteindre la majorité absolue. Les quatre candidats de gauche se retirent alors, et laissent la place, pour le second tour, au professeur Paul Rivet, membre du parti socialiste, mais surtout président du Comité de vigilance. Rivet est élu, et c'est une toute nouvelle crédibilité qu'y gagne l'idée même du rassemblement populaire. Saisissant la balle au bond, le Mouvement Amsterdam-Pleyel lance l'idée d'un rassemblement national et unitaire pour le 14-Juillet. Les organisations sollicitées donnent les unes après les autres leur accord. Le bureau du parti radical, réuni le 19, approuve également l'initiative, ainsi que les néo-socialistes, représentés par Montagnon [70] dans le comité d'organisation. Au total, ce sont une quarantaine d'organisations qui appellent finalement au rassemblement du 14-Juillet. Environ 200 000 personnes y participent. Tâche particulièrement animée et combative dans cet océan humain : 500 « JS » en uniforme — chemise bleue et cravate rouge — scandent leurs habituels slogans antimilitaristes et hostiles à l'union nationale. La direction des Jeunesses socialistes avait été, avant cette manifestation, l'objet de nombreuses pressions, non seulement du PCF (Ancelle, le responsable parisien des JC, avait annoncé : « Si, le 14 juillet, vous insultez les radicaux, le drapeau tricolore et *la Marseillaise,* nous vous briserons le cou »), mais aussi de la direction du PS (réunion du 10 juillet). Non seulement la direction des JS n'avait pas cédé, mais elle avait loué, sur le parcours de la manifestation, une cinquantaine de chambres d'hôtel, d'où des brassées de tracts arrosèrent régulièrement toute la manifestation. Cela

70. Bergery et son « Front social » y participeront également, mais non Doriot, qui n'a pas été invité.

n'empêcha pas la nouvelle orientation prise par le parti communiste, il y a quelques mois seulement, d'imbiber déjà ce premier rassemblement du Front populaire. La déclaration lue par Jean Perrin au nom de l'ensemble des organisateurs est délibérément tricolore :

« Ils vous ont pris Jeanne d'Arc, cette fille du peuple abandonnée par le roi que l'élan populaire venait de rendre victorieux, et brûlée par les prêtres qui depuis l'ont canonisée. Ils ont essayé de vous prendre le drapeau de 89 [...]. Ils ont enfin essayé de nous prendre cette héroïque *Marseillaise*, ce chant révolutionnaire et farouche qui fit trembler tous les trônes d'Europe, en ce temps, qu'il ne faut tout de même pas oublier, où notre grande république appela, la première, tous les peuples à la liberté, cette *Marseillaise* qui a été pendant un demi-siècle le chant des peuples opprimés, et de la Russie elle-même, cette *Marseillaise* de Rude qui sculpta son envol sur cet Arc de Triomphe qui abrite votre frère inconnu, et où vous n'avez pas le droit de passer. »

3

La victoire électorale

« Regardez dit l'hirondelle à ses petits
Ils sont des milliers
Et les petits passent la tête hors du nid
Et regardent les hommes marcher
S'ils restent unis bien ensemble
Ils mangeront
Dit l'hirondelle
Mais s'ils se séparent, ils crèveront
Restez ensemble, hommes
Restez unis
Crient les petits de l'hirondelle
Restez ensemble hommes
Restez unis
Crient les petits
Quelques hommes les entendent,
Saluent du poing,
et sourient. »

Jacques PRÉVERT
« Événements » (*Cahiers GLM*, 1937)

Émeutes à Brest et à Toulon

Les clameurs du 14-Juillet se sont à peine dissipées que Laval publie une série de décrets-lois. C'est une véritable politique de déflation qui est mise en œuvre. On trouve certes, parmi les mesures prises, une baisse du prix du pain et du charbon, du gaz et de l'électricité (10 %), mais surtout, une majoration de 20 à 50 % de l'impôt sur le revenu et une baisse de 3 à 10 % des salaires des fonctionnaires.

Le 5 août, jour de la paie, ce sont les travailleurs des arsenaux qui relèvent le défi. À Brest, à Toulon et à Tarbes, sans attendre les consignes syndicales, ils débrayent et se mettent en grève. Le lendemain, à Brest, l'armée et la gendarmerie quadrillent l'Arsenal, l'arme à la main. Les ouvriers se remettent en grève, et alors qu'ils veulent sortir en manifestation de l'Arsenal, des heurts se produisent avec le 2e régiment d'infanterie coloniale. Un premier ouvrier, Baraer, meurt, le crâne fracassé à coups de crosse. C'est l'émeute, et Brest est transformée en ville assiégée, sur fond de barricades, de charges baïonnettes au canon, et de coups de fusils [1]. Les affrontements se produiront sporadiquement pendant trois jours. Deux autres ouvriers sont tués. Un jeune ouvrier de 20 ans, Auguste Chevalier, monte au mât de la préfecture et détache le drapeau tricolore pour le remplacer par le drapeau rouge. Il est abattu de sang-froid par un officier Croix-de-Feu, Duplessis de Lesguen.

L'émotion est intense dans toute la classe ouvrière. Mais les réactions des partis du Front populaire sont fort nettes : dans *l'Aube,* proche du parti radical, on parle de « provocateurs » ; dans *le Populaire,* Louis Levy s'en prend à la « pègre », et dans *l'Humanité,* on accuse les « éléments troubles ». Jacques Duclos écrit sans fard : « Quant à l'opération qui consiste à arracher le drapeau tricolore [...] elle porte elle aussi la marque de la provocation [...]. Nous attachons un trop grand prix à notre collaboration avec le parti radical pour ne pas nous dresser contre les provocateurs. »

La thèse de la provocation ou, en tout cas, de l'intervention d'« éléments extérieurs », a été relayée sur place par Michaut, secrétaire de la fédération CGT des travailleurs de l'État : « Les incidents de mercredi soir ont été, croyons-nous, en grande partie causés par des jeunes gens n'appartenant pas de près, ni de loin, à nos organisations. » Pour l'essentiel, cette thèse se fonde sur deux billets circulant de la main à la main pendant les jours d'émeute. Le premier qui circule le 6, est lapidaire : « Trois ouvriers de l'Arsenal ont été tués par les gendarmes et les coloniaux. » Le deuxième billet anonyme est publié par l'hebdomadaire d'extrême droite, *Gringoire* : « L'occasion est actuellement propice

1. Paul Nizan (*l'Humanité,* 15 août 1935) signale des phénomènes de refus d'obéissance tant chez les marins que chez les coloniaux sollicités pour charger les manifestants.

pour assurer la dictature du prolétariat. Prends la tête de ton groupe. N'attends pas d'être désigné. Lénine, Staline se sont imposés. Fais de même. » Le dernier billet est manifestement un faux et le premier n'a pas grande signification. Quant à l'absence des ouvriers de l'Arsenal, et des ouvriers en général, lors des affrontements, les recherches de Jean-Paul Sénéchal permettent d'aller plus loin. Il a en effet retrouvé la profession de 39 des 53 personnes dont la presse a signalé l'arrestation : 17 d'entre elles sont des ouvriers de l'Arsenal, et les 22 autres sont soit ouvriers, soit employés. Sur les 7 blessés graves, 6 sont ouvriers de l'Arsenal, comme deux des trois morts. Si provocation il y a eu, il faudrait sans doute plutôt la chercher du côté des officiers « coloniaux ». La presse locale mettra aussi en cause « la fraction fasciste des officiers du 2e régiment d'infanterie coloniale, en tout cas son chef, le colonel Sarrade », sans qu'aucune enquête sérieuse ne soit menée.

Les organisations syndicales se contentent de mesures minimales : une manifestation à Paris, à l'Opéra, cinq minutes d'arrêt de travail dans les arsenaux. À Toulon, les cinq minutes se transforment en grève massive, en manifestation de rue et en barricades. Les locaux du journal de la droite, *le Petit Var,* sont mis à sac. Des fusillades éclatent, et plusieurs heures durant, les ouvriers tentent de prendre d'assaut la préfecture. À 3 heures du matin, quand les fusillades s'arrêtent, il y a deux morts. Sur quatre bateaux au moins, le *Béarn*, le *Jean-Bart*, le *Lorraine* et le *Dunkerque*, les marins mettent « crosse en l'air ».

Mais ces mouvements resteront sans lendemain : PC et PS condamnent toute perspective de grève générale contre les décrets Laval-Herriot. Au contraire, l'heure est à l'exclusion des éléments les plus combatifs ou les plus contestataires.

Exclusions en chaîne

Au PCF, où l'on prépare le procès de Ferrat, les premières têtes tombent. À Brest, c'est un ancien dirigeant des Jeunesses, secrétaire de l'UL-CGTU, le métallo Paul Valière, qui est exclu : il avait soutenu l'insurrection brestoise et préconisé l'extension du mouvement [2]. À Paris, c'est tout un rayon, le « 11e rayon », qui est démantelé, pendant que son secrétaire, Roger Clair, rejoint les trotskystes. À Nice, ce sont des responsables syndicaux, Boivert et Campa, qui sont chassés, tandis que le secrétaire des Jeunesses communistes de la région Aude-Hérault est exclu pour « trotskysme ».

Le parti socialiste n'est pas en reste. À la conférence nationale des Jeunesses à Lille, le 19 juillet, la gauche arrive unie [3] et représente environ le quart des mandats. L'Entente socialiste de la Seine, où la gauche est hégémonique, est aussitôt accusée de « dénigrement systématique à l'égard du parti », d'être « en faveur de la IVe Internationale », et la Conférence vote l'exclusion de 13 dirigeants de l'entente, par 3 667 voix contre 1 534 et 311 abstentions [4].

De son exil norvégien, Trotsky prédit que les exclusions dans les Jeunesses ne sont que les prémices d'exclusions plus vastes. Et surtout, il estime que face à l'orientation politique que prend le Front populaire, un pôle indépendant est maintenant nécessaire. Sur le premier point, il ne se trompe guère : le 19 novembre, le Conseil national entérine l'exclusion des trotskystes adultes [5]. Mais quant au deuxième point, la sortie s'effectue dans de mauvaises conditions : les trotskystes hésitent, se divisent, et sortiront finalement en ordre dispersé.

---

2. Dès les premiers affrontements à l'Arsenal, un vif désaccord était apparu entre Ernest Miry, l'un des dirigeants « unitaires » de l'Arsenal et Paul Valière. Accusé d'« aventurisme », ce dernier avait expliqué qu'« il ne faut pas briser l'élan créateur des masses quand elles se sont lancées dans l'action ». Mais pour justifier une exclusion, un désaccord sur la conduite de la lutte ne suffisait pas : triste prologue aux procès de Moscou et à d'autres « procès » à Paris, Valière sera accusé d'entretenir des « liaisons policières ».

3. L'accord s'était réalisé entre Fred Zeller, le groupe Spartacus, un courant luxembourgiste qu'anime Lefeuvre, les trotskystes, et le groupe « Lutte finale », lié à Albert Treint.

4. Sur les 13, il y a 10 trotskystes (Yvan et Maurice Craipeau, David Rousset, Marcel Hic, Robert Bresler, etc.). Mais il y a aussi Fred Zeller, qui ne l'est pas encore. À la direction du PS, Blum, et surtout Jules Moch, hésitent à confirmer les exclusions de Lille. Mais les tentatives de conciliation échouent et les 13 exclusions sont finalement confirmées en octobre.

5. Eugène Devreyer, Pierre Franck, Jean Rous, Pierre Naville.

La « gauche révolutionnaire »

Pour les diverses minorités de gauche, la période est confuse. Un « Comité de liaison et d'organisation contre la guerre et l'union sacrée » appelle, en réaction au pacte Laval-Staline, à une conférence les 10 et 11 août à Saint-Denis. L'appel ratisse large : on trouve parmi ses signataires la Fédération unitaire de l'enseignement, l'Union communiste, la Révolution prolétarienne de Monatte, le « rayon de Saint-Denis » de Doriot, l'Union anarchiste, la Fédération communiste libertaire, les trotskystes — encore regroupés dans le GBL —, la Ligue internationale des combattants de la paix, de nombreuses sections socialistes, notamment celles qu'animent les pivertistes, les amis de Treint, des militants d'Action socialiste et... le *Nouvel Âge* de Georges Valois [6]. Mais, dès avant Saint-Denis, les anarchistes et les amis de Monatte se retirent pour protester contre la présence de Valois. Et la deuxième conférence, le 28 septembre, s'épuise dans les débats entre pacifisme « bourgeois » et pacifisme « révolutionnaire ».

Par ailleurs, dans les quelques mois qui vont de la décision de Pivert de constituer sa propre tendance, la « Gauche révolutionnaire », à la confirmation de l'exclusion du PS des dirigeants du GBL, les contacts se sont multipliés. De part et d'autre, les positions fluctuent. Le 29 septembre, Pivert refuse une tendance commune avec les trotskystes, comme il refuse la proposition de Treint d'un cartel de l'ensemble des courants menacés par la répression. Mais le 3 octobre, il leur propose la fusion sur la base d'une plate-forme qui reprend l'essentiel des grands thèmes jusqu'alors développés par le GBL. Quant aux trotskystes, la plupart des dirigeants français [7] sont tentés par le maintien dans la SFIO, et prêts à effectuer les gestes de conciliation que leur conseille Pivert. Mais Trotsky est inébranlable : « Le malheur de Pivert, c'est que jusqu'à maintenant, il n'a pas rompu le cordon ombilical qui le relie au petit monde des

6. Après l'aventure du Faisceau (cf. note 18, p. 18), Valois a fondé, financé par le parfumeur Coty, le journal *le Nouveau Siècle*, puis, en mai 1934, sans Coty, un quotidien *Nouvel Âge*. Défendant alors la nécessité d'une « république syndicale », Valois réagit au pacte Laval-Staline en proclamant : « La IIIe Internationale est morte, vive la IVe Internationale... »

7. David Rousset, Raymond Molinier, Jean Rous.

Blum et des Zyromski [...]. Les bolcheviks-léninistes refusent catégoriquement d'adapter leur politique à la psychologie des cliques opportunistes et de renoncer à leur propre drapeau [8]. »

Bref, le 11 octobre, la Gauche révolutionnaire est officiellement constituée, et le 19 novembre, l'exclusion des trotskystes confirmée.

C'est une curieuse tendance que la Gauche révolutionnaire. Son audience est au départ essentiellement parisienne. Quelques jours après sa proclamation, elle annonce 624 militants : 164 en province [9], 52 en Seine-et-Oise, et 408 dans la Seine. Au congrès extraordinaire des 1er et 2 février 1936, elle obtient 11 % des mandats, ce qui correspond à plusieurs milliers de « votants » dans les sections du PS. Mais si elle fait alors plus du tiers des mandats de la Seine, sa présence en province reste limitée. À l'exception des « parisiens » — notamment ceux du XVe arrondissement — qui suivaient depuis longtemps déjà Pivert, la GR doit peu à la BS, et reflète davantage, du moins pour ce qui concerne son noyau directionnel, la fusion de diverses minorités du PS : des anciens d'Action socialiste et du CASR, comme Maurice Jaquier, qui devient secrétaire général de la GR, de « Révolution constructive », comme Beaurepaire, Édouard Serre et Georges Soulès, du groupe « Spartacus », comme René Lefeuvre, qui dirige les publications de la GR, ou comme Boris Goldenberg, principal rédacteur de sa plate-forme. On y trouve aussi Lucien Hérard qui anime une petite tendance locale à Dijon. De plus, des individualités adhèrent alors au PS pour rejoindre la GR : c'est le cas de Daniel Guérin, issu du syndicalisme révolutionnaire, et de Michel Collinet qui vient du trotskysme. En fait, la tendance, où l'influence pacifiste [10] et franc-maçonne [11] n'est pas négligeable, est profondément hétérogène. Mais son existence même donne

---

8. « Étiquettes et numéros, 7 août 1935 », in *Œuvres*, t. VI, Paris, EDI.

9. Répartis dans 32 fédérations : Basses-Alpes, Alpes-Maritimes, Ardèche, Cher, Constantine, Côte-d'Or, Drôme, Eure, Gironde, Hérault, Indre-et-Loire, Landes, Haute-Loire, Lot, Manche, Maroc, Nord, Oise, Orne, Puy-de-Dôme, Pyrénées-Orientales, Belfort, Rhône, Sarthe, Haute-Savoie, Seine-Inférieure, Deux-Sèvres, Tarn, Tarn-et-Garonne, Var, Haute-Vienne, Yonne. En février 1936, viennent s'ajouter l'Indre et l'Afrique-Occidentale française.

10. À travers le couple Modiano et les frères Goldenberg.

11. Pivert lui-même était franc-maçon, mais également Suzanne Nicolitch et André Weil-Curiel, qui s'occupait des relations publiques de la GR.

incontestablement une autre configuration aux débats internes à la SFIO.

L'adhésion radicale

Le serment prêté le 14 juillet au stade Buffalo comportait l'engagement de « rester unis pour défendre la démocratie, pour désarmer et dissoudre les ligues factieuses, pour mettre nos libertés hors de l'atteinte du fascisme ». On y avait juré de « donner du pain aux travailleurs, du travail à la jeunesse, et, au monde, la grande paix humaine ». Il n'était donc pas question de se séparer tout de suite. Le comité décide de se maintenir, mais déjà gros d'une cinquantaine d'adhésions, il lui faut mettre sur pied un secrétariat de dix organisations [12]. Sont-ce vraiment les plus représentatives ? Ce n'est pas certain. Mais elles représentent à elles dix une sorte d'équilibre politique.

Une question demeure : les radicaux sont-ils vraiment prêts à donner un caractère plus permanent à leur participation ? Car enfin, il y a toujours des ministres radicaux dans le gouvernement Laval...

L'enjeu que représente en octobre le congrès radical, salle Wagram, est du coup important [13].

César Campinchi, député de la Corse, résume l'argumentation en faveur du Front populaire : « Partisans de la propriété individuelle et de la défense nationale, votant le budget, notre parti était soucieux, avant tout, de garder son autonomie en se différenciant du socialisme et du communisme [...]. On vient à nous, faisant toute la longueur du chemin, ne nous demandant pas d'autre garantie que la défense de la République, et nous refuserions la main qui nous est tendue ? »

La droite du parti, au premier chef Chautemps et Roche, multiplie quant à elle les réserves à l'égard du Rassemblement populaire. Milhaud, vigoureusement appuyé par les

12. Le PCF, la SFIO, l'Intergroupe socialiste de France, le parti radical, la CGT, la CGTU, la Ligue des droits de l'homme, le Mouvement Amsterdam-Pleyel, le CVIA, le Mouvement d'action combattante.

13. À ce point que la droite du parti rétribuera des militants d'extrême droite pour y tenir le rôle de délégués.

Jeunesses radicales et leur secrétaire Marcel Sableau, est encore plus net : « Manifester ensemble et gouverner ensemble, ce n'est pas la même chose. »

Le résultat est très « radical ». Les ministres radicaux continueront de participer au gouvernement Laval. Quant au Rassemblement populaire, à condition qu'il soit présenté comme un « front défensif », il est estimé, dans une résolution présentée par Jean Zay et votée à l'unanimité, qu'il est « légitime et salutaire ». Herriot reste président du parti, et deux jeunes turcs, Jean Zay et Pierre Mendès France, sont élus au bureau national. En réalité, la motion finale est suffisamment ambiguë (« affirme son désir loyal de contribuer pour sa part à la recherche des bases d'action qui puissent, sans exclusion, être proposées à tous les républicains sincères et de bonne volonté ») pour qu'Albert Milhaud puisse dire, quelques semaines plus tard, qu'elle n'a pas autorisé le parti radical à adhérer au Rassemblement populaire. Reste, de toute façon, la question du programme.

Le programme du Front populaire

Le 23 septembre 1934, le PCF et la SFIO avaient déjà paraphé une « plate-forme d'action commune ». Fruit du tête-à-tête PCF/SFIO, elle ne peut prétendre traduire la diversité des formations composant le Rassemblement populaire. L'ouvrage est donc à remettre sur le métier.

Dans les commissions qui se mettent alors en place, c'est la question des nationalisations qui symbolise le mieux les désaccords qui apparaissent alors entre socialistes d'une part, communistes et radicaux de l'autre.

Malgré leur hostilité de principe aux théories « planistes » en vogue à la CGT, et qui avait fait que le plan adopté par celle-ci à son congrès confédéral de septembre 1935 n'avait pas été pris en considération par le Rassemblement populaire, les représentants de la SFIO s'étaient cependant mis d'accord avec ceux de la CGT pour proposer un certain nombre de nationalisations « pour dominer l'économie nationale et arracher au capitalisme et à sa presse de puissants leviers de commande et d'importants moyens de résistance [14] ». Il s'agissait principalement de la nationalisation des chemins de fer, des assurances, des usines et des sociétés de distribution électrique, du contrôle du Comité des forges et des industries clés, de l'organisation nationale du crédit et des banques. Sans beaucoup argumenter [15], les radicaux s'y opposent résolument et n'acceptent que la nationalisation des industries de guerre. Ils reçoivent aussitôt le renfort des communistes qui, eux, argumentent « de gauche ». Introduire dans le programme des nationalisations, c'est « semer des illusions, explique Maurice Thorez, à moins qu'il ne s'agisse de soi-disant nationalisations qui n'enlèveraient aux oligarchies financières ni un centime, ni une parcelle de leur puissance [16] ». Sur ce point, c'est la coalition PCF/radicaux qui l'emporte.

Mais, dans d'autres domaines programmatiques, c'est la solidarité de la gauche non communiste qui réapparaît, dans des conditions de transparence parfois douteuses. Ainsi en va-t-il de la question de la dévaluation : PCF et CGTU sont contre, SFIO et CGT sont pour, et les radicaux hésitent. C'est à une réunion chez Victor Basch, à laquelle ne sont pas conviés les communistes [17], que se règle le problème : il y aura dévaluation, mais on n'en parlera pas dans le programme.

Le 11 janvier, le programme est enfin paraphé et publié. Élaboré « au consensus », il n'est, en fin de compte, que le plus petit dénominateur commun des dix organisations qui l'ont conçu. Toute une série de mesures, qui figuraient dans la plate-forme commune qu'avaient fini par signer le PCF et le PS, ne s'y trouvent plus : ni la réduction du temps de travail à 40 heures, ni la défense de l'école laïque, sans parler de la « nationalisation des grands monopoles capitalistes qui, sans pouvoir être considérée comme un élément d'instauration du socialisme, peut se réaliser dans le cadre actuel ».

Les mécontentements sont multiples. Le SNI peste de

14. Vincent Auriol, conférence aux socialistes de la Haute-Garonne.
15. Une série de ces nationalisations avait en effet été réclamée par des congrès du parti radical. Ils se contenteront donc de signaler que la proposition du PS « n'indique pas les recettes immédiates destinées à couvrir les dépenses immédiates que provoquerait la mise en exécution du programme ».
16. *L'Humanité*, 17 janvier 1936.
17. Y participeront par contre Auriol (SFIO), Belin (CGT), Émile Kahn (Ligue des droits de l'homme), Yvon Delbos (parti radical) et Walter (CVIA).

n'avoir pu faire intégrer dans le programme l'extension des lois laïques à l'Alsace-Lorraine. Les « planistes » de la CGT jugent le programme inconsistant. Les radicaux, par la voix de Jacques Kayser, n'hésitent pas à faire la fine bouche : sur la réforme de l'État et le renforcement de l'autorité gouvernementale, le programme va moins loin que le parti radical [18].

Chez les socialistes, la GR s'indigne. Lucien Herard parle d'un programme dont « l'inefficacité est visible dès aujourd'hui », et René Modiano ajoute : « Tout cela, c'est l'œuvre de la bourgeoisie [...] [19]. »

Le malaise dépasse les rangs de la GR. Au congrès extraordinaire qui se tient les 2 et 3 février, Léon Blum sent bien qu'il n'arrivera pas à mobiliser la base du parti derrière le programme de Front populaire. La combinaison qu'il propose alors permet de contourner l'obstacle : ce programme, c'est celui qu'appliquera la coalition de Front populaire si elle est majoritaire. C'est également sur sa base que s'effectueront les désistements du second tour. Mais ce n'est pas ce programme-là que les socialistes défendront au premier tour : ils iront au combat avec leur programme, dont ils demandent au congrès de définir les grandes lignes et de mandater la CAP pour le rédiger.

Le tour est joué : la Gauche révolutionnaire, qui avait mené bataille devant le congrès, ne recueille que 335 voix contre 3 006 pour Blum. Et le programme rédigé par la CAP pourra d'autant plus facilement être « gauche » [20] que les dirigeants socialistes savent qu'ils n'auront jamais à l'appliquer.

18. *L'Œuvre*, 20 janvier 1936.

19. *La Gauche révolutionnaire*, 25 février 1936.

20. On y trouve pêle-mêle : le droit de vote pour les femmes, la suppression du Sénat, la création d'un « service public d'éducation nationale », les congés payés, la retraite à 60 ans, la nationalisation, en plus des industries d'armement, de la Banque de France, des assurances, des établissements de crédit, des grandes industries métallurgiques, chimiques, électriques, des transports, du pétrole, ainsi que des sucreries-raffineries. Rien de tout cela ne figurait dans le programme du Front populaire.

Un seul parti ouvrier ?

La constitution du Rassemblement populaire fait passer au second plan les discussions sur l'unité organique. À partir du moment où s'étaient engagées, le 26 avril 1935, des discussions à trois (SFIO/PCF/PUP), celles-ci semblaient dans un premier temps avoir sensiblement progressé. Ainsi, en novembre, avait pu être retenu comme base de discussion un « projet socialiste de conciliation et de synthèse ». Le parti communiste constatait alors « avec joie » que « beaucoup de principes contenus dans son projet de charte d'unité » y étaient repris. Le 17 décembre, les socialistes acceptent les amendements que présente Duclos à ce texte. Mais le 18, le PCF formule de nouvelles demandes : publication de la sténographie des débats, assemblées communes socialistes-communistes à la base. La CAP y répond négativement mais accepte, le 26 décembre, la tenue de réunions d'information dans trois ou quatre grandes villes. La discussion continue alors sur dictature du prolétariat, unité idéologique et discipline. Mais, après son congrès de Villeurbanne, en janvier 1936, le PCF redemande que l'on parte de son projet de charte d'unité et réitère la demande de réunions « à la base ». Dès lors, la commission d'unification ne se réunira pratiquement plus et sera de fait remplacée par un comité de coordination traitant des problèmes d'unité d'action.

Les socialistes ont-ils véritablement souhaité l'unité organique ? Incontestablement, oui, pour ce qui concerne Zyromski et Marceau Pivert. Du côté de Blum et de Paul Faure, la réponse est plus incertaine : le souhait de l'unité organique, ne l'ont-ils pas utilisé comme une surenchère destinée à retarder ou à limiter l'unité d'action ? Cependant, c'est d'abord du côté communiste qu'il faut chercher l'explication, tant des rythmes de la discussion que de l'échec final.

Pour les communistes, on a l'impression que, plutôt qu'une mesure complétant la stratégie du Front populaire, l'unité organique représente une autre stratégie possible. Tant que la constitution du Front populaire n'est pas assurée, les dirigeants communistes tiennent ainsi deux fers au feu. Le tournant dans leur comportement se situe ainsi au moment de leur congrès de Villeurbanne, lequel coïncide avec l'aboutissement des discussions sur le programme au sein du Front populaire. Alors qu'ils ont consacré tant d'efforts à rassurer bourgeois et petits bourgeois de gauche, et que ces efforts sont en train d'aboutir, pourquoi prendraient-ils le risque de ressusciter le fantôme du parti unique, ou en tout cas, de l'hégémonie prolétarienne ? Le plus étonnant, c'est que les socialistes n'aient pas vu plus tôt les contradictions présentes dans la démarche du PC. Refuser, d'une part, de participer à un gouvernement présidé par le PS, et d'autre part, poursuivre à marches forcées le cheminement vers l'unité organique : les deux démarches étaient trop ouvertement contradictoires pour qu'elles puissent être très longtemps menées simultanément.

La réunification syndicale

Les premiers pourparlers engagés en octobre 1934 à l'initiative de la CGTU capotent dès janvier 1935. La raison en est une déclaration de Pianitski, secrétaire de l'IC, à propos de l'indépendance des syndicats : « Que signifie cette indépendance ? Les communistes renoncent-ils à avoir des fractions communistes dans les syndicats ? Renoncent-ils à y poursuivre leur politique ? Bien entendu que non[21]. »

La CGT demande à la CGTU de désavouer cette déclaration, ce que celle-ci refuse[22]. Le 19 mars, les deux CCN constatent l'échec des premières discussions. Mais, après le pacte Staline-Laval, brusque changement de cap qu'exprime, non la CGTU, mais le PCF. C'est Gitton en effet, qui explique, le 6 juin dans *l'Humanité,* que les communistes sont prêts à renoncer aux fractions syndicales. Les discussions reprennent alors, et les congrès de la CGT et de la CGTU qui se tiennent à la même date, le 27 septembre 1935, se mettent d'accord sur la procédure : une commission bipartite nationale, un processus de fusion mis en route au niveau des syndicats, puis des fédérations et des UD, les

21. *Cahiers du bolchevisme,* 1er novembre 1934.

22. Compte rendu sténographié de l'entretien du 25 janvier 1935 (Frachon) : « Nous n'avons pas à discuter de la politique d'un parti [...]. On ne convoque pas l'organisation syndicale, on convoque des communistes, et, à n'importe quel moment, n'importe quel parti a le droit de convoquer ses adhérents pour discuter n'importe quoi. »

deux CCN siégeant ensemble pour entériner ces fusions, la tenue d'un congrès d'unité avant le 31 janvier 1936.

C'est peu de dire qu'une partie des dirigeants confédéraux de la CGT ne sont guère enthousiastes [23]. Le processus traîne mais, en même temps, la pression à la base s'amplifie : non seulement des congrès de fédérations se sont prononcés pour la fusion — comme celui des services publics que dirige Lucien Jayat — mais les fusions locales se multiplient [24], notamment chez les cheminots. Avec plus de deux mois de retard, le congrès de fusion se tient du 2 au 6 mars à Toulouse. Sur les questions d'organisation, les « confédérés » l'emportent sans problèmes : par 5 700 voix contre 2 609 sur les statuts [25], par 5 508 voix contre 2 411 sur l'incompatibilité entre mandats syndicaux et mandats politiques [26], par 5 643 voix contre 2 513 pour l'adhésion à la Fédération syndicale internationale [27]. Mais sur le préambule concernant la définition de l'action syndicale, c'est un véritable compromis qui s'opère et qui nuance la référence à la charte d'Amiens. Le temps n'est plus, en effet, où le mouvement syndical n'avait pas « à se préoccuper des partis et des sectes » et le préambule précise : « Il se réserve le droit de répondre favorablement ou négativement aux appels qui lui seraient adressés par d'autres groupements en vue d'une action déterminée. Il se réserve également le droit de prendre l'initiative de ces collaborations momentanées, estimant que sa neutralité à l'égard des partis politiques ne saurait impliquer son indifférence à l'égard des dangers qui menaceraient

23. Cf. Bothereau (lettre à Bertrand du 10 octobre 1940) : « La vérité est que nous n'avions pas le choix alors : il fallait accepter avec les garanties obtenues ou bien partir. » Le jeune Louis Saillant, futur dirigeant de la FSM, est l'un des plus hostiles à tout rapprochement.

24. Elle est ainsi effective, dès le 17 octobre, au niveau de l'UD, dans un département comme la Corrèze, où elle ne concerne d'ailleurs pas uniquement CGT et CGTU. Une « Union régionale autonome », fortement implantée dans la chaussure et la porcelaine, participe également à la fusion. Elle représente alors 2 200 adhérents, contre 3 045 aux unitaires, et 7 293 venant de la CGT.

25. Bureau et CA sont élus par un Comité confédéral national où chaque fédération et UD disposait d'une voix.

26. Le PCF avait fini par accepter l'incompatibilité avec les mandats parlementaires. C'est l'incompatibilité avec les responsabilités politiques qui restait en débat. Débat d'ailleurs concret puisque sur 34 membres du CC du PCF, 12 étaient des responsables syndicaux, et que l'on en trouvait 4 sur 9 au bureau politique, notamment Monmousseau, Racamond et Frachon. Mais la même pratique se retrouvait à la CGT : Chaussy, par exemple, dirigeant de la fédération de l'agriculture, était un élu socialiste.

27. Les « unitaires » proposaient que la CGT réunifiée reste en dehors de toute affiliation internationale.

les libertés publiques, comme des réformes en vigueur ou à conquérir. »

Enfin, sur un point, les confédérés sont en difficulté. Jouhaux veut en effet faire adopter par le congrès le « plan » de la CGT. Mais les unitaires lui opposent, habilement, le programme que vient d'élaborer le Rassemblement populaire. Difficile de faire voter le « plan » contre le « programme », à l'élaboration duquel la CGT a d'ailleurs participé. On votera donc les deux textes, considérés comme complémentaires.

La CGT réunifiée compte alors 785 728 adhérents (chiffres de 1935), contre un total de 755 069 l'année précédente pour les deux organisations rivales. Les confédérés, qui représentent effectivement les deux tiers des effectifs, obtiennent 33 sièges (sur 43) à la commission administrative et 6 sur 8 au bureau [28]. Sept Unions départementales sont à majorité « unitaire » : les Alpes-Maritimes, le Gard, le Vaucluse, l'Isère, la Loire, l'Yonne, et le Lot. Et les unitaires contrôlent également six fédérations : l'agriculture, le bâtiment, la chimie, le verre, les transports et la métallurgie.

La gauche paysanne reste divisée

La fusion de la Fédération de l'agriculture (CGT) et de la Fédération des travailleurs de l'agriculture (CGTU) se fait sans trop de problèmes : l'unité d'action existe dans le Midi dès l'automne 1934, un congrès « unique » se tient à Béziers en janvier 1935, et la réunification officielle est chose faite à Narbonne, le 1er mars 1936. C'est une petite fédération (une centaine de syndicats et environ 7 000 adhérents) et les confédérés y sont très minoritaires : on dénombre à la fusion 24 syndicats ex-CGT, 72 ex-CGTU, et 2 « réunifiés ».

Mais si le processus unitaire se déroule sans problème parmi les salariés agricoles, chez les paysans — métayers, fermiers, petits propriétaires — la méfiance est plus tenace. La CGPT, liée au parti communiste, multiplie dès novembre 1934 les propositions d'unité d'action à la CNP socialiste.

---

28. Les ex-confédérés sont Jouhaux, Dupont, Belin, Bothereau, Bouyer, Buisson. Les deux ex-unitaires sont Frachon et Racamond.

Celle-ci refuse : tactiquement, elle met en avant le préalable de la fusion organique, mais, sur le fond, elle dénie à la CGPT la caractérisation d'organisation syndicale et met en cause ses liens avec le parti communiste [29]. Après diverses péripéties, les pourparlers sont rompus le 10 mars 1935 [30]. La CGPT s'adresse alors aux organisations de la droite paysanne, le parti agraire d'abord, puis le Front paysan. Elle essuie des refus humiliants [31] et renforce la défiance socialiste. Mais, derrière les embardées tactiques, le changement d'orientation est plus profond. C'est un article de Waldeck-Rochet dans *les Cahiers du bolchevisme* de juillet 1935 qui annonce le tournant : on n'y parle plus des paysans-travailleurs, mais de paysans tout court. En fait, le parti communiste tente de traduire l'orientation d'unité nationale qu'il ébauche peu à peu : à la campagne, celle-ci prend la forme de l'unité du monde paysan. La direction estimera sa demande en partie validée par la scission qui intervient, le 5 février 1936, au sein du parti agraire : « Constatant que la paysannerie ne peut s'affranchir que dans le cadre démocratique et républicain, grâce à une politique de clarté répudiant toute dictature », une partie des fédérations scissionnent et créent le parti républicain agraire et social.

Tensions internationales

Le 3 octobre 1935, l'Italie agresse l'Éthiopie. Laval, pour lequel la bonne entente avec l'Italie mussolinienne est la clé de voûte de sa politique extérieure, tente de contourner les sanctions votées par la SDN. En accord avec le ministre anglais des Affaires étrangères, sir Samuel Hoare, il met sur

29. Ce qui laisse rêveur quand on sait que Tanguy-Prigent proclamait fièrement que ses 1 500 adhérents de la Fédération paysanne étaient « tous inscrits au parti socialiste ». In Mireille PRIGENT, *Ty-Kaled*, Club du livre socialiste, Paris, 1982.

30. Il n'est pas difficile de vérifier que l'exigence de l'unité organique n'était qu'un prétexte. Le 19 décembre 1935 encore, Marzin, au nom de la CGPT des Côtes-du-Nord, propose à Tanguy-Prigent et à la CNP du Finistère la fusion des deux organisations dans les Côtes-du-Nord, le Finistère et le Morbihan. Sa lettre reste sans réponse.

31. Le parti agraire rappelle à la CGPT qu'elle prétend être un syndicat alors qu'elle est un parti. Et le Front paysan lui propose aimablement de se dissoudre dans l'une de ses quatre composantes, toutes plus réactionnaires les unes que les autres.

pied un plan qui prévoit qu'en échange de l'arrêt des hostilités, l'Italie recevrait divers avantages économiques et une partie de l'Éthiopie [32].

La droite, dans sa quasi-totalité [33], appuie Laval. Un manifeste d'intellectuels [34] justifie « la conquête civilisatrice d'un des pays les plus arriérés du monde ». Joséphine Baker se découvre un troisième amour. Elle déclare, en septembre 1935 : « Voilà ce que je vais lancer aux Noirs du monde entier par TSF. Moi, Joséphine Baker, votre sœur, j'ai entendu Mussolini. Si vous vous enrôlez contre lui, ce n'est pas votre race que vous secourez, mais celle des marchands d'esclaves que le grand Italien veut écraser. »

Les ligues d'extrême droite s'en donnent à cœur joie. Les Jeunesses patriotes placardent sur tous les murs de Paris : *Le Front populaire, c'est la guerre*. Pierre Gaxotte écrit : « Demain, les pierres tombales porteront ces inscriptions : Mort pour la Tcheka, Mort pour le Grand Orient, Mort pour le Négus. »

Et Charles Maurras [35] : « Ceux qui poussent à la guerre doivent avoir le cou coupé. Comme la guillotine n'est pas à la disposition des bons citoyens, ni des citoyens logiques, il reste à dire à ces derniers : vous avez quelque part un pistolet automatique, un revolver ou même un couteau de cuisine ? Cette arme, quelle qu'elle soit, vous devez vous en servir contre les assassins de la paix, dont vous avez la liste. »

En effet, l'ensemble des grandes organisations de gauche condamne Laval et approuve les sanctions. Il est même évident que l'affaire éthiopienne contribue à rapprocher les radicaux du Front populaire. Des courants jusqu'alors un peu réservés à l'égard de la gauche se joignent à cette réprobation. C'est le cas à *Esprit*, où l'on condamne « l'indécente piraterie italienne ».

---

32. Ce qui ne faisait d'ailleurs pas l'affaire de Mussolini. Laval déclare ainsi, en décembre, à une délégation d'anciens combattants italiens : « J'ai offert au Duce de tenir les bras de la victime avec les Anglais pour qu'il puisse la violer, et votre Duce m'a répondu : "Ce n'est pas tant de l'Éthiopie que j'ai besoin que d'une guerre victorieuse et sans trop de pertes pour tenir ma jeunesse" ». Cité par René Cassin, président de l'Union fédérale des combattants, in DELPERRIÉ DE BAYAC, *Le Front populaire*, Fayart, Paris, 1972.

33. Sauf quelques individualistes comme Georges Mandel. Mais il est symptomatique que de Wendel, cette fois, soutient Laval.

34. Henri Massis, Charles Maurras, Pierre Gaxotte, Robert Brasillach, Drieu La Rochelle, Thierry Maulnier, Henri Béraud, etc.

35. *L'Action française*, 13 octobre 1936.

Mais cette apparente unanimité ne doit pas faire illusion : à l'intérieur de presque toutes les organisations de gauche, des minorités pacifistes s'expriment contre les sanctions.

Le 7 mars, Hitler, en violation du pacte de Locarno, réoccupe militairement la Rhénanie. Le ministre de la Guerre, le général Maurin, explique, « en accord avec l'État-Major » . « Il semble qu'il risquerait d'être contraire à l'intérêt français d'user de notre droit d'occuper la zone démilitarisée », et le gouvernement décide, après d'inutiles démarches diplomatiques, de s'en remettre à la SDN. C'est l'occasion de s'apercevoir que le pacifisme n'est pas si unanime à droite, ni la fermeté si... ferme à gauche.

Une partie de la droite, en effet, exulte. *Le Figaro, l'Action française* et *le Jour* créent un « Comité national de vigilance des jeunes Français mobilisables », et Darquier de Pellepoix explique dans les meetings du Comité : « Que l'on ne compte pas sur nous pour la guerre des Juifs et des maçons. » Mais, au sein du gouvernement, Mandel s'est prononcé pour des mesures énergiques. Pour ce qui concerne la gauche, les ministres radicaux se sont également rangés dans le camp de la fermeté.

Mais Léon Blum, Paul Faure, Marceau Pivert, Daladier, Victor Basch, se félicitent en revanche du « sang-froid » du gouvernement, de même d'ailleurs que le bureau politique du PCF qui écrit qu'il a « tenu compte du danger d'une explosion guerrière » et qu'il est « résolu à tout entreprendre pour épargner au peuple les horreurs d'un nouveau carnage ».

Un climat social et politique perturbé

L'accroissement de la tension interne ne provient pas d'une activité revendicative et gréviste particulièrement intense de la classe ouvrière. Si le nombre des grévistes peut en effet apparaître en légère augmentation, le nombre de grèves stagne, et le nombre de journées perdues pour faits de grève diminue, lui, sensiblement. La durée moyenne des conflits est de plus particulièrement courte pour l'année 1935 (cf. tableau p. 22).

Cependant, deux éléments semblent déjà préfigurer juin 36 :

la particulière combativité de la métallurgie où le nombre de grévistes quadruple, et le fait que le patronat apparaît sur la défensive : le pourcentage de grèves dont on peut estimer qu'elles se terminent par une réussite est, cette année-là, en augmentation sensible, de 16 % en 1934 à 24 % en 1935.

Prototype de ces succès, la grève qui paralyse le port de Marseille entre le 30 janvier et le 21 février 1936. À Marseille, la situation est particulière. Elle est marquée à l'extrême droite par l'omniprésence de Simon Sabiani. Élu communiste en 1919, il a quitté le PCF pour fonder la Fédération communiste autonome en 1923. Nouant des alliances de plus en plus ostensibles avec la droite et le patronat, il est réélu en 1931 premier adjoint, grâce au soutien des armateurs. L'élection comme maire, aux élections municipales de 1935, du socialiste Tasso (avec le désistement du PCF), ne met pas fin au système de terreur et de corruption qu'avait mis sur pied Sabiani. Si celui-ci gouvernait en effet la ville grâce aux « porte-flingue » de Carbone et Spirito, il trouve maintenant en face de lui l'un de ses anciens adjoints, Ferri-Pisani, passé à la SFIO, qui réplique avec les mêmes méthodes [36] et s'est assuré, dans le milieu marseillais, le concours du gang des Guérini. La clé de voûte de ce système clientéliste et maffieux, c'est évidemment le port. L'enjeu de la lutte dépasse donc largement les revendications salariales qui sous-tendent le mouvement. C'est la reconquête du mouvement ouvrier marseillais qui est en cause [37]. Sous la direction de trois « étrangers » [38], 7 000 dockers en grève vont tenir tête durant 21 jours à 4 000 gardes mobiles et à 2 000 « jaunes » qu'appuient les Croix-de-Feu et qu'encadrent les gangsters « borsalino » de Carbone et de Spirito. Le 21 février, le patronat cède. la CGT — épurée — est désormais hégémonique au port.

Mais la tension se manifeste surtout par l'intermédiaire des manifestations de rue, et par les provocations des ligues d'extrême droite. L'Action française organise des manifes-

---

36. Un militant du PCF, Carini, est ainsi abattu alors qu'il portait la contradiction dans un meeting socialiste, par un séide de Ferri-Pisani.

37. Ainsi d'ailleurs que la possibilité pour l'IC de reconstituer la filière des ports, décisive dans la lutte contre le fascisme, et que la perte de Hambourg, depuis l'accession de Hitler au pouvoir, avait largement désorganisée.

38. François Billoux et Charles Nedelec ont été envoyés à Marseille par la direction pour réorganiser, l'un le PCF, l'autre la CGT. Charles Tillon vient diriger la grève sur place.

tations xénophobes au quartier Latin et tente d'interdire de cours le doyen Jèze, qui sert de conseiller à l'Éthiopie après l'agression italienne. Le 20 octobre, on découvre un « plan » des Croix-de-Feu destiné, en cas de coup de force, à neutraliser la banlieue parisienne. Des « répétitions » ont d'ailleurs déjà eu lieu à Bonneuil-sur-Marne et à Créteil. Pour les seuls mois de septembre et d'octobre, on dénombre 14 attentats, tandis que 12 dépôts d'armes sont découverts dans les milieux d'extrême droite.

La province n'est pas en reste : il y a 18 blessés graves, le 16 novembre 1935, à l'occasion d'une réunion Croix-de-Feu à l'école de dressage de Limoges. Dans les campagnes également, l'activité des forces d'extrême droite redouble. Le 10 décembre 1935, à Bannalec, Dorgères crée les « chemises vertes », sorte de milice paysanne dont les « devoirs » sont « croire, obéir, servir la cause paysanne », et dont les tâches sont énumérées : « Faire le service d'ordre dans les réunions, répondre aux convocations pour empêcher une vente ou une saisie, participer aux cortèges et manifestations de propagande que nos chefs jugeraient nécessaires, exercer des actions de justice sociale en suppléant à l'incurie du gouvernement, exercer des représailles vis-à-vis des responsables de blessures, arrestations ou vexations éprouvées par nos camarades. »

Dès lors, se multiplient les actions de commando contre les réunions socialistes ou communistes, ainsi que les actions de « représailles »[39], ce qui ne reste évidemment pas sans réplique. Calmes campagnes...

La pression se fait de plus en plus vive pour exiger la dissolution des ligues. Elle est relayée par le parti radical[40], ce qui crée un sérieux malaise au sein du cabinet Laval. Le 5 décembre 1935, coup de théâtre, c'est un député lié aux Croix-de-Feu, Ybarnegaray, qui propose le désarmement de toutes les milices privées, c'est-à-dire aussi bien de celles liées à l'extrême droite que des services d'ordre des organisations de gauche. Thorez et Blum acceptent cette proposition et Laval l'entérine. Cette dernière pirouette ne sauve ni

---

39. Un instituteur « gréviste » est ainsi corrigé à Pleyben.

40. Paul Elbel, député radical des Vosges, a eu un œil crevé lors d'une agression fasciste, Pierre Cot a été blessé au visage par un jet de vitriol... Le plus comique est que le ministre de l'Intérieur — seul habilité donc à prendre une décision de ce type — est justement un radical étroitement lié aux milieux d'affaires, Paganon, mais qui appuie, lui, tous les atermoiements de Laval.

Herriot, ni Laval. Accusé de « maquignonnage », le 18 décembre 1935, au comité exécutif du parti radical, Herriot démissionne de ses fonctions et est remplacé le 19 janvier par Daladier. Le 22 janvier, privé de la confiance de la majorité du groupe radical, Laval démissionne et est remplacé par le radical Sarraut. Totalement formelle, la dissolution des milices privées ne diminue en rien la tension politique. Le 9 avril 1935, Maurras avait écrit : « Ce juif allemand naturalisé ou fils de naturalisé, qui disait aux Français, en pleine Chambre, qu'il les haïssait n'est pas à traiter comme une personne naturelle [...]. Vous me direz qu'un traître doit être de notre pays : M. Blum en est-il ? Il suffit qu'il ait usurpé notre nationalité pour la décomposer et la démembrer [...]. C'est un homme à fusiller, mais dans le dos. »

Le 13 février, Blum, rentrant de la Chambre des députés dans la voiture de Georges Monnet, croise le rassemblement des militants d'Action française qui attendent le cortège funèbre de l'académicien Jacques Bainville. Reconnu, il est agressé et sévèrement blessé à la tête. En signe de protestation, plusieurs centaines de milliers de manifestants défilent à l'appel des partis de gauche, du Panthéon à la Bastille [41]. Maurras distinguera dans le cortège, à côté du « peuple trompé », « une part empruntée à la lie des bas-fonds [...] véritable écume, juste lie des faubourgs » et « une autre fraction, celle-là immense, composée d'étrangers ou de quasi-étrangers [...] dans laquelle l'élément juif métèque a très peu de peine à dominer [42] ». Quant à *la Croix*, elle n'en retient que le défilé, poing levé, des Faucons rouges : « Tout de même, n'est-ce pas un crime que d'apprendre de tels gestes aux enfants ? [43] »

C'est dans ce contexte que s'ouvre la campagne électorale.

---

41. Le radical Jean Zay commente : « Le président du Conseil [...] n'avait autorisé le cortège [...] qu'à condition qu'il y figurât autant de drapeaux tricolores que de drapeaux rouges [...]. Les drapeaux rouges ne manquaient pas dans la région parisienne, mais pour réunir un nombre égal de drapeaux tricolores, il fallut faire une razzia dans les grands magasins. En outre, qui les porterait ? Les ouvriers radicaux ne pullulaient pas à Paris [...]. Finalement, ce furent les militants socialistes et communistes qui se proposèrent d'eux-mêmes pour porter les emblèmes nationaux, et ils ne trichèrent pas sur le nombre. » (*Carnets secrets*, Éditions de France, 1942.)
42. *L'Action française*, 18 février 1936.
43. *La Croix*, 20 février 1936.

La campagne électorale

Après les refus essuyés par les propositions successives d'Émile Kahn, puis de Vincent Auriol, la situation était claire : il n'y avait pas de candidats du Front populaire, le programme du Front populaire n'était qu'un programme de second tour, et chacun, pour le premier tour, allait au combat sous sa propre bannière [44].

Les socialistes, nous l'avons vu, se présentaient sur la base d'un programme très « gauche ». Ce « gauchissement » fut encore dépassé dans la campagne, Paul Faure lui-même relativisant les programmes électoraux au profit du mouvement des masses : « Un gouvernement, expression de la volonté des masses, s'il sait et s'il veut s'appuyer sur elles, pourra faire ce qu'il voudra. »

Les radicaux, soumis à la pression de leur aile droite, retardent leur réponse : ils ne donneront leur accord qu'en avril, la campagne électorale déjà entamée.

De toute manière, la cacophonie est chez eux complète. On sait, d'avance, qu'un certain nombre de fédérations radicales [45] maintiennent leur opposition au Front populaire. Mais l'examen des professions de foi des 105 députés élus est encore plus éclairant : 9 % de ces professions de foi [46] se prononcent explicitement contre le Front populaire, 70,6 % n'y font aucune allusion [47], et 20 % seulement y font allusion, allusion étant d'ailleurs pris ici au sens strict du terme.

---

44. La crainte, souvent évoquée, que le PCF ne se serve de « pressions de la base » (dans les comités de front populaire par exemple) pour faire désigner, sous d'autres bannières que la leur, des candidats qui leur soient favorables, n'était peut-être pas dénuée de fondement. C'est ainsi que, durant l'hiver 1935-36, Racamond propose à Delmas, le dirigeant du SNI, de rencontrer Chvernik, le secrétaire des syndicats russes, qui lui demande d'être candidat sous l'étiquette socialiste, le PCF se chargeant d'assurer son élection : « Il est pourtant souhaitable que d'authentiques militants ouvriers soient en mesure de suivre de l'intérieur l'action du nouveau gouvernement. C'est pourquoi le parti communiste est tout prêt à favoriser l'élection de bons militants se présentant sous l'étiquette d'autres partis. » Après le refus de Delmas, Chvernik, impavide, lui demande : « Et Lacoste, pensez-vous qu'il accepterait ? » (André DELMAS, *Mémoires d'un instituteur syndicaliste*, Albatros, Paris, 1979).

45. Pyrénées-Orientales, Isère, Haute-Garonne, Saône-et-Loire, Vosges.

46. Mistler dans l'Aude, Charbonnet dans la Creuse, Richard dans le Rhône, etc.

47. Mendès France dans l'Eure, Campinchi en Corse, etc. Mendès France expliquera par la suite que le texte incriminé figure par erreur dans le « Barodet » (recueil des professions de foi), et qu'il n'était qu'une première circulaire précédant sa véritable profession de foi.

Mais ce qui, à gauche, marque le plus la campagne, c'est l'attitude du parti communiste. Elle est pour l'essentiel définie par le discours à la radio de Maurice Thorez, le 17 avril 1936. Après avoir évoqué la « décadence culturelle » de la France, et une production littéraire « d'une platitude désespérante », Thorez explique que les communistes travaillent « à la véritable réconciliation du peuple de France » et conclut : « Nous te tendons la main, catholique, ouvrier, employé, paysan, nous qui sommes des laïques, parce que tu es notre frère, et que tu es, comme nous, accablé par les mêmes soucis. Nous te tendons la main, volontaire national, ancien combattant devenu Croix-de-Feu, parce que tu es un fils de notre peuple, que tu souffres comme nous du désordre et de la corruption, parce que tu veux, comme nous, éviter que le pays ne glisse à la ruine et à la catastrophe. »

Face à cette offensive de charme[48], la droite se contente de quelques grands thèmes : la coalition du Front populaire n'est en accord sur rien, et tout cela ne profitera qu'à Moscou ; le Front populaire, c'est la banqueroute et la faillite, l'anarchie (voyez l'Espagne), la guerre (que va penser Hitler ?). Elle réalise l'unité de candidature dans près de la moitié des circonscriptions et ses candidats disposent de moyens financiers sans commune mesure avec les ressources des candidats « Front populaire ».

À gauche, Marcel Hamon, candidat du PCF à Lannion, finance sa campagne en vendant quelques sous la traduction de *l'Internationale* en breton, traduction qui est son œuvre, et qu'il fait chanter à la fin des meetings. À droite, autour du journaliste Henri de Kerillis, le « centre propagande des Républicains nationaux » fournit abondamment documentation et argumentaires. Mais, surtout, deux grandes forces soutiennent la droite. La première, c'est l'Église.

La démarche du PCF en direction des milieux catholiques est récente. Le 11 mars 1935, Vaillant-Couturier écrivait encore : « Tous les mouvements fascistes français sont prolongés à leur extrême gauche par la JOC. » En décembre 1935, les JC « tournent » et précisent dans une affiche « n'éprouver aucun ressentiment envers les jeunes ouvriers

48. François Mauriac commentera dans *le Figaro* du 22 avril 1936 : « Sa voix avait beau se faire aussi tendrement pressante que celle de la paysanne qui appelle ses couvées "petits, petits, petits", je me disais : Non, c'est impossible qu'*ils* marchent. »

chrétiens qui ont raison de vouloir que ça change ». À Villejuif, au printemps 1936, c'est en commun que JC et JOC préparent le Congrès international des jeunes chômeurs.

Dans bien des cas, à vrai dire, la démarche apparaît quelque peu opportuniste [49]. À Bagneux, scouts et JC collectent aussi ensemble six tonnes de vivres et de vêtements — plus 7 000 F — pour les chômeurs. Et à Clamart, le comité d'aide aux chômeurs comprend, à côté du PC, de la JC et de la municipalité communiste, la Jeunesse ouvrière chrétienne, les Dames françaises, les dames de charité, madame la supérieure des sœurs de Saint-Vincent-de-Paul, les curés des trois paroisses de Clamart, le patronage Saint-Louis, etc.

Les résultats de l'offensive du PC sont cependant minces. Tout au plus peut-on noter, sur la base de l'antifascisme, quelques « frémissements » du côté des intellectuels catholiques : on le sent dans *l'Aube*, à *Sept*, et surtout à *Esprit*, finalement rallié au Front populaire. Mais on ne sent aucune fracture notable ni dans la classe ouvrière, ni dans la paysannerie catholique, et encore moins dans la hiérarchie ecclésiastique.

Celle-ci, au contraire, contre-attaque vigoureusement. Dès février 1936, l'archevêché de Paris met en garde les catholiques contre la propagande communiste. Quinze jours avant le discours de Thorez, le pape incite les cardinaux et archevêques à la vigilance [50]. Dans les semaines qui suivent, c'est une succession de condamnations qui s'abat sur le parti

49. En soi, la démarche à l'égard des ouvriers catholiques n'avait en effet rien de « révisionniste ». L'exécutif de l'IC avait précisé, en juin 1923, que « dans leur propagande pour le gouvernement ouvrier et paysan, les communistes doivent constamment souligner qu'ils proposent là une alliance fraternelle à tous les ouvriers, croyants ou athées ». Et Lénine estimait, dès 1909, qu'il fallait « travailler à attirer à notre parti tous les ouvriers qui conservent la foi en Dieu ». Il précisait, il est vrai, qu'il s'agissait de les attirer « pour les éduquer dans l'esprit de notre programme, et non pour qu'ils combattent activement ce dernier » (*Marx, Engels et marxisme*). Le vrai problème est ainsi posé à Bagneux même par des militants communistes qui s'étonnent de voir la lutte contre le chômage traitée sur le mode de la charité (rapport de Decaux, secrétaire de la section Paris-Sud, au congrès de Villeurbanne, compte rendu sténographié). À Concarneau, c'est une vision « classiste » de la main tendue que l'on met en avant : « Oui, nous tendons la main aux menuisiers catholiques de M. Bonduelle, bien qu'ils aillent à la messe comme M. Bonduelle. Nous ne tendons pas la main à M. Bonduelle. Nous tendons la main aux maçons catholiques de M. Guilbaud, mais non à M. Guilbaud. Les travailleurs catholiques de MM. Bonduelle et Guilbaud tendent-ils la main à MM. Bonduelle et Guilbaud ? Non. » (*Bretagne ouvrière, paysanne et maritime*, 12 février 1937.)

50. Lettre du cardinal-secrétaire d'État, 2 avril 1936.

communiste et sur le Front populaire : à Strasbourg (Mgr Ruch), à Cambrai (Mgr Chollet), à Nancy (Mgr Fleury), à Lille (Mgr Lienart), à Blois (Mgr Baudrillart) qui avaient signé, quelques mois plus tôt, le manifeste des intellectuels justifiant l'agression de Mussolini contre l'Éthiopie. Elles sont abondamment relayées par la multitude des bulletins paroissiaux, dans des termes où la haine l'emporte très largement sur la charité chrétienne : « Ce n'est pas en fuyant devant les chiens enragés qu'on évite les morsures », écrit ainsi *le Carillon* de Saint-Maurice-de-Besançon, tandis que *le Mois paroissial* de Saint-Savinien-sur-Charente parle de « la scélératesse des techniciens du grand soir ». Rien d'étonnant, à vrai dire, si l'on se rappelle que les deux tiers des prêtres en exercice ont été formés durant leurs années de séminaire par des théologiens proches de l'Action française.

En tout cas, c'est de tout son poids, et sans se dissimuler, que l'Église pèse en faveur de la droite, voire intervient pour arbitrer en son sein. Candidat « démocrate-populaire » dans l'Orne, et soutenu par la JAC, Georges Bidault, alors journaliste à *l'Aube*, se voit ainsi préférer le sortant, Roulleaux-Dugage, dont l'hostilité au Front populaire n'est pas susceptible d'états d'âme. *La Croix de l'Orne* écrit ainsi, le 11 avril 1936 : « Quels que soient les mérites de M. Georges Bidault, nous souffrons de sa candidature. Il entend lui donner avant tout un caractère politique. Nous restons, nous, sur le plan catholique avant tout (...). Notre mandataire, nous l'avons (...), nous ne voyons donc pas de raisons de lui retirer son mandat. »

Six ans plus tard, l'évêque de Dax résumera le sentiment de la hiérarchie : « L'année maudite n'a pas été pour nous l'année de notre défaite extérieure, mais celle de notre défaite intérieure, l'année 1936. »

Deuxième grande puissance qui s'engage dans la compétition électorale : la presse. Non seulement la presse écrite, mais aussi la presse parlée. Car, pour la première fois, la radio est associée aux campagnes électorales, et les principaux dirigeants s'y expriment : c'est à la radio, par exemple, que Maurice Thorez « tend la main » aux catholiques et aux Croix-de-Feu. L'intérêt que suscitent ces émissions de radio est certain, et la campagne électorale est ainsi parsemée d'écoutes collectives des discours des dirigeants. À Concarneau, par exemple, où le comité de Front populaire organise trois écoutes, pour entendre Maurice Thorez le 17, Léon Blum le 21, et Édouard Daladier le 24 ; ou à Pont-l'Abbé où, sous les halles, 200 personnes écoutent, le 17, le discours de Maurice Thorez.

Mais, avec les 3 millions de postes implantés, la radio ne peut cependant pas concurrencer la puissance de la presse écrite. La presse parisienne ou nationale comprend environ trente-cinq titres dont le tirage global avoisine les 6 millions d'exemplaires. La droite y est absolument hégémonique, tant en titres (plus de 25) qu'en tirage (plus de 5 millions). À gauche, on doit se contenter de trois titres (*l'Humanité, le Populaire, le Peuple*), dont le tirage global oscille entre 300 000 et 350 000 exemplaires. Sans doute existe-t-il encore quelques titres à l'orientation incertaine, comme *l'Aube, l'Œuvre*, ou *la République*, qui paraissent parfois pencher du côté du Front populaire : mais leur tirage ne dépasse pas les 200 000 exemplaires.

En province, l'heure n'est pas encore aux monopoles régionaux. Mais si la gauche paraît ici moins défavorisée, elle le doit pour l'essentiel à la presse de tonalité radicale : *la Dépêche de Toulouse, le Petit Méridional, le Progrès de Lyon, le Petit Provençal, le Populaire de Nantes, la France de Bordeaux et du Sud-Ouest*, etc. Mais la fidélité de cette presse au Front populaire est toute relative. Or, les socialistes ne disposent guère, au niveau des quotidiens à grand tirage, que du *Populaire du Centre*, du *Réveil du Nord*, du *Midi socialiste* et de *la Montagne* [51]. Les communistes ne disposent que de *l'Humanité de Strasbourg*.

Dans le domaine de la presse hebdomadaire et mensuelle, la gauche [52] a fourni un gros effort. Le symbole en est sans doute *Vendredi*, dont le premier numéro paraît le 8 novembre 1935, et dont la direction est symboliquement tripartite : André Viollis (proche du PC), Jean Guéhenno (proche du PS) et André Chamson (proche du parti radical). Il vient s'ajouter à d'autres publications favorables à la gauche : *Marianne, la Lumière, Regards*, etc. Mais, même dans ce domaine, si le handicap en nombre de titres apparaît

---

51. L'audience de cette presse ne doit pas être surestimée. Le tirage réel du *Midi socialiste*, par exemple, est de 2 500 exemplaires.

52. Nous ne tenons pas compte ici des hebdomadaires et mensuels militants. À titre d'exemple, le parti socialiste possédait en propre 86 hebdomadaires (ou bimensuels) militants, répartis sur 73 départements (dont 6 pour la fédération du Nord). 27 hebdomadaires étaient par ailleurs dirigés par des membres du parti, répartis sur 13 départements (dont 14 pour le département de la Seine).

moins grand, il subsiste en termes de tirage : les quatre titres que nous venons de citer totalisent à peine plus de 300 000 exemplaires. À droite, *Gringoire* diffuse 500 000 exemplaires, *Candide* 340 000, sans compter la presse dite « de divertissement » qui, dans sa quasi-totalité, penche résolument à droite.

L'engagement de la presse dans la campagne électorale passe par des prises de position explicites, mais aussi par la distillation de « rumeurs ». Afin d'illustrer concrètement « la main de Moscou » dans toutes les poussées à gauche, *le Petit Parisien* annonce ainsi, le 24 avril, avoir rencontré à Barcelone le leader communiste hongrois, Bela Kun, classé spécialiste ès insurrections. C'est faux, mais le démenti n'arrivera qu'après le premier tour.

Premier tour : poussée à gauche

Mais rien n'y fait. Non seulement la gauche apparaît majoritaire en voix au premier tour [53], mais elle progresse par rapport à 1932 [54], tandis que la droite recule [55].

La plupart des commentateurs insistent sur le fait que ces élections n'ont pas représenté un « raz de marée » pour la gauche. Certes ; mais le sentiment demeure cependant que, dans un pays où les scores électoraux sont traditionnellement stables, le déplacement des voix n'est pas négligeable. La configuration des résultats amène d'autres remarques.

À gauche, le phénomène marquant est la progression du parti communiste. Il obtient, selon les modes de calcul, entre 1 453 923 voix (*le Temps*) et 1 503 125 voix (*le Populaire*) et progresse ainsi de 82,47 % selon *le Temps*, et de 94,33 % selon *le Populaire*. Bref, il n'est pas loin de doubler ses voix. Ses progrès sont sensibles dans la région parisienne, et dans une série de zones industrielles et de banlieues

53. Compte tenu de la difficulté de classer certains candidats, les estimations varient entre 5 515 446 voix (*le Temps*) et 5 629 000 voix (Delperrié de Bayac) pour la gauche, et entre 4 202 000 (Delperrié de Bayac) et 4 325 297 (*le Temps*) pour la droite.

54. De 7,69 % selon Delperrié de Bayac, de 5,35 % selon *l'Humanité* qui donne ainsi, de toute la presse, le plus faible pourcentage d'augmentation des voix de gauche.

55. De 1,28 % selon *le Temps*, de 4,25 % selon Delperrié de Bayac.

ouvrières. La carte du vote communiste correspond assez largement à la répartition des ouvriers d'industrie. Mais la progression est également sensible en milieu rural : dans la Dordogne et le Lot-et-Garonne, autour du travail animé par Renaud-Jean, dans le Sud-Est aussi. En revanche, la main tendue aux catholiques semble avoir été de peu d'effet : les terres de forte pratique religieuse restent toujours interdites au PCF.

À l'inverse, les radicaux perdent des voix : jadis premier parti de gauche, ils sont maintenant, avec environ 1 400 000 voix, le troisième parti du Front populaire : ils perdent entre 21,8 % de leurs voix (*l'Humanité*) et 23,7 % (*le Temps*) [56]. Mais la perte des voix du parti radical ne s'explique pas uniquement par un glissement à gauche de son électorat : il perd à la fois des voix sur sa gauche (dans le Centre et dans le Sud-Ouest), et sur sa droite (Ouest, Centre-Ouest, Rhône-Alpes). Souvent, des candidats régressent là où le parti communiste et le parti socialiste ont été actifs en milieu rural (Corrèze, Lot, Finistère). En fait, les radicaux n'ont rien gagné à cultiver l'ambiguïté : sur 9 fédérations que l'on peut sans difficulté classer comme hostiles au Front populaire, l'une d'entre elles maintient ses voix (Nièvre), trois régressent (Ariège, Creuse, Haute-Garonne), mais cinq d'entre elles progressent (Indre, Lot-et-Garonne, Nord, Seine-Inférieure, Ardennes). La présence dans cet échantillon du Lot-et-Garonne est significative : en plein fief de Renaud-Jean, un parti radical clairement orienté à droite réussit à coaliser autour de lui la fraction de la paysannerie qu'inquiète le collectivisme.

Quant au parti socialiste, dont l'estimation des suffrages varie entre 1 811 237 (G. Lefranc) et 1 955 000 (Delperrié de Bayac) [57], il recule très légèrement par rapport à 1932 : entre 0,45 % (Delperrié de Bayac) et 3,91 % (*le Temps*). Une partie de ces pertes est de toute évidence due à la dissidence néo-socialiste : c'est particulièrement net dans les fiefs « néo » de Gironde (Marquet) et du Var (Renaudel). Mais, de manière générale, le parti socialiste a également perdu des

56. Nous avons décompté, pour 1932 et 1936, les stricts suffrages radicaux, sans y adjoindre toute une série d'apparentés, de dissidents ou de néo-socialistes comme le font une série de commentateurs. De toute la presse, c'est *l'Humanité* qui minimise le plus les pertes radicales.

57. Ici aussi décomptés sans l'apport des dissidents, apparentés, fraction des néos (Lefranc) ou... doriotistes (Dupeux).

voix dans des régions industrielles (Nord, Bouches-du-Rhône, Lorraine) et en a en revanche gagné en Bretagne (aux dépens de la droite) et dans le Sud-Ouest (aux dépens des radicaux).

Quant à l'USR, qui est alors la quatrième composante politique du Front populaire, ses résultats ne sont pas négligeables : 587 477 voix, selon *le Temps*. La comparaison avec les élections de 1932 est difficile, l'une des composantes de l'USR — le Parti socialiste de France — n'existait pas à l'époque, et ses candidats étaient alors, dans bien des cas, candidats de la SFIO. La progression que donnent les résultats du *Temps* (12,3 %) doit ainsi être relativisée. Mais si les résultats ne correspondent sans doute pas aux attentes de Marcel Déat, ce n'est pourtant pas d'une déroute qu'il s'agit.

Deuxième remarque en ce qui concerne la coalition de gauche : la multiplication des candidatures de petites formations ou de dissidents divers. Il faudrait ici distinguer les dissidents de gauche du parti radical (Camille Pelletan), les candidats du parti frontiste de Bergery, la Jeune République, les candidats doriotistes, ainsi qu'une vingtaine de candidats « communistes indépendants », une cinquantaine de « socialistes indépendants » et une dizaine de candidatures « socialistes-communistes »... La plus importante de ces petites formations, le PUP, tire son épingle du jeu : avec quelques dizaines de candidats, dont 2 présentés en commun avec le parti socialiste, elle fait plus que doubler ses voix : de 78 472 à 184 763, selon *le Temps*.

À droite, les mouvements internes sont plus difficiles à analyser, compte tenu à la fois du grand nombre de candidatures uniques et de la place tenue par la personnalité des candidats. À regarder les chiffres cependant, un double mouvement peut être constaté : une légère croissance d'un courant « social » au sein de la droite, à travers la progression (+20,6 %) des « démocrates-populaires », ancêtres de la Démocratie chrétienne et du MRP, qui s'installe notamment dans l'ouest de la France. Et, surtout, à l'autre pôle, la progression sensible du courant le plus extrémiste, l'URD (+27,9 %), au détriment de courants plus modérés comme l'Alliance démocratique — qui recule de 22,6 % — et la « Gauche radicale », qui perd 27,7 % de ses suffrages de 1932.

Ce qui rend les résultats encore plus difficiles à décrypter, notamment par rapport aux tensions des mois prédécents, c'est l'absence quasi totale des ligues d'extrême droite dans cette consultation électorale. Ni l'Action française, dont ce n'est pas la tradition, ni les Croix-de-Feu, qui ne se sont pas encore découvert une vocation de parti politique, ne participent au scrutin. De-ci, de-là, on trouve quelques candidats du parti franciste ou de la Solidarité française, dont les scores sont en général insignifiants. En revanche, dans les campagnes, fleurissent les candidatures « agraires », à l'initiative la plupart du temps du parti agraire de Fleurant Agricola, mais que soutiennent aussi bien les comités de défense paysanne de Dorgères que les producteurs de blé ou l'Office de Landerneau. L'impact de ces candidatures est difficile à mesurer — entre 158 891 pour *le Temps* et 250 000 pour Jean-Michel Royer — dans la mesure où les candidats « agraires » bénéficient aussi, parfois, de l'investiture d'une des organisations de la droite traditionnelle. Mais il est indéniable, par les thèmes de leur campagne, que ces candidatures relaient efficacement, en milieu rural, l'agitation déployée par l'extrême droite dans l'ensemble du pays.

NOMBRE DE VOIX RECUEILLI PAR LES DIVERSES FORMATIONS POLITIQUES*

	1932	1936
PS	1 964 384	1 887 209
PC	796 630	1 453 923
PUP et « Unité ouvrière »	78 472	184 763
USR	515 176	587 777
Radicaux	1 836 991	1 401 974
Alliance démocratique	1 299 936	1 004 182
URD	1 233 369	1 578 419
Gauche radicale et radicaux indépendants	955 990	690 557
Démocrates-populaires	309 336	373 493
Indépendants	499 236	359 191
Conservateurs	82 859	46 540
Union populaire républicaine		114 024
Agraires		158 891

* Nous donnons ici les résultats collectés par *le Temps*, les plus détaillés fournis par la presse de l'époque. Mais ils ont tendance à minimiser les résultats de la gauche.

Une majorité « Front populaire »

Mais il n'y a que 174 élus au premier tour, et 424 circonscriptions sont en ballottage.

Coupant court aux tractations locales qui commencent à poindre, Maurice Thorez (PCF), Édouard Daladier (parti radical) et Jean-Baptiste Severac (SFIO) appellent dans un communiqué commun à « faire bloc sur celui de ces candidats que le suffrage universel a mis en tête au premier tour ».

Globalement, la droite réussit cependant un meilleur « second tour » que la gauche. Il y a 40 cas d'indisciplines à droite, mais il y en a 59 à gauche. Ces indisciplines profitent pour l'essentiel au PS et au PC qui y gagnent respectivement 9 et 3 élus, le parti radical en perdant 12. Mais, en termes de balance gauche-droite, le match est nul : les indisciplines font perdre globalement 6 sièges à la gauche, et 6 sièges à la droite.

Les reports de voix, en revanche, sont défavorables à la gauche, qui perd 7,06 % par rapport au premier tour, tandis que la droite progresse au contraire de 3,93 % [58]. Mais l'avance du premier tour permet que la gauche l'emporte malgré tout : il y a, compte tenu des seuls députés métropolitains, 378 élus favorables au Front populaire, et 220 qui lui sont hostiles. Le PCF passe de 11 à 72 députés, le parti socialiste de 131 à 147 [59], tandis que les radicaux perdent 51 sièges (de 157 à 106). À Saint-Denis, Doriot a été réélu au second tour, mais il a dû, pour l'emporter contre le communiste Fernand Grenier, faire appel aux « gros bras » de La Rocque : il y avait déjà eu des gestes de Doriot l'éloignant de la gauche, il y a maintenant un premier pas qui jalonne son itinéraire vers l'extrême droite. Dans le 20e arrondissement, Marcel Déat a été battu : *l'Humanité* ne l'appelle plus

58. Selon les calculs de Georges Dupeux, les pertes sont de 3,7 % quand le candidat est radical, de 7,8 % quand il est socialiste, et de 9,1 % quand il est communiste. C'est donc bien d'un reflux général de l'électorat de gauche qu'il s'agit.

59. Parmi lesquels il n'y a aucun élu « pivertiste », malgré 5 candidatures — dont Pivert lui-même — dans le département de la Seine.

désormais que « traître au Front populaire » et *le Populaire* « le renégat Déat »[60].

C'est le parti socialiste qui est maintenant le premier parti de gauche. C'est donc à lui, et non au parti radical, de « constituer et de diriger le gouvernement de Front populaire », ce que revendique *le Populaire* dès le 5 mai. Au Conseil national du 10 mai, Blum accepte la responsabilité de chef de gouvernement :

« Dans une bataille comme celle-là, il faut un chef : il faut que le commandement soit exercé sous votre contrôle permanent, mais dans sa plénitude. Je ne vous ai jamais tenu un langage comme celui-là. Vous savez que le crédit que je peux posséder auprès de vous, auprès du parti, je l'ai dû au contraire à un effort constant de conciliation et de persuasion. Aujourd'hui, c'est autre chose. Il faut que devant les circonstances nouvelles, un autre homme se réveille dans un homme [...]. Je ne sais pas si j'ai la qualité d'un chef dans une bataille aussi difficile : je ne peux pas le savoir, pas plus exactement qu'aucun de vous. C'est une épreuve que vous ferez sur moi et que je ferai sur moi-même. Mais il y a quelque chose qui ne manquera jamais : c'est la résolution, c'est le courage, et c'est la fidélité. Et puis, je viens vous dire encore que je ne me présente pas à vous aujourd'hui comme un homme déjà accablé d'avance sous le poids des charges et des responsabilités, bien que, croyez-moi, je les connaisse. Je ne viens pas ici en vous disant : "Éloignez de moi ce calice, je n'ai pas voulu cela, je n'ai pas demandé cela." Si, si, j'ai demandé cela parce que cela, c'est la victoire de notre parti au sein d'une victoire républicaine. »

Moins lyrique, le vieux Bracke avait maugréé le soir des résultats : « Enfin, les difficultés commencent. »

---

60. De manière générale, le parti socialiste manifeste peu d'égard pour les néo-socialistes, pourtant officiellement membres du Rassemblement populaire. Sous le titre *Une belle brochette*, Marquet figure ainsi, à la une du *Populaire* du 6 mai, dans une caricature représentant les réactionnaires battus. Le même journal explique le 10 mai : « M. Frossard est l'élu de la droite. »

RÉPARTITION DES ÉLUS À L'ASSEMBLÉE NATIONALE APRÈS LES ÉLECTIONS DE JUIN 1936

Front populaire		Droite		Non inscrits
PCF	72	Gauche démocratique et radicale indépendante.	32	8
SFIO	147	Alliance des républicains de gauche.	44	
USR	25	Démocrates-populaires.	13	
Parti radical	106	Groupe indépendant d'action populaire.	16	
Gauche indépendante	26	Groupe des républicains indépendants et groupe agraire indépendant.	38	
		Groupe des indépendants républicains.	12	
		Groupe de la Fédération républicaine de France.	59	
Total	376		214	8

4

Les grèves de juin

« Le travail, la misère et l'ennui
Le travail, le travail à la chaîne
Soudain le travail casse sa chaîne
Et pose son outil.
Et tous les travailleurs se réveillent avec lui
Et poussent un grand cri
La grève, la grève, partout la grève
C'est une grève comme on n'en a pas vu souvent
Et le capital grince des dents. »

Jacques PRÉVERT
Actualités 1936, texte inédit écrit en juin 1936, restitué grâce à l'excellente mémoire de Pierre-Olivier de Marichan (cité in Agnès HELLER, *les Auberges de la jeunesse*, thèse d'État, université de Nice).

L'exemple de l'aéronautique

Dès le lendemain des élections, à la Commission administrative du 6, Marceau Pivert a adjuré Blum de présenter tout de suite son gouvernement à l'investiture de la nouvelle chambre. Le PCF développe le même point de vue (en critiquant la décision prise par Sarraut de vouloir rester en place), partagé semble-t-il par Jouhaux, dont l'un des proches, Charles Laurent, écrit le 15 mai dans *la Tribune des fonctionnaires* : « Pourquoi ne pas bousculer les usages, pourquoi attendre ? »

Pendant ce temps, les travailleurs attendent [1] et le gouvernement Sarraut, resté en place, est censé expédier les affaires courantes. Dans les usines, où les élections ont fait prendre conscience aux ouvriers du nouveau rapport de force, la tension monte. En témoigne la participation au 1er-Mai, qui survient entre les deux tours de soutien. À Paris, il y a 120 000 grévistes sur 250 000 métallurgistes : Hotchkiss, Unic et Morane ont débrayé à 100 % et, pour la première fois, Renault à 85 %. Débrayage aussi à 100 % dans le bâtiment, à 90 % dans les taxis. En province, le phénomène est du même ordre. Partout, la participation aux manifestations double ou triple par rapport aux années précédentes. À Nantes par exemple, l'évolution de la participation ouvrière aux meetings du 1er-Mai est significative : 600 en 1931, 650 en 1933, 2 000 en 1934, 2 000 encore en 1935, et environ 10 000 le 1er mai 1936.

En ce mois de mai aussi, si le nombre de grévistes évolue peu, le nombre de grèves, en revanche, double soudainement.

	Janvier	*Février*	*Mars*	*Avril*	*Mai*
Nombre de grévistes	8 739	9 142	12 127	12 784	13 727
Nombre de grèves	50	39	38	32	65

Deux autres éléments viennent confirmer que le patronat se sent sur la défensive. Le premier, c'est l'évolution des motifs de grève, où l'on voit diminuer très régulièrement la rubrique « baisse des salaires », alors que croissent en mai les conflits motivés par les demandes d'augmentation.

1. Les capitalistes, eux, n'attendent pas, et la fuite des capitaux s'organise massivement durant ce sursis inespéré : en mai et juin, 6,7 milliards de capitaux sortent de France.

	Janvier	*Février*	*Mars*	*Avril*	*Mai*
Contre réduction des salaires	13	7	8	4	2
Pour augmentation des salaires	15	10	19	12	33

Le deuxième est la diminution du taux d'échecs pour les conflits recensés chaque mois.

Janvier	*Février*	*Mars*	*Avril*	*Mai*
18 %	20 %	15 %	6 %	6 %

C'est en province qu'apparaissent les premiers signes annonciateurs de la vague de grèves. Traditionnellement, les commentateurs mettent en évidence deux grèves, avec occupations, déclenchées pour protester contre le licenciement d'ouvriers grévistes le 1er mai, la première le 11, chez Breguet [2] au Havre, la deuxième le 13, chez Latécoère à Toulouse.

Mais tout aussi annonciateurs de ce ce que seront les grèves de juin 36 sont l'occupation décidée en mai par les émailleurs de la Société générale des fonderies, à Saint-Michel-

2. On mentionne en revanche rarement que la grève chez Breguet s'accompagna d'importants éléments d'autodéfense. La section syndicale y était en effet relativement faible par rapport à une très importante section « Croix-de-Feu » présidée par le chef du personnel lui-même. C'est pour l'essentiel Louis Eudier, secrétaire du syndicat local des métaux, qui organisa la lutte, et l'occupation, contrairement à ce qu'en dit G. Lefranc, fut largement « préméditée ». Ainsi, le 11, quand la direction appelle la police pour faire évacuer l'usine, les 250 policiers trouvent en face d'eux 300 dockers armés de gourdins. Ils s'en retournent, mais reviennent le lendemain. Les ouvriers se regroupent alors près du prototype de l'hydravion Breguet 730 et préviennent que ledit prototype ne sortirait pas indemne d'un affrontement avec la police. C'est alors la direction qui demande à la police de se retirer...

Sangland, dans l'Aisne, et le conflit dans les papeteries à Saint-Julien en Corrèze : démarrée pour refuser une diminution de salaires, la grève se termine victorieusement le 5 mai avec une augmentation de 4 %.

Premier relais dans la région parisienne, la grève « avec occupation » de l'usine Bloch à Courbevoie, dès le 14 mai. En vingt-quatre heures, les ouvriers obtiennent satisfaction sur les salaires et le droit aux congés payés. Victoire également chez Lioré-Ollivier, à Villacoublay, et, le 23 mai, à la Compagnie de raffinage de Gonfreville.

La presse ouvrière reste discrète [3]. *L'Humanité* signale que, à Breguet, la direction a capitulé « au moment où les ouvriers allaient passer une deuxième nuit dans l'usine ». Le mot « occupation » ne figure pas non plus dans l'article sur Latécoère. Dans *le Populaire* du 14 mai, il y a dix lignes sur Breguet, mais rien sur l'occupation. Le lendemain, *le Populaire* publie des « détails » fournis par Croizat, secrétaire unitaire de la métallurgie : le mot « occupation » figure dans le titre, mais pas dans le texte de Croizat. Le 16 mai, la fédération des métaux « salue les victoires des métallos havrais et toulousains » : pas un mot sur l'occupation. *L'Humanité* signale que, chez Bloch, les grévistes ont décidé de rester dans l'usine. Le même jour, *le Populaire* mentionne la grève et l'occupation chez Bloch, mais ne lui accorde que trente et une lignes, un peu moins que, dans la colonne voisine, l'annonce d'une assemblée des ouvriers bouchers. *L'Humanité* du 17 parle de « grève dans l'usine » et il faut attendre le 20 mai pour y trouver un premier commentaire sur la grève de Breguet. Puis, le 22, *l'Humanité* publie une déclaration du secrétaire adjoint des métaux de Toulouse, Lucien Erbal, qui, tirant le bilan de la grève de Latécoère, explique : « Oui, nous sommes partisans de la grève sur le tas avec occupation de l'usine jusqu'à complète satisfaction. » Le 24, paraît un article de synthèse de Delon, intitulé : *Une belle série de victoires dans les usines d'aviation*. Il se trouve que ce numéro est diffusé dans la traditionnelle manifestation au mur des Fédérés du 24 mai.

Celle-ci est massive, combative, et colorée : 600 000 mani-

3. Y compris la presse locale : *le Midi socialiste* minimise autant que possible la grève de Latécoère.

festants, de toutes appartenances[4], parmi lesquels un cortège de l'Étoile nord-africaine de Messali Hadj, regroupant plusieurs milliers de travailleurs algériens derrière la banderole *Amnistie totale en Afrique du Nord - Abolition du code de l'indigénat*, une banderole des soldats de Versailles, portée par des dirigeants des Jeunesses socialistes : « *La soldatesque versaillaise de 1871 assassina la Commune. Les soldats de Versailles en 1936 la vengeront*[5] », des « socialistes chrétiens » qui portent une croix ornée de la faucille et du marteau, et chantent *la Jeune Garde*...

Le Figaro écrit : « On ne saurait prévoir dès maintenant de quelle influence pèseront ces démonstrations de masse [...]. Mais il est évident qu'elles constituent, dans la vie publique, un facteur nouveau. »

Nul doute que, dans cette foule ouvrière, l'article de *l'Humanité*, pour modeste qu'il soit (en page 5...), est lu et commenté. Et le PCF estime devoir faire quelques concessions à l'impatience qu'il sent monter. Le lendemain, son Comité central, réuni à Ivry, déclare : « Le CC comprend et approuve la volonté des masses populaires qui peuvent constater que rien n'a été fait depuis trois semaines qu'a été remportée la victoire du Front populaire. Il est nécessaire de prendre de toute urgence, sans le moindre délai, les mesures préconisées par le programme commun. »

---

4. Le service d'ordre du PCF, dirigé par Eugène Henaff, charge, gourdin à la main, le millier de manifestants trotskystes. Politiquement, l'attitude socialiste à l'égard des trotskystes n'est d'ailleurs pas différente. *Le Populaire* commente ainsi : « Un groupe de provocateurs trotskystes a tenté de forcer le cortège syndical peu après le départ. Il n'y est pas parvenu, et ensuite l'a dépassé avec violence. L'attitude conciliante et le sang-froid de Henaff ont seuls empêché une bataille. [...] Les citoyens Naville et Molinier, dont la réputation n'est plus à faire, ont été quelque peu malmenés, ce qui ne les a d'ailleurs pas empêchés de poursuivre, quelques instants plus tard, à l'intérieur du cimetière, leurs provocations imbéciles. » Pourtant, le député communiste Darius Le Corre — qui n'avait pas dû être sensible à l'« attitude conciliante » de Henaff — désapprouvera publiquement quelques jours plus tard ce qu'il appellera lui-même « les violences staliniennes ».

5. *L'Humanité* qui rend compte le 27 mai de la manifestation n'a rien vu. Ou, plus exactement, elle a vu autre chose : « Nombreux étaient les officiers et sous-officiers de réserve étroitement mêlés au peuple parisien dans cet immense cortège. Leur passage a soulevé un grand mouvement d'enthousiasme : *Vive les officiers républicains ! Vive l'armée démocratique !* » Signe des temps...

La première vague de la métallurgie parisienne

Le mardi 26, c'est la métallurgie parisienne qui s'ébranle. Nieuport (Issy-les-Moulineaux), Lavalette (Saint-Ouen), Hotchkiss (Levallois) sont en grève et occupés. Sautter-Harlé, Liore-Ollivier (Villacoublay), l'imprimerie Crété à Corbeil, cessent également le travail, de même que les ouvriers agricoles de Mesnil-Amelot, à côté de Meaux.

Le 27, Farman (Billancourt) débraye. Mais c'est évidemment Renault qui est décisif. Le 28 au matin, les 35 000 ouvriers de Renault cessent le travail, et c'est immédiatement la contagion dans toute la métallurgie parisienne : le jour même Fiat, Chausson, Gnome et Rhône, Talbot, LMT, Citroën, Brandt, Salmon (en tout près de 100 000 métallurgistes) sont en grève et occupés. Le mouvement s'étend dès ce jour à d'autres corporations, le bâtiment par exemple, sur les chantiers de l'Exposition. Mais le 29, la CGT appelle à la fin du conflit chez Renault, sur la base d'un médiocre compromis : relèvement des plus bas salaires de 3,25 % à 3,50 %. *L'Humanité* parle de « sortie dans l'enthousiasme », et *le Populaire* stigmatise « quelques exaltés qui, dans l'île Seguin, semblaient douter de la victoire ». Pour toute la presse bourgeoise, la reprise chez Renault signifie la fin des conflits dans les autres usines. Le patronat en fait même un peu trop et publie, le 29 au soir, un communiqué qui précise : « Contrairement à certaines informations, la direction des usines Renault n'a eu à examiner aucun point du contrat collectif, notamment le barême général des salaires qui reste à discuter entre représentants patronaux et ouvriers lorsque l'évacuation totale des usines aura été réalisée. »

Quoi qu'il en soit, le vendredi 30, la tendance est très nettement à la reprise du travail : Farman, Nieuport, Talbot, Brandt, Citroën, Panhard, Chausson, Rosengart, etc., sont évacués. À l'exception de Gnome et Rhône, où l'accord est conclu quelques heures avant l'évacuation de Renault, les avantages acquis sont très maigres : *le Temps* peut conclure le dimanche 31 mai : « Dans l'ensemble, le mouvement est en régression. »

PC et PS : ébranlés à gauche

La direction confédérale de la CGT n'intervient guère à cette étape. Les fédérations de la métallurgie n'ont pas encore fusionné [6] et la CGTU est largement majoritaire : que les communistes se débrouillent donc.

C'est bien ce qu'essaie de faire la direction du PCF. Mais elle a, en son sein, des problèmes. André Ferrat, depuis le congrès de Villeurbanne, n'est plus membre du bureau politique [7], mais reste membre du Comité central et responsable de la « commission coloniale ». Ayant l'impression qu'il est « démasqué » comme l'animateur clandestin de *Que faire ?*, Ferrat ne cache plus ses désaccords. Au Comité central du 2 avril, déjà, il a mis en cause la ligne « patriotique » « de solidarité avec notre propre impérialisme », comme incapable de « défendre les intérêts véritables du peuple français, ni les intérêts de la révolution russe, ni les intérêts de la paix ».

Au CC du 25 mai, il récidive : « Nous devons dire aux travailleurs : vous n'obtiendrez que ce que vous arracherez vous-mêmes par votre action de classe. Moins que jamais, il ne saurait être question pour nous de nous porter garants du gouvernement, de lier notre sort au sien, ni d'engager notre responsabilité à ses côtés, ni d'apparaître aux masses sous un tel aspect. » Et il vote contre la motion confirmant « le soutien sans réserves et sans éclipses ».

Au parti socialiste, c'est Marceau Pivert qui rue dans les brancards et publie, le 27 mai, un article intitulé « Tout est possible ». En réalité, c'est une véritable légende qui s'est formée autour de cet article, que ne justifient ni son contexte, ni son contenu. « Tout est possible » n'est en rien une prise de position publique destinée à l'extérieur, mais une contribution au nom de sa tendance dans le cadre de la préparation du congrès : la règle de l'époque était que chaque tendance disposât d'un certain nombre de colonnes dans *le Populaire* pour y exprimer son point de vue. Quant

6. Le congrès de fusion aura lieu à l'automne 1936.

7. Avant de lire la liste des membres du bureau politique, Thorez avait glissé à l'oreille de Ferrat : « On a été obligé de réduire le nombre de membres du BP, tu n'es plus sur la liste, mais ça ne change rien, je t'expliquerai tout à l'heure. » Les explications ne sont jamais parvenues.

au contenu, le texte contient peu de propositions précises : demande d'enquêtes sur les spéculations, retour au service militaire d'un an, création de « comités populaires » dont la nature n'est pas explicitée. Alors que depuis la veille Nieuport, Lavalette et Hotchkiss sont occupées, il n'y a pas un seul mot sur les grèves et les mouvements d'occupation. En fait l'article se situe dans le cadre du parti socialiste (« Tout est possible avec un tel parti... ») et a pour fonction de préparer la motion de synthèse du congrès (« mais la synthèse est facile si l'on veut bien se placer dans le cadre des préoccupations fondamentales des masses »). Le comportement pratique de Marceau Pivert devrait, de plus, relativiser la portée de l'article. Le 6 mai, à la CAP, il a bien demandé que l'on constitue sans tarder le gouvernement, mais il a finalement voté la motion Blum qui prévoit le contraire. Le 10 mai, au Conseil national, il intervient pour demander qu'en cas de refus du PCF, ce soit un gouvernement socialiste homogène (sans les radicaux et sans l'USR) qui soit formé. Mais il vote là aussi la motion finale unanime qui décide « le parti socialiste formera un gouvernement avec ceux des partis de gauche qui répondront à son appel » et « fait siennes les déclarations de Léon Blum ». Il en va de même pour le congrès qui s'ouvre le 30 mai.

Mais, pour le PCF, au moment où se développe le mouvement de grèves, la conjonction entre Marceau Pivert et Ferrat représente un danger potentiel. Et Gitton répond donc, dans *l'Humanité* du 29 mai, sous le titre « Tout n'est pas possible » : « Non, non, Marceau Pivert, il n'est pas question pour le gouvernement de demain "d'opérations chirurgicales"... »

Il n'y aura pas de ministres communistes

Pendant que ces échanges se font, le gouvernement Sarraut est, lui, dans une situation difficile. Le 27, Duclos est allé voir Sarraut pour lui demander de ne rien faire qui puisse aggraver la situation, et notamment de ne pas tenter de faire évacuer les usines. Sarraut fait poser par Frossard, alors ministre du Travail, la question au patronat et il résumera un mois plus tard [8] la réponse obtenue : « Non, surtout pas cela... pas d'usage de la police... nous risquons le conflit sanglant... c'est du sang qui rejaillira sur nous et cela nous interdira peut-être de reprendre la direction de nos usines. »

Frossard se dépense sans compter et offre à tout-venant ses bons offices. Mais ce gouvernement en sursis n'a évidemment que peu d'autorité. Quant à Blum, pendant ce temps, il s'emploie à constituer, sans hâte, le prochain gouvernement.

Premier problème : la non-participation du PCF. Des raisons de leur refus, les communistes ont donné deux versions.

La première version est avancée dès le congrès de Villeurbanne et réitérée dans une lettre au congrès du parti socialiste : elle a pu être interprétée comme le refus du PCF de participer à un gouvernement qu'il considère comme bourgeois.

« Conformément aux décisions du VIIe congrès de l'IC, nous ne concevons la possibilité de collaboration d'un parti prolétarien au gouvernement que dans les conditions de l'écroulement des forces de la bourgeoisie, de la montée impétueuse du mouvement révolutionnaire des masses, et comme préparation au pouvoir prolétarien. Inutile d'ajouter que nous ne sommes pas présentement dans une telle situation et toute participation à un gouvernement, même baptisé "gouvernement de front populaire", ne pourrait être qu'une réédition du millerandisme. »

La deuxième figure dans la réponse officielle faite le 14 mai 1936 :

« Nous sommes convaincus que les communistes serviront mieux la cause du peuple en soutenant loyalement sans réserves et sans éclipses, le gouvernement à direction socialiste, plutôt qu'en offrant, par leur présence dans le cabinet, le prétexte aux campagnes de panique et d'affolement des ennemis du peuple. »

Si l'on adopte la première explication, on est alors conduit à penser que c'est pour des raisons de principe que le PCF décide sa non-participation, et que celle-ci, en bonne orthodoxie révolutionnaire, se situe dans la perspective d'une prise de pouvoir à court terme : il s'agit d'attendre

---

8. Au Sénat, le 7 juillet 1936.

que le fruit soit mûr. C'est notamment la thèse d'Annie Kriegel[9] qui s'appuie sur six remarques :

• la non-participation était conforme à la ligne générale issue du VIIe congrès de l'Internationale communiste ;

• les conditions précisément fixées pour une participation par le VIIe congrès de l'IC n'étaient pas réunies en France ;

• cela était tellement évident que les dirigeants communistes n'ont même pas eu à rediscuter de la question ;

• on peut considérer qu'avec les grèves de juin, le fruit était devenu mûr et que le PCF pouvait alors, toujours en bonne orthodoxie révolutionnaire, se poser la question de la prise du pouvoir. S'il ne l'a pas fait, c'est « parce qu'ils ont pris conscience très tard, trop tard, de la puissance du raz de marée gréviste. On peut être communiste et ne pas saisir avec la rapidité et l'acuité nécessaires les chances qu'offre une situation exceptionnelle[10] ».

• le « harcèlement » communiste du gouvernement, la bataille pour les comités de Front populaire, la volonté de l'unité organique prouvent également la volonté de rechercher une voie révolutionnaire ;

• si les communistes ont par la suite changé de position sur la participation gouvernementale, c'est que l'IC en a rediscuté.

Ces six remarques apparaissent largement erronées.

1. Ce qui ressort du VIIe congrès de l'IC n'est nullement un « verrouillage » sur la question de la participation. Bien au contraire, la novation principale de ce VIIe congrès, c'est qu'il autorise les communistes, contrairement à toute leur tradition, à participer à des gouvernements aux côtés de partis bourgeois, dans des pays capitalistes développés. Le rapport de Dimitrov est tout à fait clair :

« Nous considérons que peut survenir une situation telle que la constitution d'un gouvernement de Front unique prolétarien ou de Front populaire antifasciste soit non seulement possible, mais aussi devenue nécessaire dans l'intérêt du prolétariat. Dans ce cas, nous nous prononçons sans aucune hésitation pour la création d'un tel gouvernement. »

2. Les conditions de la participation sont énumérées dans

9. « Léon Blum et le Parti communiste » in *Léon Blum, chef de gouvernement* (Paris, FNSP, 1968), et aussi « Les communistes français et le pouvoir », in *Le Socialisme français et le pouvoir* (Paris, EDI, 1968).

10. In *Léon Blum et le Parti communiste.*

la résolution de l'IC : « a) Lorsque l'appareil d'État de la bourgeoisie est fortement paralysé, au point que la bourgeoisie n'est pas en état d'empêcher la création d'un tel gouvernement ; b) lorsque les grandes masses des travailleurs se dressent violemment contre le fascisme et la réaction, mais ne sont pas encore prêtes à se soulever pour le pouvoir soviétique ; c) lorsqu'une partie considérable des organisations de la social-démocratie et des autres partis qui participent au Front unique réclament déjà des mesures impitoyables contre les fascistes et les autres réactionnaires et est prête à lutter en commun avec les communistes pour l'application de ces mesures. »

Ces conditions n'aboutissent nullement, dans le contexte précis de la France, à interdire la participation. La première condition peut être tout naturellement lue comme le fait que l'existence même d'un gouvernement de Front populaire manifeste que l'appareil d'État de la bourgeoisie n'a pas été en mesure d'empêcher sa création. Il est tout à fait loisible d'estimer que la deuxième est remplie, à partir des grèves et des manifestations du 12 février 1934, et des mobilisations diverses qui se succèdent alors. Il en va de même pour la troisième : à partir du 14 juillet 1935, l'accord est scellé en bonne et due forme sur la question des ligues fascistes. Et s'il peut y avoir discussion sur le membre de phrase qui parle de « lutter pour l'application », c'est pour constater aussi qu'une partie de la social-démocratie — les pivertistes en tout cas — s'est montrée dans ce domaine plus résolue que le PCF lui-même... Ici, c'est Duclos qui a — rétrospectivement — raison : pour le moins : « Les conditions envisagées pour accepter une telle participation pouvaient faire l'objet d'appréciations différentes [11]. »

3. La non-participation n'était en rien évidente, puisque, justement, elle a été rediscutée au BP. Annie Kriegel a affiché son scepticisme quant à la réalité de cette discussion, en s'appuyant sur les dires de Duclos à Jacques Fauvet. Mais depuis, Duclos a à plusieurs reprises affirmé qu'il y a bien eu discussion au BP et que Thorez, partisan de la participation, y a été minoritaire [12], affirmation reprise par Thorez

11. *Cahiers de l'Institut Maurice-Thorez*, juillet-septembre 1966.
12. *Démocratie nouvelle*, mai 1966, *Cahiers de l'Institut Maurice-Thorez*, juillet 1966, *Aux jours ensoleillés du Front populaire*, Fayart, Paris, 1969.

lui-même [13], et confirmée par Benoît Frachon [14] et André Blumel [15]. Pour Auguste Lecœur, c'était Duclos et Frachon qui étaient partisans de la participation [16], pour Charles Tillon [17], c'était Gitton, mais ils confirment également l'existence du débat. Qu'il y ait eu rediscussion semble donc bien maintenant l'hypothèse la plus probable.

4. Le PCF aurait vu trop tard que le mouvement de grève de juin 36 lui permettait de concrétiser ses perspectives révolutionnaires. En fait, le PCF a vu très tôt les potentialités du mouvement : mais sa politique a été de tenter de le canaliser d'abord, de le briser ensuite.

5. La « harcèlement communiste » n'existe qu'à partir de la guerre d'Espagne, il n'est pas évident du tout qu'il y ait eu volonté réelle du PCF de réaliser l'unité organique, et la bataille pour les comités de Front populaire ne fut pas véritablement menée [18].

6. L'IC a certainement été amenée à donner son avis sur la non-participation française. Mais si elle a dû « changer d'avis » sur des questions qui auraient été des questions de principe, elle l'a fait non entre mai 1936 et juin 1937 (gouvernement Chautemps), mais entre mai 1936 et août 1936, puisque c'est au début du mois d'août que Jacques Duclos conseille aux communistes espagnols, au nom de l'IC, la participation au gouvernement de « front populaire ». Entre ces deux dates, il n'existe aucune réunion connue de l'exécutif de l'IC. Le fait que la décision ait pu être prise dans de telles conditions — et sans aucune justification *a posteriori* [19] — tend bien à démontrer qu'il n'y a eu aucune révision déchirante des principes, mais application tactique d'une orientation déjà discutée.

Pourquoi alors les communistes français ont-ils décidé la non-participation ? Le plus probable est qu'il faut à la fois

13. *Fils du peuple*, Éditions sociales, Paris, 1969.

14. « Le Front populaire de 36 et l'action de Maurice Thorez », *Cahiers de l'Institut Maurice-Thorez*, octobre 1966.

15. *Léon Blum, chef de gouvernement*, Paris, FNSP, 1981.

16. *Le Partisan*, Flammarion, Paris, 1963.

17. *On chantait rouge*, Laffont, Paris, 1977.

18.« [les communistes] s'inclinèrent trop volontiers devant le veto des Blum et des Paul Faure [...]. Nous n'avons pas assez compté sur l'action venant d'en bas. » Joanny BERLIOZ (« Une leçon de l'expérience du Front populaire », *Cahiers du communisme*, janvier 1948).

19. La première déclaration de l'Internationale communiste sur la guerre civile en Espagne date de novembre 1936, et ne souffle mot de ce problème.

prendre au sérieux la déclaration du 14 mai et, en même temps, la décrypter.

Les communistes craignent-ils réellement que leur participation au gouvernement offre « le prétexte aux campagnes de panique et d'affolement des ennemis du peuple » ? Incontestablement, oui, ou, plus exactement, ils craignent que leur présence au gouvernement ne constitue un obstacle au ralliement d'une fraction de la droite à l'alliance franco-soviétique et à une politique de fermeté à l'égard du Reich. Ils sont, sur ce point, en total accord avec la diplomatie soviétique [20]. Et surtout, ils craignent, après leur étonnante progression électorale, et après le recul des radicaux, que leur participation au gouvernement, lequel est de surcroît dirigé par un socialiste, n'apparaisse comme un encouragement aux mobilisations ouvrières. Là aussi, ils sont en accord avec Moscou [21].

Quels avantages retireraient-ils d'ailleurs de leur participation ? Puisqu'il s'agit d'appliquer la politique du parti radical [22], y a-t-il besoin pour cela de ministres communistes ? Ne risqueraient-ils d'ailleurs pas de se compromettre inutilement [23] ? Les participationnistes ne prendront le dessus qu'avec la conjonction de deux événements : la décision de la non-intervention en Espagne, et la mise sur pied de ministères moins marqués à gauche (Sarraut) voire d'union nationale. En tout état de cause, la continuité se trouve dans la phrase de Gitton : « Nous estimons impossible, face à la menace hitlérienne, une politique qui risquerait de mettre en jeu la sécurité de la France. »

---

20. Georges Luciani, correspondant à Moscou, rapporte dans *le Petit Parisien* du 16 juin, les déclarations d'un certain R..., dont il est précisé plus tard qu'il s'agit de Litvinov lui-même, alors commissaire aux Affaires étrangères : « À nos yeux, ce qui compte c'est que nos relations avec la France apparaissent comme une nécessité admise par tous, à droite comme à gauche. Il y a 72 communistes à la Chambre ; mais les milieux de droite continuent à tenir les commandes. »

21. Cf. là aussi les déclarations de Litvinov : « L'essentiel est que la France ne laisse pas affaiblir sa puissance militaire. Nous souhaitons qu'aucun trouble intérieur ne favorise les desseins du Reich. »

22. « En résumé, les radicaux ont raison de rappeler que les réformes sur lesquelles se sont mis d'accord les partis du Front populaire ne sont, somme toute, en gros, que la reproduction du vieux programme du parti radical-socialiste. » Jacques Duclos, *l'Humanité*, 27 juin 1936.

23. Vaillant-Couturier, dans *l'Humanité* du 15 mai, indique des perspectives plus confortables : « Aux côtés du gouvernement de gauche, le soutenant, assurant sa stabilité [les communistes] exerceront du dehors une sorte de ministère des masses, avec le concours des éléments les plus ardents et les plus disciplinés du Front populaire organisés dans ses comités. »

Le premier gouvernement Blum

Le Conseil national de la SFIO avait également décidé de proposer à la CGT d'entrer dans le gouvernement. La lettre que, en application de ce mandat, Faure et Blum signent le 11 mai, précise la proposition de manière un peu différente : elle semble bien comprendre, en effet, à la fois, une demande personnelle à Jouhaux d'entrer au gouvernement, et un appel, plus vague, au « concours » de la CGT. Prudente quant à la forme [24], cette lettre n'en était pas moins en contradiction complète avec les traditions d'indépendance syndicale issues aussi bien de l'anarcho-syndicalisme que de la charte d'Amiens. L'offre était-elle sincère ? On ne sait [25]. Dans les échanges exploratoires, Jouhaux s'est montré hésitant : plutôt hostile à l'idée de devenir ministre, il insiste en revanche sur la nécessité d'un commissariat aux Grands Travaux, dont il n'exclut pas de prendre la responsabilité. Le 10 mai, il a réuni fractionnellement les principaux dirigeants ex-confédérés pour avoir leur avis : Dumoulin, le secrétaire de l'UD du Nord, est favorable à la participation. Mais deux éléments semblent faire pencher la balance : l'inquiétude quant à l'attitude à venir du PCF, et le caractère timide et insuffisant des projets gouvernementaux. C'est Savoie, le vieux dirigeant de l'Alimentation, qui tranche : « Ta place est à la CGT. » Les dirigeants communistes de la CGT se rallieront à cette position. La réponse de la CGT écarte « pour l'un quelconque des membres de son bureau l'éventualité de la prise d'un portefeuille ministériel » et se prononce « pour une collaboration avec le nouveau gouvernement, par une participation officielle dans les organismes de direction et de gestion économique qui pourraient être créés en vue de réaliser les revendications immédiates contenues dans le plan de la CGT et de promouvoir une politique massive de grands travaux ». Les conversations continuèrent, évoquant notamment la possibilité de « comités » veillant à

---

24. « Concours dont le caractère et la forme seront déterminés par vous-même dans la pleine indépendance de votre mouvement [...]. [Le Conseil national] a entendu manifester son respect absolu pour l'autonomie nécessaire de l'organisation syndicale. »

25. Quelque temps auparavant, Blum avait déclaré à Belin, secrétaire adjoint de la CGT : « Jamais je ne prendrai Jouhaux dans mon équipe, fût-ce comme commissaire. »

l'application des mesures prises, et dans lesquels la CGT aurait pu être présente. Elles n'aboutirent finalement pas.

De ces échecs, Léon Blum ne paraît pas autrement attristé. L'Union socialiste et républicaine ayant accepté, ainsi que le parti radical (à l'unanimité de son bureau), Blum compose son gouvernement à un train... de sénateur, et selon les bonnes vieilles méthodes des pondérations et équilibres parlementaires. Les novations sont rares.

On peut cependant noter la nomination, comme secrétaires d'État, de trois femmes : Cécile Brunschwig, radicale et féministe, à l'Éducation nationale, l'institutrice socialiste Suzanne Lacore à la Protection de l'enfance, et Irène Joliot-Curie à la Recherche scientifique.

Notable aussi la soudaine présence de nombreux polytechniciens dans les entourages ministériels. C'est qu'on a largement puisé dans l'« Union des techniciens socialistes »[26], sorte de « club » socialiste avant la lettre qu'avait fondé Jules Moch.

Notable également la présence des francs-maçons : ils sont déjà, de source franc-maçonne[27], 91 au Parlement, parmi lesquels 41 socialistes, 35 radicaux, 1 communiste, et 14 qui siègent « ailleurs », c'est-à-dire, selon toute vraisemblance, sur les bancs de la droite. La Documentation catholique va plus loin et affirme l'appartenance franc-maçonne de 25 membres (sur 35) du gouvernement. Mais elle mélange sans hésiter les initiés et ceux qui ont eu l'occasion de faire des conférences en loge. Il y avait en fait 18 ministres et secrétaires d'État francs-maçons[28].

Pour le reste, c'est l'arithmétique des dosages qui prédomine : il y aura 18 socialistes[29], 13 radicaux, 2 « néos » et 2 « socialistes-républicains ». Pourquoi Yvon Delbos aux Affaires étrangères ? D'abord parce que Herriot a refusé. Mais, autrement, est-ce parce qu'il avait fait preuve de fer-

26. De X-Crise s'était détaché, à l'initiative des socialistes, un Centre polytechnicien d'études collectivistes, qui se transforme ensuite en « Union des techniciens socialistes ». Haas-Picard, Dacosta, Ginsbourg, Soules, Vallon, Beaurepaire, et Gout, se retrouvent auprès du secrétaire général de la présidence, Jules Moch, tandis que Branger, Coutrot, Sauvy, Holendeski et Hekking participent au cabinet de Charles Spinasse, ministre de l'Économie nationale.

27. A. Foucher et A. Ricker, *Histoire de la franc-maçonnerie en France*, Nouvelles Éditions latines, Paris, 1968.

28. Parmi lesquels Aubaud, Auriol, Bedouce, Chautemps, Moutet, Ramadier, Rucart, Salengro, Spinasse, de Tessau, Violette, Zay.

29. Paul Faure, secrétaire du parti, est ministre d'État.

meté au moment de l'affaire d'Éthiopie ou parce qu'il habite le même immeuble que Léon Blum ? On ne sait... Et pourquoi Gasnier-Duparc à la Marine ? Là, on sait. Il y faut un radical et un sénateur. Jules Moch, consulté, se souvient d'un sénateur radical d'un département breton qui « s'intéresse aux choses de la mer » mais il ne se rappelle plus son nom sauf « qu'il est double, avec trait d'union ». Dans l'annuaire, Blum découvre que le Morbihan a effectivement un sénateur radical qui s'appelle Gasnier-Duparc. Affaire conclue. Rentré chez lui, Moch se souvient du nom oublié : bien sûr, c'est Meunier-Surcouf. Mais il est trop tard, Daladier a déjà donné son accord et Gasnier-Duparc sera secrétaire d'État à la Marine.

En tout cas, le temps presse. Le 4 juin, le président de la République, Lebrun, demande à Blum d'entrer immédiatement en fonctions. Celui-ci se refuse à anticiper l'investiture parlementaire, prévue pour le 6, mais il accepte cependant que Lebas et Salengro prennent sans délais leurs fonctions au Travail et à l'Intérieur. Et le 5, il parle à la radio. C'est qu'en effet les grèves ont repris.

La deuxième vague

Dans la région parisienne, il n'y a plus, le 1er juin, que 10 usines de métallurgie occupées. Mais le 2, à midi, il y en a 66, et le soir, 150. Ce qu'il y a de nouveau, c'est que la province entre elle aussi en lutte. Dans le Nord, d'abord, où le 2 juin Fives-Lille est occupé. Puis, le 3, à Nantes, c'est le tour des Batignolles, le 4, c'est l'usine électro-métallurgique de Dives, dans le Calvados. Dans l'Indre-et-Loire, ce sont trois usines sans tradition syndicale — les Ateliers Billard, les Établissements Rocher, l'ébénisterie Sommier — qui partent en grève les premières. En même temps que, à Paris, la grève reprend à Renault et à Citroën, c'est peu à peu toute la province qui est atteinte : Toulouse, Nice, Marseille, Bordeaux, Brive, Rouen, Vierzon... Et surtout, le mouvement atteint maintenant l'ensemble des catégories professionnelles : la chimie, l'alimentation, le textile, le pétrole, l'habillement. À Paris, la grève de l'imprimerie et des NMPP fait que ne paraissent plus que *le Populaire, l'Huma-*

nité, le Peuple et *l'Aube*. Le 6, à Saint-Nazaire, c'est la grève générale dans le bâtiment, et à Anzin, à Thivencelles, à Ostricourt, ce sont les mineurs qui sont en grève. La solidarité, peu à peu, s'organise. Elle est d'abord prise en charge par les municipalités de gauche. Puis c'est la famille, les amis, le quartier tout entier parfois qui prend la relève : aux Lilas, c'est en cortège de voitures à bras que les syndicalistes collectent les provisions chez les commerçants. Au bout de quelques jours d'occupation, il faut bien aussi penser à se distraire : dès le 5, à Nantes, c'est un gréviste, par ailleurs cornettiste à piston à l'harmonie municipale, qui organise, dans l'usine, un bal populaire pour tous les habitants du quartier.

Rien ne reflète mieux le désarroi du patronat et de la bourgeoisie que la réaction d'un certain nombre de courants d'extrême droite. La Rocque estime que « la nature des revendications présentées par les syndicats unitaires (salaires minimaux, congés payés, contrats collectifs, etc.) répond aux préoccupations depuis longtemps développées par les Croix-de-feu [30] ».

L'Union nationale des combattants approuve également les revendications ouvrières. L'Église, par la voix du cardinal Verdier, le 5 juin, appelle les catholiques à « s'appliquer sans retard et courageusement à la construction de cet ordre nouveau que tous appellent », tandis que Mgr Saliège et Mgr Chollet affirment que « le christianisme n'est pas solidaire du capitalisme ».

Quant au patronat, il semble au départ largement désorienté. Et d'abord quel patronat ? Car, jusqu'au 7 juin, la Confédération générale de la production française n'intervient pas en tant que telle : elle laisse faire l'Union des industries métallurgiques et mécaniques (l'UIMM) qui est, il est vrai, son épine dorsale. Et encore : dans un premier temps, ce n'est guère que la section parisienne de l'UIMM qui est concernée, et elle intervient en ordre dispersé. Il faut attendre la conciliation que tente Frossard, le 29 mai, pour voir apparaître une position commune, qui se résume d'ailleurs à un préalable : la reprise du travail. L'assemblée des délégués des entreprises occupées lie, elle, la reprise du travail à un accord entre chaque comité de grève et chaque

30. *Le Flambeau*, 6 juin 1936.

direction sur les « conditions de la reprise du travail ». Les syndicats interprètent cette condition fort souplement, en la limitant à l'absence de sanctions, et au paiement partiel des heures de grève. Le 31, l'UIMM triomphe : « La détente [...] s'est encore accentuée ce matin. Il est permis de penser que les ouvriers qui sont encore en grève abandonneront la lutte dans le courant de l'après-midi. Dans ces conditions, le Groupe des industries métallurgiques mécaniques et connexes de la région parisienne peut entamer les discussions d'ordre général. »

Le 2 juin, avec la reprise du mouvement, c'est la stupeur. Ce sont 900 patrons de la métallurgie (sur 1 200) qui se réunissent en assemblée générale. Déjà traumatisé par l'atteinte à la propriété privée que représentent les occupations, le patronat découvre avec effarement que les syndicats ne sont guère suivis. Du coup, leur ton devient d'ailleurs plus modéré : « L'impression est que le personnel ne semble pas disposé à placer la solution des conflits sur le terrain qui a été défini lors de l'engagement des pourparlers. »

Dès que les grèves s'étendent en province, la cacophonie patronale éclate au grand jour. C'est qu'en effet, la CGPF, qui ne fédère en général ni les PME ni le secteur du commerce, est de plus considérée comme une organisation « parisienne ». Non seulement le patronat s'est, en province, très souvent organisé à l'écart de la CGPF, mais surtout, il est rarement unifié. Aussi, à Bordeaux, il y a la Société pour la défense et le développement du commerce et de l'industrie, mais il y a aussi l'Union générale des syndicats girondins. À Nantes, il y a l'AICAO (Association interprofessionnelle des commerçants et artisans de l'Ouest) et la Confédération française du patronat chrétien. À Marseille, il y a « la Défense » et aussi la chambre de commerce. Dans le Nord, il y a l'Union française des industries exportatrices, mais il y a aussi le « consortium Textile » et l'association « Bourgeoisie chrétienne » d'Édouard Motte. Rarissimes sont les régions où le patronat apparaît homogène : intérêts et attitudes sont, au départ, largement contradictoires.

À gauche, dans les partis et dans les syndicats, la situation est également confuse. Le 31 mars, le congrès de la SFIO a voté, unanime, une motion de solidarité aux grévistes. Il n'y a guère de risque : le mouvement est alors général vers la reprise. Mais le 3 juin, alors que les grèves ont redémarré, les communistes croient pouvoir s'autoriser du vote du congrès SFIO pour proposer que la délégation des gauches prenne la même position. Non seulement ils se heurtent au refus des socialistes, mais Roger Salengro, futur ministre de l'Intérieur, demande qu'il soit mis un terme à cette « agitation injustifiée » et déclare : « Pour ma part, mon choix est fait entre l'ordre et l'anarchie. Je maintiendrai l'ordre envers et contre tous. »

Le PCF a, durant ces quelques jours, une attitude prudente : « L'ordre assurera le succès », titre *l'Humanité* du 6 juin, et Vaillant-Couturier précise : « Les pourparlers doivent être repris. »

La CGT garde également une attitude fort équilibrée. Dès le 2 juin, elle a pris position contre la séquestration des patrons qui « doivent rester libres d'entrer et de sortir des établissements ». Le 3, le bureau confédéral et l'Union des syndicats de la région parisienne se déclarent très classiquement « résolus à maintenir le mouvement dans le cadre, la discipline et la tranquillité du début » et « prêts à y mettre un terme dès l'instant et partout où les justes revendications ouvrières seront satisfaites ».

L'accord Matignon

En réalité, la balle est dans le camp du gouvernement. L'extension des grèves fait que l'équipe gouvernementale se met en place dans une confusion certaine. Premier problème, dès le 5 : faute de mazout pour faire marcher les fours, Paris risque de manquer de pain. Jules Moch part immédiatement en voiture avec un dirigeant cégétiste ex-unitaire [31] pour réquisitionner du mazout dans une entreprise occupée : la première entreprise visitée refuse tout net de leur ouvrir ses portes : personne n'y connaît ni le dirigeant syndical communiste, ni le secrétaire général du gouvernement. Il faut en chercher une autre... À peine ce problème est-il réglé, qu'apparaissent les préparatifs de grève dans les transports en commun de la région parisienne et

31. Henri Raynaud, dirigeant de l'Union des syndicats de la région parisienne, selon Delmas ; Finck, secrétaire de la fédération du pétrole, selon Jules Moch.

dans les services publics (chemins de fer, PTT, électricité...), Blum lève les bras au ciel : « J'aime mieux m'en aller tout de suite. » Cette fois-ci, ce sont les ex-confédérés qui servent d'intermédiaire, Belin notamment, et arrivent à empêcher la grève.

Le patronat a signifié explicitement que c'était désormais au gouvernement de « prendre ses responsabilités ». Mais si le ton des déclarations publiques reste ferme, la panique a peu à peu gagné le camp des patrons : le 5 juin, Lambert-Ribot, dirigeant du Comité des forges et de la CGPF, prend contact, par deux intermédiaires différents [32], avec Léon Blum, et lui demande d'organiser une rencontre avec la CGT. Consultée, la CGT accepte et les délégations [33] se rencontrent le 7 juin à 15 heures. Sur le principe des conventions collectives comme sur la reconnaissance de « délégués ouvriers » élus par l'ensemble des travailleurs, l'accord se fait très rapidement : le second point apparaît d'ailleurs au patronat, échaudé par les grèves, comme un dispositif susceptible de canaliser les revendications ouvrières. La reconnaissance du droit syndical et l'absence de sanctions pour les grévistes sont également vite acquises, compensées par un paragraphe qui précise que le droit syndical « ne doit pas avoir pour conséquence des actes contraires aux lois ». Reste la question des salaires, que les syndicalistes abordent feuilles de paie à l'appui. Les patrons ont le bon goût de paraître surpris au vu des exemples cités [34], mais demandent cependant que soient évoqués en préalable deux problèmes : les conséquences d'augmentations salariales sur la vie des entreprises, et le rétablissement de l'ordre, c'est-à-dire la fin des occupations. À ces deux problèmes, c'est le gouvernement qui répond. « Les augmentations, dit Blum, auront un effet bénéfique sur la consommation, et donc sur la relance des entreprises. Au besoin, le gouvernement aidera les entre-

32. L'un d'entre eux est Grunebaum-Ballin, franc-maçon, conseiller d'État et ami personnel de Léon Blum.

33. Pour la CGT, Jouhaux, Belin, Frachon, Semat, secrétaire de la fédération des métaux (ex-unitaire), Cordier, secrétaire de la fédération du bâtiment (ex-confédéré), Milan, secrétaire de la fédération de la chapellerie (ex-confédéré). Pour le patronat, Duchemin (président de la CGPF), Richemond (président de l'UIMM), Lambert-Ribot (Comité des forges), Dalboule (président de la Chambre de commerce de Paris). Pour le gouvernement, Blum, Salengro, Dormoy, Jules Moch.

34. Duchemin dira : « Comment est-ce possible ? Comment avons-nous pu laisser faire cela ? Nous avons manqué à notre devoir en laissant les choses aller ainsi. »

prises qui connaîtraient des difficultés passagères. Quant aux occupations, il est probablement vain de vouloir les faire cesser avant qu'un règlement d'ensemble ne soit intervenu. »

Ces deux problèmes évacués, la discussion bute sur le taux d'augmentation : entre 7 et 10 % [35], proposent les patrons, entre 10 et 15 %, demande la CGT. À 20 heures, la séance est suspendue, sans que l'on soit parvenu à un accord. À 21 heures les patrons de la métallurgie donnent mandat à Richemond (à l'unanimité moins une voix) d'accepter les propositions syndicales. À 22 heures, le conseil central de la CGPF adopte la même position, à la seule exception des banques, des assurances, et des grands magasins. Pendant ce temps, un gigantesque meeting se tient au Vel'd'hiv'. Devant des dizaines de milliers de travailleurs, Blum fait allusion aux conversations en cours [36] et part avant la fin du meeting : « Camarades, n'attendez pas Léon Blum, il est au boulot », doit annoncer Charles Pivert aux manifestants qui attendent à l'extérieur.

À 23 heures, la séance reprend à Matignon, où Chevalme, des Métaux, est venu renforcer la délégation cégétiste. À 23 heures 30, Blum communique à Jouhaux un billet manuscrit dans lequel il s'engage très précisément sur les délais dans lesquels seront soumises au Parlement une série de questions qui sont de son ressort : 40 heures, congés payés, conventions collectives... [37] Peu avant 1 heure du matin, la discussion est close : les représentants patronaux

35. 5 à 8 % selon Delperrié de Bayac, 4 % selon Lambert-Ribot.

36. « J'ai constaté, de la part des représentants du patronat, un esprit de conciliation, une intelligence de la situation, à laquelle je veux rendre hommage. »

37. Cette lettre, que nous reproduisons *in extenso*, est à notre avis très révélatrice du sentiment d'urgence qui règne dans la sphère gouvernementale : « Mon cher ami, je vous confirme par écrit les engagements que j'ai pris. Les projets de loi sur la semaine de 40 heures, sur les congés payés et sur les contrats collectifs seront déposés après-demain mardi. Les commissions permanentes n'étant pas encore constituées, et ne pouvant pas l'être avant le 16 — à ce que m'affirme le bureau de la Chambre —, je demanderai au nom du gouvernement, l'élection dans les bureaux, d'une commission spéciale. Les bureaux pourront être tirés au sort et la commission élue dans la journée de mercredi. Je lui demanderai de se réunir et de statuer d'urgence. J'estime que les lois pourront être votées jeudi ou vendredi. Elles seront portées immédiatement au Sénat, auprès de qui le gouvernement insistera de la façon la plus pressante pour que la discussion et le vote interviennent sans retard. J'espère obtenir que le Sénat statue avant la fin de la semaine. Je compte fermement obtenir en tout cas le vote définitif, par les deux Chambres, pour le milieu de la semaine prochaine. Croyez, mon cher ami, à ma fraternelle affection. »

ont finalement accepté une formulation qui prévoit des augmentations de salaire de 7 à 15 % (le total des augmentations ne devant pas dépasser 12 % par établissement), ainsi qu'un paragraphe spécial mentionnant « le réajustement nécessaire des salaires anormalement bas » : « Ils ont cédé sur tout », laisse tomber Frachon en sortant de l'Hôtel Matignon.

Les grèves repartent de plus belle

Au lendemain de l'accord, les grandes organisations ouvrières sont à l'unisson : « La victoire est acquise » (*l'Humanité*) ; « Victoire sur la misère » (*le Peuple*) ; « Victoire de la classe ouvrière » (*le Populaire*), et le quotidien socialiste ajoute : « Une victoire ? Mieux : un triomphe. »

Dès le 8 juin cependant, les dirigeants syndicaux doivent déchanter : les travailleurs ne semblent pas considérer que cette victoire est aussi complète qu'on le leur dit.

Les premiers tests ont lieu dans les secteurs où le patronat avait réservé sa signature et ne s'estimait pas lié par les accords Matignon : les banques, les assurances et les grands magasins, tous secteurs où l'activité syndicale a toujours été faible et où les traditions paternalistes sont fermement ancrées.

Les banques d'abord. Dès le 7 au soir, la grève générale y est annoncée pour le lendemain. Mais ici, le patronat, bien aidé par la CGT et par le gouvernement [38], arrive à éviter la grève : l'accord se conclut le 12, sans que le travail se soit arrêté, et après que les patrons ont d'emblée proposé de porter le salaire minimal annuel à 10 000 F pour les femmes et 12 000 pour les hommes.

Les assurances, elles aussi, n'avaient pas encore bougé. Le 8 au matin, la grève éclate simultanément à la Prévoyance, la Paix, le Patrimoine, le Nord, la Préservatrice, l'Abeille, la France. Le 9, il y a 50 compagnies en grève et occupées. Le jour même, patrons et syndicats (CGT et CFTC) concluent

38. C'est le ministre des Finances, Vincent Auriol, qui supervise en permanence les négociations.

un accord qui prévoit notamment une hausse de 10 % pour les salaires inférieurs à 12 000 F pour les hommes (et à 10 000 pour les femmes), de 4 à 10 % pour les salaires compris entre 12 000 et 18 000 F (10 000 et 12 000 pour les femmes). Le soir, CGT et CFTC demandent aux employés « d'approuver l'accord qu'elles ont signé, d'évacuer les locaux et de reprendre le travail ». Le 11, on peut lire dans *le Peuple* : « Le texte de l'accord concernant les assurances que nous avons publié hier matin était simplement un projet soumis à ratification des grévistes. Ceux-ci ne l'ont pas accepté en raison de son insuffisance. Les pourparlers sont provisoirement interrompus. »

Et la grève continue...

Quant aux grands magasins, la plupart d'entre eux étaient déjà en grève avant Matignon. Le 8, ils sont rejoints par les succursales de la Semeuse, et surtout diverses catégories de personnel — les coiffeurs par exemple et, dans certains cas, des employés « sédentaires » —, qui étaient restée jusque-là dans l'attente, rejoignent le mouvement. Le 9, sous l'égide de Salengro, se tient une réunion syndicat [39]-patronat [40] : l'accord ne se fait ni sur les salaires, ni sur la fermeture deux jours consécutifs, ni sur la présence de représentants du personnel au conseil de discipline. Un comité intermagasins est alors mis en place, qui se réunit tous les matins au Printemps.

Dans la métallurgie parisienne, les délégations ouvrières, suite à l'accord Matignon, prennent contact avec les patrons. Les revendications salariales sont, en règle générale, plus élevées que ce qui est prévu par l'accord Matignon, et les patrons se dérobent. L'après-midi même du lundi 8, le ministre du Travail, Lebas, convoque une réunion bipartite, qui aboutit à la mise en place de sous-commissions devant examiner le lendemain les diverses revendications, notamment salariales. Mais le jour même, s'est tenue, à l'appel de l'usine Hotchkiss, une réunion de coordination où étaient présentes 33 usines. Elle appelle à la création d'un comité de grève, et reconvoque une réunion

39. René Bothereau, secrétaire de la CGT, Capocci, secrétaire de la fédération des employés, et son adjoint, Albert Gazier.

40. On trouvait notamment dans la délégation patronale, Laguionnie, propriétaire du Printemps, Lévy, pour les Galeries Lafayette, Renan, pour la Samaritaine.

pour le 11. Le mardi 9 au soir, le syndicat CGT des métaux convoque, salle Mathurin-Moreau, 700 délégués des usines en grève. Gauthier et Poirot, au nom de la CGT, plaident pour la reprise du travail. La quasi-totalité des délégués qui interviennent se prononcent pour la coordination de la grève jusqu'à la satisfaction des revendications. Le lendemain matin, mercredi 10, les patrons s'inquiètent : « Les établissements industriels se préoccupent vivement de la constatation, confirmée dans la journée d'hier, que le personnel ouvrier n'a pas accepté, d'emblée, les bases de règlement du conflit définies à cet arbitrage [41] alors que l'unanimité des dirigeants a manifesté son adhésion auxdites bases. »

Les patrons sont d'autant plus inquiets que les nouvelles arrivent de province : loin de fléchir, le mouvement gréviste s'étend dans la métallurgie. C'est dès le lendemain des accords Matignon — le lundi 8 — que, par exemple, Chaffoteaux, dans les Côtes-du-Nord, les Ateliers du Nord à Cannes et les Ateliers mécaniques de Mondeville dans le Calvados se mettent en grève. En fait, la grève est maintenant quasi générale dans toute la métallurgie de province, à la seule exception de la région lyonnaise. Or, à Paris, la situation devient explosive. Réunis le 10 par la CGT, les délégués de la métallurgie présentent aux patrons un ultimatum de quarante-huit heures, à l'expiration duquel ils annoncent qu'ils demanderont :

1. « la nationalisation des usines de guerre et de celles travaillant pour l'État, leur fonctionnement étant assuré par le personnel technique et ouvrier sous le contrôle des ministères intéressés ;

2. « que tous les moyens légaux soient utilisés pour mettre les autres entreprises dans l'obligation de signer le contrat collectif ».

L'après-midi même, les patrons battent en retraite sur l'essentiel des revendications ouvrières. Le lendemain 11, à 16 heures, se tient la conférence des délégués d'usine convoquée par Hotchkiss : c'est un succès, avec 280 usines représentées, et le ton n'y est guère à la reprise. Au contraire, on y décide, à l'unanimité, de « renforcer la liaison inter-usines de tous les métallurgistes » et de « former un comité d'entente entre les usines ». À 19 heures, à la réunion convoquée par la CGT, les délégués métallurgistes estiment

41. L'accord Matignon.

toujours que le compte n'y est pas et refusent de signer le protocole que défendent pourtant Frachon, Timbault et Costes. Ils exigent : que la revendication sur les salaires minimaux soit complètement acceptée, que l'accord sur les congés payés figure dans la convention elle-même, que la discussion soit rouverte sur le paiement des jours de grève, que les techniciens et les employés bénéficient des mêmes avantages qu'eux. Le soir, le bruit court que les métallos ont décidé de descendre dans la rue. Or, les métallos ne sont en rien isolés par rapport aux autres corporations, pas plus que Paris n'est isolé par rapport à la province.

Dans le bâtiment parisien, l'appel à la grève générale prend effet le 8, au lendemain même de l'accord Matignon. Les travaux en cours sont très vite arrêtés, y compris ceux de l'Exposition universelle. Dès le soir du 8, les terrassiers obtiennent satisfaction, ainsi que les maçons d'art le 9, les serruriers et les démolisseurs le 10. En revanche, les peintres, les miroitiers-vitriers et surtout les cimentiers, continuent la grève, malgré les efforts d'Arrachart, dirigeant de la CGT, pourtant très populaire.

Dans l'hôtellerie, les réunions, qui se déroulent sous la présidence de Marx Dormoy, se concluent le 9 au soir par un accord. Celui-ci est désavoué par la base, et le 10 au soir, le syndicat CGT doit appeler à la grève générale. Le 11 juin, tandis que se multiplient les heurts aux terrasses des cafés restés ouverts, ce sont 8 000 employés des cafés et hôtels qui manifestent dans les rues de Paris.

Non seulement la grève est alors générale dans une bonne cinquantaine de branches et professions, mais ce sont tous les jours des corporations nouvelles — et inattendues — qui se mettent en grève. Le 11, c'est le cas pour les ouvrières de la haute couture, les bouchers, les lads, les représentants de commerce. Le 12, ce sont les mariniers et les ouvriers coiffeurs.

Ces phénomènes se reproduisent à l'identique en province. Dans la région du Nord où 90 % des entreprises sont alors en grève, un accord est signé le 9 juin dans les mines. Pourtant, le lendemain, dans le Nord, les mineurs d'Anzin et d'Ostricourt refusent de reprendre le travail, par solidarité avec leurs collègues de la voie ferrée pour les premiers, parce qu'ils exigent le remplacement des porions dans le deuxième cas.

Dans le Pas-de-Calais, 20 000 mineurs écoutent le plaidoyer en faveur des accords d'Alfred Maës, député-maire SFIO de Lens, vice-président du syndicat CGT. Épuisé, celui-ci s'effondre d'ailleurs, victime d'une syncope. Mais l'immense majorité des 20 000 mineurs, insatisfaite des salaires proposés, décide de continuer le mouvement.

À Marseille, ce sont les messageries Hachette et le bâtiment qui se mettent en grève le 9, puis les produits alimentaires et l'ensemble de la construction navale. Dans les Côtes-du-Nord, ce sont maintenant 52 entreprises qui sont en grève à Saint-Brieuc et à Lannion.

À Nantes, on a l'impression que tout commence le 9 : en quarante-huit heures, ce sont plus de trente entreprises nouvelles qui se mettent en grève. Des grèves d'ouvriers agricoles éclatent dans l'Aisne, où la plupart des grandes fermes du Soissonnais et du Laonnais sont occupées par les grévistes.

Le 11 juin représente indiscutablement le point culminant du mouvement. Tout peut alors basculer, et la bourgeoisie le sent bien. *Le Temps* écrit : « Il est évident que le problème de l'autorité n'est pas résolu, qu'il l'est de moins en moins, et qu'il risque fort de devenir à brève échéance insoluble. » Mais que faire ? Les associations patronales de l'Isère — qui se reconnaissent pourtant dans la fraction la plus « dure » du patronat — conseillent par circulaire de signer au plus vite les conventions collectives... La Confédération française du patronat chrétien[42] est certes opposée aux 40 heures et regrette que les lois sociales aient été « imposées au lieu d'être consenties dans un effort réciproque ». Mais elle approuve les conventions collectives, les congés payés, l'augmentation des bas salaires et se déclare prête à agir pour le succès des accords.

La droite parlementaire hésite à s'engager en défense du patronat. Un député conservateur du XVIe arrondissement, Fernand Laurent, témoigne de ces hésitations : « Ou bien les revendications du monde ouvrier sont légitimes, et, dès lors, pourquoi avoir attendu aussi longtemps pour leur don-

42. Elle compte alors 12 500 adhérents, répartis en 30 syndicats professionnels et 160 sections locales, qui se recrutent principalement parmi les commerçants et les artisans, voire parmi les professions libérales. Elle prône « l'influence de la morale sur la matière » et se définit comme « conseillère » — et non rivale — de la CGPF, dont ses adhérents sont également souvent membres. En fait, elle apparaît dans bien des cas — à Nantes par exemple — comme une organisation concurrente de la CGPF.

ner satisfaction ? Ou bien ces revendications ne sont pas légitimes, elles sont purement factices, et la grève est d'origine politique. S'il en est ainsi, comment excuser la lâcheté imbécile d'un patronat capitulant sous la menace ! »

Au gouvernement, Blum fait voter au plus vite les projets sociaux auxquels il s'était engagé. Le résultat des votes témoigne de la panique qui règne alors dans l'opposition de droite. Alors que le Front populaire dispose de 380 députés au Parlement (contre 220 à l'opposition), le texte instaurant les congés payés est voté le 11 juin par 563 voix contre une. Le même jour, le texte sur les conventions collectives est adopté par 571 voix contre 5. Même la loi sur les 40 heures, qui sera plus tard l'objet de tant de polémiques, est adoptée le 12 par 408 voix contre 160. Quant au Sénat, bastion de l'opposition [43] devant lequel chutera dans quelques mois Léon Blum, il adopte les congés payés par 295 voix contre 2, les conventions collectives par 279 voix contre 5, et les 40 heures par 182 voix contre 64.

Il faut savoir arrêter une grève...

Mais, bien plus que l'opposition de droite, c'est le mouvement gréviste qui inquiète alors le gouvernement. À sa demande, le Comité national du Rassemblement populaire annule les manifestations prévues à Paris le 14 juin afin de fêter la victoire électorale, et la repousse au 14 juillet. Le 11 juin, Blum reprend la vieille complainte des « agitateurs venus de l'extérieur » : « Il est très vrai qu'on a le sentiment de groupements suspects et étrangers à l'organisation syndicale. Ce que le gouvernement peut et doit dire, c'est qu'il est parfaitement résolu à assurer l'ordre dans la rue. »

Effectivement, depuis plusieurs jours déjà, des déplacements de troupes sont signalés : vers Paris, vers le Nord, vers l'Aisne et la Somme où se développent les grèves d'ouvriers agricoles. Le 12 au soir, le gouvernement fait sai-

43. Sur un peu plus de 300 sénateurs, il y a 15 sénateurs socialistes et communistes. Le groupe de la « Gauche démocratique radicale et radicale-socialiste », 164 membres, est fort ambigu et animé par des radicaux hostiles au Front populaire.

sir le journal trotskyste *la Lutte ouvrière*, qui titrait : « Dans l'usine et la rue, le pouvoir aux ouvriers [44]. »

Le PS et la CGT multiplient également leurs efforts pour que s'arrêtent les grèves.

Les titres du *Populaire* sont désormais sans équivoque et portent tous sur l'arrêt des grèves. Le 11 juin : « 270 000 grévistes reprennent le travail dans le Nord. » Le 12 juin : « Le travail reprend. »

Du côté de la CGT, Dumoulin, secrétaire de l'UD du Nord, explique le 11 aux délégués des usines en grève : « Vous devez faire honneur à votre signature, sinon tous les risques seraient pour vous. » L'Union des syndicats de la région parisienne le 9, puis la Confédération le 11 vont dans le même sens. Mais ces diverses prises de position ne suffisent pas. Il devient nécessaire que le parti communiste intervienne en tant que tel et mette tout son poids dans la balance.

Le 11 au soir, les membres du PCF de la région parisienne sont convoqués à une assemblée d'information au gymnase Jean-Jaurès [45], où parle Maurice Thorez :

« Nous n'avons pas encore avec nous, derrière nous, décidée comme nous jusqu'au bout, toute la population des campagnes. Nous risquerions même, en certains cas, de nous aliéner quelques sympathies des couches de la bourgeoisie et des paysans de France. Alors ? Alors il faut savoir terminer une grève dès que satisfaction a été obtenue. Il faut même savoir consentir au compromis si toutes les revendications n'ont pas encore été acceptées, mais si l'on a obtenu la victoire sur la plus essentielle des revendications. Tout n'est pas possible. »

---

44. Georges Lefranc (*Histoire du Front populaire*), Jacques Delperrié de Bayac (*Le Front populaire*) et Marcel Gibelin (*Juin 36*), commettent tous la même erreur en expliquant que le numéro saisi appelait à la formation de « milices ouvrières armées ». En réalité, la « titraille » de *la Lutte ouvrière* était la suivante : « Dans l'usine et la rue, le pouvoir aux ouvriers ! Blum, Jouhaux, Duchemin tombent d'accord, mais les travailleurs poursuivent la lutte. Passez des comités de grève aux comités d'usine permanents. Contre l'offensive des exploiteurs et des mercantis, aidez les paysans et les soldats à créer des comités de caserne et des conseils paysans. *Formez vos milices ouvrières*. En avant pour un puissant congrès des comités ! » Il n'était donc pas question de milices ouvrières « armées » dans les titres de *la Lutte ouvrière*. L'erreur semble venir d'ailleurs au départ d'une brochure rédigée par les trotskystes eux-mêmes (Lamarc, *Juin 36*) et a été d'autant plus facilement répercutée que, du fait de sa saisie, ce numéro ne figure pas à la Bibliothèque nationale.

45. Jacques Duclos tient en parallèle, et sur les mêmes thèmes, une deuxième assemblée à la Grange-aux-Belles.

Le parti communiste a choisi de casser le mouvement, et, dès lors, la décrue s'amorce. Mais elle sera lente.

Une très lente « defffervescence »

Dès le 12 juin, 14 conventions collectives nationales sont signées, puis 7 autres le lendemain. Ce qui est décisif, c'est évidemment la métallurgie. Or, le lendemain du discours de Thorez, les délégués acceptent, « à la quasi-unanimité », de ratifier la convention. Le 13 au soir, l'occupation cesse à Renault [46]. Le 15, la quasi-totalité de la métallurgie parisienne a repris le travail. Le 13, reprennent les hôtels, cafés, restaurants, et le 15, les assurances et l'imprimerie. La situation est plus confuse dans le bâtiment où, si la plupart des corporations reprennent le travail dès le 13, les peintres et les miroitiers-verriers restent en grève jusqu'au 17. Il en va de même pour les grands magasins, où l'occupation est également maintenue. Il y a même des secteurs qui partent en grève après le 12 juin, par exemple les ouvrières à domicile de la confection [47]. Le 16 juin, il y a encore 62 000 grévistes dans la région parisienne. Les grands magasins reprennent le 22, après avoir d'ailleurs obtenu satisfaction sur la totalité des revendications. Le 26 juin, il ne reste plus que 10 000 grévistes sur l'ensemble de la région parisienne.

En province, le reflux est bien plus lent, et les situations plus contrastées. Le Nord et le Pas-de-Calais s'orientent très vite vers l'apaisement. Sauf à Dunkerque, la métallurgie et le textile reprennent dès le 13. Le travail reprend également dans les mines les jours suivants. Mais des conflits se prolongent, dans la batellerie et chez les dockers notamment, tandis que d'autres naissent : dans l'imprimerie, dans les assu-

46. La manifestation qui clôture l'occupation défile symboliquement derrière les bustes de Cachin, de Blum, et de Costes, député communiste de Billancourt et dirigeant CGT de Renault. Mais les dirigeants du PCF s'aperçoivent que cette allégorie unitaire est incomplète : il manque un radical ! On fabrique alors en toute hâte une pancarte symbolisant Herriot, que l'on promène à côté des trois bustes...

47. La responsable du syndicat, Jeanne Martin, déclare : « On n'a pas le droit de considérer notre travail, même si nous l'accomplissons à domicile, comme un salaire d'appoint. Notre salaire, c'est notre indépendance. Nous voulons tenter une vie digne, nous ne voulons pas dépendre de l'homme [...]. Nous ne voulons plus être livrées à la prostitution. »

rances, dans les grands magasins. La décrue est moins rapide que dans la région parisienne : 60 000 grévistes le 16, 40 000 le 18, 30 000 le 25 juin.

À Lyon, syndicats et patronats ont signé le 10 un « accord Matignon régional » sous la houlette du préfet du Rhône, Bollaert. Non seulement « l'accord Bollaert » reste lettre morte, mais les grévistes passent le 12 juin de 7 000 à 20 000, par l'intermédiaire notamment de l'entrée en grève du bâtiment, où le travail ne reprendra que le 29 juillet. C'est également après le 12 juin que le textile et le tramway arrêtent le travail. Et le 13, un millier de chômeurs occupent la mairie du VIe arrondissement. Dans *le Populaire*, un correspondant local écrit : « Un fort mouvement démagogique provenant de l'extérieur de nos organisations locales tend à pousser à la surenchère pour la fixation des taux de travail régionaux. »

Dans le Finistère, la première grève apparaît à Brest le 10 juin (50 dockers « au mois » du port de commerce), mais le véritable coup d'envoi est donné le 12 juin par l'entrée en grève des ouvrières des conserveries de Concarneau. Les ouvrières de chez Chancerelle sortent ainsi en cortège de l'usine pour faire débrayer les autres conserveries, et, faute de drapeaux, agitent leurs fichus rouges tout le long du parcours.

À Marseille, les métallos et les dockers reprennent le travail le 16 juin. Mais ici aussi, d'autres corporations continuent la grève (cafés-hôtels, bâtiment, etc.) et des conflits nouveaux apparaissent, tel celui des « inscrits maritimes » qui voit les marins occuper leurs bateaux et hisser le drapeau rouge. Le président de la chambre de commerce appelle « tous les Français » à orner leurs fenêtres du drapeau tricolore, initiative qui provoque en réaction de puissantes manifestations ouvrières. Pour la première fois, celles-ci se heurtent à des commandos fascistes, que dirigent les deux gangsters marseillais, Carbone et Spirito.

À Nantes, il y a le 13 juin, 4 890 grévistes : le 17, ils sont 12 819. Et à Saint-Nazaire, c'est le 26 juin que se mettent en grève les 9 500 ouvriers de la Navale : ils ne reprendront le travail que le 2 août. La combativité s'exprime, en Loire-Inférieure, de manière fort diversifiée. Le 21 juin à Nantes, 6 autocars de la compagnie Drouin disparaissent purement et simplement des garages, tandis que le syndicat CGT commente : « Aucun véhicule Drouin ne sera toléré à circuler en ville, même conduit par les patrons. » Le 30 juin, à Saint-

Nazaire, les coiffeurs en grève vont raser gratis les travailleurs qui occupent les chantiers navals...

L'agitation a gagné l'Afrique du Nord : après les grèves dans le bâtiment, dans la chaussure et dans les grands magasins, où la main-d'œuvre européenne est importante, c'est la main-d'œuvre indigène qui est entrée en lutte, notamment dans le secteur des ouvriers agricoles : des heurts extrêmement violents ont alors lieu avec l'armée et la police.

Du côté gouvernemental, Salengro déclare, le 7 juillet, devant le Sénat : « Si demain des occupations de magasins, de bureaux, de chantiers, d'usines, de fermes, étaient tentées, le gouvernement, par tous moyens appropriés, saurait y mettre un terme. » Et le 13 juillet, après que des heurts se sont produits entre ouvriers agricoles en grève et commandos antigrévistes commandités par les gros exploitants, *l'Humanité* écrit : « Il a fallu l'intervention des militants de la Fédération communiste [du Pas-de-Calais]... pour éviter des luttes entre Français. »

Le 14 juillet, quand se tient enfin la manifestation destinée à fêter la victoire de la gauche, il y a encore plus de 1 500 entreprises en grève (dont 600 occupées), et plus de 160 000 grévistes. Mais bientôt, c'est les vacances, et les premiers congés payés.

Bilan statistique

L'ampleur du mouvement de grève apparaît d'emblée à travers les chiffres que donne le bulletin mensuel du ministère du Travail : 12 142 grèves enregistrées en juin, et 1 830 938 grévistes, 1 688 grèves au mois de juillet, et 176 947 grévistes [48]. La première constatation qui frappe,

48. Les chiffres sont selon toute vraisemblance sous-estimés. Cela est évident pour le mois de juillet, où les Bouches-du-Rhône, par exemple, ne figurent pas dans les statistiques officielles. Mais, de manière plus générale, il faut bien admettre qu'un nombre non négligeable de petits conflits ont pu échapper au ministère et à des inspecteurs du travail débordés. Il n'a d'ailleurs pas été possible d'établir pour cette période le nombre global des journées perdues pour fait de grève. Pour ne citer qu'un exemple, le chiffre donné par le ministère pour la Loire-Inférieure — 15 504 grévistes pour l'ensemble du mois de juin — apparaît très faible et relativement peu crédible par rapport aux estimations locales que nous avons recueillies.

c'est que, à l'exception de l'Aveyron, du Cantal et des Landes, tous les départements sont touchés. De fait, la carte des grèves (cf. p. 4) épouse sensiblement la carte de la France industrielle. On peut remarquer cependant que le Sud-Ouest radical est peu touché et que la région parisienne et le Nord-Pas-de-Calais fournissent à elles seules 44 % des grèves et 49 % des grévistes.

Sur 12 142 grèves recensées, 8 941 (soit 74 %) se déroulent avec occupation. Si la grève avec occupation doit être considérée comme un indice de la combativité ouvrière, on peut alors considérer que celle-ci est particulièrement forte dans les départements où existent de grandes métropoles ouvrières[49]. Le pourcentage d'occupations permet également de relativiser la situation en Bretagne : les quatre départements bretons ont en effet des taux d'occupations particulièrement faibles : 51,3 % en Ille-et-Vilaine, 44,4 % dans les Côtes-du-Nord, 26 % dans le Finistère et 16,6 % dans le Morbihan.

Les chiffres du mois de juillet permettent de mieux cerner les décalages dans le temps qui se sont produits entre, d'une part, la région parisienne et des régions industrialisées entrées très tôt en lutte, comme le Nord-Pas de Calais, et une série de départements de province. Le bloc région parisienne/Nord-Pas-de-Calais ne représente plus que 32 % des grèves et 11,8 % des grévistes. En revanche, dans les quatre départements où il n'y avait eu aucune grève en juin, celles-ci apparaissent en juillet (Cantal, Landes, Lozère), voire en août (Aveyron). Le même phénomène peut être signalé dans les Côtes-du-Nord, où le nombre des grèves passe de 27 à 38, et dans le Morbihan où elles passent de 12 à 21.

La mue de la CGT

On comprend évidemment mieux les difficultés de la CGT réunifiée à contrôler le mouvement de juin 36 si l'on jette un regard lucide sur son implantation ! 785 728 adhérents,

49. À l'exception notable de la Haute-Garonne et de Toulouse, où le taux d'occupation n'est que de 25,7 %.

dont plus de la moitié (51,1 %) sont des travailleurs à statut, qui ne bougeront pas ou fort peu, en juin 36 : pour la majeure partie d'entre eux, le patron, c'est l'État, et l'État, c'est un gouvernement de gauche [50].

À quoi il faut ajouter des éléments difficilement quantifiables, et qui tiennent pour l'essentiel à la répression patronale. Rares sont à cette époque les grandes entreprises qui disposent d'un syndicat stable : les responsables syndicaux sont la plupart du temps contraints à une semi-clandestinité. C'est, par exemple, le cas à Renault. Et l'on compte par milliers, voire par dizaines de milliers, les militants licenciés qui végètent dans des « petites boîtes ». À Paris, les XIe et XXe arrondissements sont connus pour abriter, dans de petites entreprises artisanales, un nombre impressionnant de cadres syndicaux de la métallurgie, dont aucune grande entreprise ne veut plus.

C'est cette situation que juin 36 va bouleverser. Les chiffres globaux des effectifs de la CGT sont à eux seuls éloquents : de 1935 à 1937, elle passe de 4 000 à 16 000 syndicats, de 785 278 à 3 958 825 adhérents [51], soit un nombre d'adhérents multiplié par cinq en quelques mois.

Nous disons bien, en quelques mois, car cette progression est pour l'essentiel le résultat des grèves de juin 36. Sans doute la réunification avait-elle déjà agi comme un appel d'air : les transports et l'alimentation ont ainsi, dès mai 1936, davantage d'adhérents qu'à la fin de l'année 1935. La fédération des métaux, qui termine l'année 1935 avec 44 000 adhérents, en a 54 000 le 22 avril, et 65 000 le 15 mai. Mais cela est sans commune mesure avec les progressions ultérieures.

---

50. Pour une meilleure photographie de la situation, il convient de prendre en compte non seulement le pourcentage de tel secteur par rapport à l'ensemble de la CGT, mais la proportion de syndiqués par rapport aux travailleurs de la branche. On s'aperçoit alors qu'il y avait 22 % de syndiqués CGT chez les cheminots, 44 % chez les postiers et 36 % dans les services publics. Il n'y en avait en revanche que 4 % dans la métallurgie et 5 % dans le textile.

51. Selon les calculs effectués par Antoine Prost. Mais ces calculs peuvent être quelque peu contestés, dans la mesure où ils s'appuient sur les mandats de congrès. En effet, il y a à chaque congrès des syndicats absents, ou n'ayant pas réglé leurs cotisations. Des études locales permettent de le vérifier : même au congrès de fusion, où la présence devait pourtant être maximale, il n'y a pour le Languedoc-Roussillon que 146 syndicats représentés, sur 152. Ce phénomène explique peut-être que les chiffres de Prost soient légèrement inférieurs à tous les autres chiffres avancés pour 1937 : 4 564 461 selon l'estimation officielle de la CGT, 4 666 600 selon Lefranc, 4 950 000 selon Belin, 4 988 626 selon le grand journal d'extrême droite *Gringoire*. Les chiffres de Prost doivent être considérés comme un minimum.

Dès que l'on dépasse les chiffres globaux pour entrer dans le détail, les résultats sont encore plus impressionnants. Régionalement, ce ne sont pas seulement les départements où le syndicalisme était très faible qui connaissent des bonds en avant, mais aussi les grandes régions ouvrières où la combativité a été forte : les Bouches-du-Rhône voient ainsi leurs effectifs multipliés par cinq, la région parisienne par six.

Les résultats sont encore plus surprenants si on les examine par branche d'industrie. Car si la fédération des fonctionnaires voit ses effectifs augmenter de 23 %, les métaux augmentent eux de 1 450 %, la chimie de 4 600 %, et le papier-carton de 4 700 %. Ce sont désormais les fédérations les plus industrielles qui prédominent et qui donnent à la CGT un nouveau visage.

Deux autres éléments y contribuent également : la CGT rajeunit — au congrès de la métallurgie, la moyenne d'âge est inférieure à 30 ans — et elle se féminise. Ce dernier élément est sensible, au moins dans certaines corporations, au niveau des adhésions [52]. Il est encore perceptible au niveau des responsabilités dans les syndicats de base [53]. Il n'apparaît en revanche plus au niveau confédéral, où le CA non renouvelé ne comprend toujours qu'une femme, Marcelle Delabit, des Tabacs. La fusion a d'ailleurs dans ce domaine constitué un recul : la « commission féminine » qui existait à la CGTU n'existe plus dans la CGT réunifiée.

À travers la croissance subite des effectifs, se poursuit par ailleurs la lutte sourde entre ex-confédérés et ex-unitaires, et elle tourne très largement à l'avantage de ces derniers. D'abord, parce que ce sont souvent les fédérations que dirigent déjà les ex-unitaires qui sont le plus touchées par le

---

52. La fédération de l'habillement compte ainsi dans ses rangs 741 femmes et 5 097 hommes en avril 1936, et 83 187 femmes et 17 419 hommes en octobre 1936 (calcul fait selon les timbres syndicaux payés, dont le tarif était différent selon le sexe).

53. Dans l'habillement parisien, un seul des 9 syndicats existant avant juin 1936 a comme secrétaire une femme (celui de la confection pour hommes). En revanche, les trois nouveaux syndicats créés après juin 1936 (broderie, fleurs et plumes, ouvrières en parapluie) sont tous les trois dirigés par des femmes. À Conchon-Quinette, où travaillent 300 hommes et 400 femmes, le bureau syndical est composé, avant juin, de dix hommes et d'une femme. Légère amélioration en 1937 : 6 hommes et 5 femmes. Plus légère encore l'amélioration à la direction de la fédération de l'habillement : avant juin, 9 hommes et 4 femmes au CA, 5 hommes et... aucune femme au bureau, en 1937, 11 hommes et 7 femmes au CA, et 5 hommes et 2 femmes au bureau.

mouvement de grève, ou, en tout cas, qui profitent le plus de la syndicalisation massive : bâtiment, verre, chimie, métaux. Ensuite, parce que les ex-CGTU peuvent s'appuyer à la base sur le réseau difficilement mis sur pied par le PCF dans les entreprises au temps de la « prolétarisation ». Mais au sommet même, le comportement militant des uns et des autres pèse lourd [54] : l'ex-confédéré Guiraud prodigue des conseils sur le processus à suivre pour se syndiquer, les ex-unitaires Raynaud et Henaff sautent dans une voiture où ils entassent la délégation et vont sur place procéder à la syndicalisation des travailleurs. Le Gall, secrétaire de l'UD de Seine-Inférieure et ancien « autonome » a, lui, une autre tactique : « Tant qu'il n'y a pas de syndicat, tu les fous à la porte », explique-t-il au moment où éclate la grève des grands magasins et où se multiplient les délégations de travailleurs à l'UD.

Le résultat ne se fait pas attendre : à Longwy, l'Union locale regroupait 300 syndiqués, et était à majorité ex-confédérée. Après juin 1936, elle regroupe 14 000 travailleurs, dont 95 % suivent les positions des ex-unitaires.

Les ex-unitaires qui dirigeaient 7 UD à la fusion en dirigent 17 en juillet 1937 [55]. De même, alors qu'ils dirigeaient à la fusion 6 fédérations, ils en dirigent 12 en juillet 1937 [56]. Cette évolution ne mofidie pas sensiblement les rapports de forces au sein du CCN, dont le mode de composition (les 51 membres du CA élus par le congrès, un représentant par fédération, un représentant par UD) en fait une instance peu sensible à ce type de grignotage : sur 182 membres, les ex-unitaires sont ainsi 22 à la fusion, 27 à la fin de 1936, 31 en mai 1937, 39 à l'été 1937, soit, au maximum, 21 % du CCN. Mais le décompte en mandats, s'il avait été fait, aurait

---

54. Jouhaux, au début du mois de juin, s'absentera près d'une semaine pour assister à la conférence internationale du Travail. Il emmène avec lui l'ex-CGTU Racamond, mais également ses deux adjoints ex-confédérés, Bothereau et Buisson.

55. Aux UD unitaires à la fusion (Alpes-Maritimes, Gard, Isère, Loire, Lot, Vaucluse, Yonne) viennent s'ajouter la Somme et la Seine-Inférieure dès la fin de l'année 1936, la Seine et la Seine-et-Oise en avril 1937, puis l'Aisne, la Drôme, l'Ardèche, les Bouches-du-Rhône et le Var en juillet 1937.

56. Il s'agit de l'agriculture, du bois, des chemins de fer, de la chimie, de la métallurgie et du bâtiment. Le congrès officiel de réunification de ces deux dernières fédérations n'aura cependant lieu qu'après juin 1936. Viennent s'y ajouter, à la fin de l'année 1936, les cuirs et peaux, où ils étaient déjà majoritaires, mais où le secrétaire était un ex-confédéré, puis les URP et les verriers (mai 1937) et le papier-carton, le textile et l'éclairage (juillet 1937).

donné un tout autre résultat, dans la mesure où les UD et surtout les fédérations [57] contrôlées par les ex-unitaires figurent parmi les plus « lourdes » de la confédération. Si l'on reprend les chiffres d'Antoine Prost, les effectifs des fédérations contrôlées par les ex-unitaires représentent ainsi, à la fin de l'année 1937, 60 % des effectifs de la confédération [58]. Sans doute y a-t-il dans ces fédérations, dont plusieurs avaient été conquises de fraîche date, des minorités ex-confédérées importantes [59]. Mais des minorités ex-unitaires actives existent aussi dans les autres fédérations, et, en cas d'affrontement de congrès, on peut se demander qui eût le mieux su les utiliser. Si on prend en compte l'éclatement de la majorité ex-confédérée qui survient dès octobre 1936, avec la création de la revue *Syndicats* — nous y reviendrons —, les ex-unitaires disposent dès la fin de 1936 d'une majorité relative. Il nous paraît raisonnable d'estimer qu'ils ont, à partir de l'été 1937, la majorité absolue.

La CFTC aussi...

La CFTC est, à la veille de 1936, profondément marquée par deux caractéristiques : d'abord, elle est surtout présente chez les employés ; et puis non seulement elle se réfère à la morale sociale chrétienne, mais elle n'accepte en son sein que des catholiques, et elle est très directement liée à la hiérarchie ecclésiastique.

Le recrutement ne se fait pas dans l'entreprise, mais par l'intermédiaire de la paroisse : il faut, pour adhérer, être connu comme catholique et obtenir le témoignage de deux « anciens ». Le résultat de cette extériorité à l'entreprise est évident : il y a des ouvriers qui sont syndiqués chrétiens, mais il n'y a pas de syndicalisme chrétien en milieu ouvrier.

57. Les ex-unitaires contrôlaient les quatre plus grosses fédérations de la CGT, c'est-à-dire dans l'ordre, la métallurgie, le bâtiment, les chemins de fer et le textile.

58. 55 % si l'on prend les effectifs donnés par la CGT elle-même, 56 % si l'on reprend les effectifs donnés par G. Lefranc. Le calcul sur les chiffres donnés par *Gringoire* aboutit à 50,2 %.

59. Mais selon Jouhaux lui-même, le rapport de forces en faveur des ex-unitaires dans la métallurgie était passé de 6 contre 5, avant juin 1936, à 9 contre 1, après juin 1936.

Tels sont les principes. En fait, les situations locales sont diversifiées.

À Nantes, par exemple, où de nombreux syndicats féminins sont venus grossir les rangs de la CFTC, les réunions syndicales commencent par la prière et la fête du travail a lieu le jeudi de l'Ascension.

Dans la Loire au contraire, où ce sont des métallurgistes qui dirigent l'Union départementale, la syndicalisation se fait également dans l'entreprise, et on y recrute volontiers des non-catholiques. L'attitude à l'égard des luttes est également différente. Alors qu'à Saint-Nazaire la CFTC refuse de participer, en 1933, à la marche des chômeurs, les militants CFTC de la Loire animent en 1935 la grève des Forges et Aciéries de la Marine, à Saint-Chamond, avec le soutien actif du secrétaire de la fédération de la métallurgie, Jean Peres, qui est aussi secrétaire général adjoint de la Confédération. Le résultat est notable : 1 200 adhérents parmi les métallurgistes de la vallée du Gier. Pour autant, la métallurgie n'est pas un bloc homogène : à Jœuf, par exemple, la section CFTC est connue pour être « à la botte » de de Wendel. Mais, autour de Jean Peres, elle représente très certainement un facteur de changement dans la Confédération. En fait, pour déchiffrer l'attitude de la CFTC devant les grèves de juin 1936, il faut ajouter que les militants CFTC sont depuis plusieurs années déjà interpellés par l'existence même de la Jeunesse ouvrière chrétienne.

D'abord parce que la JOC s'est donné une mission d'évangélisation du monde ouvrier, et qu'elle doit donc par définition s'adresser aux non-catholiques. Ensuite, parce que la JOC est une organisation intrinsèquement ouvrière [60], voire ouvriériste [61].

À partir du moment où JOC et CFTC œuvrent en commun [62], c'est sur les secteurs ouvriers de la CFTC que s'exercent les pressions de la JOC, et cette pression s'exerce dans le sens du « missionnariat », de l'ouverture vers l'extérieur. Ainsi s'explique cette apparente contradiction : la JOC est

60. Elle regroupe en 1939 73 % d'ouvriers et 27 % seulement d'employés.

61. Ce n'est qu'en 1929 qu'elle s'est décidée à admettre en son sein les employés.

62. Les deux organisations patronnent, en 1935, une pétition auprès du BIT sur le chômage qui sera signée par 21 300 jeunes de 16 à 23 ans. Son contenu est représentatif de l'ambiguïté du mouvement social chrétien à cette date : on y réclame pêle-mêle l'allongement de la scolarité jusqu'à 16 ans, la réduction du temps de travail sans diminution de salaire, et le retour de la femme mariée au foyer.

plus ouvertement hostile que la CFTC au gouvernement de Front populaire et aux grèves de juin 1936. Mais, dans la plupart des cas, ce seront pourtant des militants CFTC issus de la JOC qui assureront dans les grèves la présence militante sur le terrain.

Car la CFTC est très prudente à l'égard du gouvernement de Front populaire [63], et elle ne l'est pas moins à l'égard des grèves qui commencent. Elle est en effet contrainte de se déterminer très vite, car son congrès confédéral se tient les 30 mai et 1er juin. Va-t-il, au nom de la morale chrétienne, condamner le mouvement en cours en arguant que les occupations d'usine violent le droit de propriété ? À coup sûr, la tentation existe. Chez les métallurgistes, pourtant, des responsables justifient les occupations. Ainsi, Maurice Guérin, permanent en Haute-Vienne [64] : « Cet outillage a bien été, dans une certaine mesure, payé par le travail des ouvriers. Les usines sont bien un peu *leurs* usines. Ils y sont donc un peu *chez eux*. Et quand ils refusent d'en sortir, a-t-on absolument le droit de dire qu'ils veulent rester de force chez les autres ? »

Sous l'influence de Jean Peres, c'est finalement une position compréhensive qui l'emporte : le congrès formule certes des réserves quant aux modalités de luttes, notamment les occupations [65], mais approuve les revendications. Un cahier type de revendications est mis à la disposition des militants, et dans la plupart des cas, les militants CFTC ne combattront pas les occupations. C'est sans doute dans le Nord, place forte commune de la CFTC et de la JOC [66], que

---

63. On trouve ainsi, dans l'éditorial de mai 1936 de *Syndicalisme* : « Si nous avions quelque motif de réserve, il ne tiendrait certainement pas au programme de réformes que le futur cabinet se propose de mettre en œuvre. Nous croyons depuis longtemps que des solutions neuves, hardies, catégoriques doivent être essayées en vue d'atténuer la crise économique et de remédier à ses causes lointaines. Rien ne peut nous effrayer dans les formules d'application immédiates qu'a suggérées le "rassemblement populaire", dussent-elles entraîner plus ou moins rapidement quelques modifications de l'état social [...]. Une expérience va être tentée en France, un effort de redressement va s'accomplir. Nous l'observons avec sympathie, prêts à y contribuer selon nos moyens. »

64. *L'Aube*, 3 juin 1936.

65. La JOC, en revanche, estime que « les grèves de juin avec occupation ont été dans leur ensemble illégitimes » (déclaration du secrétariat général de la JOC, octobre 1936).

66. C'est dès ses origines que la JOC est prioritairement implantée dans le Nord. En 1928, on dénombre ainsi 86 sections de la JOC en Seine et Seine-et-Oise, 23 à Lille, 17 à Roubaix-Tourcoing, et 28 seulement dans le reste de la France. Sans doute faut-il y voir l'influence de la Belgique, premier pays européen où la JOC vit le jour.

la situation est la plus significative. Les deux organisations y sont en effet fortement organisées, et héritent toutes les deux d'une longue tradition de collaboration de classe. Mais celle-ci n'a pu véritablement s'épanouir, car les patrons du Nord sont des patrons de combat [67]. JOC et CFTC sont donc amenées à reprendre le chemin de la lutte syndicale. Leur activité leur permet parfois de se faire admettre, ce qui ne signifie pas qu'elles jouent forcément un rôle moteur dans les grèves. Ainsi, l'archétype du héros jociste, que met en scène Maxence Van der Meersch dans *Pêcheurs d'hommes* (prix Goncourt 1936), n'intervient-il en fait que dans un sens réactionnaire lors de l'occupation de son usine textile, à Roubaix. En dehors de l'ouverture de l'usine le dimanche matin pour aller à la messe, les quatre batailles qu'il mène sont en effet : pour accéder à la demande du patron et finir le travail commencé, alors que l'usine est déjà en grève, pour obtenir que les femmes n'occupent pas l'usine, pour interdire le drapeau rouge, pour faire cesser l'occupation [68].

Souvent aussi les heurts sont vifs avec les militants CGT, toutes tendances confondues. À Marles-les-Mines, Leveau, maire socialiste et dirigeant syndical ex-CGT, et Duport, dirigeant ex-CGTU, font jurer à 10 000 mineurs, sur le buste de Jaurès installé pour la circonstance devant le perron de la mairie, qu'ils refuseront désormais de travailler avec des non-adhérents à la CGT. En janvier 1937, la Fédération nationale du sous-sol et le syndicat des mineurs du Pas-de-Calais condamnent ces comportements : « En conséquence, ceux de nos camarades qui, comme au n° 5 de Marles, empêchent de travailler des membres du syndicat libre [...] commettent une regrettable irrégularité contre la loi. Leurs agissements sont en outre contraires aux décisions du syndicat des mineurs et de la CGT, et les classent en véritables indisciplinés contre lesquels d'impitoyables sanctions devront être prises. » En réalité, les contentieux étaient lourds, et les militants CFTC étaient souvent apparus non seulement comme des diviseurs, mais comme des complices du patronat.

---

67. En 1924, ils ont déposé une plainte auprès du Vatican, accusant la CFTC d'« être marxiste » et de « renier sa doctrine », d'appuyer le socialisme d'État, et de se compromettre définitivement avec les ennemis de l'Église.

68. Page 190, Van der Meersch résume ainsi ses réflexions : « Si j'avais pu atteindre les patrons, j'aurais eu sans doute des moyens d'action. Mais M. Vassort m'avait toujours ignoré. Maintenant, il était trop tard. Je ne pouvais plus agir que sur mes adversaires. »

Bien que la CFTC ne soit pas reconnue comme centrale représentative et ne participe pas aux accords Matignon (elle avait demandé, par lettre du 8 juin, à pouvoir au moins en être signataire : sans résultat), elle est partie prenante des conventions collectives signées dans les banques et dans les assurances. Et surtout elle se développe : 321 syndicats au début de l'année 1936, 803 le 30 mai, 2 048 un an plus tard. Globalement, les effectifs passent de 230 000 en 1935 à 380 000 en 1937. Ce développement se fait un peu tous azimuts : ainsi l'Union syndicale des paysans de Vendée et de Loire-Inférieure devient officiellement, le 13 septembre 1936, la fédération des syndicats chrétiens d'exploitants agricoles, affiliée à la CFTC. La presse locale de droite le lui reproche beaucoup, qui l'accuse d'avoir « fait un pas vers le communisme ».

Pour l'essentiel cependant, c'est la composante ouvrière qui se développe : les métallos passent ainsi de 8 000 à 22 000 (de 3,4 % des effectifs confédéraux à 5,78 %). Sans doute ce recrutement ne peut-il être considéré comme le pur et simple produit de la radicalisation ouvrière. Les appels réitérés de la hiérarchie catholique y sont pour beaucoup [69]. Et les syndicats qui se développent ne sont pas toujours ceux qui se sont positionnés dans le sens du mouvement. Ainsi, les métallos de Franche-Comté se sont très vivement opposés aux occupations : ils passent pourtant, en quelques mois, de 1 500 à 4 000. En fait, à la fin de l'été, la CFTC voit également affluer dans ses rangs un certain nombre de militants d'extrême droite à la recherche d'un cadre syndical qui leur permette de s'opposer à la CGT et à l'emprise communiste : cette hypothèque ne sera véritablement levée qu'avec la création, à l'initiative des Croix-de-Feu, des Syndicats professionnels français.

Mais cette progression des effectifs est aussi le fruit du mouvement de syndicalisation primaire qui se développe alors. Et il n'est pas sans conséquence qualitative sur la CFTC. Ainsi, si les catholiques restent largement majoritaires en province (90 % dans la Loire-Inférieure, 100 % dans

69. Cf. la déclaration, le 13 juin, de l'archevêque de Paris : « La CFTC, 5 rue Cadet, qui s'efforce de réaliser parmi nous les enseignements sociaux des encycliques pontificales, est le groupement professionnel auquel les catholiques doivent se faire le devoir et la joie de donner leur adhésion. »

la Franche-Comté), ils ne sont bientôt plus que la moitié des effectifs de la région parisienne. Des non-catholiques accèdent localement à des responsabilités. Et surtout, les structures changent. Des sections d'entreprise apparaissent qui syndiquent les salariés sur leur lieu de travail : du coup, naît le besoin d'avoir dans l'entreprise une structure unique, à laquelle puissent se rattacher non seulement les ouvriers, mais également les employés, les agents de maîtrise, les femmes. C'est la fin des « syndicats féminins » et le début du démantèlement de la puissante fédération des employés. Et comme il faut bien répondre à l'afflux et à la bigarrure des nouveaux adhérents, l'effort de formation passe alors au premier plan : c'est dès 1937 que Jean Peres prend la responsabilité — avec un jeune responsable du SGEN, Paul Vignaux — des « écoles nationales ouvrières ».

Socialistes et communistes : des adhérents par milliers

C'est un bond en avant que fait durant cette période le parti socialiste : 120 083 adhérents en 1935, 202 000 en 1936, plus qu'il n'en avait jamais compté [70] : la scission « néo » est bien oubliée. Mais ce recrutement ne vient guère des entreprises. La SFIO est en effet restée prisonnière de la vieille conception de la division des tâches : au syndicat la défense des intérêts des travailleurs, au parti la conquête électorale. Pas question, donc, de cellules d'usine : en 1935, encore, dans les discussions sur l'unité organique, Lebas en rejette la création comme contraires à l'indépendance syndicale. Dans la tempête de juin 36, la SFIO se trouve donc fort dépourvue. Sans doute des socialistes sont-ils actifs dans les grèves [71] : mais ils n'y font point sentir une présence politique collective. C'est après les grèves de juin que le parti ten-

70. Le décompte mensuel des prises de cartes est le suivant :

janvier	: 77 881	mai	: 127 853	septembre	: 183 832
février	: 98 860	juin	: 143 567	octobre	: 196 133
mars	: 108 242	juillet	: 162 863	novembre	: 201 204
avril	: 114 179	août	: 174 407		

71. À Sautter-Harlé l'un des animateurs de la grève est un socialiste, Louis Mersch ; le président du comité de grève du BHV est un socialiste de la 11e section, Drouard.

tera de remédier à cet état de choses : il laissera alors se généraliser les « amicales socialistes » d'entreprise que Marceau Pivert et la fédération de la Seine ont lancées dès le mois de septembre. Les chiffres officiellement avancés apparaissent très optimistes : 25 000 adhérents dès le mois de novembre, 80 000 le 20 décembre (dont 53 000 dans la région parisienne), 100 000 adhérents (et 423 amicales), dès le mois de mars 1937. En effet, s'il paraît avéré que les amicales se sont structurées dans 19 branches professionnelles [72], et au premier chef dans la métallurgie, le développement géographique apparaît en revanche très inégal. Seules les fédérations du Nord, de la Gironde, et surtout de la Seine, semblent avoir déployé un effort systématique : en dehors d'elles, les amicales qui existent de-ci, de-là (Allier, Haut-Rhin, Rhône, Bouches-du-Rhône, Indre-et-Loire, Var) [73], apparaissent bien isolées. Et surtout, le statut des amicales reste particulièrement flou : leurs adhérents ne sont pas membres du parti socialiste, mais témoignent, en adhérant, « de leur confiance au gouvernement Blum [74] ». Les amicales renvoient donc davantage aux potentialités de l'audience socialiste dans la classe ouvrière qu'à un recrutement réel.

Les Jeunesses, pourtant à peine remises de la scission-épuration de 1935, semblent être en plein développement : elles regrouperont, en 1937, 54 641 militants [75]. Le recrutement parmi les femmes est moins important : elles sont 9 568 en 1937, contre 3 376 en 1933.

La progression en effectifs du PCF est bien plus impressionnante encore : de 86 902 adhérents en 1935 à 284 659 en 1936. Le détail du mouvement d'adhésion [76] montre que ce

72. Alimentation, Assistance publique, Assurances sociales, banques-assurances, cheminots, cinéma, communaux, coiffeurs, employés, hôtels, livre, métallurgie, TCRP, porteurs de gare, PTT, services publics, transports, VRP.

73. Selon Severac, qui mentionne également les Basses-Pyrénées, le Loiret et l'Yonne, il y aurait 3 000 adhérents dans l'Indre-et-Loire.

74. *Le Populaire*, 5 décembre 1936.

75. 11 317 en 1934. Plus nettement que pour le parti, c'est après juin 36 qu'un bond en avant apparaît :

juillet 35	: 12 500	mai 36	: 20 000	décembre 36	: 50 000
décembre 35	: 16 320	novembre 36	: 40 000		

76.

25 mai	: 125 000	18 juillet	: 183 000	6 septembre	: 239 500
30 mai	: 130 000	11 juillet	: 187 200	2 octobre	: 270 000
4 juin	: 133 100	26 août	: 225 000	29 octobre	: 280 000
18 juin	: 154 600	28 août	: 234 200		

sont les grèves de mai qui expliquent pour l'essentiel cette progression. Indiscutablement aussi, ce recrutement est ouvrier, et vient renforcer l'implantation du parti communiste dans les entreprises : si d'octobre 1935 à octobre 1936, le nombre total des cellules du parti passe de 4 221 à 10 736 (+ 154 %), le nombre de cellules d'entreprise passe lui de 776 à 2 898 (+ 273 %). Ces cellules d'entreprise prolifèrent dans l'industrie davantage que dans le tertiaire, et au premier chef là où le PCF était déjà implanté, dans la métallurgie [77] : l'évolution des cellules d'entreprise à Paris-ville et à Paris-Ouest (correspondant en gros à l'actuel département des Hauts-de-Seine) est significative : de 1935 à 1936, le pourcentage des cellules d'entreprise passe à Paris-ville de 29 à 31 %, et à Paris-Ouest, de 31 à 51 %. Symbole : en janvier 1936, il y a 120 communistes à l'usine Renault, en novembre, ils sont 6 000, répartis en 55 cellules. Incontestablement, le PCF retire alors les fruits du volontarisme politique dont il avait fait preuve pour être présent dans les entreprises.

La progression dans la jeunesse est encore plus importante que celle du parti lui-même : en quelques mois, les Jeunesses communistes triplent leurs adhérents [78]. Non seulement les effectifs du PC ont largement dépassé ceux de la SFIO, mais il a capté toute une nouvelle génération ouvrière, celle pour laquelle les grèves de 1936 constituent le baptême du feu.

Un mouvement ouvrier en recomposition

Pour deux au moins des grandes organisations ouvrières — la CGT et le PCF — la progression numérique correspond donc en fait à une mue qualitative. Mais plus profondément encore, deux exemples — que les chiffres d'adhé-

---

77. Dès 1928, le pourcentage des communistes chez les métallos était de 2,2 % contre 0,8 % dans la population globale.

78.

25 mai	: 38 000	6 août	: 78 000
30 mai	: 40 200	28 août	: 86 000
4 juin	: 40 800	6 septembre	: 87 000
18 juin	: 46 000	2 octobre	: 93 000
8 juillet	: 63 000	29 octobre	: 100 000
11 juillet	: 65 000		

sion mettent en évidence — témoignent du travail de recomposition qui se met alors en œuvre dans le mouvement ouvrier français.

Le premier concerne les employés. Avant juin 1936, employés et ouvriers forment deux mondes à part bien au-delà d'ailleurs des qualifications spécifiques : les manutentionnaires des grands magasins dont la seule tâche consiste à mouvoir toute la journée les ballots les plus lourds se revendiquent fièrement comme employés. En fait, être employé, c'est avoir échappé à la malédiction du travail en usine : si l'on vient d'un milieu ouvrier, cela est vécu comme une promotion sociale, de la même manière qu'un ouvrier issu d'une famille d'employés fait figure de déclassé. Entre ces deux mondes s'est installée une méfiance tenace. La syndicalisation à la CGT d'avant la réunification ne doit pas faire illusion : ce sont les fonctionnaires qui s'y syndiquent, et non les employés du secteur privé. Juin 36 met fin, au moins en partie, à cette méfiance atavique. En partie seulement, car, dans les entreprises, là où cohabitent les ouvriers et « ceux des bureaux », la situation n'a pas qualitativement changé. « Ceux des bureaux » ne participent généralement pas aux occupations et n'y sont d'ailleurs guère conviés : trois catégories sont généralement « autorisées », comme si cela allait de soi, à abandonner l'usine occupée : les enfants (il y a des gosses de 12 ans qui travaillent en usine), les femmes, et ceux qui présentent une feuille de paie attestant qu'ils sont mensuels [79]. Au lendemain de la grève, sauf dans quelques cas de figure, la méfiance n'est évidemment pas fondamentalement dissipée.

Il semble bien d'ailleurs que dans l'industrie, techniciens et ingénieurs, pourtant plus haut placés dans la hiérarchie de l'encadrement, manifesteront plus souvent que les employés leur solidarité avec les revendications ouvrières. Humeau [80] signale le cas de techniciens se mettant en grève en déclarant qu'« ils n'ont point de revendications particulières à présenter, mais qu'ils veulent témoigner leur solidarité aux camarades ouvriers ».

---

79. Alors que l'on va rechercher jusque dans les bus les ouvriers qui partent, ou que ceux qui ne participent pas à l'occupation ont parfois droit à des inscriptions peu flatteuses sur les murs de leurs maisons, ou à une « aubade » éclairante pour les voisins.

80. « La victoire du syndicalisme », *Esprit*, juillet 1936.

La déclaration des métallos parisiens du 11 juin précise que les ouvriers sont entièrement solidaires des techniciens et des employés, qui devront obtenir les mêmes avantages, sanctionnés par une convention collective. Les actes concrets de solidarité semblent bien concerner les techniciens : aux usines Dynamic de Belleville, comme aux usines Tunken à Asnières, les ouvriers, qui ont eu satisfaction, déclarent continuer la grève jusqu'à ce qu'une réponse positive ait été accordée aux revendications des techniciens.

Dans les grands magasins, les banques ou les assurances, dans tout ce que l'on appellera bientôt le secteur tertiaire, c'est une communauté de fait qui s'établit à travers la grève, brisant bien des barrières. De manière générale, c'est l'exemple ouvrier qui est ici contagieux, et les nouvelles méthodes d'organisation du travail qui se mettent en place, et qui tendent à rapprocher les conditions de travail de celles de la classe ouvrière, jouent probablement un rôle non négligeable. La place que tient la suppression du « système américain » (en l'occurrence le système Bedeau) dans les revendications des grévistes de la Samaritaine en est une bonne illustration.

Le deuxième exemple est celui des femmes. C'est une avalanche d'obstacles qui se dresse pour empêcher leur participation aux occupations. Certains prennent leurs racines dans des préoccupations très matérielles : qui, par exemple, va prendre soin des enfants, si mari et femme occupent ? Mais la réponse à cette question est toujours donnée en fonction des stéréotypes masculins : c'est la femme, bien sûr, qui cesse l'occupation pour prendre en charge les enfants. Mais les principaux obstacles sont d'ordre moral. Une femme rivée à son tour dans une usine au travail, ça va. Mais une femme libre dans une usine occupée, cela vous a tout de suite un air subversif : alors, qu'elles y passent la nuit... La pudibonderie d'une partie du mouvement ouvrier [81] se nourrit certes des descriptions de bacchanales

81. *L'Humanité* s'en prend très vivement à Fouchardière qui avait écrit dans *l'Aube* — dans un article décrivant avec sympathie les grèves — que celles-ci « favorisent les flirts et les mariages ». Fouchardière répond : « Le seul reproche que pourrait me faire *l'Humanité* est que le mariage est une institution affreusement bourgeoise. Mais *l'Humanité*, en ses principes austères et rigoureusement limités, est plus bourgeoise qu'une vieille dévote de province. »

dont fourmille la presse bourgeoise [82]. Mais le mal est plus profond ; un militant syndical explique ainsi à Emmanuel d'Astier, en reportage dans Renault occupé [83], que « les femmes dans une affaire comme cela c'est malsain ». Bref, elles « excitent » au même titre que l'alcool, sont facteurs de troubles, de divisions, de querelles et de rixes.

Les femmes qui participent aux occupations doivent donc faire preuve d'un volontarisme certain. Que l'occupation — ou plus simplement la tension née de la lutte en commun — favorise les rapprochements amoureux et sexuels, c'est l'évidence, et seuls les « Père la pudeur » s'en offusqueront. Mais c'est aussi l'évidence que l'essentiel est ailleurs. Dans le rapport des femmes au travail, d'abord : juin 36 donne ainsi un coup d'arrêt à la propagande en faveur de la femme au foyer, représente la première affirmation de masse, par la lutte, du droit au travail pour les femmes [84]. Dans l'expérience collective que vivent aussi les femmes qui occupent, et que Henriette Nizan décrit avec acuité : « Presque tous les hommes ont fait au front, au régiment de travail, l'expérience d'une vie collective [...]. Mais ils ont jusqu'à présent exclu les femmes de cette expérience [...]. Cette grève a abattu trop de barrières et d'écrans. Les femmes vont craindre l'ennui et l'indigence des existences repliées [...]. Elles ne renonceront pas à leur nouvelle richesse [85]. »

Dans l'immédiat, c'est à un élargissement considérable de la sphère d'activité du mouvement ouvrier que l'on assiste ainsi, en même temps qu'à l'éclosion d'un potentiel militant d'un type nouveau.

---

82. Mais des femmes syndicalistes ne sont pas en reste. Madeleine Coliette, de la Chambre syndicale des employés de la région parisienne, décrit ainsi le groupe de femmes qui décide de rester occuper la nuit aux Magasins Réunis-Étoile : il y a les « mordues de la cause » et « d'autres aussi, dont les motifs sont à l'époque mal connus, et qui, paraît-il, en ont profité pour chercher une évasion ».

83. *Vu*, juin 1936.

84. D'autant plus que si ouvrières et employées n'obtiennent pas des salaires égaux à ceux des hommes, leurs salaires figurent en général parmi ceux qui sont les plus augmentés. Dans le même temps, les allocations familiales ne sont revalorisées que de 2 %.

85. *Vendredi*, 26 juin 1936.

5

La révolution française a-t-elle commencé ?

« Mais un jour le vrai soleil viendra
Un vrai soleil qui réveillera le paysage
Et les travailleurs sortiront
Ils verront le soleil
Le vrai, le dur, le rouge soleil de la révolution
Et ils se compteront
Et ils se comprendront
Et ils verront leur nombre
Et ils regarderont l'ombre
Et ils riront
Et ils s'avanceront. »

Jacques PRÉVERT
« Le paysage changeur » (*Paroles*)

Des grèves « payantes »

Dans plusieurs domaines, il est possible de tenter d'apprécier les résultats revendicatifs de la grève. Les conventions collectives, par exemple, n'étaient pas une nouveaute pour le droit français, qui les prévoyait explicitement depuis 1919. Mais elles étaient fort peu pratiquées. Sans doute le syndicalisme ouvrier hésitait-il à y recourir, par crainte de se trouver par la suite prisonnier d'un cadre légal qu'il aurait cautionné. Mais le patronat y était encore plus hostile : les conventions collectives abolissaient en effet l'un de ses privilèges : « Le droit de discuter en tête à tête avec chacun de ses employés ou ouvriers, les conditions de travail [1]. » Les accords Matignon ne font en fait que rappeler l'existence et la possibilité de contrats collectifs. C'est la classe ouvrière qui les impose à un patronat en déroute [2].

C'est le patronat, en revanche, nous l'avons signalé, qui propose la création de délégués du personnel élus. Belin suggéra que ces délégués soient désignés par les syndicats, mais cette demande ne fut pas retenue. Cette indépendance à l'égard des organisations syndicales n'inquiète guère l'extrême gauche. Celle-ci signale bien un double risque : que le patronat réussisse à « utiliser l'institution des délégués ouvriers contre la classe ouvrière même », que le délégué devienne dans l'usine « le porte-parole des grands manitous syndicaux ». Mais les trotskystes, par exemple, portent sur cette conquête un regard favorable :

« C'est incontestablement un progrès formidable. Combien de fois jusqu'alors des ouvriers en grève ont accepté ou auraient accepté de transiger sur des revendications de salaires pour obtenir la reconnaissance de l'organisation ouvrière ? Les travailleurs comprenaient fort bien que ce n'est pas le taux du salaire à une période donnée qui était essentiel pour l'avenir : par contre, l'organisation ouvrière reconnue, non menacée de destruction par la répression patronale pouvait permettre de préparer de nouvelles luttes, et, par suite, de nouveaux avantages [3]. »

Appréciation positive qui est renforcée par l'analyse de la conjoncture : « Les travailleurs qui viennent d'être élus [...] sont ceux qui ont été les plus actifs dans la grève. »

Il n'existe aucun bilan chiffré de l'élection des délégués du personnel. Selon les indications locales dont on dispose, la très grande majorité des élus furent des militants syndicalistes. Il semble bien aussi qu'ils jouèrent un rôle non négligeable dans l'organisation des luttes de l'après-juin 36 [4].

Quant aux revendications salariales, l'accord Matignon

1. Léon Blum, déposition à la cour de Riom.

2. Nombre de conventions conclues :

1919 : 557	1930 : 72	1935 : 28
1920 : 345	1933 : 29	1936 : 1 123
1925 : 126	1934 : 24	1937 : 3 064

3. Pierre Frank, *Faut-il prendre les usines ?*, CDER, novembre 1936.

4. Cf. Simone Weil, « Remarques sur les enseignements à tirer des conflits du Nord », in *La Condition ouvrière*, Gallimard, Paris, 1938.

prévoyait, rappelons-le, des augmentations de 7 à 15 % avec une moyenne de 12 % par entreprise. En fait, la poursuite de la lutte après l'accord Matignon s'est révélée « payante » : sur l'ensemble de la France, c'est en moyenne de près de 20 % que les salaires nominaux ont été augmentés. Bien entendu, cette moyenne recouvre des différenciations sensibles selon les branches et les régions, voire selon les usines. À Nantes, un manœuvre homme est augmenté de 11,1 % dans le textile, et de 27 % chez les chaudronniers d'usine. Dans le Calvados, l'augmentation du salaire minimal d'embauche pour un ouvrier métallurgiste est de 13,15 % à Mondeville et de 22 % à Dives. Les ouvriers qualifiés de la métallurgie sont augmentés de 17 % à Paris, mais de 11,4 % seulement à Nantes. Dans les grands magasins parisiens, l'augmentation pour les vendeurs hommes va de 23 à 50 %, et pour les vendeuses, de 32 à 50 %. Dans la mesure où la poursuite de la lutte s'appuie souvent sur le paragraphe des accords Matignon qui prévoit un réajustement préalable des salaires bas, ce sont souvent les « petites catégories » qui bénéficient des plus fortes augmentations : ainsi à Nantes, dans la chimie, un ouvrier qualifié est augmenté de 8,02 %, mais un manœuvre l'est de 22,2 %. Les femmes, qui sont généralement manœuvres ou OS, sont les premières à bénéficier de ces forts taux d'augmentation.

Mais pour autant l'écart entre salaires féminins et salaires masculins (à qualification égale) n'est guère modifié. Aucune des conventions collectives signées n'intègre le principe « à travail égal, salaire égal ». La préoccupation de réduire l'écart est certes parfois présente dans les revendications ouvrières[5]. Ainsi, à Nantes, le rapport salarial hommes/femmes chez les ouvriers qualifiés est avant la grève de 1,2. Les revendications déposées visent à le faire tomber à 1,1, ce qui sera obtenu. En revanche, chez les manœuvres — où les femmes sont évidemment bien plus nombreuses — c'est l'échec : les revendications visaient à faire tomber le rapport hommes/femmes de 1,7 à 1,6 : il sera en moyenne de 1,8 après la reprise du travail.

Certes le patronat tient beaucoup à cette différenciation. Mais, comme le précise un article de *la Vie ouvrière*, en octobre 1936, sur « les femmes de l'alimentation » : « Cette

5. Elle est en particulier vigoureusement défendue par Georgette Bodineau, secrétaire du syndicat CGT de la confection-région parisienne.

méthode, disons-le, n'est pas assez combattue par les hommes. » Elle est en tout cas largement cautionnée par les dirigeants syndicaux. La Ligue française du droit des femmes a, le 15 juin, interrogé Jouhaux (et Salengro) sur le non-respect du salaire égal, sans obtenir de réponse. Le 22 juillet, à une conférence de Jacques Duclos une syndicaliste féministe, Mlle Faure, l'interpelle et raconte de manière significative son expérience :

« Je me suis inclinée lorsque, appelée à prendre la parole chez les grévistes des grands magasins, on m'a demandé de ne pas soulever cette question de l'égalité des salaires devant des néophytes du syndicalisme, inscrits la veille à la CGT. »

D'autres acquis apparaissent peu dans les conventions collectives signées : ainsi l'échelle mobile, qui, sur 700 conventions collectives examinées, n'apparaît que 114 fois. Mais il semble — vieille méfiance syndicale ? — qu'elle n'ait guère été plus présente dans les revendications déposées.

En revanche, bien d'autres revendications, diverses et difficiles à mesurer statistiquement, sont satisfaites : le conseil de discipline paritaire aux grands magasins, la suppression du « tâcheronat » dans le bâtiment, du chronométrage dans quelques usines, ou du « salaire aux pièces » pour les midinettes... Et puis, indéfinissable, ce qu'exprime ainsi un ouvrier inorganisé de chez Renault :

« Quand on a recommencé à travailler, c'était plus pareil. On aurait dit qu'il n'y avait plus de maîtrise. Les gars tapaient sur les épaules du contremaître. Mon contremaître a été muté dans un autre atelier, les gars n'en voulaient plus. C'était plus la même vie [6]. »

À Breguet, le chef du personnel « Croix-de-Feu » (Gazon) est muté et ce sont les ouvriers qui « choisissent » le nouveau chef du personnel.

L'origine des grèves

La première explication avancée est celle du « complot », du mot d'ordre clandestin. Elle a été abondamment sou-

6. In *Critique communiste*, été 1982.

tenue par la presse de droite, mais aussi par des militants ouvriers comme Monatte, qui écrit le 25 juin dans *la Révolution prolétarienne* : « Il est difficile de ne pas reconnaître l'intervention des communistes à l'origine du mouvement... »

En fait, rien ne vient étayer cette thèse. Les entreprises où démarrent les grèves ne sont nullement celles où le PCF est le plus implanté. La presse communiste, nous l'avons vu, ne se fait que très timidement l'écho des premières grèves. Et surtout, on ne voit guère comment une telle initiative eût été compatible avec ce que l'on sait des préoccupations de l'Internationale communiste et de sa section française. La théorie d'un PCF prêchant publiquement la modération et impulsant en sous-main un gigantesque mouvement de grève, bref, pratiquant le double jeu, et cheminant très clandestinement vers la révolution et « les soviets partout », n'a jamais reçu l'ombre d'une confirmation. Quant à la théorie que suggère Monatte — un mouvement de grève destiné à gêner Blum et à amener au pouvoir Herriot —, il est permis de penser que la grève de masse n'était sans doute pas le meilleur moyen de redonner aux radicaux un rôle prééminent.

Un deuxième débat concerne ce qui, dans le déclenchement du mouvement, relève de l'organisation — et l'on évoque ici l'activité et les consignes syndicales, l'expérience acquise dans des luttes antérieures, etc. — et ce qui relève de l'action spontanée de la classe ouvrière.

Les partisans du « rôle de l'organisation » dans le mouvement de juin 36 ont été à vrai dire peu loquaces. Le PCF a certes défendu cette position, mais de manière générale et abstraite : il répugnait visiblement, en narrant l'activité de ses militants, à donner quelque aliment que ce soit à la théorie du complot. Quelques monographies récentes ont cependant relancé le débat.

Qu'en est-il donc ? Que, dans de nombreuses entreprises, le déclenchement de la lutte se fasse sur initiative syndicale, c'est l'évidence. Que, dans toute une série d'entreprises, les luttes menées dans les mois — ou même les années — précédents aient peu à peu préparé la classe ouvrière à des luttes d'une plus grande ampleur, c'est indiscutable. C'est le cas à Renault, où Bertrand Badie [7] met à juste titre l'accent sur le

7. « Les grèves du Front populaire aux usines Renault », *Mouvement social*, n° 81.

rôle des grèves tournantes revendicatives par atelier et de ceux qu'il appelle les « quasi-syndiqués ». C'est le cas dans les mines du Nord et du Pas-de-Calais [8], où le taux de syndicalisation, à l'inverse de Renault, était élevé (65 000 mineurs syndiqués en avril 1936, sur un effectif de 140 000) : le rôle des « délégués mineurs » [9] y est effectivement très important. Élus par les mineurs de nationalité française, ils étaient officiellement chargés de veiller à la sécurité dans les puits. Mais la CGTU s'était évertuée à en faire de véritables délégués syndicaux, et la menace d'une grève générale pour le 1er mai contribuera à la mobilisation [10].

D'autres exemples pourraient sans difficulté être avancés. Mais ils ne permettraient pas de toute manière de conclure pour l'ensemble.

Le problème est en effet que, d'une multitude de décisions de grève prises par des sections syndicales de base, on ne peut déduire la maîtrise du mouvement d'ensemble par la Confédération, ou même par telle ou telle de ses unions départementales ou de ses fédérations. En effet, quand on examine le déclenchement des premières grèves, nulle part celui-ci n'est provoqué par une consigne fédérale. Bien mieux, les mots d'ordre de « grève générale » qui sont parfois lancés ont pour but manifeste de canaliser le mouvement, et non de le déclencher : c'est le cas le 8 juin dans le bâtiment et dans les mines [11]. Que la CGT, ou telle ou telle de ses composantes, n'ait été pour rien dans le déclenchement du conflit [12] n'est pas né dans la cervelle de « minoritaires » qui « critiquaient le courant majoritaire des syndicats, à savoir les réformistes et les communistes, en fonction de leur point de vue idéologique [13] ». C'est Jouhaux lui-même qui déclare, le 16 juin : « Le mouvement s'est déclenché sans qu'on sût exactement comment et où [14]. »

8. Raymond HAINSWORTH, « Les grèves du Front populaire de mai et juin 1936 », *Mouvement social*, n° 96.

9. En 1935, bien que les ex-unitaires soient dans le syndicat très minoritaires par rapport aux ex-confédérés, ils détenaient 65 postes de délégués mineurs sur 106.

10. Pas seulement, d'ailleurs, dans le Nord et le Pas-de-Calais, mais aussi dans le Gard.

11. Où le mot d'ordre ne concerne que le secteur où les mineurs sont déjà en grève (Nord-Pas-de-Calais), et où le communiqué appelant à la grève explicite « pour maintenir l'ordre et le calme, et favoriser l'action du gouvernement ».

12. Dire cela ne signifie évidemment pas qu'il n'y ait pas eu de militants, ex-confédérés ou ex-unitaires, actifs dans le déclenchement de ces mouvements.

13. HAINSWORTH, article cité.

14. Comité confédéral national du 16 juin.

Que les luttes menées dans les mois précédant juin 36 aient objectivement joué, dans bien des cas, le rôle de banc d'essai, n'a pas non plus à être nié. Si le mouvement de juin n'a pas été précédé par de grandes vagues de lutte, il ne serait pas exact pour autant de s'en tenir à la vision d'une classe ouvrière passive, soumise et amorphe. Bien d'autres exemples pourraient être ajoutés à ceux de Renault et des mineurs du Nord : Berliet à Lyon, les mineurs de la Mure dans l'Isère, les grèves de femmes du Gard, à l'usine de tricotage Duffaut [15] ou à la fabrique Lanoré, celle des « paqueteuses » de l'usine Bertrand, une fabrique de pâtes alimentaires au Havre, qui s'opposent victorieusement à une diminution de salaire, ou celle d'Arthur Martin, à Revin dans la Meuse, intéressante à plus d'un titre : partie des manœuvres, contre le système Bedeau qui instaure la rémunération générale aux pièces selon la valeur chronométrée, elle est popularisée par une chanson :

> « Depuis longtemps dans les usines
> on ne travaille plus qu'au ralenti
> au système Bedeau, aux machines
> succède un chômage infini. »

Mais la conclusion mécanique selon laquelle ce sont les entreprises à la pointe des luttes les années ou les mois précédents qui auraient été à l'origine du déclenchement des grèves de juin est largement erronée. L'Arsenal de Brest ne bouge pas et, dans le Rhône, ce n'est pas Berliet qui déclenche le mouvement, pas plus que dans la Loire les Forges et Aciéries de Saint-Chamond, pas plus qu'Arthur-Martin dans la Meuse. Les exemples de Badie et de Hainsworth confirment d'ailleurs ce point de vue. Quand Renault entre en grève, il y a déjà quarante-huit heures que plusieurs usines métallurgiques de la région parisienne ont cessé le travail, et Hotchkiss a déjà envoyé une délégation populariser l'idée de la grève auprès des travailleurs de Renault. Si Renault est pilote en quelque chose, c'est de la brève reprise du travail du 29 août. De même, ce ne sont pas les mineurs qui sont à l'origine du mouvement dans le Nord, mais les métallos de Fives-Lille.

---

15. Grève suffisamment dure pour que le patron Duffaut blesse avec sa voiture plusieurs ouvrières du piquet de grève.

De manière plus générale, le rôle joué par la métallurgie a permis de laisser dans l'ombre le fait que ce ne sont pas forcément les grandes concentrations ouvrières ni les bastions du syndicalisme qui sont entrés les premiers en lutte. En Corrèze, c'est aux ardoiseries d'Allassac que démarre le mouvement, et non à la « Manu ». À Nantes, c'est bien aux Batignolles qu'éclate la première grève. Mais la deuxième grève avec occupation se déclenche à la fabrique de chaussures Lemoine [16].

À Longwy, ce n'est pas aux aciéries que démarrent les grèves mais dans les petites entreprises de sous-traitance et dans le bâtiment. À Nice, la métallurgie ne démarre que le 17 juin, tandis que l'initiative revient aux ouvriers journaliers et aux cantonniers (2 juin), à l'usine de pâtes Ceres (3 juin) et aux Galeries Lafayette (11 juin) où il n'y a d'ailleurs pas de syndicat. Dans la Meuse, ce n'est pas de Revin, où tous les ouvriers sont syndiqués, mais de Furnay, où il n'y a pas d'organisation syndicale, que part la grève.

Au-delà du déclenchement même des grèves, la part des petites entreprises dans le mouvement est souvent extrêmement significative. Dans l'Aude, 10 % seulement des grévistes viennent d'établissements de plus de 100 ouvriers, alors que 18 % des ouvriers y travaillent ; dans l'Hérault, les mêmes pourcentages sont de 19 % et 28 %, et dans le Gard, de 20 % et 53 %. La taille des entreprises semble souvent influer également sur la durée des grèves. À Toulouse, les grèves dans les grandes concentrations (Latécoère, Dewoitine, TCRP) ne durent ainsi que deux à trois jours. La grève des plombiers-zingueurs (ils sont 120 ouvriers répartis sur 66 entreprises) dure trente-trois jours. La plus longue grève du Languedoc est celle des ouvriers peintres, et dure également trente-trois jours. À Nîmes, les deux seuls compagnons d'un artisan-peintre font grève pendant vingt jours.

Contrairement aux allégations d'Hainsworth, qui estime que ceux qui parlent de la « spontanéité » ouvrière ont limité leurs recherches à la région parisienne, l'étude du déclenchement des grèves en province renforce encore le sentiment qu'organisation et expérience acquise ne jouent pas un rôle majeur dans la chronologie de l'entrée en lutte.

---

16. Jean Bruhat ajoute que, pour l'ensemble de la région nantaise, ce sont 4 secteurs où n'existait aucune organisation syndicale qui ont été les premiers touchés : l'industrie de la conserve, la confection et la chemiserie, les industries alimentaires et les grands magasins (in *Léon Blum, chef de gouvernement*).

Ajoutons que si stratégie il y avait eu, on ne comprendrait guère pourquoi des branches où la présence syndicale était sensiblement plus importante ne se soient pas manifestées. Pourquoi, par exemple, aurait-on alors laissé à l'écart du mouvement les cheminots, fédération dirigée par les unitaires, où le taux de syndicalisation est relativement élevé [17], et dont l'entrée en lutte aurait eu, de toute évidence, des conséquences majeures ?

La réalité est sans doute plus prosaïque : une classe ouvrière qui avait accumulé les comptes à régler [18], à laquelle la réunification syndicale avait déjà redonné confiance, et qui voit dans les résultats des élections le fait que le gouvernement est « avec nous » contre les patrons et non, comme d'habitude, « contre nous » avec les patrons. L'occasion apparaît donc propice, et les succès des premières grèves favorisent incontestablement l'extension.

La « grève sur le tas », qui n'était jusqu'alors guère présente dans la tradition du mouvement ouvrier français, symbolise la détermination ouvrière de manière parfois cocasse : ainsi, dans les Alpes-Maritimes, la carrière à ciel ouvert de Roquebrune qui est « occupée » par les 4 ouvriers qui y travaillent. Il paraît vain d'en chercher l'origine dans un quelconque mot d'ordre. Ni l'article de René Lefeuvre dans *Gauche révolutionnaire*, le 25 février, ni l'influence dans le Nord des expériences polonaises [19], n'apparaissent comme des éléments très décisifs. À coup sûr, en revanche, la perspective, si l'usine était désertée, de voir les patrons assurer la production avec le concours de l'encadrement non gréviste et en faisant appel à des « jaunes » que le chômage rendait faciles à recruter, a joué. À coup sûr aussi, a joué l'idée qu'en occupant l'usine, on prenait en quelque sorte des « gages » par rapport à la mauvaise volonté et aux résistances patronales, et que ce n'était pas un président du Conseil socialiste qui enverrait la police évacuer l'usine.

17. Le taux de syndicalisation est, en 1935, de 13,6 % chez les cheminots, de 5,9 % dans la métallurgie, et de 4,6 % dans le bâtiment.

18. L'entrée dans la lutte de petites entreprises semble s'expliquer bien souvent par la conjonction entre des salaires très bas et un patronat extrêmement autoritaire.

19. Cette forme de lutte était en effet courante en Pologne. Et il y avait déjà eu, du 6 au 8 août 1934, une « grève sur le tas » au puits n° 10 de la compagnie Escarpelle à Leforest, dans le Pas-de-Calais. Brisée par le dirigeant confédéré Kléber Legay, elle avait abouti à l'expulsion de France de 180 grévistes polonais, parmi lesquels Édouard Gierek, futur Premier ministre de Pologne.

Mais on n'a sans doute pas suffisamment insisté sur le fait que les occupations, leur organisation méticuleuse, l'aspect d'autodéfense ouvrière qu'elles comportent dès les premiers jours, répondent aussi à une autre préoccupation : la crainte que la grève ne soit brisée, de l'extérieur, par l'action de commandos d'extrême droite, Croix-de-Feu ou autres groupes fascisants, travaillant la main dans la main avec le patronat. La tension sociale ne rendait pas invraisemblable de telles initiatives. En tout cas, il est clair que cette préoccupation était extrêmement présente dès l'une des premières grèves, chez Bréguet, au Havre.

La signification de juin 36

Bien des tentatives ont été faites pour limiter la portée des grèves de juin 36. La première a consisté à les décrire comme des grèves, massives certes, mais classiquement revendicatives. C'est à cette compréhension que renvoie la déclaration du 11 juin de Maurice Thorez : « Il faut savoir terminer une grève dès que satisfaction a été obtenue. » Ce type d'explication a cependant été peu à peu abandonné. Non que la composante revendicative ait été absente de juin 36. Mais les témoignages se sont peu à peu accumulés d'entreprises entrant en grève sans avoir établi des cahiers de revendications, voire de collectivités ouvrières n'ayant pas une idée très précise des revendications qu'elles devaient formuler. Et surtout, la situation après le 11 juin, ou plus généralement après l'accord Matignon, infirme très largement cette analyse. Car il est tout à fait exact qu'à ce moment, l'essentiel des revendications, telles qu'elles avaient été déposées au début du mouvement, ou telles qu'elles étaient présentes depuis de longs mois dans les entreprises, avaient été satisfaites. Et pourtant « satisfaction » n'avait pas été obtenue, pour reprendre la formule de Thorez. C'est donc que la demande était plus large que ne le signifiaient les revendications déposées.

Un autre type d'explication, d'ordre « moral », a été avancé : les grèves de 1936 auraient été des grèves pour la « dignité ouvrière ». C'est sans doute Simone Weil qui a le plus contribué à répandre cette vision. Elle a cependant été peu à peu relativisée, car son ambiguïté même l'a desservie · derrière cette revendication confuse de dignité, ne se glissait-il pas en effet quelque chose comme la revendication d'une autre place dans la société ? Bref, l'explication pouvait sentir le soufre, et ne refoulait pas suffisamment l'idée que les grèves aient pu être chargées d'un soupçon de contenu « révolutionnaire ».

Michael Seidman [20] avance une autre hypothèse : la classe ouvrière française n'aurait jamais accepté le système industriel et l'univers de l'usine. Juin 36 aurait représenté ainsi, après les excès de la rationalisation du travail, une sorte de grand défoulement et, en tout cas, la révolte massive des ouvriers français contre le travail. Seidman, quand il examine l'attitude des travailleurs parisiens (dans le bâtiment, l'aéronautique et chez Renault) à l'égard du travail, accumule bien des notations judicieuses, contrepoids utiles à la vision d'une classe ouvrière propre, industrieuse et bichonnant ses outils de travail que transmettent trop souvent les images d'Épinal sur juin 36.

Il est moins convaincant quand il oppose refus du travail et potentialité révolutionnaire, quand il explique que c'est tout naturellement que juin 36 a donné naissance à « la semaine des deux dimanches » et non à la révolution.

On ne voit pas très bien, à vrai dire, quel type de raisonnement permet de conclure à l'incompatibilité entre refus du travail et processus révolutionnaire.

La quatrième explication avancée réduit les grèves de juin 36 à leur dimension festive. L'analyse n'est pas nouvelle [21] mais c'est Antoine Prost qui lui a donné sa forme la plus achevée [22]. L'argumentation employée est parfois un peu surprenante. Les usines sont occupées, forme d'action radicalement nouvelle, qui rompt ouvertement avec la légalité et pose concrètement la question de savoir à qui elles appartiennent ? S'il y a occupation, répond-on, c'est parce qu'il y a une envie irrépressible de « fête collective », de défoulement, une sorte de transposition « quasi magique », bref les

---

20. « The birth of the week-end », *French Historical Studies*, vol. XII, n° 2, 1981.

21. Bertrand de Jouvenel écrivait le 17 juin 1936 dans *Marianne* : « La grève sur le tas, c'est un pique-nique prolongé. »

22. « Les grèves de juin 36, essai d'interprétation », in *Léon Blum, chef de gouvernement.*

grèves avec occupation sont « aux antipodes de la révolution ». Les grèves démarrent souvent sans que les revendications soient précisément établies : cela ne tendrait-il pas à montrer qu'elles recouvraient des aspirations certes confuses, mais plus larges ? La réponse est négative : cela prouve « le très faible niveau de conscience politique des grévistes » et atteste qu'il n'y a pas « aspiration révolutionnaire » puisqu'il n'y a pas « conscience d'un but à atteindre ». Et quand ils ont des revendications, les grévistes sont « intransigeants » ? Cela prouve qu'ils « refusent de se demander quelle conséquence ces revendications peuvent avoir sur la gestion de l'affaire [...]. Cela n'est pas leur affaire, c'est-à-dire que cela reste celle du patron, comme avant ». Refusent-ils de reprendre le travail quand les revendications sont satisfaites ? « C'est qu'il reste à régler de petits problèmes propres à chaque entreprise et que ces petits problèmes comptent beaucoup pour les grévistes. »

Prost conclut · « Beaucoup plus d'indifférence que de colère [...]. Comment concilier une telle attitude avec des aspirations révolutionnaires ? La révolution cherche la suppression du patronat. Les grévistes de 1936 ne cherchent rien de tel. » Mais il ne suffit pas, pour accréditer cette thèse, de mettre l'accent sur la « force tranquille » qui émane du mouvement. Il faut gommer l'anxiété qui accompagne les premières occupations, les « préparatifs » liés à la crainte des interventions fascistes, le fait que les « jaunes », les non-grévistes, durent souvent quitter les usines par les toits. Le gommer, ou plus exactement, le noyer sous les flots d'accordéon. Dernier écueil enfin : après les accords Matignon, alors que toutes les grandes organisations ouvrières poussent à la reprise, est-ce « l'indifférence » qui fait que les grèves continuent ? Les travailleurs n'attendent-ils pas « autre chose » ? Non, estime Prost, qui y voit simplement « le regret de voir finir une fête »...

Les arguments pour n'accorder à juin 36 qu'une dimension festive apparaissent donc bien unilatéraux. De fait, le refus de laisser subsister ne fût-ce que l'ombre de la révolution dans ces quelques semaines s'appuie sur un présupposé qui n'est jamais formulé : qu'il ne peut y avoir de situation révolutionnaire sans volonté consciente de revolution dans les masses elles-mêmes. Pourtant, toute l'expérience historique infirme cette idée. Le sentiment « qu'il faut que ça change » est, en général, au départ d'un mouvement, un sentiment confus. Seule une minorité a conscience et de l'ampleur du changement nécessaire et des moyens à mettre en œuvre pour y parvenir. C'est dans le cours du processus même que se forge — ou non — une volonté de type révolutionnaire [23]. En ce sens, la véritable question que posent les grèves de juin 36 n'est pas « s'agissait-il de grèves révolutionnaires ? », mais « le mouvement de grèves de juin 36 ouvrait-il une situation révolutionnaire ? ». C'est de ce point de vue aussi qu'il faut s'interroger sur les caractéristiques de ces grèves et sur les limites évidentes qu'elles comportaient.

1. Les grèves avec occupation ont mis en cause le droit de propriété patronale ur les entreprises. Il est tout à fait impossible d'imaginer que les ouvriers n'en aient pas eu conscience [24] c'était là le thème principal développé dans la grande presse, et c'était le problème central sur lequel s'interrogeaient les éléments hésitants. Le problème transparaît d'ailleur dans les cahiers de revendications eux-mêmes . l'exigence que les délégués disposent d'un droit de contrôle sur l'embauchage et le débauchage y est bien plus présente que cela n'a généralement été dit. Sans doute cette remise en cause n'allait-elle pas jusqu'à l'exigence de « l'appropriation collective » des moyens de production et des usines De quelque manière que l'on retourne le problème, aucune olonté autogestionnaire n'est perceptible dans le déclenchement des occupations. Et les quelques expériences de remise en route — pour réelles qu'elles furent, comme à Delespaul-Havez — furent tout à fait exceptionnelles. Les menaces formulées montrent cependant que cette éventualité n'était pas absente de l'horizon ouvrier. Ce ne sont pas seulement les travailleurs de Citroën et de Rateau qui déclarent le 6 juin : « Les camarades sauront bien organiser le travail sans les patrons », mais c'est le secrétaire du syndicat, Gauthier, qui intègre dans son exposé, ce qui s'esquisse « de toutes parts » en cas de non-satisfaction des revendications : « Sinon, déclarent les

23. Cf. Ernest Labrousse, « Aucune révolution n'est née d'une volonté de révolution », in *Léon Blum, chef de gouvernement*.

24. Devant la raffinerie Say occupée, un vendeur de *la Commune* interpelle une ouvrière en lui signalant qu'il y a dans le journal un article sur la boîte. « Ce n'est plus "la boîte", dit-elle, c'est notre usine. »

ouvriers des usines, nous prendrons personnellement la direction de la production [25]. »

2. S'il existe un motif commun aux grèves de juin 36, c'est la volonté de modifier les relations sociales et hiérarchiques au sein de l'entreprise. Cette contestation ne s'applique pas seulement aux patrons lointains et abstraits des « grosses boîtes », mais aux entreprises de plus petite taille, où le patron a un nom et un visage. Cette dimension, ce sont souvent les patrons eux-mêmes qui l'ont le mieux perçue. Jean Coutrot écrit ainsi : « Dans ces usines, dont ils connaissaient chaque recoin, les leviers psychologiques du commandement se trouvaient ainsi brisés. Les hommes ne songeaient plus à obéir ni les patrons à donner des ordres. Les chefs d'entreprise, les directeurs qui passaient la nuit et le jour dans leur poste jadis de commandement, avaient l'impression de vivre dans une atmosphère irréelle [26]. »

Contesté également, l'ensemble de l'encadrement intermédiaire : porions dans les mines, contremaîtres dans la métallurgie, chefs de rayon dans les grands magasins qui s'évaporent d'ailleurs pendant l'occupation.

3. La nervosité, l'anxiété, la crainte d'une intervention (fasciste ou policière) et donc les préoccupations liées à l'autodéfense étaient présentes dans les usines et se répercutaient parfois, quoi qu'on en ait dit, sur l'état du matériel : selon les dossiers des compagnies d'assurances, qu'a compulsés Michael Seidman, il y aurait ainsi eu, à Renault, entre le 5 et le 11 juin, pour 161 201 F de dégâts. Certes, les

25. Éliminer cette dimension sous prétexte qu'il s'agit d'une « menace » et que celle-ci implique l'engagement de ne pas autogérer l'usine si les revendications sont satisfaites, ne paraît pas très pertinent. Jamais, en effet, la volonté d'autogestion ne surgit tout armée de la cervelle des masses : elle n'apparaît au départ que comme moyen de lutte, nécessaire pour atteindre d'autres objectifs. Le raisonnement qui part du fait que toute menace implique sa non-réalisation possible connaît vite ses limites. Si des ouvriers hérissent le mur de l'usine de mitrailleuses et annoncent qu'ils tireront en cas d'intervention policière, on peut évidemment considérer que l'information importante ainsi livrée est qu'ils ne tireront pas s'il n'y a pas intervention. Il n'est pas sûr cependant que ce soit là, pour la plupart des observateurs, la signification première d'une telle déclaration.

26. *L'Humanisme économique*, Paris, 1936.

ouvriers français ne s'arment pas [27]. Mais il est assez évident que toute tentative d'intervention aurait transformé les usines en forteresse. Le patronat l'a fort bien compris.

4. La démocratie ouvrière, telle qu'elle se pratique dans les usines occupées, a ses points forts et ses faiblesses. Dans bien des cas, ce n'est pas la section syndicale, jugée trop peu représentative, qui dirige le conflit. On met sur pied un comité de grève, qui n'est d'ailleurs en rien antisyndical, et comprend toujours les dirigeants syndicaux les plus expérimentés. Les membres de ce comité sont-ils démocratiquement élus ? Dans la plupart des cas, non [28]. Mais dès que les usines atteignent une certaine taille, ils fonctionnent sur le mode fédératif : les différents secteurs de l'usine doivent y être représentés. En règle générale, ces délégués apparaissent proches de la base qu'ils représentent, et la présence, sur place, dans l'usine, des travailleurs, favorise de multiples formes de contrôle. Sans doute, les travailleurs sont-ils parfois dessaisis de la conduite des négociations, en particulier lorsqu'elles se déroulent au niveau d'une branche [29]. Ils la ressaisissent alors aux moments cruciaux comme le montre le nombre d'accords jugés insuffisants et rejetés en assemblée générale. Il est facile, à la lumière de l'expérience acquise aujourd'hui, de déceler les lacunes dans la conduite démocratique des grèves [30]. Mais, en référence à ce qu'avaient été les pratiques du mouvement ouvrier jusqu'en 1936, les grèves de juin représentent une très importante avancée collective dans l'auto-organisation des luttes.

---

27. Divers récits montrent que le problème était parfois posé. Ainsi, dans la description que donne Maurice Lime de la grève aux Compteurs de Montrouge (« Les belles journées »), un vieux tourneur vient signaler au comité de grève qu'il est « capable d'organiser la fabrication de grenades à main et de petits obusiers très efficaces ». Et c'est Salengro qui déclare à la Chambre, le 26 juin, que « dans la banlieue de Lille, des ouvriers s'armaient de leurs outils ou improvisaient des armes ».

28. Ainsi, à Renault : « Le comité central a été constitué par les plus anciens syndiqués, ou prétendus tels : il n'y a eu aucune élection de délégués [...]. Il y a, de plus, des exemples de résolutions d'ateliers ou d'équipes, opposées aux propositions du comité central de grève, qui ont été mises au panier » (in *Lutte ouvrière*, n° 2, 10 juin 1936).

29. Pas toujours cependant : les grévistes des grands magasins imposent que cinquante d'entre eux participent à la discussion avec le patronat.

30. Des obstacles sont mis, par exemple, à la diffusion de la presse ouvrière dans les usines occupées. Des militants du PCF interdisent ainsi physiquement la diffusion des journaux trotskystes à l'usine Mors (Clichy), à Fives-Lille, dans l'habillement à Clermont-Ferrand.

5. Les grèves au cours desquelles les consignes de la CGT ne sont que très épisodiquement suivies n'entraînent pourtant aucune contestation sérieuse des directions syndicales : c'est comme si aucun lien n'était fait entre les propositions que l'on rejette et ceux qui les formulent. Sans doute l'expérience des grèves profite-t-elle plus aux ex-unitaires qu'aux ex-confédérés : mais cela renvoie à leur savoir-faire, à une aptitude incomparablement plus développée que celle des ex-confédérés à prendre rapidement les trains en marche, et non à un mouvement de contestation de la direction « Jouhaux » de la CGT. De même, l'attitude prise le 11 juin par le PCF ne semble pas entraîner de remise en cause des responsabilités acquises par des dirigeants syndicaux communistes.

Une bonne part de l'explication peut sans doute être trouvée dans le peu d'expérience qu'a la masse des travailleurs de la vie syndicale. Dans la plupart des entreprises en effet, s'il existe quelques syndiqués plus ou moins clandestins, il n'y a, avant les grèves, ni syndicat, ni fonctionnement syndical. C'est en juin 36 que l'on voit émerger les anciens délégués, contraints par la répression à une quasi-inaction, et qui essaient alors, dans le feu de l'action, de remettre sur pied une section syndicale. Là où le syndicat existait déjà, ses conditions de fonctionnement sont profondément bouleversées par la fusion syndicale. Il convient en effet de rappeler que juin 36 intervient alors que, à la base, la fusion syndicale vient à peine de se faire, voire n'est pas encore faite. Chez Sautter-Harlé, c'est en avril que se rencontrent CGT et CGTU, et c'est à l'occasion du 1er-Mai qu'est constituée la section syndicale unifiée. Va-t-on contester une direction que l'on vient à peine de mettre en place ? D'autant plus que tout le monde est alors emporté dans le tourbillon de l'action, et que le syndicat est vite amené à se fondre dans un comité de grève où ses responsabilités propres se diluent. Les nouveaux syndiqués, qui auraient pu représenter un facteur de changement, ne prennent généralement leur carte qu'à la fin de la grève : ils intègrent la lutte dès juin, mais, la plupart du temps, ils n'intégreront le fonctionnement syndical qu'à l'automne. Le syndicat des ouvriers du bâtiment à Alès, et celui de la chaussure à Nîmes, tous deux à la pointe de la lutte, ont été créés respectivement en mars et avril 1936. Rares sont les militants qui ont une vision plus large, débordant l'entreprise, de la politique syndicale[31] : aucune action interprofessionnelle n'est menée[32], les coordinations entre entreprises sont quasi inexistantes. C'est pourquoi d'ailleurs la coordination que tentent de mettre en place les grévistes de Hotchkiss a une grande importance et représente un danger sérieux pour les bureaucraties syndicales. Ce n'est pas un hasard si l'intervention de Thorez a lieu le jour même où doit être mis sur pied « un comité central où seront représentés les délégués de toutes les entreprises et les syndicats des métaux ».

6. « Les ouvriers occupaient l'usine, mais l'usine occupait les ouvriers », déclarera un peu cyniquement Blum lors du procès de Riom. Et c'est un fait que cette classe ouvrière qui s'était signalée les années précédentes par une propension à la grève relativement faible, et par une propension aux cortèges et manifestations relativement élevée, est cette fois-ci restée enfermée dans ses usines. Les occupations étaient-elles à un moment donné devenues inutiles ? Sans doute pas. Mais elles n'étaient nullement incompatibles avec la tenue de meetings de masse expliquant les événements à la population (alors que la non-parution de la presse laissait la porte ouverte à toutes les rumeurs et à tous les vents de panique), avec des cortèges se dirigeant vers les officines des jaunes et des fascistes, vers les municipalités réactionnaires, établissant un rapport de force local[33]. Et sans recourir nécessairement aux cortèges et manifestations, il était possible, ne fût-ce que par la question du ravitaillement, de mettre sur pied des embryons de double pouvoir dans les municipalités réactionnaires, en faisant appel aux « femmes au foyer » des milieux populaires et à la petite bourgeoisie sympathisante. Il était possible, dans les villes de garnison, de nouer des contacts avec la masse des soldats, qui connaissaient quasi

31. En fait, seuls ceux que leurs fonctions amenaient à participer aux négociations pouvaient avoir cette vision. Parmi cette mince couche de responsables, les appréciations négatives quant au comportement de tel ou tel bureau syndical existaient. Capocci, secrétaire de la fédération des employés, est ainsi souvent critiqué.

32. À l'exception de la « grève générale » décrétée par l'union départementale du Vaucluse en juillet pour appuyer les revendications des travailleurs du bâtiment.

33. De-ci, de-là, il y eut localement quelques manifestations, généralement dirigées contre l'extrême droite : interdiction d'un meeting monarchiste à Nantes, rassemblement antifasciste de 3 000 personnes à Alençon, manifestation contre une réunion d'extrême droite à Étampes.

tous un proche parent occupant son usine, et qui avaient, eux aussi, des revendications. Il était possible, dans les régions rurales, de prendre systématiquement contact avec les petits paysans. De tout cela, rien — ou presque — ne fut fait. Sans doute les directions traditionnelles des syndicats et des partis de gauche ne souhaitaient-elles nullement que le mouvement s'engageât dans cette voie. Mais si elles ne firent rien pour l'y inciter, il convient de remarquer qu'elles n'eurent guère à s'opposer à des tentatives en ce sens. Le problème est donc plus profond.

7. Si les ouvriers en grève posaient à leur manière le problème du pouvoir dans l'entreprise, le problème du pouvoir dans la cité n'était en revanche pas posé. Il est frappant de voir comment le fameux « plan de la CGT » — c'était pour elle l'occasion ou jamais d'imposer sa prise en considération à la coalition du Front populaire — est resté dans les cartons. Volonté des dirigeants de ne pas poser de problèmes au niveau politique ? Certes. Inadéquation du plan, qui explique que les ouvriers en grève ne s'en soient pas servi ? Sans doute. Mais les propositions de lois déposées par le PCF le 6 juin — elles vont de la création d'un fonds national de chômage à l'établissement d'un prélèvement sur les grosses fortunes — ne sont pas davantage reprises. La forme de la coalition gouvernementale — et son personnel — n'est pas non plus remise en cause. Aucune pression notable ne semble s'exercer sur le PCF pour qu'il entre au gouvernement. Quant aux radicaux, leurs réserves devant le mouvement de grèves sont notoires, et s'expriment concrètement dans les villes qu'ils gèrent : le maire du Havre, Léon Meyer, fait ainsi savoir en juillet que « tout ouvrier du nettoiement, qui ne se sera pas présenté à son lieu habituel de travail lundi 8 à 14 heures, sera considéré comme démissionnaire ». Leur présence au gouvernement n'en est pas pour autant remise en cause.

En réalité, le mouvement de juin 36 se définit à la fois comme un mouvement contre la dictature patronale et comme une pression tout à fait consciente sur la politique gouvernementale. Mais à aucun moment il ne contient la moindre remise en cause du type de gouvernement tel qu'il se met en place.

L'illusion était de croire que la coalition du Front populaire était prête à se laisser pousser dans cette voie. Mais durant ces deux mois, l'illusion est là, forte et tenace : pour la très grande majorité de la classe ouvrière, ce gouvernement-là est encore son gouvernement. Ni le problème d'un autre type de coalition gouvernementale, ni l'éventualité de formes d'auto-organisation qui auraient érigé le mouvement des occupations en une alternative politique de masse à la coalition parlementaire ne sont à l'ordre du jour. Peut-on parler de situation révolutionnaire alors que la question du pouvoir politique central est ainsi obscurcie ? La question nous renvoie à l'examen des critères qui définissent classiquement une situation révolutionnaire.

À l'aube de la révolution ?

Il n'y a pas qu'à l'extrême gauche que la situation ouverte par juin 36 est considérée comme révolutionnaire. C'est le journal bourgeois *l'Écho de Paris* qui écrit le 12 juin : « Paris a le sentiment très net qu'une révolution a commencé. » Mais à quels critères peut-on ici se reporter ?

Il faut qu'il y ait crise de la domination bourgeoise. Cette condition était incontestablement remplie en juin 36. Depuis plusieurs années déjà, la bourgeoisie était divisée sur les remèdes à apporter à la crise économique, comme sur les solutions politiques : république parlementaire, gouvernement bonapartiste ou dictature fasciste. Rien n'illustre mieux cette division que le choix des radicaux, quittant l'Union nationale pour le Front populaire, et les conflits que ce choix entraîne en leur sein. Une partie de la bourgeoisie craint par-dessus tout d'être confrontée à l'alternative socialisme ou fascisme. Sans doute voit-elle dans la collaboration de classes et le Front populaire un rempart contre les « exagérations » nazies, mais elle y voit aussi et surtout le dernier recours contre le socialisme et le mouvement des masses. Quand commencent les grèves de juin 36, ce recours apparaît bien illusoire, d'autant plus que le patronat qui doit y faire face est un patronat morcelé, divisé quant à l'attitude à prendre. Il y a d'un côté les grandes firmes industrielles qui peuvent répartir les augmentations salariales et, de l'autre, les petites entreprises pour lesquelles elles signifient une diminution sensible du taux de profit. Il y a les industries qui font une grande part de leur chiffre d'affaires à l'exportation, et que l'augmentation des coûts met en situation difficile par rapport à la concurrence étrangère, et il y a celles pour lesquelles le marché est surtout national et qui peuvent fonder quelques espoirs sur la relance de la consommation populaire.

À cette division patronale [34] viennent s'ajouter les incertitudes de l'opposition parlementaire. Et aux incertitudes de l'opposition parlementaire viennent s'ajouter les hésitations qui semblent frapper aussi bien les Croix-de-Feu et l'UNC que la hiérarchie catholique. Les « bandes armées » de l'État, elles-mêmes, ne forment pas un bloc homogène.

Dans l'armée, le premier problème posé est celui des appelés, dont les revendications, malgré le tournant patriotique, percent encore le mur de la presse ouvrière : au 121e RI de Montluçon et au 3e bataillon de l'air de Villacoublay (13 mai), au 153e RI de Rohrbach (20 mai), puis le 31 mai, les soldats d'Hagueneau hospitalisés au Val-de-Grâce, protestent contre l'interdiction de lire la presse du Front populaire. La nourriture est également dénoncée. Le 161e d'Aérostation décrit ainsi son menu : « Une espèce de bouillon d'eau chaude, ensuite un morceau de viande, et comme plat de légumes, des choux presque entiers et pas cuits, une gaufrette pour le dessert, un quart d'eau là-dessus » (*l'Humanité*, 16 mai). Le 153e RI de Rohrbach précise qu'ils n'ont pas de viande (*l'Humanité*, 27 mai), tandis que le 8e zouaves de Mourmelon se plaint... des coliques causées par la viande avariée. De Verdun, des soldats expliquent : « Nous sommes nourris comme des bêtes. On nous mesure chichement les infâmes patates que nous sommes forcés de manger, et pour cause. La viande ? un morceau de carne infect et graisseux. Un "verre" et non un quart de liquide baptisé vin, et du pain datant souvent de 12 à 15 jours » (*la Lutte ouvrière*, 10 juin 1936). Le 31 août encore, des appelés du 31e RI de Belfort interviennent dans *le Populaire* sur cette question. Agitation aussi du côté des réservistes. Le 7 mai à Messac dans l'Ille-et-Vilaine, un affrontement vif a lieu entre réservistes partisans du Front populaire et officiers

34. Il semble par ailleurs que la plupart des grandes banques choisirent, dans un premier temps, de soutenir financièrement le gouvernement de Léon Blum (cf. les déclarations de Paul Reynaud et de Fernand Laurent).

d'extrême droite : un réserviste est blessé, deux autres sont arrêtés sur-le-champ. La situation n'est pas stable non plus du côté des militaires de carrière. Si l'armée de l'air semble déjà pénétrée par l'extrême droite [35], la marine, derrière Darlan, apparaît plus loyaliste à l'égard du Front populaire. Pétain hasarde le 5 juillet à Strasbourg une déclaration réservée, mais il laissera en courir plusieurs versions [36]. La police non plus n'est pas homogène. Si à Paris demeurent des traces de l'influence de Chiappe, la situation est différente en province, où la police est souvent étroitement liée aux municipalités dont elle dépend. De plus, en tant que fonctionnaires, les policiers n'avaient guère apprécié les décrets Laval [37] : tous n'avaient pas forcément vu d'un mauvais œil la victoire de la gauche. Le mouvement de grève parfois les interpelle : ainsi, à Sedan, les agents de police réclament la journée de 8 heures, et demandent pour ce faire la nomination de 5 agents...

Il faut qu'il y ait crise des couches sociales intermédiaires, que celles-ci soient à la recherche de nouvelles solutions politiques, prêtes à rompre leurs liens avec la bourgeoisie, prêtes à se tourner vers la classe ouvrière. Bien des indices montrent que telle était bien la situation. Le meilleur de ces indices reste d'ailleurs les élections de mai 1936 : non seulement parce qu'une fraction de ces couches sociales avait à cette occasion rallié les rangs du Front populaire, mais parce qu'elle l'avait fait sans passer par l'intermédiaire des radicaux.

Dans les usines, cette crise est également sensible du côté de ceux qu'on appelle encore les « collaborateurs » du patron, c'est-à-dire les cadres et assimilés. En témoigne le gonflement de la syndicalisation chez les collaborateurs : de 35 000 à 80 000 dans la CFTC, de 1 200 à 80 000 dans la CGT. Plus significative encore est l'évolution d'un certain

---

35. Jean Maurice Hermann dénonce le 17 mai, dans *le Populaire*, la formation d'une cellule Croix-de-Feu dans la 22e unité, à Chartres, « couverte » par le général Duseigneur.

36. Parlant des « convulsions sociales dont souffre la France », il aurait dit qu'« elles étaient aussi dangereuses que la menace extérieure » (*l'Écho de Paris*), ou qu'« elles étaient, à tout prendre, moins inquiétantes que les dangers extérieurs » (*le Temps*).

37. Cf. le rapport du sous-préfet d'Alès, le 19 août 1935 : « Les éléments du maintien de l'ordre, notamment la gendarmerie, sans manifester ouvertement leur mécontentement, ont été très éprouvés moralement par les mesures qui les frappent. »

nombre d'organisations corporatives : l'Union sociale des ingénieurs catholiques se transforme en « Syndicat des ingénieurs salariés » et refuse désormais l'adhésion des ingénieurs devenus patrons. L'Union sociale des ingénieurs français l'imite et exclut les patrons de ses rangs.

La solidarité qui s'exerce à l'égard des usines en grève est également un bon baromètre de cette crise. Du côté des artistes, que Marie Dubas chante chez Sautter-Harlé, ou que le « groupe Octobre » représente *le Tableau des merveilles* au rayon « Communiantes » des magasins du Louvre, n'a pas grande signification : leurs engagements sont connus. Que des chanteurs-chansonniers à l'audience fort large se produisent chez Renault comme Max Regnier, ou à Citroën comme Saint-Granier, prend une autre signification. Du côté de la solidarité matérielle, sur ce que fut en particulier l'attitude des petits commerçants, les recherches ont été peu nombreuses et les éléments d'appréciation manquent [38]. Il semble bien cependant que la masse des petits commerçants ait été sensible aux revendications salariales des grévistes. Il est certain aussi, dans un certain nombre de localités, que l'affichage dans les usines des noms des commerçants sympathisants et des autres a largement contribué au développement de la solidarité...

Le monde paysan est lui aussi divisé : d'un côté, les ouvriers agricoles en grève et la minorité de petits exploitants qu'organisent la CGPT et la CNP, de l'autre les gros propriétaires et les troupes de Dorgères, qui ne restent pas inactifs. Entre les deux, la masse des petits exploitants, qu'une politique hardie pouvait faire basculer du côté du mouvement ouvrier. Si la jonction avec les grèves ouvrières fut difficile — les impératifs climatiques liés aux récoltes font que le mouvement de grève à la campagne atteint son apogée alors que les grèves dans les usines s'éteignent — il n'y eut que peu de heurts entre ouvriers et paysans [39].

---

38. Ils sont parcellaires — la 17e section de la Confédération de défense du petit commerce informe les ouvriers des usines en grève que toutes les marchandises leur seront vendues avec un rabais de 15 % ; « de nombreux commerçants, dans les Alpes-Maritimes, donnent des vivres ou les vendent à perte aux grévistes » (*l'Alerte*, 20 juin 1936)— ou tendent à l'anecdote : le commerçant qui équipe les usines des Lilas en postes de radio, le maraîcher, qui livre gratuitement ses cageots de laitues chez Sautter-Harlé...

39. C'est le cas cependant à Joze (Puy-de-Dôme), où les travailleurs des fours à chaux, soutenus par les ouvriers de Clermont-Ferrand, sont pris à partie par des paysans. Mais à l'inverse, on peut signaler des grèves avec occupation, comme celle de la briqueterie de Saint-Bazeulle, dans le Lot-et-Garonne, qui sont activement soutenues par la paysannerie locale.

Enfin, il faut que la majorité des travailleurs salariés veuille le « changement », qu'elle ne tolère plus d'être gouvernée comme avant, qu'elle se mobilise pour faire comprendre ses exigences.

Que la classe ouvrière se soit mobilisée pour faire comprendre ses exigences, et qu'elle l'ait fait en masse, est peu contestable. De plus, le quantitatif se mue ici en qualitatif : l'occupation généralisée des usines représente un bond en avant sans précédent dans l'histoire du mouvement ouvrier. Si les masses ouvrières n'ont pu ni imposer ni même formuler clairement la question du nouvel ordre social et politique que la grève — car il ne s'agissait plus, selon l'expression de Trotsky des « grèves », mais de LA grève — posait elle-même, ce n'est pas seulement, comme l'écrit Georges Lefranc, « parce qu'aucune organisation n'a canalisé leur potentiel d'énergie », mais parce que toutes les grandes organisations ouvrières se sont opposées de toute leur force au développement du mouvement et à la clarification de ses objectifs. Le fait est évident pour la direction du PCF comme pour celle du PS et cette ligne trouve des relais sur le terrain. C'est le cas en juin en Loire-Inférieure, où les dirigeants ex-confédérés (Guilho, Peneau et Jacquet notamment) font reprendre les 23 400 jeunes femmes qui venaient de redébrayer pour cause de non-respect du contrat qui venait d'être signé, font accepter le 24 l'arbitrage du préfet par les grévistes du bâtiment, sans que soit révélé le contenu dudit arbitrage, font reprendre le 29 les ouvrières sur coque des Chantiers de la Loire, qui souhaitaient débrayer sans attendre la fin de leur contrat. C'est le cas en septembre en Meurthe-et-Moselle, où c'est le dirigeant ex-unitaire, Dupont, qui fait reprendre 700 ouvriers des services et laminoirs de Micheville, qui exigeaient le renvoi de quatre fascistes et qui dénonce, une semaine plus tard, la grève lancée à Aubrives-Villerupt, comme illustration de la « contre-offensive » du capital.

La véritable surprise est que, dans ce contexte hostile, les masses aient pu poursuivre leur mouvement au-delà de l'accord Matignon, puis au-delà de l'appel du 11 juin de Maurice Thorez. La question nous renvoie à l'analyse des « dirigeants naturels » que le mouvement se donnait peu à peu à lui-même.

Le rôle de l'extrême gauche

La Gauche révolutionnaire a, dans un premier temps, appuyé tant bien que mal le mouvement. Plutôt mal que bien : sa composition sociale, l'interdiction en vigueur dans la SFIO de toute structuration sur les lieux de travail, font qu'elle est peu active dans les entreprises.

Et surtout, après la mise en place du gouvernement Blum, la situation de la GR est encore plus ambiguë : elle accepte, à l'unanimité moins une voix — celle de Daniel Guérin —, la participation de Marceau Pivert à l'équipe gouvernementale, avec le strapontin de chargé de mission auprès de la présidence du Conseil pour les questions concernant la Presse, la Radio et le Cinéma. Ce poste n'avait évidemment rien de décisif, mais il suffisait à enchaîner Pivert à la politique gouvernementale ; en comparaison, même Zyromski — qui avait refusé toute participation gouvernementale — apparaissait moins compromis. C'était là le résultat des hésitations de la GR à l'égard du Front populaire : elle l'avait précédemment défini comme l'« œuvre de la bourgeoisie », mais elle recourt maintenant, pour dissimuler son ralliement, à une pauvre astuce de vocabulaire : son Front populaire à elle, c'est le « front populaire de combat ». Dans la foulée, la GR apprécie les accords Matignon comme « le maximum » que la classe ouvrière pouvait obtenir, et qu'elle a obtenu grâce à l'attitude « positive » du gouvernement. Ce n'est qu'à la mi-juillet qu'elle modifiera son appréciation, par la voix de Michel Collinet, puis par celle de Colette Audry. Mais la vague de grèves est passée. La GR, comme l'expliquera Daniel Guérin, a « raté le coche ».

Les anarchistes ? Outre qu'ils sont peu nombreux, les rapports sont à l'époque mauvais entre la branche syndicale, la minuscule Confédération générale du travail syndicaliste révolutionnaire (CGTSR) qui s'est créée après la scission de 1921 et s'est maintenue malgré la réunification de 1935, et la branche politique, la Fédération anarchiste, qui a, elle, autorisé ses militants à s'inscrire indifféremment aux trois confédérations (CGT, CGTU et CGTSR), puis s'est déclarée favorable à l'unification.

La Fédération anarchiste n'affiche pas une compréhension aiguë de la dynamique des grèves, qu'elle continue imperturbablement à qualifier de « grèves pour le bifteck ». Certains de ses militants — comme Guyard à Sautter-Harlé — seront cependant actifs dans la conduite du mouvement.

La CGTSR ne témoigne pas, au démarrage des grèves, d'une lucidité plus grande. Son organe, *Combat syndicaliste*, évoque le 5 juin une série de grèves dans la métallurgie, et annonce la fin du mouvement, ce dont elle s'excuse dans son numéro du 12 juin... La CGTSR a certes l'essentiel de son implantation dans des secteurs prolétariens (40 % dans le bâtiment, 20 % dans la métallurgie), mais elle ne compte guère plus d'un millier d'adhérents [40], la plupart du temps éparpillés dans de petites entreprises, et fortement sollicités par la dynamique de l'unification CGT/CGTU. Plus attachée à la forme des grèves — elle voit dans les occupations la résurgence du syndicalisme d'action directe — qu'à la dynamique des revendications, elle ne fournira guère de perspectives au mouvement. Et si de-ci, de-là, quelques-uns de ses militants jouèrent un rôle non négligeable (Snappe aux aciéries de La Villette, Basson dans l'usine de carbonisation de Saint-Étienne, Boucharel dans le bâtiment à Limoges), elle ne pèse jamais d'un poids significatif sur la conduite du mouvement.

Restent les trotskystes. Eux proposent des perspectives politiques : la multiplication des comités « à la base » de tous ceux qui entrent dans la lutte, leur fédération autour des comités d'usine, manière habile de formuler le traditionnel *Les soviets partout* que le PCF est en traint d'abandonner. « Les soviets partout, écrit Trotsky [41], d'accord. Mais il est temps de passer des paroles aux actes. »

Seulement, parce que la trahison des dirigeants du PCF et de la SFIO leur paraît évidente, les trotskystes surestiment la conscience qu'en ont les masses. L'auto-organisation n'est qu'embryonnaire, et elle ne se fait pas contre les appareils.

---

40. Les principaux points d'appui géographiques étaient, en dehors de la région parisienne, la région Rhône-Alpes et le Midi méditerranéen, Mais on trouvait aussi des noyaux CGTSR à Limoges (chaussures et bâtiment), à Bordeaux (dockers), à Toulouse (bâtiment), à Trelazé, chez les ardoisiers.

41. *La révolution française a commencé*, 9 juin 1936.

À quelques exceptions près (Hotchkiss par exemple), les comités d'usine, de grève ou d'occupation qui existent, n'éprouvent pas le besoin de se coordonner entre eux et laissent ce soin aux responsables syndicaux de la fédération ou de l'union locale. Ce qui domine, c'est un mouvement vers l'organisation, qui se traduit au premier chef par la syndicalisation, mais qui s'exprime aussi par ces dizaines de milliers de travailleurs qui se tournent alors vers les grands partis ouvriers. Bref, un chaînon manque dans le raisonnement des trotskystes français : ils paient sans aucun doute leur sortie précipitée de la SFIO et l'écho de leurs propositions s'en trouve affaibli.

Ce chaînon, Trotsky l'avait avancé, depuis déjà plusieurs mois, la proposition, comme perspective politique centrale, d'un gouvernement PC/PS (« Blum/Cachin ») sans ministres radicaux. Mais cette formule gouvernementale, les trotskystes français semblent hésiter à la reprendre à leur compte. Avant juin 36, on la retrouve parfois dans la presse trotskyste (par exemple dans *la Commune* du 22 mai 1936 : « exiger d'un gouvernement Blum/Thorez que soient réalisées immédiatement les mesures indispensables suivantes »). Mais, en juin, les trotskystes développent quasi exclusivement des mots d'ordre d'auto-organisation. À partir d'octobre 1936, ils axent bien leur propagande sur le mot d'ordre négatif *Chassez les radicaux*, mais ne proposent comme alternative qu'un énigmatique « gouvernement ouvrier et paysan ».

De plus, leur situation organisationnelle n'est pas brillante. Sans doute les militants dont ils disposent dans les usines jouent très souvent un rôle dirigeant dans l'organisation de la lutte : c'est le cas à Hotchkiss, dans les assurances, chez Bloch, avec Auguste Caillon, aux Trois Quartiers, où Maurice Bradguinski est délégué général CGT, à la France Mutualiste, où Van obtient le contrôle de l'embauche et des licenciements par les délégués, dans le Nord, où Devreyer est secrétaire de la fédération de l'agriculture, et dans bien d'autres entreprises encore. Là où ils interviennent, les résultats montrent qu'ils sont entendus et que la classe ouvrière est effectivement prête à aller plus loin. C'est le trotskyste Georges Cheron qui met sur pied le « comité Hotchkiss » regroupant jusqu'à 280 usines, et faisant à un moment figure de contre-pouvoir potentiel face à la direction parisienne de la métallurgie CGT. C'est sous l'influence de

Devreyer[42] que les travailleurs de la biscuiterie Delespaul-Havez saisissent les livres de comptes et décident de faire marcher eux-mêmes l'usine[43]. Mais ils sont... 635 ! Leur sortie de la SFIO s'est faite dans de mauvaises conditions, occasionnant de nouvelles scissions et de nouveaux départs. C'est le 2 juin seulement que les rameaux éclatés se réunifient et créent le parti ouvrier international (POI)[44].

Pour intervenir dans les grèves de juin, le POI souffre d'un autre handicap : la faiblesse du travail syndical de toutes ses composantes, qui n'ont pas su, à quelques rares exceptions près, saisir l'occasion de la réunification pour améliorer leurs positions dans la CGT. Sans doute faut-il ajouter que nul ne fait de cadeaux au POI : le PCF entame une campagne antitrotskyste d'une virulence exceptionnelle, et la répression gouvernementale, avec la saisie de *la Lutte ouvrière*, lui réserve ses premiers coups. Mais les tares d'une direction fraîchement réconciliée, et où dominent les rapports de défiance, pèsent également lourd. La presse de droite montera en épingle l'activité des trotskystes dans la poursuite des grèves[45]. Mais, en réalité, le POI ne joue aucunement dans ce processus un quelconque rôle dirigeant.

---

42. Sur cette affaire, les trotskystes sont d'ailleurs pour le moins fort prudents. Le bureau politique du POI s'étant saisi du problème, Jean Rous vote contre la remise en route. Et Mathias Corvin, envoyé sur place, écrit dans le bulletin intérieur du POI : « Évidemment, nos camarades responsables syndicaux ont poussé à cela. Mais il est bien évident que s'ils y ont réussi c'est parce que l'état d'esprit des ouvriers s'y prêtait. Chose remarquable, c'est un bonze réformiste qui a fait la proposition, et c'est un de nos camarades qui a précisé qu'il fallait surtout considérer cela comme un moyen de pression sur le patronat [...]. Le fait de faire tourner l'usine est d'ailleurs une idée très courante ici [...]. Mais cela ne veut pas dire du tout que les ouvriers envisagent *pour l'instant* l'expropriation de leurs patrons. Leur objectif est seulement de leur faire peur. Il faut donc bien souligner que cette initiative ne relève pas avant tout d'une action plus ou moins aventuriste de nos camarades [...]. En effet, c'eût été de l'aventurisme que de vouloir, dans les circonstances actuelles, lancer nous-mêmes, avec nos faibles forces, une seconde vague d'offensive ouvrière sous forme de confiscations des usines. »

43. Ils envoient le 7 juillet à leur patron la lettre suivante : « Devant votre misère, les ouvriers de votre usine ont décidé de faire du pain. Nous vous envoyons un échantillon. Si vous le trouvez agréable, vous pouvez venir au ravitaillement tous les jours à 14 h 30. Nous regrettons pour l'instant de ne pouvoir vous donner un secours en espèces, mais cela viendra par la suite. Veuillez agréer, monsieur, l'assurance des salutations empressées des grévistes enthousiastes à votre service. *Le Comité de grève.* »

44. Par la fusion du parti ouvrier révolutionnaire (un peu moins de 400 militants) regroupant l'essentiel de l'ancien groupe « bolchevik-léniniste » de la SFIO, le PCI (environ 80 militants) autour de Pierre Franck et Raymond Molinier, et les JSR (un peu moins de 200 militants) regroupant les exclus des Jeunesses socialistes.

45. *L'Écho de Paris* (3 juin), *Paris-Soir* (10 juin), *le Temps* (28 juin). Ses éditorialistes n'hésiteront pas à reprendre les calomnies staliniennes, tel Henri de Kerillis dénonçant le 16 juin « le trotskysme à la solde de Hitler ».

Unis, les divers courants d'extrême gauche auraient sans doute pu prétendre jouer un rôle plus important. Mais, nous l'avons vu, les tentatives antérieures à juin 36 se sont soldées par des échecs, et ils abordent les grèves en ordre dispersé. Trotsky traite Pivert de « phraseur creux [46] », Ferrat tient à « garder ses distances » d'avec les trotskystes [47], les pivertistes ironisent sur la « multiplication des IVe Internationales », et *Que faire ?* critique la Gauche révolutionnaire [48]. Il reste indiscutable que l'extrême gauche a fourni aux grèves un nombre d'animateurs qu'il ne faudrait pas sous-estimer. Mais ce n'est pas là l'armature du mouvement : aussi paradoxal que cela puisse paraître, c'est du côté du parti communiste qu'il faut aller chercher les « cadres naturels » de ce mouvement.

Les contradictions des militants du PCF

Trois catégories de militants du PCF sont concernées par l'animation des grèves.

La première de ces catégories est formée par d'anciens militants CGTU investis depuis la fusion syndicale de responsabilités locales parfois importantes, et restés « proches de la base ». Ceux-là n'ont aucunement le sentiment d'être en désaccord avec leur parti : tout au plus n'ont-ils pas bien assimilé le « tournant » dans la politique du PCF. Leur rôle sera de ce fait ambigu : tantôt porte-parole des aspirations de la base, tantôt relais de la politique temporisatrice de leur parti. Exemple parmi d'autres, Henri Jacquin, délégué mineur du puits n° 4 de Lens, qui, le 11 juin, fait voter la poursuite de la grève.

Une deuxième catégorie est constituée par des militants toujours membres du PCF, mais qui se sentent mal à l'aise, voire en désaccord avec la nouvelle orientation. En rupture de ban, parfois déjà plus ou moins marginalisés, ils n'osent cependant ni quitter le parti, ni rejoindre une autre formation. La vague de juin les libère, en même temps qu'elle

46. « L'étape décisive », 5 juin 1936.
47. Cf. le compte rendu fait par Boitel à Trotsky.
48. « Le camarade Pivert sacrifie tout son bagage révolutionnaire, toute son intransigeance, hélas, seulement verbale pour s'intégrer dans le camp de la démocratie petite bourgeoise » (*Que faire ?*, juin 1936).

leur fournit un cadre d'activité. Ainsi, Fernand Hamard, ancien dirigeant des JC, ancien rédacteur à *l'Humanité* (chronique « Chez les marins et les soldats »), ancien membre de la section centrale mixte antimilitariste : le tournant patriotique et la liquidation du travail « anti » l'interrogent profondément. En liaison avec les trotskystes, il sera le principal animateur de la grève à l'usine d'aviation Morane-Saulnier et tentera de coordonner l'activité des usines de la banlieue Ouest.

Enfin, troisième catégorie et non la moindre : celle des jeunes ouvriers qui figurent parmi les 100 000 nouveaux adhérents (sur 125 000) qui ont alors moins de deux ans de parti. Ceux-là n'ont guère de formation politique, pas plus que d'expérience syndicale. S'ils ont rejoint le PCF, ce n'est pas pour le nouveau langage patriotique et responsable, mais pour l'antifascisme, pour la lutte contre des patrons sans scrupules, parce qu'ils se reconnaissent dans le mouvement unitaire et populaire dont le PCF a indiscutablement pris la tête. Dans bien des secteurs, la faible présence syndicale — voire l'absence totale de syndicats — fait qu'ils se retrouvent très vite propulsés à la tête des luttes [49]. Cela ne les gêne pas, eux, qu'il faille mettre à l'entrée de l'usine le drapeau tricolore à côté du drapeau rouge : pourvu qu'on les laisse régler jusqu'au bout les comptes avec les patrons. Un bon nombre d'entre eux doivent même rire doucement : « Encore une ruse pour tromper les bourgeois... Décidément, ils sont malins à la direction. »

Gauchistes sans le savoir, et qui ne peuvent être dénoncés frontalement, c'est prioritairement à eux que s'adresse le 11 juin Maurice Thorez. Il mettra, il est vrai, un certain temps à les convaincre.

La droite se ressaisit

Le 4 août, la CGPF, qui regroupe alors 4 000 organi-

49. Cf. Maurice Bradguinski, parlant de la grève des grands magasins : « Qui prit la direction de la grève ? Quelques syndiqués ou quelques membres ou sympathisants du PC apparurent au grand jour, et furent malgré eux portés à la direction » (texte inédit, archives Rodolphe Prager). À la cartonnerie Pinel et Dormeuil, à Puteaux, c'est une jeune communiste de 14 ans, Simone Triavoux, qui fait débrayer les 150 ouvriers.

sations professionnelles primaires, change de direction en même temps que de raison sociale : afin de bien marquer qu'elle ne représente plus seulement la production industrielle mais l'ensemble du patronat — petits entrepreneurs et commerçants inclus — la Confédération générale de la production française devient la Confédération générale du patronat français. Duchemin et les hommes qui ont signé l'accord Matignon sont éliminés, au profit d'une nouvelle équipe dirigée par Claude Gignoux, qui semble bénéficier du fait de ne pas être lui-même un patron [50] : ainsi, il n'est pas *a priori* suspecté de représenter à la direction de la CGPF tel ou tel intérêt particulier. Les services de la CGPF sont profondément réorganisés : soucieux de ne plus être pris au dépourvu, le patronat met en place un « service social » (salaires, conditions de travail, réglementation, etc.), confié au baron Petiet, l'un des responsables de la construction automobile. De plus se crée aussitôt, avec la complicité de Gignoux, une officine, le « Comité d'action et de prévoyance sociale » qui prend en charge la propagande en direction de l'opinion publique, propagande de plus en plus ouvertement anticommuniste. Le Centre français du patronat chrétien, qui quelques semaines plus tôt plaidait pour le « succès des accords », y adhère aussitôt. Le ressaisissement de la droite parlementaire est également visible : finis, les votes de consensus ! À partir du 23 juin, ce sont entre 190 et 200 députés qui s'opposent sur la plupart des scrutins importants.

La contre-offensive se met également en place au niveau syndical. Le 5 juin, les Croix-de-Feu ont en effet constitué un « bureau d'études syndicales » qui rassemble, selon leurs dires [51], 313 syndicats dans la région parisienne, dès le 10 juin, 2 000 au 15 juin. Le 25 juillet est mise sur pied l'Union fédérale de la région parisienne, qui compte 40 000 adhérents dès le mois de septembre.

Les « syndicats professionnels français [52] » apparaissent d'emblée pour ce qu'ils sont : une émanation directe des

50. C'est un économiste, professeur, puis journaliste, député conservateur de la Loire entre 1928 et 1932 et sous-secrétaire d'État à l'Économie nationale auprès de Laval en 1931 et en 1932.

51. *Le Flambeau*, organe des Croix-de-Feu, 13 juin 1936.

52. La Confédération des syndicats professionnels français est officiellement constituée le 8 janvier 1937 et lance, le 15 juillet 1937, un bimensuel *SPF*.

Croix-de-Feu de La Rocque, le sigle étant d'ailleurs l'anagramme du parti que celui-ci constitue quelques semaines plus tard, le PSF.

Les SPF se définissent comme un syndicat de collaboration de classes, reprenant à son compte un certain nombre de revendications sociales, et proposant qu'elles trouvent leur solution par l'intermédiaire d'une charte du travail. Les occupations d'usine sont évidemment condamnées et la grève réglementée : nécessité d'un vote à bulletins secrets, puis préavis de huit jours, la grève ne pouvant être effective que si la conciliation n'a pas abouti durant ce délai.

Sur cette base — et bien qu'ils cherchent à se démarquer des « syndicats maison »[53] — les SPF ont évidemment maille à partir avec les autres confédérations. Qu'ils se heurtent d'emblée à la CGT n'a rien d'étonnant. Mais plus surprenante est l'hostilité qu'ils rencontrent du côté de la CFTC[54], et ce malgré des offres de collaboration réitérées. La hiérarchie catholique est elle-même réservée[55]. Et pourtant, les SPF se développent.

Les chiffres qu'avancent les SPF eux-mêmes (500 000 en 1936, 1 400 000 en 1938) sont évidemment sujets à caution. Mais l'on trouve trace d'une activité réelle des SPF dans de nombreux départements de province, sans que cette implantation recouvre forcément la carte du PSF : dans l'Aisne[56], dans l'Aube[57], dans la Moselle[58], dans le Finistère[59], dans la Saône-et-Loire[60], dans le Puy-de-Dôme[61], dans l'Isère[62], dans les septs départements de

53. « Ces "jaunes" avec lesquels on a honteusement cherché à nous confondre », écrit ainsi *SPF* (n° 10).

54. « Un syndicat dépendant aussi étroitement d'un mouvement politique, dont les revenus sont actuellement incontrôlables, reste un syndicat suspect [...]. Nous connaissons une telle forme de groupements prétendus ouvriers, et ce sont ces communautés d'usine instituées en Allemagne par le régime hitlérien sur les débris du syndicalisme » (fédération des métaux CFTC).

55. « Les syndicats ne sont pas condamnés, ils ne peuvent l'être. Il est donc permis d'y adhérer ; mais nous adressant à des travailleurs chrétiens, nous les exhortons vivement à donner la préférence à des syndicats qui [...] se préoccupent en même temps des besoins religieux et moraux de leurs membres » (cardinal Maurin, 30 juin 1936).

56. 32 syndicats en janvier 1937.

57. 20 syndicats en janvier 1937.

58. Cuirs et peaux et employés à Metz dès 1936.

59. Commerce (Prisunic et Docks de l'Ouest), Bâtiment.

60. Métallurgie.

61. Michelin, confection, hôtellerie, quincaillerie.

62. 1 syndicat le 20 juin 1936, 13 fin juillet, 23 en mars 1937. 1 450 adhérents à Grenoble en mars 1937.

Provence [63], dans le Rhône [64]. L'influence du PSF est forte en Alsace ou dans l'Isère (où 7 membres du bureau syndical sur 8 en font partie), mais elle semble faible dans le Rhône, et dans le Nord, où le PSF est pourtant fortement implanté, l'implantation des SPF sera tardive et médiocre.

Près de la moitié des adhérents sont par ailleurs regroupés dans la région parisienne : chimie, métallurgie, assurances, alimentation, et surtout grands magasins, où, avec l'appui des directions, les SPF opèrent une percée notable (Samaritaine, Louvre, Bon Marché...).

Bref, même si ses effectifs ne dépassèrent sans doute jamais ceux de la CFTC, et même si le recrutement était parfois peu ouvrier [65], les SPF fournissent, dès la fin du mois de juin, des points d'appui non négligeables à la contre-offensive patronale.

Ressaisissement et contre-offensive apparaissent également dans une série d'autres secteurs.

Chez les paysans, les Comités de défense de Dorgères renforcent leur implantation. La courbe qu'indique *le Progrès agricole de l'Ouest* apparaît vraisemblable, même si les chiffres doivent être accueillis avec prudence : 300 000 membres le 23 mai 1937, 320 000 le 8 août, 400 000 le 1er janvier 1938, 420 000 le 27 mai, et 500 000 le 16 juin.

Chez les anciens combattants, l'UNC, qui avait au début approuvé la plupart des revendications ouvrières, durcit peu à peu son attitude, jusqu'à prendre, en fin du mois de juillet, l'initiative d'un regroupement de toutes les forces opposées au communisme [66].

Le 16 octobre, 300 journaux signent et publient un pamphlet où l'on lit : « Le gouvernement ne fera rien pour sauver nos institutions républicaines. Français de toutes opinions ! Dès aujourd'hui, apportez votre aide et votre adhésion à l'organisation de votre choix qui prendra ou renouvellera l'engagement solennel de combattre sans merci le plus perfide, le plus dangereux ennemi de la civilisation : le communisme.»

63. 143 syndicats dès juillet 1936.

64. Banque, commerce, textile et métallurgie (Rhodiaceta).

65. Dans la métallurgie parisienne, les succès des SPF se font surtout dans le collège « collaborateurs » et, selon le témoignage d'Albert Gazier, le recrutement dans les grands magasins se fait surtout parmi les chefs de rayon et la haute maîtrise.

66. Lettre de Jean Goy aux directeurs de journaux nationaux (30 juillet), puis appel de l'UNC du 20 octobre.

Du côté de l'Église, le cardinal Verdier — qui mettait en cause le 6 juin « les déficiences de notre ordre social » — cosigne le 31 octobre[67] un appel qui précise : « Les principes naturels du droit à la liberté, du respect de la parole donnée et des contrats consentis [...] nous les voyons aujourd'hui systématiquement violés [...]. La vraie cause [...] c'est l'athéisme pratique [...]. Nous espérons qu'en face des régimes soviétiques et des diverses formes de gouvernement moins compatibles avec notre tempérament national [...], il y a place pour un régime où, sous la triple influence des aspirations chrétiennes, de la culture latine et de nos traditions françaises, fleurira une sage et joyeuse liberté. »

Mais le plus significatif est la reconversion qui s'opère dans l'extrême droite politique. Le 18 juin, en effet, le Conseil des ministres dissout les Jeunesses patriotiques, Solidarité française, le parti franciste et les Croix-de-Feu. Pour ces organisations, les conséquences de la dissolution ne furent pas identiques. Les trois premières s'étiolèrent peu à peu[68]. Les Croix-de-Feu se reconvertirent en revanche immédiatement en parti social de France (PSF), tandis que, simultanément, Jacques Doriot fonde le parti populaire français (PPF).

Jacques Doriot et le PPF

C'est le 28 juin 1936 que Doriot, dans sa mairie de Saint-Denis, crée le parti populaire français. Le « rendez-vous de Saint-Denis, écrira Drieu La Rochelle, c'était comme si personne ne l'avait donné, mais comme si chacun avait songé à y venir ». En fait, les sentiers qui y menaient avaient été soigneusement balisés depuis de longs mois. Mais il est exact que les cheminements de ceux qui s'y retrouvaient avaient été fort divers.

Sans doute Doriot, méfiant, constitue-t-il la direction de

67. Avec les quatre autres cardinaux français : Maurin (Lyon), Liénart (Lille), Baudrillart (Institut catholique de Paris) et Suhart (Reims).

68. L'Action française, déjà dissoute à la suite de l'attentat contre Blum, ne joue plus, à cette époque, le rôle qu'elle jouait en 1934. Elle a d'ailleurs été affectée par plusieurs scissions, dont celle de la « 17e équipe » qui fournira l'ossature de la Cagoule.

son parti autour des fidèles qui avaient mené avec lui la bataille du « rayon majoritaire de Saint-Denis [69] ». Mais les apports dont bénéficie dès l'origine le PPF sont extrêmement divers. Autour de Pierre Pucheu, il y a d'abord les « jeunes maréchaux » de La Rocque (Robert Loustau, Bertrand de Maudhuy, Yves Paringaux, Claude Popelin) qui, lassés du flou dans lequel semblait se complaire le colonel-comte, l'ont quitté en juillet 1935. Avec Claude Jeantet, s'agglomère un groupe de dissidents de l'Action française. Bertrand de Jouvenel et Pierre Dominique viennent du parti radical, plus précisément de l'aile droite des « jeunes-turcs ». Johannès Tete vient des Jeunesses patriotes, Jean-Marie Aimot du parti franciste... Ce sont là des « personnalités », auxquelles on peut adjoindre des notables locaux, comme Jean Médecin à Nice, mais les questionnaires remplis [70] lors du premier congrès, en octobre 1936, confirment bien l'aspect *melting pot* du parti de Jacques Doriot.

En tout cas, le PPF se développe extrêmement rapidement. Certes, les chiffres qu'il fournit apparaissent largement surestimés [71]. Consultés *a posteriori*, d'anciens responsables du PPF fournissent des estimations largement

---

69. Sur 8 membres du BP, 5 viennent du rayon majoritaire, c'est-à-dire, outre Doriot lui-même, Henri Barbé, Marcel Marschall, Alexandre Abramski et Jules Teulade. Deux autres, Paul Marion et Victor Arrighi, viennent également du PC. Le huitième est un ancien Croix-de-Feu, Yves Paringaud.

70. Sur 625 questionnaires remplis :

• *N'ont appartenu à aucun parti* :		*242*
• *Viennent de gauche* :		*207*
dont :	PCF	133
	SFIO	54
	Radicaux	12
	Néo-socialistes	6
	Parti pour l'unité prolétarienne	2
• *Viennent de droite* :		*153*
dont :	Alliance démocratique	5
	Jeunesses patriotes	8
	Solidarité française	10
	Francistes	7
	Croix-de-Feu	91
	Action française	32
• *Groupes politiques chrétiens*		*23*

71. Selon les chiffres publiés par le PPF lui-même, on peut dresser la chronologie suivante :

12 juillet 36 : 15 000	30 septembre 36 : 82 297	24 septembre 37 : 212 400
15 juillet 36 : 25 000	30 octobre 36 : 101 255	décembre 37 : 280 000
26 juillet 36 : 32 000	28 novembre 36 : 120 000	14 janvier 38 : 295 000
30 juillet 36 : 42 000	30 janvier 37 : 120 000	
30 août 36 : 66 000	10 avril 37 : 180 000	

inférieures : « jamais plus de 200 000 » pour l'ancien responsable à la propagande, Popelin, « 100 000 » pour le gérant de la presse, Lebrun, entre 55 000 et 60 000 pour le trésorier, Marschall. En fait, en tenant compte des « Jeunesses », il est probable que le PPF n'a jamais dépassé les 100 000 adhérents [72]. N'empêche : au cours de l'été 1936 en particulier, le développement paraît impétueux. Doriot semble avoir d'ailleurs bien des atouts dans son jeu. D'abord, il semble être le seul à pouvoir cristalliser une base populaire, pré-condition nécessaire pour que l'on puisse parler d'un « fascisme français ». Et les statistiques de son premier congrès font effectivement apparaître qu'il a 57 % d'ouvriers et de paysans parmi ses délégués [73]. Même son développement en province semble se faire dans les couches populaires : Simon Sabiani, qui rejoint le PPF dès le 25 juillet avec son « parti d'action socialiste » et ses 3 000 adhérents, est certes un gangster marseillais, mais c'est aussi un ancien élu d'extrême gauche et ses troupes se recrutent dans le *lumpenproletariat*.

Deuxième atout : le programme de Doriot est, à tout prendre, plus précis que ne le sera jamais celui de La Rocque : un nationalisme qui n'est plus revanchard, mais s'essaie au contraire à présenter un visage positif et constructeur ; un État corporatif mais qui s'accommode de la décentralisation ; pour les salaires, la participation aux bénéfices de l'entreprise ; la représentation proportionnelle au Parlement, mais aussi la limitation du nombre des partis et le renforcement des pouvoirs de l'exécutif.

Troisième élément : le PPF, dans les premiers temps de son existence, attire à lui un bon nombre d'intellectuels de renom : Drieu La Rochelle et Alfred Fabre-Luce, mais aussi Alexis Carrel et Pierre Andreu, ainsi que — le renom devait venir plus tard — Robert Kemp et Armand Lanoux. Il n'est

---

72. En dépouillant la presse du PPF, Dieter Wolf (*Doriot*) a recensé 650 sections (200 « actives » et 450 « virtuelles »). Il paraît peu vraisemblable que la *moyenne* des adhérents par section dépasse de beaucoup la centaine. Ajoutons-y les 150 groupes de jeunesse existant : le total ne dépasse en tout cas pas les 100 000 adhérents.

73. Pour 736 questionnaires remplis :

• Ouvriers et paysans	:	422
• Fonctionnaires	:	16
• Étudiants	:	19
• Commerçants et chefs d'entreprise	:	56
• Universitaires et journalistes		78
• Employés	:	63
• Techniciens	:	82

pas non plus sans écho dans la jeunesse, grâce à l'action de jeunes agitateurs de talent : Maurice Duverger, dont la compétence s'épanouira plus tard dans le domaine de la science politique, Maurice-Yvan Sicard, qui, après avoir sombré dans la collaboration, sera plus connu sous le nom de Saint-Paulin, et, jusque dans le Cantal, un très jeune homme de 16 ans, qui s'appelle Pierre Poujade. Ils animent l'Union de la jeunesse patriote.

Enfin, le PPF disposait de ressources financières importantes. Au-delà des cotisations de ses militants, l'essentiel vient des sommes que Pierre Pucheu réunit à partir des milieux industriels et financiers [74] : on y a visiblement fait l'analyse, du moins dans un premier temps, que seul Doriot, avec l'audience qu'on lui suppose dans les milieux populaires, peut mettre sur pied le parti fasciste « à la française », ultime recours éventuel contre la radicalisation ouvrière. Doriot utilise systématiquement ces possibilités et, à la collecte centrale que réalise Pucheu, viennent s'ajouter les sommes récoltées par les « comités financiers locaux », officiellement chargés, dans chaque fédération, de recueillir des fonds auprès des industriels du département. Il est de plus acquis que Doriot est directement financé, sinon par l'Allemagne nazie, du moins par l'Italie fasciste [75].

Utilisant au mieux ces atouts, le PPF se développe très vite dans la région parisienne, que Doriot connaît bien. En province, son audience est vite notable dans le Sud-Est méditerranéen [76], grâce à Sabiani, et il marque également des points à Lyon et Bordeaux. Mais ailleurs, le mouvement donne vite l'impression de s'essouffler. C'est que chaque déplacement de Doriot en province est maintenant l'occasion de contre-manifestations ouvrières, qu'impulse notamment le PCF : à Charleville où Doriot est « capturé » par les

74. Selon le « dossier Masson » (comptable principal du PPF) des Renseignements généraux, Doriot reçut ainsi en 1937, 4 367 000 F et en 1938, 5 713 000 F. Figure dans ce dossier une liste de 243 entreprises et banques « souscrivant », parmi lesquelles les banques Vernes, Rothschild, Dreyfus, Lazard, BNCI, d'Indochine, les Aciéries de l'Est, la marque d'apéritif Byrrh, etc.

75. Cf. le *Journal* du ministre des Affaires étrangères mussolinien, Ciano (« Nous continuerons de donner de l'argent à Doriot, mais non des armes », 3 septembre 1937). Cf. aussi les *Souvenirs* de Pierre PUCHEU (« J'eus la preuve de transferts de plusieurs millions de francs d'origine fasciste »).

76. Et aussi en Afrique du Nord, sur la base d'un programme qui juxtapose la défense de la « souveraineté française » et la revendication de droits sociaux plus étendus pour les musulmans.

militants communistes et remis à la police, à Nice, à Reims, à Montpellier, elles donnent lieu à des affrontements sanglants. Aller « chez Doriot », c'est désormais pour un ouvrier se couper de sa communauté d'origine.

Quant à la petite bourgeoisie, elle hésite, face à l'atmosphère de violence qui entoure alors les activités du PPF. Et surtout, Doriot n'est plus seul. Quelques jours après la fondation du PPF, La Rocque a en effet reconverti en parti les Croix-de-Feu dissoutes. Très vite, le PPF, « jeune géant », fera figure d'avorton bruyant auprès des troupes de La Rocque.

Le parti social français

En effet, pour créer le PSF, La Rocque lui, n'a pas à regrouper des courants divers : il lui suffit de rassembler, autour des 450 000 adhérents [77] dont disposent déjà les Croix-de-Feu. Au 15 septembre, ils sont 600 000. Au 15 novembre, il y a 4 500 sections et près de 800 000 adhérents. Dès le début de l'année 1937, ils sont très probablement plus d'un million [78]. Le chiffre peut apparaître énorme, et en l'absence de sources nationales crédibles, contestable. L'étude d'une série de monographies provinciales confirme cependant l'implantation du PSF : 50 000 adhérents dans le Nord, près de 50 000 également dans le Pas-de-Calais et la Somme, 15 000 dans l'Aisne, 5 000 dans la Vienne, 10 000 (et 60 sections) dans l'Isère, plusieurs centaines, dès décembre 1936, dans le Loiret, 5 000 en 1937 dans la zone viticole de l'Anjou, 3 000 dans le Finistère. Il y a 1 000 PSF à Créteil, 1 800 à Limoges. Dans les Pyrénées-Orientales, l'on passe de 150 Croix-de-Feu en mai 1936 à 3 000 PSF en 1938.

Les investigations locales convergent pour assurer que le recrutement du PSF fut bien moins populaire, et en tout cas moins ouvrier, que ne l'était celui du PPF. À Paris, les places fortes, avec 16 000 adhérents, sont les quartiers bour-

77. La Rocque avance alors 900 000 adhérents. Mais la plupart des observateurs (René Rémond, Georges Lefranc, etc.) estiment réaliste le chiffre de 450 000.

78. La Rocque annonce alors plus de 2 000 000.

geois des XVIe et XVIIe arrondissements. En septembre 1935, quand *le Travailleur*, journal local du PCF, publie la liste des adhérents Croix-de-Feu pour Agen, Villeneuve et Castel-Jaloux, on y trouve un nombre impressionnant de marchands de bestiaux. En février 1937, le préfet du Finistère recense les professions des 57 responsables départementaux du Finistère : il ne s'y trouve aucun ouvrier, marin-pêcheur ou ouvrier agricole, un seul employé, deux paysans, et 54 « industriels et professions libérales [79] ». Le responsable départemental est un commandant en retraite de Landerneau, Leclerc, dont les enfants (Édouard, Michel, etc.) sont les fondateurs des Magasins Leclerc. Et l'exemple de l'Anjou montre bien comment à partir d'une implantation urbaine des Croix-de-Feu [80], le PSF s'est développé chez les propriétaires viticoles et chez les négociants en vin.

Bourgeois et petits bourgeois — un instant fascinés par la faconde de Doriot — semblent trouver, dans leur masse, finalement bien des avantages au PSF. Les aspects plus incisifs qui figurent ici ou là dans le programme de Doriot inquiètent. Le plus grand flou dont s'entoure La Rocque rassure et rassemble. Même les catholiques « de gauche » sont happés par ce flou, et *Sept*, par exemple, déclare, à propos de *Service public*, y avoir trouvé « une pensée qui dans l'ensemble ne peut que nous être sympathique ». Seul *l'Aube* résiste et écrit, après la dissolution des ligues, sous la plume de Georges Bidault [81] : « Le respect de la vérité commande de dire qu'il n'est pas un seul des mouvements frappés de dissolution qui n'ait pris la responsabilité de véritables déclarations de guerre à l'ordre politique établi. Aujourd'hui, le colonel de La Rocque annonce qu'il va fonder un parti au-dessus des partis. Au pays de Descartes, le fait que cette bouillie pour les chats soit avalée, sans sourciller, paraît-il, par 800 000 amateurs, a quelque chose de confondant. » La Rocque sait étaler démonstrativement sa puissance, mais il fait voir que c'est pour ne pas avoir à s'en

79. Atteste de l'implantation en profondeur du PSF le nombre de maires qui figurent parmi ses responsables finistériens : Plomelin, Dirinon, Pencram, Plouezach, Botshorel, Lampaul-Guimillan, Plouzané, ainsi que le premier adjoint de Saint-Pol-de-Léon, dont le maire, le comte de Guebriant, est le patron de l'Office de Landerneau.

80. Chefs d'entreprise (tanneries de Seiches, monuments funéraires, etc.), pharmaciens, agents d'assurances, médecins, négociants, boulangers, épiciers.

81. 20 juin 1936.

servir : ses manifestations débouchent rarement sur la violence ouverte. Alors que Doriot n'arrive pas à se départir de son masque d'aventurier, le comte-colonel apparaît comme un homme d'ordre. Ce qui, chez lui, irrite tant les intellectuels non conformistes issus du tourbillon des années trente est justement ce qui rassure le notaire et le petit commerçant. Significative d'ailleurs est son audience chez les intellectuels, car il n'en est pas dépourvu. Mais les siens s'appellent Gabriel Hanotaux, André Siegfried, Jérôme et Jean Tharaud, Jacques de Lacretelle, André Maurois, Paul Morand, Henry Bordeaux... À coup sûr, ce n'est pas la « nouvelle vague » de l'époque. Mais, chez les notaires et chez les épiciers, on lisait sans doute plus Maurois que Drieu La Rochelle. Faut-il ajouter que La Rocque sut toujours conserver à son mouvement un caractère « national » alors que les amitiés de Doriot apparurent vite suspectes ? Que lui non plus ne manquait pas — la surface aidant — de ressources financières [82] ? Qu'il avait, dès les élections de 1936, pignon sur rue et représentation parlementaire [83] ? En tout cas, dans la contre-offensive et la réorganisation de la droite à laquelle on assiste après juin 1936, c'est de toute évidence le PSF la pièce maîtresse.

Un rapport de forces incertain

Patronat, armée, Église, syndicats jaunes et groupes fascisants, l'été 1936 est donc marqué par la recomposition à marche forcée du camp conservateur. Pour autant, le rapport de forces ne bascule pas d'un coup. En effet, cette recomposition ne se fait pas sans craquements et ne redessine pas des blocs absolument homogènes.

Du côté du patronat, c'est le groupe de patrons qui se veulent, autour de Guillaume Detœuf, le PDG d'Alsthom,

82. C'est sans grande difficulté qu'il trouve, en mars 1937, les 6 millions nécessaires pour racheter *le Petit Journal*. L'un de ses anciens collaborateurs, le duc Pozzo di Borgo, l'accusa, en octobre 1937, d'émarger aux fonds secrets du gouvernement, ce que confirme Tardieu. En tout état de cause, ces versements avaient cessé depuis mai 1936.

83. À la Chambre, entre 8 et 12 élus se recommandent des Croix-de-Feu. Et 49 autres adhèrent au Comité de défense des libertés républicaines et de sympathie pour le PSF.

humanistes et modernes, qui fait bande à part. Ceux-là estiment, avec Jean Coutrot [84], que « les habitudes, les réflexes, les positions d'esprit acquises au cours de notre existence antérieure à juin 36 ne sont plus en aucune manière valables après cette date pour tout ce qui touche aux relations industrielles ». Ce petit groupe de patrons réformateurs, fascinés par l'exemple suédois, clame haut et fort la faillite du libéralisme, se prononce — certes à contre-courant — pour des syndicats puissants, auxquels l'adhésion serait rendue obligatoire. Curieux mélange de technocratie et d'humanisme personnaliste (ils sont attentifs aux propos de Mounier, et Coutrot connaissait personnellement Teilhard de Chardin), ces « néo-capitalistes » avant la lettre n'ont que peu d'influence sur les instances patronales. Mais quand en février 1937, ils publient *les Nouveaux Cahiers* [85] dont ils feront un lieu de confrontation entre syndicalistes, « managers », chercheurs et hommes politiques, leur influence parmi les cadres et les techniciens ne sera pas négligeable.

De même, malgré le raidissement des évêques, quelques îlots catholiques gardent leur distance d'avec la droite. Il y a d'abord, en tant que force politique, la Jeune République, héritière de Marc Sangnier et de la tradition « catholique de gauche » du Sillon. La « JR » a choisi le Front populaire et, dans ce cadre, elle a eu quatre élus. L'essentiel de ses forces militantes est cependant concentré à Paris.

Il y a surtout une petite presse. *Esprit*, d'abord, qui a finalement basculé du côté de l'adhésion critique au Front populaire [86] : la revue a 1 500 abonnés, et 32 groupes *Esprit* en province [87]. Et puis *Sept*, hebdomadaire lié aux dominicains, qui n'approuve pas le Front populaire et refuse d'être

---

84. In *l'Humanisme économique*, CPEE, Paris, 1936. Personnage très étrange, Coutrot avait été l'un des animateurs de « X-Crise ». Il fonde ensuite le Centre d'organisation scientifique du travail (COST), puis le Centre d'études des problèmes humains (CEPH), et l'Institut de psychologie appliquée (IPA). Il est également rattaché comme conseil au cabinet du ministre socialiste de l'Économie, Charles Spinasse. Abondamment présenté comme l'un des chefs du très mystérieux « Mouvement synarchique d'Empire » (cf. rapport Chavin), il fut à ce titre considéré par les uns comme un agent du bolchevisme, et par les autres, comme organisant « le travail de sape au profit du grand patronat ».

85. Avec, autour de Detœuf, Isambert, de la CGE, Barnaud, de la banque Worms, et Davezac, du Syndicat de la construction électrique.

86. « Nous avons un certain nombre de débats fondamentaux avec tout le monde. Mais d'abord, du pain, du travail, de la dignité à ceux qui n'en ont plus. Mais d'abord, pour pouvoir parler de l'homme sans remords, la destitution d'un régime inhumain » (Emmanuel Mounier, *Esprit*, juin 1936).

87. Les principaux sont à Bordeaux, Lyon, Toulouse, Strasbourg, et Rennes.

classé à gauche, mais qui ne participe pas non plus aux attaques de la droite : 60 000 lecteurs, 15 000 abonnés, une soixantaine de groupes d'« Amis de *Sept* ». Enfin, cas particuliers, *l'Aube* — 100 000 lecteurs, 8 500 abonnés — soutient l'action des démocrates-chrétiens du parti démocrate populaire, dont les 13 élus sont officiellement comptabilisés dans l'opposition au Front populaire. Mais le journal garde souvent un ton modéré à l'égard des projets et des décisions gouvernementaux.

Et puis, surtout, élément décisif de ce rapport de force, la combativité ouvrière n'est pas éteinte : il y a en septembre 699 grèves (dont 310 avec occupation) et 123 592 grévistes. Le plus spectaculaire, c'est sans doute la traînée de poudre que représentent les grèves des ouvriers agricoles : elles commencent en juillet dans le Cher et dans l'Aisne, puis dans l'Ile-de-France et dans la Brie. En août, c'est le Pas-de-Calais et la Somme (4 000 grévistes) qui prennent le relais, puis de nouveau l'Ile-de-France (8 000 maraîchers en grève à la fin du mois d'août). En octobre, avec l'arrachage des betteraves, c'est la Somme qui repart en grève, puis l'Aisne, la Beauce et surtout le Vexin normand. À la fin du mois, c'est le Languedoc qui est à son tour touché, avec Narbonne et les grèves dans l'horticulture à Perpignan. Et il n'y a pas que les ouvriers agricoles. C'est l'union locale CGT de Dinan qui, le 4 juillet, appelle à la grève dans toutes les entreprises « où les cahiers de revendications déposés par les ouvriers ne sont pas accordés ni discutés ». Et au mois de septembre, de très violentes grèves éclatent à nouveau dans le textile du Nord. Sans doute, la situation n'est-elle plus la même qu'il y a quelques mois. Dès juillet sont ainsi constitués, à l'initiative de militants du PSF, des « comités de volontaires » qui proposent leurs services pour faire les moissons et briser les grèves des ouvriers agricoles. Et, dans le textile, le ton du patronat n'est pas à la conciliation : le président du Comité central du textile de Lille, Pierre Thiriez, écrit à Léon Blum, le 18 septembre : « Tant que le gouvernement que vous présidez n'aura pas marqué sa volonté formelle de rétablir l'ordre dans la rue, dans les usines et dans les esprits, nous pensons, Monsieur le président du Conseil, qu'aucune solution n'apparaîtrait possible et nous estimons aussi que l'intérêt national fait un devoir impérieux au patronat français de s'opposer résolument à l'anarchie. »

Mais, simultanément, la droite n'arrive pas à rassembler

ses forces. En octobre, quand Jean Goy, le président de l'Union nationale des combattants, s'adresse à tous les groupements « qui ont dénoncé le péril communiste » pour créer le « Rassemblement français », « contre les ennemis de la famille, du régime, de la France », seul le PSF répond à son appel. Quelques mois plus tard, quand Doriot appellera à fonder le « Front de la liberté », c'est cette fois-ci le PSF qui fera la sourde oreille. En cet été 1936, le rapport de force est donc encore instable. Le 14 juillet, c'est plus d'un million de Parisiens qui participent à la manifestation de soutien au Front populaire. Tout dépend encore de la politique des organisations ouvrières. Sauront-elles appeler la masse des travailleurs à aller de l'avant ? Sauront-elles rester unies ? À cette dernière question, les événements d'Espagne apportent très vite une première réponse.

6

Pour l'Espagne

« Mais puisque je te dis que j'ai vu des choses
Et l'oiseau se retourne dans la main du veilleur
Comme un malade dans son lit
Le chat inquiet fronce les sourcils
L'oiseau raconte
Je volais très vite, si vite
Et je voyais, je voyais
Au-dessus des Baléares, j'ai vu l'été qui s'en allait
Et sur le bord de la mer
La Catalogne qu bougeait et partout des vivants...
des garçons et des filles qui se préparaient
à mourir et qui riaient
J'ai vu
La première neige sur Madrid
La première neige sur un décor de suie, de cendres
et de sang
Et j'ai revu celle qui était si belle
La jolie fille du printemps
Elle était debout au milieu de l'hiver
Elle tenait à la main une cartouche de dynamite
Ses espadrilles prenaient l'eau
Le soleil qu'elle portait sur l'oreille
Était d'un rouge éclatant
C'était la fleur de la guerre civile
La fleur vivante comme un sourire
La fleur rouge de la liberté. »

Jacques Prévert
« Crosse en l'air » (*Soute*, 1936)

Il y a toujours des Pyrénées

Le 18 juillet, à midi, André Delmas, le secrétaire du Syndicat national des instituteurs, a rendez-vous au siège du gouvernement. Quasi machinalement, il les interroge sur les répercussions du soulèvement militaire qui vient d'éclater en Espagne. Stupeur de ses interlocuteurs : ils ne sont pas au courant. Pourtant, *Paris-Midi* vient de l'annoncer dans son édition de 11 heures. Les mécanismes gouvernementaux ne sont pas encore parfaitement réglés. Et les capacités d'anticipation des socialistes laissent toujours à désirer. Le 15, le spécialiste de politique extérieure du *Populaire*, André Leroux (pseudonyme de l'ancien dirigeant communiste italien Angelo Tasca), écrivait : « Nous ne croyons pas que les droites représentent un danger immédiat pour le régime républicain. »

Dès les premières heures du lundi 20, Blumel, le chef du cabinet de Léon Blum, reçoit un télégramme du gouvernement républicain espagnol : « Sommes surpris par coup militaire dangereux. Vous demandons de nous aider immédiatement par armes et avions. Fraternellement vôtre. Giral. »

Blum donne immédiatement son accord. Peut-on rêver problème plus simple ? En Espagne aussi, c'est le Front populaire qui est au pouvoir. De plus, un accord commercial conclu par Laval en 1935 prévoit explicitement la vente d'armes de la France à l'Espagne jusqu'à concurrence de 20 millions de francs.

Le lendemain, deux officiers aviateurs espagnols arrivent à Paris et précisent les demandes : d'urgence, 20 bombardiers Potez, 8 mitrailleuses, 8 canons Schneider, 250 000 balles de mitrailleuse, 4 millions de cartouches de fusil, 20 000 bombes.

Mais deux imprudences ont été commises : le télégramme était rédigé en clair, et la liste des fournitures demandées a transité par l'ambassade d'Espagne, où l'on ne dissimule guère sa sympathie pour les franquistes.

Des fuites sont aussitôt organisées, et c'est, dès le 22 juillet, l'Action française qui entame la campagne : le matériel demandé, « les Français interdisent au gouvernement Blum de le livrer ». Le lendemain, c'est *l'Écho de Paris* qui prend le relais : « Voulons-nous courir le risque effroyable de jeter l'Espagne dans les bras d'Hiltler ? » Et le 25, François Mauriac écrit dans *le Figaro* : « S'il était prouvé que nos maîtres collaborent activement au massacre dans la péninsule, nous saurions que la France est gouvernée non par des hommes d'État mais par des chefs de bande, soumis aux ordres de ce qu'il faut bien appeler : l'Internationale de la haine. Nous saurions que le président du Conseil d'aujourd'hui n'a rien oublié de la rancune séculaire qui tenait aux entrailles le partisan Léon Blum. Un tel geste risquerait de jeter les plus sages dans le parti des violents [1]. »

Le 23, Léon Blum, qui participe à Londres à un échange sur les problèmes de sécurité, se voit communiquer les réserves de ses interlocuteurs anglais. Pis : passant par-dessus la tête de Blum, le gouvernement anglais a fait savoir au président de la République, Lebrun, qu'au cas où l'aide française déclencherait un conflit ouvert avec l'Allemagne et l'Italie, la Grande-Bretagne resterait neutre.

Quand Blum rentre en France, il trouve les radicaux troublés : Cot, Zay et Gasnier-Duparc sont pour livrer les armes. Mais Daladier hésite, et les principaux dirigeants (Chautemps, Delbos, Herriot) y sont maintenant hostiles. Les ministres socialistes eux-mêmes sont divisés : Spinasse et Jardillier se sont prononcés pour la non-livraison. Le 25 juillet, le Conseil des ministres capitule [2] et annonce qu'« aucune exportation de matériel de guerre à destination de l'Espagne ne serait permise ». Le 31 juillet, des avions italiens à court d'essence doivent se poser en territoire français (au Maroc et en Algérie) : leurs pilotes révèlent qu'ils font partie d'une escadrille que Mussolini livre à Franco. Le gouvernement publie le 1er août un communiqué où il précise que « le fait que des fournitures de guerre proviennent maintenant de l'étranger aux insurgés oblige le gouvernement français à réserver sa liberté d'appréciation pour l'application de la décision prise par lui ».

1. La position de François Mauriac évolue peu à peu. Il finit par signer, en août 1937, avec Madaule, Maritain et Maurier, un texte antifranquiste, qui proteste contre « le massacre impitoyable d'un peuple chrétien » [le peuple basque] et précise : « rien ne justifie ni n'excuse des bombardements de villes ouvertes comme celui de Guernica ».

2. On réserve certes « la faculté d'autoriser éventuellement la livraison, par l'industrie privée, d'avions non armés », et à condition que les livraisons transitent par le Mexique. Mais on ne voit guère pour autant ce qui a pu amener de bons auteurs (Georges Lefranc par exemple, et Delperrié de Bayac) à présenter cette décision comme un « compromis ». De fait, les non-interventionnistes ont très largement gain de cause.

De fait, pendant quelques jours, mitrailleuses et avions commencent à passer la frontière. Le 7 août [3], le Conseil des ministres constate que, concernant le projet français d'une convention de non-intervention, les réponses de principe qu'il a reçues sont quasi unanimement favorables et ajoute : « Dans ces conditions, le gouvernement a décidé de suspendre les exportations à destination de l'Espagne, exportations qui, d'ailleurs, n'avaient porté en fait, jusqu'à ce jour, que sur des livraisons entrant dans le cadre étroit de la décision du 25 juillet. »

Il n'y aura donc plus d'exportations, ni publiques, ni privées. Mais comme Blum ne lésine pas sur la mauvaise conscience, on fera traîner le Conseil des ministres jusqu'à ce que le dernier des Dewoitine basés à Pau ait pu prendre l'air pour l'Espagne.

Léon Blum et la non-intervention

L'image qui est restituée de Blum pendant ces journées est habituellement celle d'un fervent partisan de l'aide à la République espagnole, ne se résignant que contraint et forcé — pis : déchiré — à la non-intervention. Ce sont le « lâchage » anglais, conduisant à l'isolement diplomatique, et les pressions des dirigeants radicaux, faisant craindre l'éclatement de la coalition gouvernementale, qui l'amènent à céder [4]. Vont dans ce sens son acquiescement initial, sa proposition de démissionner quand il se rend compte qu'il ne pourra tenir ses engagements [5], la « non-intervention » relâchée qu'il cautionna ensuite.

Malheureusement, toutes les explications que donne Blum lui-même ne vont pas dans ce sens. Ainsi, par exemple, du

3. La veille, l'amiral Darlan, chef d'état-major de la marine, avait tenté, sans résultat, de convaincre les Anglais des dangers d'une suprématie hitléro-mussolinienne sur la Méditerranée. L'armée semblait en effet divisée sur la politique à adopter. Darlan et l'état-major de la marine étaient hostiles à la non-intervention. Il semble que cela ait également été le cas d'une partie de l'état-major de l'armée de l'air.

4. Seul Jean Zay donne une autre appréciation concernant la non-intervention : « Léon Blum ne l'a pas subie. Il la croyait personnellement judicieuse. »

5. Cf. le témoignage de Jimenez de Asua in *Léon Blum, chef de gouvernement*. C'est, semble-t-il, le gouvernement espagnol qui le persuada de ne pas démissionner.

discours qu'il prononce, le 6 septembre, à Luna-Park, à la fête organisée par la Fédération de Paris du parti socialiste [6], discours d'autant plus significatif qu'il fut largement improvisé, et que Blum s'adressait là à un public très largement acquis à l'idée de la solidarité avec l'Espagne. Or, il ne met nullement en avant les contraintes diverses qui auraient rendu tout autre choix impossible, mais il justifie au contraire sur le fond le choix de la non-intervention par le risque de voir toute aide provoquer une guerre ouverte et généralisée en Europe. Citons :

« Une fois la concurrence des armements installée sur le sol espagnol, quelles peuvent être les conséquences pour l'Europe entière, et cela dans la situation d'aujourd'hui ? [...]. Dites-vous que cette conduite qu'on nous reproche [...] a peut-être à une ou des heures particulièrement critiques, écarté de l'Europe le danger d'une conflagration générale [...]. »

Habillée du vocabulaire socialiste, et émaillée de références à Jaurès, c'est la thèse anglaise que reprend [7] en fait Léon Blum.

Seule, d'ailleurs, cette justification en positif de la non-intervention permet de comprendre les décisions du 7 août. Car, à partir du moment où était proposée une « Convention internationale de non-ingérence », rien ne justifiait que le gouvernement français s'engage unilatéralement à suspendre toute aide, avant que les autres puissances concernées n'aient donné la moindre garantie, et alors que Blum connaissait déjà l'aide massive que l'Italie et l'Allemagne fournissaient aux insurgés franquistes [8]. Blum était-il à ce point naïf qu'il pensait sincèrement, en prenant cette décision, « piquer d'honneur [9] » les gouvernements fascistes ?

---

6. Discours reproduit dans le film de Henri de Turenne : *Contre le courant.*

7. Cette logique est apparemment rompue par la série d'articles que Blum signe dans *le Populaire* à partir de l'été 1938, sous le titre : « Petite histoire de la non-intervention ». Mais elle est confirmée par la lettre du 9 juillet 1942 que cite Colette Audry (in *Léon Blum ou la politique du juste*, *op. cit.*), dans laquelle Blum estime qu'avec une politique « interventionniste », « c'était sans coup férir la conquête du continent européen par Hitler. C'est-à-dire que l'Espagne n'aurait pas été délivrée, mais que la France aurait été fascisée, probablement avant elle ».

8. L'enquête menée par le général Denain auprès des pilotes italiens qui s'étaient posés au Maroc le 31 juillet avait établi qu'ils connaissaient leur mission dès le 17 juillet, c'est-à-dire la veille du soulèvement franquiste. Cf. aussi la lettre de Vincent Auriol du 12 août, lettre inédite que publie *le Monde* du 26 novembre 1975.

9. Selon l'expression qu'il emploie dans une conversation avec Maurice Jaquier. Cf. Maurice JAQUIER, *Simple militant*, Denoël, Paris, 1975.

Ou ne pensait-il pas, plus simplement, que tout geste, même unilatéral, de la France pouvait alors contribuer à réduire la tension internationale ? La question mérite en tout cas d'être posée, même si elle amène à nuancer quelque peu le portrait d'un Blum « contraint et forcé » que ses amis ont fidèlement tissé après que les événements eurent démontré la nocivité de la politique de non-intervention.

La gauche hésitante

À droite, on exulte. « Blum-la-guerre a reculé », écrit Maurras. À gauche, on hésite et on se divise.

On hésite d'abord. Dans un premier temps, en effet, le PCF proclame son accord avec la politique gouvernementale. La solidarité politique avec l'Espagne républicaine est certes affirmée, et la solidarité matérielle s'organise très tôt : les premières collectes dont le PCF prend l'initiative commencent dès la fin du mois de juillet. Mais, pour le moment, il ne va pas au-delà. Le 11 août encore, Marty, dans *l'Humanité*, se contente de demander « que tout soit mis en œuvre pour briser l'intervention de l'Allemagne et de l'Italie fascistes ».

Peut-être la direction du PCF croit-elle encore à la possibilité d'une action unie de l'ensemble des forces du Front populaire. Le 19 juillet, en tout cas, elle a favorisé la mise sur pied d'une « commission de solidarité pour l'aide au peuple espagnol du Rassemblement populaire français », où l'on retrouve, à ses côtés, la SFIO, les radicaux, l'Union socialiste et républicaine, la CGT, la Ligue des droits de l'homme, le CVIA et le Comité mondial des femmes. Plus profondément, sa prudence reflète les discussions en cours dans l'Internationale : ce n'est qu'à la fin du mois d'août qu'est prise en effet la décision de constituer des « Brigades internationales ».

Les préoccupations internationales l'emportent dès lors sur les contraintes de la politique intérieure française, et les critiques à l'égard de la politique gouvernementale se multiplient. En effet, un gouvernement fasciste en Espagne, et ce sont les menaces contre la sécurité de l'URSS qui se trouvent décuplées. Tout au long de la tragédie espagnole, la politique du PCF épousera étroitement le cheminement de la diplomatie soviétique [10].

Au parti radical — où le groupe « interventionniste » de Pierre Cot et de Jean Zay est assez rapidement isolé —, les préoccupations de politique intérieure ne sont en revanche pas absentes, et expliquent en partie le « forcing » radical en faveur de la non-intervention. Bien sûr, les dirigeants radicaux reflètent les pressions de toute la bourgeoisie : celle qui s'abrite derrière un pacifisme de bon aloi, comme celle qui parle de « *frente crapular* » et crie « plutôt Hitler que le Front populaire ». Mais ils traduisent encore plus précisément le sentiment de cette fraction de la bourgeoisie qui avait vu dans la coalition de Front populaire le « dernier rempart » — avant le recours à la saignée fasciste — contre tout processus de révolution sociale. En effet, en Espagne, derrière les mêmes mots et les apparences d'une coalition identique la situation est différente. Là-bas, il n'y a pas l'équivalent du parti radical. Le parti socialiste, que dirige Largo Caballero, est bien plus orienté à gauche que la SFIO française. Et il est flanqué, à l'extrême gauche, non pas des minorités qui caractérisent la situation française, mais des forces compactes du POUM et des anarchistes. Bref, il est clair que la dynamique de la guerre civile couve là-bas d'emblée un processus de révolution sociale. La victoire du Front populaire espagnol risquerait fort de rendre ce processus contagieux pour la France, et d'emporter la digue que dressent les radicaux contre toutes les atteintes à la propriété privée. Le simple fait, d'ailleurs, de tisser des liens trop étroits avec l'expérience espagnole risquerait d'aboutir au même résultat. Les radicaux font donc feu de tout bois pour empêcher l'intervention.

Au parti socialiste, la situation est d'autant plus complexe que l'Internationale a pris position contre la non-intervention. Le 9 août, son président, le Belge de Brouckère, écrit ainsi : « L'Europe laisse faire. Elle laisse faire pour "sauver la paix", dit-elle. On a peine à concevoir pareil

---

10. Le 22 septembre, *l'Humanité* dément encore « les mensonges criminels sur l'envoi d'armes soviétiques ». Il faut en effet attendre le 7 octobre pour que le gouvernement soviétique déclare que, si les livraisons italiennes et allemandes continuent, « il se considérera comme libéré des engagements découlant du pacte de non-intervention ».

aveuglement. Ne voit-on pas que, de concession en reculade, de faiblesse en abdication, on livre au fascisme l'initiative de la conduite politique de l'Europe ? Ne comprend-on point qu'on accroît chaque jour, qu'on accroîtra sans limite son insolence, et qu'il ne s'arrêtera pas, qu'il nous acculera à la guerre, d'autant plus sûrement qu'il nous sentira plus pusillanimes. C'est maintenant qu'il faut sauver la paix, en sauvant la république espagnole... Maintenant ou jamais. »

Il n'est guère entendu. L'appareil de la section française, autour de Paul Faure et Jean-Baptiste Severac, appuie sans hésiter la politique de non-intervention [11]. À la « Bataille socialiste », Zyromski [12], bientôt rejoint par Longuet, est farouchement interventionniste. Mais il est minoritaire dans son courant, dont il doit abandonner la direction au mois de novembre. Chez les blumistes, il n'y a pas non plus unanimité : Vincent Auriol, Jules Moch et Léo Lagrange sont hostiles à la non-intervention. À la Gauche révolutionnaire, Marceau Pivert [13] et le couple Modiano, par pacifisme et antimilitarisme, préconisent l'« action directe » de la classe ouvrière et approuvent de fait la non-intervention, tandis que Michel Collinet et Colette Audry réclament la levée de l'embargo.

L'extrême gauche non plus n'est pas unanime. Les trotskystes militent d'emblée pour « la levée du blocus criminel [14] ». Mais les anarchistes sont, curieusement, divisés. L'Union anarchiste, en effet, commence par approuver la non-intervention : elle a, à ses yeux, le mérite d'« éviter que le conflit d'Espagne n'alimente le danger de guerre internationale que recherchent à la fois fascistes et sta-

11. « La plus précaire et la plus incertaine des paix vaut mieux que la guerre », *le Populaire*, 8 décembre 1936.

12. Dès le 4 août, il écrit que c'est « par tous les moyens qu'il faut assurer la défaite de l'intervention fasciste ».

13. Pivert après avoir estimé, le 20 août, que la Catalogne n'avait rien à craindre et était un « bastion inexpugnable » écrit, le 13 décembre 1936, que le gouvernement « ne pouvait guère faire plus qu'il n'a fait dans ce domaine » et que « les conséquences, dès maintenant, s'inscrivent dans l'histoire : la paix maintenue provisoirement permet à la révolution sociale de se développer à l'abri d'une victoire militaire probable ».

14. « Il faut aider le peuple espagnol par tous les moyens : en lui envoyant des armes, en sabotant l'armement du camp fasciste, en ravitaillant la révolution, en affamant la contre-révolution, en organisant l'assistance et l'hébergement pour les familles et les enfants des victimes, en formant dès maintenant partout des comités de soutien de la révolution espagnole » (résolution de la Conférence pour la IVe Internationale, 19-31 juillet 1936).

liniens [15], et elle estime que Blum, avec son discours de Luna-Park, « vient de faire la preuve qu'il était capable d'un sursaut d'énergie [16] ». En revanche, la CGTSR réclame, dès le 31 juillet, la levée de l'embargo. Les mêmes divisions, à l'articulation du pacifisme et de l'internationalisme, se retrouvent à la Révolution prolétarienne ou chez les enseignants de l'École émancipée. Comment s'étonner alors que ce débat traverse toutes les organisations de masse ?

Qu'il y ait problème à la CGT n'est pas au premier abord évident. Jouhaux, en effet, déplore la non-intervention et, du coup, les communistes le soutiennent. La prise de position de Jouhaux a-t-elle pesé dans la décision que prend alors l'aile pacifiste des ex-confédérés de publier le journal *Syndicats* [17] ? Officiellement, en tout cas, c'est la volonté de lutter contre la « colonisation » communiste de la CGT qui motive le lancement du périodique. Mais l'Espagne ne peut qu'agrandir la faille. Dès le 3 octobre, en effet, par la plume de Vives, la direction du Syndicat national des instituteurs, lié à *Syndicats*, a estimé que la politique de non-intervention était « conforme aux exigences de la raison ». C'est un désaccord de plus, et celui-là aussi va en s'élargissant.

À la Ligue des droits de l'homme, Victor Basch et Gabriel Cudenet, qui penchent pour une politique interventionniste, s'opposent aux « pacifistes intégraux », tel Félicien Challaye.

Quant au Comité de vigilance des intellectuels antifascistes, les débats qui le traversaient avaient déjà donné lieu à une crise sérieuse, lors de son congrès de juin 1936, c'est-à-dire avant que n'éclate la guerre civile en Espagne. En apparence, c'était sur des questions de fonctionnement [18] que s'était faite la rupture : mais les divergences portaient clairement sur le pacifisme et sur les diverses conceptions de l'antifascisme. Minoritaires, les adhérents communistes ou

---

15. *Le Libertaire*, 22 septembre 1936.
16. *Ibid.*, 27 septembre 1936.
17. Le premier numéro paraît le 16 octobre 1936.
18. Une motion présentée par Jean-Richard Bloch et soutenue par les adhérents communistes et communisants demandaient que les prises de position ne puissent se faire qu'à l'unanimité. Elle obtient 1 316 voix. Une motion Delaisi demandant que la majorité suffise l'emporte avec 2 818 voix. Il y a 230 abstentions. En réalité, la demande d'unanimité visait à rendre impossibles les prises de position « pacifistes » de la direction du CVIA.

communisants quittent les organismes dirigeants tandis que Paul Rivet démissionne de la présidence.

Il eût donc été tout naturel que le même découpage réapparaisse à propos de la guerre d'Espagne. Or, il n'en est rien : c'est au sein de la majorité pacifiste qu'un courant, autour de Pierre Gérôme et Pierre Biquard, condamne la non-intervention et refuse surtout que l'on utilise ses arguments pacifistes d'hier pour éclairer la situation d'aujourd'hui :

« Parce que nous n'avons pas voulu de croisade antifasciste, est-ce que cela signifie que nous livrerons nos frères à la croisade du fascisme ? Parce que nous n'avons pas cru à l'efficacité d'une politique d'intimidation, devons-nous céder tout quand les fascistes la pratiquent ? [19] »

Il faut un référendum pour départager les thèses en présence. Les partisans de la levée de l'embargo l'emportent (par 536 voix contre 116 et 62 abstentions), ce que confirme le congrès de juillet 1937 : 2 026 mandats contre 1 250.

L'organisation de la solidarité

Dès le mois de juillet, les activités concrètes de solidarité se sont développées [20]. La fédération de la métallurgie lance une collecte « Une heure de travail pour l'Espagne ». À Renault, 164 000 F sont ainsi recueillis en deux mois.

À la base, l'effort de solidarité prend spontanément la forme de l'aide militaire. Les métallos de Gnome et Rhône et ceux d'Hispano veulent ainsi offrir un avion à l'Espagne républicaine, tandis que ceux d'Hotchkiss proposent de livrer des mitrailleuses. À Billancourt, c'est tout naturellement un « tank Renault » que les métallos suggèrent d'acheminer. Mais les responsables du PCF combattent cette proposition et suggèrent qu'on livre une voiture et un camion de sucre [21]. Très tôt, l'activité de solidarité prend d'ailleurs des aspects multiformes. Ainsi, le syndicaliste révolutionnaire Louzon part-il pour Fès tenter de convaincre les diri-

19. P. Gérôme, P. Biquart, C. Mauron, « Lettre aux pacifistes », in *Vigilance*, 27 octobre 1936.
20. D'ailleurs, bien des défenseurs de la non-intervention y participent.
21. En fait, ce seront une ambulance et deux camions qui seront livrés.

geants nationalistes marocains d'organiser l'aide au gouvernement républicain au Maroc espagnol. Militant de la Gauche révolutionnaire, Maurice Jaquier s'est établi à Perpignan et, avec le comité local d'aide à l'Espagne, il fera, en neuf mois, passer la frontière à 8 000 tonnes de matériel militaire. Très tôt, des loges franc-maçonnes sont partie prenante de la solidarité. C'est le cas de la loge 459 « Plus Ultra », où se retrouvent de nombreux Espagnols de sensibilité anarchiste, et aussi de la loge « Esperanza », à Marseille. Une fois prise la décision de l'Internationale, les communistes ne sont pas en reste. Ainsi, Léon Dallidet parcourt-il la France pour récupérer des armes, tantôt traitant avec des gangsters marseillais, tantôt récupérant dans des sapes de la Champagne pouilleuse du matériel de 14-18. Ramier, membre du Comité central, profite des facilités qu'offrent Saint-Étienne et sa manufacture pour procurer des mitraillettes Sten.

Avec la création du Comité d'action socialiste pour l'Espagne [22], du Comité pour l'Espagne libre [23], et avec la mise sur pied par le parti communiste, en avril 1937, de la compagnie maritime France-Navigation, les activités de solidarité s'amplifient. Entre-temps, des milliers de volontaires sont partis combattre en Espagne.

Les Brigades internationales

Tous n'attendent pas la création des Brigades internationales. Le 26 juillet, huit jours après l'insurrection, un ouvrier du bâtiment, Alfred Brugères, et un mécanicien de chez Renault [24], Pierre Rosli, franchissent la frontière. Ils viennent de Paris et sont tous deux membres du PCF. Mais

22. Le 1er décembre 1936, à l'initiative des militants interventionnistes de la GR (Collinet, Weitz, Colette Audry), est né le CASPLE (Comité d'action socialiste pour la levée de l'embargo). Il s'élargit, au début de l'année 1937, aux zyromskistes et devient alors le CASPE.

23. Mis en place à la fin de l'année 1936, sous la direction de Lecoin, il regroupe la majeure partie du courant anarchiste. En juin 1937, Lecoin fondera « Solidarité internationale antifasciste », qui regroupera jusqu'à 10 000 membres.

24. À Renault, les premiers volontaires sont découragés. Les dirigeants du PCF expliquent qu'il faut se garder de toute immixtion dans les affaires intérieures de l'Espagne, et que, par ailleurs, le développement sans précédent de la CGT interdit d'affaiblir l'encadrement syndical. Les premiers départs groupés et organisés n'auront lieu que les 18 et 20 octobre.

comme les réseaux ne sont pas encore très bien organisés, ils passent par la filière anarchiste de la CNT. Quelques jours plus tard, arrivent de Lyon Marius Brunaud, qui est comptable, et Aimé Turrel, qui est métallo chez Berliet : également membres du PCF, ils se retrouvent, eux, au POUM. Ridel, qui est militant anarchiste et plongeur dans un restaurant, attend sa paie et franchit alors la frontière. Le 15 août, il y a 15 volontaires français en Espagne. Ils sont rejoints le 28 août par 9 ouvriers de chez Renault, tous juifs polonais, tous communistes. Le 7 septembre, avec les Français présents plus quelques Belges, plus quelques Italiens, on forme la centurie « Commune de Paris ». À la mi-septembre, un autre groupe voit le jour. On l'appelle « groupe Berthomieu », du nom de l'ex-capitaine d'artillerie qui en a pris le commandement. Il regroupe 50 Français : 1 socialiste, 49 anarchistes.

La décision de l'Internationale communiste de former des « Brigades internationales » n'est prise qu'à la fin août et, en France, les listes d'engagement circulent dans les cellules durant le mois de septembre. L'encadrement politique et militaire est sur pied dès septembre : Marty et Vital Glaymann d'abord, puis en octobre, Jules Dumont, officier et communiste. Mais les premiers éléments régulièrement recrutés pour les brigades n'arrivent qu'à la mi-octobre : le 12, 500 hommes, en majorité français ; le 13, 500 à nouveau, dont un tiers de Français. De quoi mettre sur pied, dès le 22, un premier bataillon d'« internationaux français ». Dès lors, ils ne cesseront d'arriver.

Tous les volontaires ne sont pas utilisables. Il y a parmi eux environ 20 % de « déchet » : aventuriers divers, inaptes physiques [25], etc. Et ils ne sont pas toujours éliminés avant la frontière. Le petit-fils d'Édouard Vaillant [26], Jacques, que nul n'osera récuser, finira ainsi la guerre comme souteneur à Barcelone.

Quant aux combattants, ils seront environ 9 000 [27], venus

25. Vu le nombre de « clochards » qui arrivent de Lyon, Édouard Herriot sera longtemps soupçonné d'avoir saisi cette occasion pour nettoyer sa ville.

26. Édouard Vaillant, mort en 1915, avait été l'un des dirigeants de la Commune de Paris.

27. Il y avait environ 1 000 fascistes français engagés dans les rangs franquistes. De plus, la Cagoule tente d'infiltrer des hommes dans les Brigades internationales. Ainsi verra-t-on un officier de réserve rattaché à la colonne « Henri-Vuillemin » passer à l'ennemi en plein combat et inciter ses troupes à en faire autant. Surtout elle arrivera à placer l'un de ses affiliés, Henri Dupré, auprès de Marty, qui lui confiera le ravitaillement en armes et en munitions des internationaux qui montent au front de Madrid.

de tous les coins de l'hexagone[28], et pas seulement des centres industriels : les Côtes-du-Nord envoient ainsi 20 volontaires, et la Corrèze une dizaine, autour de Louis Prunier. Parmi eux, 40 à 50 % de militants du PCF : l'effort fourni est considérable[29] et c'est là d'ailleurs que se formeront un certain nombre de cadres politico-militaires destinés à jouer un rôle non négligeable dans la Résistance en France : Rol-Tanguy, dirigeant des FTP au moment de la Libération de Paris, Jean Chaintron, qui sera préfet de la Haute-Vienne, Pierre Georges, futur « colonel Fabien », mais qui a alors 16 ans, Arthur London que l'on retrouvera responsable de la MOI.

Aux brigadistes, il faut ajouter ceux qui combattent au sein des unités directement mises en place par d'autres formations politiques. Trotskyste, poète et surréaliste, Benjamin Péret combat ainsi dans les rangs du POUM. Jean Rous, trotskyste et catalan, aide au sein du POUM à l'organisation de la colonne « Lénine[30] ». À peine arrivé, Juan Etcheberré, du groupe « Que faire », est tué le 16 août.

La petite CGTSR a 12 représentants dans la colonne « Durruti » (« centurie Sébastien-Faure »). L'effectif total de ces combattants-là est plus difficile à estimer : entre 1 500 et 2 500. Plus difficile aussi de chiffrer leurs pertes. Quant aux brigadistes, ils seront 3 000 pour lesquels il n'y aura pas de billet de retour.

Une telle mobilisation — plus de 10 000 volontaires combattant les armes à la main en Espagne —, alors que le gouvernement du Front populaire pratique et justifie tous les jours la non-intervention, ne peut se comprendre que par l'extraordinaire élan de solidarité que la guerre d'Espagne suscite au sein de la gauche française, et particulièrement

---

28. Faut-il dire pour autant qu'il sont « français » ? En janvier 1937, il y a déjà 39 volontaires qui sont partis de l'arrondissement de Longwy : 6 Français, 7 Polonais, et 26 Italiens. Et les premiers morts de la franc-maçonnerie française s'appellent Rieti et Angeloni. Ils appartiennent à la loge 609 « Nuova Italia ».

30. Dans laquelle combattent d'autres trotskystes français : Robert de Fauconnet, qui tombe au front d'Huesca, les frères Aïache, Sabas, Philippe Fournier, Gaston Ladmiral, Max Théret, l'ex-PDG du *Matin*, etc. Chéron, l'animateur de la grève Hotchkiss, combat d'abord dans la colonne motorisée du POUM, puis est affecté à l'entraînement des miliciens à Madrid, avant de mettre ses compétences professionnelles à la disposition des usines de fabrication d'armes de Barcelone. La colonne « Lénine » est majoritairement composée de trotskystes, notamment d'origine italienne.

dans la classe ouvrière. Le 4 septembre, les métallos d'Hotchkiss font grève une heure, « en solidarité avec le peuple espagnol ». Quand l'Union des syndicats CGT de la région parisienne (métallurgie) appelle le 7 septembre à une grève de solidarité avec les républicains espagnols (grève qui prend d'ailleurs la signification d'une protestation contre l'embargo [31]), ce sont 85 % des 225 000 métallurgistes de la Seine qui cessent le travail.

Une non-intervention « relâchée » ?

Mais tous les fils de solidarité qui se tissent alors représentent bien peu de chose : rien à voir en tout cas avec les armes, les soldats et les munitions qui arrivent d'Allemagne et d'Italie. Qu'en est-il alors des armes que le gouvernement français acheminerait « sous le manteau », de cette « non-intervention relâchée » que les protagonistes socialistes et radicaux n'ont cessé depuis lors de mettre en avant ? Il est exact qu'autour d'un petit groupe d'hommes — Pierre Cot, ministre de l'Aviation, son chef de cabinet, Jean Moulin, le secrétaire général du gouvernement, Jules Moch, et un haut fonctionnaire des douanes, Gaston Cusin — l'on s'évertue à laisser passer un minimum de matériel militaire [32]. Mais les résultats sont bien plus minces que ce qu'il en est généralement dit. Pierre Cot lui-même conteste le chiffre de 200 avions français abattus par les franquistes [33]. Il estime que les chiffres d'une brochure franquiste (129 avions français abattus, dont 83 avions de guerre) sont plus proches de la réalité. Et surtout, la quasi-totalité des appareils livrés appartenaient à des catégories « surclassées » (Potez 25, Potez 24, Dewoitine 37), que l'on a considérés comme étant

31. Dans *le Populaire*, des ouvriers socialistes y voient « une attaque dirigée contre le gouvernement de front populaire ».

32. Mais les filières militaires apparaissent perméables au sabotage. 2 000 brodequins sont livrés aux républicains, mais tous du pied gauche. Le 29 juillet 1937, Filliol, l'un des dirigeants de la Cagoule, pénètre dans les hangars de Toussus-le-Noble, habillé en capitaine de l'armée de l'air et fait exploser 4 avions. D'après le père Fily, également cagoulard, ce sont plus de 200 avions destinés aux républicains espagnols qui furent sabotés ou détruits sur le territoire français, notamment à Toulouse, Perpignan, Bezons et Paris.

33. Pierre Héricourt, *l'Action française*, 12 octobre 1937.

« au rebut » lors du déclenchement des hostilités en 1939. Trois seulement des avions livrés étaient des modèles de 1936 : deux Dewoitine 510 de chasse et un Bloch 210 de bombardement.

C'est Édouard Serre, directeur technique d'Air France, qui précise, au congrès socialiste de juillet 1937 : « Je sais qu'on n'a cessé de nous raconter, que nos camarades au gouvernement nous ont raconté qu'on apportait une aide efficace au gouvernement de Valence. À d'autres ! On vous dira que j'étais peut-être de ceux qui avaient essayé de faire le plus pour l'Espagne. C'est pour cela que je sais à quels obstacles je me suis heurté et que je sais l'inefficacité de tout ce que nous avons fait. Avez-vous vu passer des tanks ? Combien avez-vous vu passer d'avions de bombardement ? Allons donc, il faut en finir avec cette plaisanterie d'une aide occulte et importante... Non ! Ça ne passe pas ! »

La gauche divisée

En tout état de cause, l'affaire d'Espagne introduit une première faille à l'intérieur de la coalition de Front populaire. Sans doute les communistes se gardent-ils de trop l'élargir. Au début de 1937, ils votent le projet de loi « autorisant le gouvernement à prendre toutes mesures utiles afin d'empêcher le départ des volontaires pour l'Espagne [34] ». Et le 5 décembre, après le débat sur la politique espagnole, ils se sont contentés de s'abstenir. Mais, à la base, les pressions se font de plus en plus fortes. Et surtout, il ne s'agit plus d'un débat qui opposerait le parti communiste au reste de la gauche : il traverse maintenant tous les courants.

Une autre division vient s'ajouter à la première. Le 19 août commence en effet le premier des « procès de Moscou ». Seize vieux bolcheviks — parmi lesquels Zinoviev, Kamenev, Smirnov — y sont accusés d'être des espions, des saboteurs, des agents de la Gestapo, bref des contre-révolutionnaires obéissant au doigt et à l'œil aux consignes de Trotsky, dont ils étaient pourtant, depuis de nombreuses années, des adversaires acharnés. Les accusés avouent,

34. Le projet de loi est voté par 591 voix contre zéro.

reconnaissent tout ce que l'on veut. Ils sont, tous les seize, fusillés. En janvier 1937, nouveau procès, même scénario, mêmes aveux, même résultat [35]. En France, la social-démocratie fait le dos rond. Blum, dans les colonnes du *Populaire*, s'étonne courtoisement des aveux des accusés, mais refuse que soit mis en place le contre-procès que suggère Adler, au nom de l'Internationale socialiste. Le président de la Ligue des droits de l'homme, le socialiste Victor Basch, propose une résolution « traduisant ses angoisses ». Mais la Ligue désigne une commission pour établir un rapport préalable : elle en confie la présidence à maître Raymond Rosenmark, qui est par ailleurs le conseiller juridique de l'ambassade soviétique en France... Le rapport conclut que le jugement « est l'expression de la justice même ». Le socialiste Jean Guéhenno, animateur de *Vendredi*, écrit : « Il semble impossible de mettre en doute la culpabilité des accusés, des condamnés... Si eux-mêmes, trotskystes, il y a quelques années l'avaient emporté, sans doute ne traiteraient-ils pas autrement les staliniens [36]. »

Trotsky demande à la Fédération syndicale internationale de procéder à sa propre enquête. Le bureau de la FSI répond que « cette affaire est de façon évidente d'un caractère purement politique et qu'il n'appartient pas à la FSI de s'en occuper [37] ». La liste des intellectuels qui adhèrent en France au « Comité pour l'enquête sur le procès de Moscou [38] » est significative. Outre Rosmer et Victor Serge, on y trouve des syndicalistes révolutionnaires [39], des chrétiens de gauche [40], des pacifistes [41], quelques socialistes [42].

35. Marcel Cachin, envoyé spécial à Moscou, écrit dans *l'Humanité* : « Ils étalent même leurs relations et leurs collusions avec les pires ennemis du prolétariat, avec les fascistes hitlériens et japonais et les impérialistes. » Il appelle les travailleurs à se placer « aux côtés de l'Union soviétique qui se défend naturellement en donnant d'ailleurs à ses agresseurs terroristes les plus larges et les plus libérales possibilités d'expliquer leurs actes en toute liberté, devant l'opinion universelle » (28 janvier 1937).

36. *Vendredi*, 5 février 1937.

37. Trotsky commente : « Il faudrait une commission de savants pour classer les canailles par catégorie : "canailles politiques", "canailles syndicales". Mais, même en ce cas, il faudrait créer une catégorie spéciale pour les "canailles synthétiques". Cette galerie-là serait indubitablement la plus large. » (30 octobre.)

38. Une commission d'enquête a été mise en place au niveau international sous la présidence du pédagogue américain John Dewey.

39. Ferdinand Charbit, Maurice Dommanget, Marcel Martinet, Pierre Monatte.

40. Jacques Madaule, Marc Sangnier.

41. Félicien Challaye, Jean Giono, René Galtier-Boissière, Madgeleine Paz.

42. Daniel Guérin et André Phillip.

On y trouve aussi André Breton, André Gide et Jules Romains. Mais Barbusse, Romain Rolland et André Malraux se sont dérobés. Malraux déclarera : « Trotsky est une grande force morale dans le monde, mais Staline a rendu sa dignité à l'espèce humaine [...]. Tout comme l'Inquisition n'amoindrissait nullement la dignité fondamentale du christianisme, les procès de Moscou n'amoindrissent nullement la dignité fondamentale du communisme. »

Apparemment, les contraintes diplomatiques inhérentes à la coalition de Front populaire l'ont donc emporté. Pourtant, le malaise s'est installé. Il réapparaît au grand jour avec les événements de mai à Barcelone : les staliniens entreprennent de nettoyer la ville des anarchistes et des militants du POUM : il y a des milliers de morts. Le POUM est dissous, sa presse interdite, et son principal dirigeant, Andrès Nin, est arrêté, séquestré, puis assassiné.

7

Les premières lézardes

> « Funeste erreur d'aiguillage dit ma mère en
> pleurant
> Toujours les bonnes excuses, moi je conclus au
> sabotage ab-so-lu-ment
> Rectifia mon père en mourant
> Après avoir refusé de serrer la main au mécanicien
> En sa qualité de président. »
>
> Jacques PRÉVERT
> « Le fils du Grand Réseau » (*Spectacles*)

Le PCF et le « front des Français »

L'« été espagnol » a donc alourdi l'atmosphère et a introduit au sein de la coalition de nombreux ferments de division. Mais ni l'été, ni l'automne n'apportent en revanche de changements notables dans le comportement des grandes formations de gauche à l'égard de la poussée ouvrière et, plus généralement, de la politique intérieure. Au contraire, chacun suit sa pente.

Jacques Duclos écrit dans *l'Humanité* du 27 juin :

« Les radicaux ont raison quand ils déclarent avoir voulu, en adhérant au Front populaire, réaliser une union nationale capable de faire face à la menace que fait peser sur nous l'ardeur guerrière des dirigeants d'un pays voisin [...]. Les radicaux ont raison quand ils déclarent n'accepter aucune menace contre la propriété privée [...]. En résumé, les radicaux ont raison de rappeler que les réformes sur lesquelles se sont mis d'accord les partis du Front populaire ne sont, somme toute, en gros, que la reproduction du vieux programme du parti radical-socialiste. »

Du coup, quand Maurice Thorez déplore à la Mutualité, le 30 octobre, qu'un grand nombre de points du programme du Front populaire n'aient pas encore été réalisés, ce n'est pas pour en appeler à la mobilisation ouvrière ni pour proposer une coalition gouvernementale plus orientée à gauche. Dès le 6 août, il a proposé sa solution : « Nous craignons qu'il ne se forme en France deux groupes de plus en plus hostiles. Rappelons-nous qu'aux élections, si un peu plus de 5 millions de Français ont voté pour le Front populaire, près de 5 millions ont voté contre. Il ne convient pas de nous aliéner à tout jamais les catholiques et les Croix-de-Feu qui ont mal voté. Faisons le Front français. »

Les socialistes réagissent vivement à la proposition de « front français ». Roucayrol, le secrétaire « majoritaire » de la Fédération de l'Hérault, y voit le « renouveau de l'union sacrée » et précise « nous ne marchons pas [1] », tandis que Hérard, dirigeant de la Gauche révolutionnaire, estime le mot d'ordre « dangereux », « en ce qu'il obscurcit et tend à atténuer la lutte des classes [2] ».

La dévaluation

Mais, pour autant, la politique des dirigeants socialistes ne s'oriente guère vers la lutte des classes.

Sur le plan économique, le gouvernement décide, et fait approuver, le 29 septembre, la dévaluation, dont il avait maintes et maintes fois assuré qu'elle n'aurait pas lieu [3]. Insuffisante et trop tardive, la dévaluation se donne pour but de développer les exportations, et de permettre ainsi la relance de l'activité des entreprises et la reprise des investis-

1. *Le Populaire*, 6 septembre.
2. *Le Populaire*, 8 septembre.
3. Le 16 juillet, Vincent Auriol avait déclaré : « Dans leur propre intérêt, les détenteurs d'or et de devises doivent les vendre, car le danger de dévaluation est écarté. »

sements patronaux [4]. Mais, bien évidemment, il ne suffisait pas de la faible marge supplémentaire ainsi offerte pour que se décide à réinvestir un patronat traumatisé par les occupations d'usine et dont toute une fraction avait marqué d'emblée son hostilité à l'expérience même du Front populaire [5]. En revanche, Léon Blum renonçant, sous la pression radicale, à l'inscription de l'échelle mobile dans le projet de loi, les salariés ont évidemment le sentiment que l'on veut leur reprendre par la dévaluation les hausses de salaire qu'ils avaient obtenues par les grèves de juin. D'autant plus que, faute de la mise en place d'un effectif contrôle des prix [6], ceux-ci augmentent très rapidement et amputent une partie de la hausse du pouvoir d'achat due aux gains salariaux.

Au Parlement, une bonne part de la majorité du Front populaire est sourdement hostile : les radicaux craignent qu'elle n'ait des répercussions négatives sur une partie de leur électorat, notamment les artisans et petits commerçants ; les communistes pensent qu'il aurait mieux valu recourir à un impôt sur les fortunes, « faire payer les riches », et bien des socialistes ne sont qu'à demi convaincus. Sans doute les uns et les autres finissent-ils par voter la dévaluation [7], mais c'est le premier scrutin difficile que connaît le gouvernement : 350 voix seulement pour la majorité tandis que l'opposition en regroupe 221. Hors du Parlement, c'est la confiance populaire qui se trouve entamée,

---

4. Selon Gaston Cusin, ce sont les impératifs diplomatiques qui prédominaient dans la pensée de Blum : « Cette dévaluation monétaire [...] préludait à l'Alliance atlantique. On s'est dès lors accroché à cette politique monétaire libérale qui était celle de nos alliés atlantiques. On a rejeté l'économie de guerre pour ne pas heurter la politique britannique et américaine » (in *Léon Blum, chef de gouvernement*).

5. En juillet et en août, le gouvernement donnant l'impression d'avoir « maté » les grèves, et la politique de non-intervention en Espagne ayant été décidée, le solde des mouvements de capitaux est positif : au total, un demi-milliard de francs rentre ainsi en France. Mais 15 milliards et 100 millions étaient sortis dans les six premiers mois de l'année, et 9 milliards 500 millions sortaient à partir de septembre. Vincent Auriol avait pourtant choisi de « rassurer les capitaux » en décrétant qu'il n'y aurait pas de contrôle des changes.

6. Une loi du 19 août avait instauré, au niveau national et au niveau départemental, des comités chargés de ce contrôle. Ils se révéleront inefficaces. Le gouvernement ne pouvait prétendre ignorer le problème. L'économiste Marc Joubert (Robert Marjolin) l'avait signalé dès le mois de juin. Et Pierre Mendès France le rappelait lors du débat au Parlement : « La tendance des prix français, créée par la politique suivie depuis trois mois, risque d'être exaltée par les circonstances monétaires nouvelles. Or l'épreuve des prix sera décisive [...]. Que les prix montent avec vivacité et rapidité : alors, vous irez à l'échec. »

7. Thorez explique le 4 octobre : « Nous n'avons pas voté la dévaluation, nous avons voté pour le gouvernement afin de le maintenir au pouvoir. »

d'autant plus que, sur le plan social, le gouvernement réagit vivement aux grèves qui reprennent à partir du mois de septembre [8]. Blum déclare : « Je crois que je peux, cependant, et que je dois affirmer [...] que des formes de lutte ouvrière comme l'occupation des usines ne doivent pas s'installer comme une habitude. Je veux dire qu'elles ne doivent pas durer, et qu'elles ne dureront pas. »

Le 3 octobre, les grévistes de plus de trente hôtels ou cafés sont expulsés. Le 7, 250 gardiens de la paix évacuent *manu militari* les travailleurs qui occupent la Chocolaterie des Gourmets, rue Violet, à Paris.

La Gauche révolutionnaire s'émeut et déplore « la campagne contre les occupations d'usines » (25 décembre 1936) mais estime que « le gouvernement fait ce qu'il peut » (20 novembre 1936). Quant à la direction du parti socialiste, elle approuve par la voix de Paul Faure : « Les ouvriers doivent se discipliner. Plus de mouvements chaotiques, plus d'occupations d'usines. » En fait, la préoccupation du moment, c'est de rassurer les radicaux. En effet, durement secoué par les grèves de juin, puis par la guerre d'Espagne, le parti radical voit se lever en son sein une nouvelle offensive contre la participation au Front populaire.

Les radicaux divisés

Au congrès qui se tient à Biarritz, le 23 octobre, ce sont quatre courants d'origine différente qui s'opposent à Daladier : les sénateurs derrière Joseph Caillaux, la puissante fédération du Nord et son leader, Émile Roche, de nombreuses fédérations méridionales, dont les porte-parole sont, à tour de rôle, Milhaud et Mistler, et les Jeunesses radicales, dont l'étrange animateur, Sableau, a fait une fois de plus appel aux ligues d'extrême droite pour « gonfler » les rangs de ses délégués. Face à cette offensive, Jacques Kayser fait

8. La grève qui démarre le 14 septembre à Sautter-Harlé est significative de la radicalisation des conflits de la rentrée. Elle est unitaire, les syndiqués chrétiens participant au mouvement, et gérée par un comité de grève. Dans l'usine occupée, on prépare ouvertement l'autodéfense. Le drapeau rouge flotte sur l'usine, mais les grévistes ont refusé d'y joindre le drapeau tricolore. Tous les matins, on se lève au son de *l'Internationale* : des militants du PCF veulent la faire suivre de *la Marseillaise* mais le comité de grève confisque le disque. La grève dure 35 jours.

consigner par 37 fédérations [9] un prudent [10] ordre du jour en faveur du Front populaire. Mais ces fédérations ne sont pas les plus grosses. Et les arguments de la droite trouvent bien des oreilles complaisantes, comme en témoigne l'intervention de Salomon Hirsch, qui est aussi président de la commission du Commerce et de l'Industrie :

« Est-il dès maintenant admis qu'entre la classe ouvrière, représentée par la CGT, et les grands magnats du commerce et de l'industrie, dont la CGPF est le mandataire, il n'y a plus de place pour le petit patronat et l'artisanat qui occupent infiniment plus d'ouvriers et d'employés que les grands patrons [11] ? »

L'ambiance est tendue. Campinchi [12], puis Daladier sont apostrophés et interrompus par les sbires de Sableau, qui répondent aux poings levés par le salut fasciste [13]. Mais la majeure partie des notables radicaux n'a pas pour autant envie de se représenter devant les électeurs. La dissolution de la Chambre, leur a déjà signalé Chautemps, serait pourtant la conséquence logique d'une rupture de la coalition gouvernementale. Le congrès sera donc radical jusqu'au bout : il se termine en effet par une motion unanime, qui mentionne « la fidélité aux engagements pris », « le Front populaire auquel nous restons attachés » et condamne « l'occupation des usines, des magasins et des fermes, qui constitue une atteinte à la liberté ».

Patronat et bourgeoisie à l'offensive

Loin d'amener la droite et le patronat à une attitude plus conciliante, les concessions gouvernementales ne font que

9. Selon Kayser, 42 présidents de fédérations se seraient, en commission, prononcés pour le Front populaire.

10. Y figurent la nécessité de « rétablir l'ordre », le refus de toute intervention à l'étranger, l'appui prioritaire aux classes moyennes et à la paysannerie.

11. Lamoureux avait déjà déclaré, le 20 juin : « Or, ces classes moyennes sont aussi "patronales". Si vous laissez écraser ce petit patronat [...] vous n'aurez plus rien à faire, vos troupes auront disparu » (*l'Ère nouvelle*).

12. Qui explique pourtant : « Le droit de grève, oui, parce que c'est la loi ! Mais l'occupation, non, parce que c'est l'illégalité ! »

13. L'affaire étant un peu grosse, on expliquera par la suite tantôt qu'il s'agissait d'une reconstitution du serment du jeu de paume, tantôt qu'il s'agissait du salut olympique !

les rendre plus insolents. Les grèves se heurtent de plus en plus souvent à une présence significative de l'extrême droite. Il en est ainsi à Clermont-Ferrand, où, à l'initiative des SPF, un millier de non-grévistes de chez Michelin envahissent la préfecture pour exiger l'arrêt de l'occupation de l'usine. À la compagnie Le Soleil, le directeur fait expulser les grévistes par une centaine de « dispos ». À Toury, dans l'Eure-et-Loir, des paysans dorgéristes attaquent la sucrerie en grève. À Asnières-sur-Oise, 50 « jaunes » matraquent les ouvrières qui s'opposaient à leur entrée dans la fabrique occupée. À Lille, des groupes de Croix-de-Feu armés, sous la direction des patrons et du commissaire de police, font irruption à la Compagnie lilloise des moteurs. Le 4 octobre, le PSF rassemble ses troupes au parc des Princes. Au parti communiste, qui regrette que la SFIO ne se soit pas jointe à la contre-manifestation, Paul Faure répond : « Aucun danger ne vous menaçait qui peut motiver l'application de la clause d'entraide prévue au pacte d'unité d'action : 20 000 gardes mobiles avaient été alertés pour veiller sur votre sécurité. »

En revanche, quand le parti communiste prévoit une tournée de réunions en Alsace, le gouvernement se déclare dans l'impossibilité de garantir la sécurité de ces réunions si le PCF n'en réduit pas le nombre de 172 à 10...

La presse de droite a trouvé une nouvelle cible : Roger Salengro, accusé d'avoir déserté en 1915, d'être « passé à l'ennemi » et d'avoir pour ce fait été condamné à mort par un conseil de guerre. Blanchi par une commission d'anciens combattants présidée par le général Gamelin, puis par le Parlement par 427 voix contre 63 [14], il se suicide néanmoins quatre jours plus tard [15].

Dès septembre, la perspective d'un « nouveau Mati-

14. Un tiers seulement des députés d'opposition s'était solidarisé jusqu'au bout avec la campagne haineuse de *Gringoire* et des journaux d'extrême droite.

15. Le suicide de Salengro suscite des réactions fort diverses. Henri de Kerillis écrit ainsi : « Léon Blum porte une atroce responsabilité. On ne va pas chercher ses ministres sur les bancs des conseils de guerre » (*l'Écho de Paris*, 19 novembre 1936). Le cardinal Lienart déclare : « En présence de cette tombe ouverte, nous sentons le devoir de rappeler une fois de plus que la politique ne justifie pas tout ; que la calomnie ou même que la médisance sont des fautes que Dieu condamne et qu'on n'a pas le droit de se servir de tous les moyens pour arriver à ses fins. Une presse qui se spécialise dans la diffamation n'est pas chrétienne » (*la Croix*, 21 novembre). Madeleine Hérard, de la Gauche révolutionnaire, écrit que si la désertion avait réellement eu lieu, Salengro n'aurait pas pour autant failli aux yeux de ses camarades (*Gauche révolutionnaire*, 15 décembre 1936).

gnon » est abordée dans des réunions tripartites patronat-CGT-gouvernement, et dont l'essentiel des discussions tourne autour de l'arbitrage obligatoire. Le 26 novembre, la CGPF, après avoir pris l'avis de ses adhérents, revient avec une réponse négative. D'une part, l'arbitrage obligatoire apparaît à beaucoup de patrons comme un nouvel empiétement sur leur autorité. Et surtout, la pression qui en juin les rendait si conciliants n'existe plus. Ils parlent haut et fort, et s'estiment au contraire encouragés à exiger du gouvernement de nouvelles concessions. La lettre qu'ils remettent à Léon Blum en témoigne :

« Nous sommes obligés de constater que les événements qui se déroulent journellement dans le pays, et dont la recrudescence est présentement manifeste, attestent une méconnaissance trop fréquente des obligations existantes pour que, tant qu'ils se prolongent, des engagements nouveaux puissent offrir à la fois une signification et une garantie. Nous pensons, ce disant, à la fréquence des occupations d'usines et lieux de travail qui se poursuivent... »

En juin, les patrons devaient signer pour que les occupations cessent. En novembre, les occupations doivent cesser pour que les patrons signent. Blum répond vivement : « Vous avez pris une grave détermination. Je tâcherai d'en atténuer les conséquences en ce qui dépend de moi. » Mais il doit prendre acte, et déposer une loi. Promulguée le 31 décembre, celle-ci institue dans chaque département une commission paritaire de conciliation formée de représentants de la CGPF et de la CGT [16] : mais si les sentences sont obligatoires, aucune sanction n'est prévue pour ceux qui ne les appliquent pas.

N'empêche que la vieille garde syndicale grogne : « L'arbitrage, c'est l'arbitraire », rappelle Louzon dans *la Révolution prolétarienne*, et *la Gauche révolutionnaire* déclare : « Dès maintenant, les ouvriers doivent se dresser contre la fumisterie de l'arbitrage obligatoire [17]. » Mais le néo-socialiste Frossard rappelle ironiquement : « Nous avons connu jadis une CGT qui considérait l'arbitrage obligatoire comme une atteinte intolérable aux libertés ouvrières » ;

---

16. La loi parle des organisations les plus représentatives, ce qui exclut de ces commissions la CFTC et les SFP. Les mêmes commissions sont mises en place nationalement au niveau des branches.

17. 15 octobre 1936.

FÉDÉRATIONS AYANT SIGNÉ L'ORDRE DU JOUR KAYSER FAVORABLE AU FRONT POPULAIRE (CONGRÈS 1936)

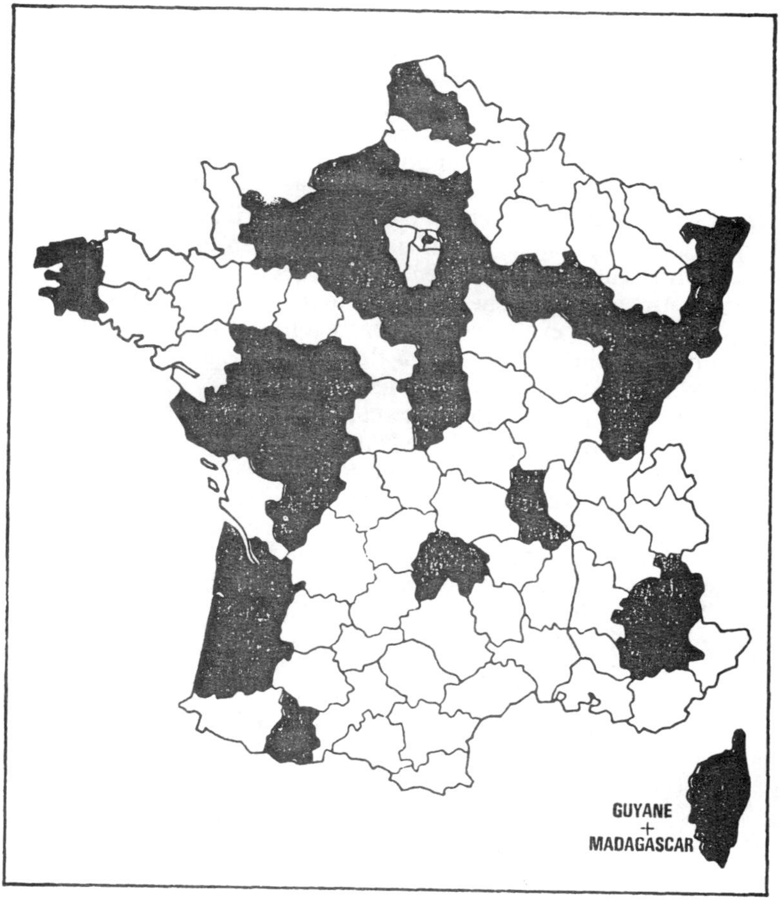

et *le Temps*, journal du Comité des forges, annonce : « Désormais, pour nous, les grèves sont illégales. »

Un budget militaire renforcé

Dans le domaine des relations internationales, la situation reste également bloquée. Malgré la visite, en août, de l'envoyé de Hitler, le docteur Schacht, aucun rapprochement franco-allemand n'est en vue. En janvier 1937, c'est Mussolini qui fait un pas vers la France et propose une « union étroite » à condition que l'Espagne soit laissée à Franco. Blum se méfie et ne donne pas suite. Alliance avec l'URSS alors ? Vorochilov a fait savoir qu'il était favorable à la conclusion d'une alliance militaire. Mais le général Schweisguth, qui s'est rendu en URSS à l'invitation de l'état-major soviétique, en revient avec un rapport défavorable : l'URSS, explique-il, « cherche à rejeter vers l'ouest un orage qu'elle sent monter à l'est » ; et, de plus, l'armée soviétique est « insuffisamment préparée à une guerre contre une grande puissance européenne ». Blum, qui ne semble guère s'interroger quant à la lucidité de son état-major, en tire la conclusion que le jeu n'en vaut sans doute pas la chandelle. De plus, une telle initiative déplairait grandement à l'Angleterre.

C'est du côté de la Belgique que cela bouge, mais dans le mauvais sens : le 14 octobre, le roi Léopold II dénonce l'accord militaire franco-belge de 1920, et se réfugie dans une quasi-neutralité.

Or, dès le mois d'août, Hitler a décidé de porter à deux ans le service militaire. Le « réarmement » de l'armée française est dès lors à l'ordre du jour. Les militaires proposent que la part du budget consacré aux armements nouveaux soit de 9 milliards. Vous ne demandez pas assez ! déclare le gouvernement, qui leur octroie 14 milliards, le 7 septembre, le jour même où Léon Blum, à Luna-Park, évoque avec effroi, à propos de l'Espagne, la « compétition des armements ».

Reste à savoir comment dépenser cet argent. Un jeune colonel a quelques idées. Il s'appelle Charles de Gaulle, et il a publié, dès 1934, un livre remarqué, *Vers l'armée de métier*, qui préconise la constitution de grandes unités cuirassées, composées de chars d'assaut, très mobiles, et ne comprenant que des soldats de métier. La hiérarchie militaire s'est toujours méfiée de cet iconoclaste [18]. Léon Blum le convoque le 14 octobre [19]. Il est intéressé, mais guère convaincu : « Officier très intelligent, mais ses idées sur l'armée de métier sont inacceptables », dira-t-il le lendemain à André Blumel [20]. Bref, on améliorera la ligne Maginot.

Cet embryon de politique extérieure ne trouve évidemment guère d'indulgence à droite. Mais elle ne satisfait pas non plus grand monde à gauche. Pacifistes et antimilitaristes s'inquiètent et protestent. Le bureau du CVIA vote ainsi une résolution contre les « mesures de militarisation », « étrangères au programme du Front populaire [21] ». Marceau Pivert écrit le 12 janvier pour la « tribune libre » [22] traditionnelle du *Populaire* :

« Nous n'avons pas signé le service de deux ans Au contraire, notre motion unanime du congrès de juin réclamait le retour du service d'un an à court terme. Nous n'avons pas signé un programme de surarmement formi-

---

18. Weygand, par l'intermédiaire de de Lattre de Tassigny, a fait connaître son hostilité aux thèses développées dans *Vers l'armée de métier*. De Gaulle a été affecté à l'état-major de la Défense nationale, puis muté en Corse en 1937.

19. Le colonel de Gaulle n'a d'ailleurs pas cessé de mener une campagne active en faveur de ses idées. À gauche, il a successivement essayé de convaincre Philippe Serre, de la Jeunesse République, Déat et Léo Lagrange, de défendre ses idées. Il écrit dans *L'Appel* : « Le premier le fit, et d'une manière si brillante qu'il prit le rang de grand orateur et peu après entra au gouvernement. Le second, sur les dons de qui je comptais, fut, après son échec aux élections de 1936, attiré dans une voie opposée. Le troisième se trouva empêché par le parti dont il était membre d'affirmer ses convictions. » En fait, c'est à droite que le colonel de Gaulle a trouvé des appuis, et il apparaît à l'époque comme le poulain de Paul Reynaud.

20. Blum donnera plus tard une autre version des conclusions de cet entretien. Il aurait en fait été convaincu de la pertinence des arguments du colonel de Gaulle et aurait cru que la forte augmentation de blindés qui figurait dans le programme d'armement mis en place par l'état-major et par Daladier correspondait à la mise en pratique des idées du colonel. Sa seule erreur aurait été de ne pas le vérifier. Cette version peut légitimement susciter quelques doutes. Outre qu'elle ne correspond pas à l'impression que le colonel de Gaulle a retirée de cet entretien (cf. *L'Appel*, p. 17-29), ni l'état-major, ni Daladier ne laissaient subsister d'ambiguïtés quant à ce qu'ils pensaient des théories du colonel. Daladier explique ainsi, en janvier 1937, à une commission du Sénat : « Les divisions cuirassées allemandes dont on parle tant, personne ne les a vues dans aucune manœuvre. La guerre d'Espagne a vu s'écrouler les immenses espérances que d'aucuns avaient fondées sur certains engins. Regardez Madrid. De part et d'autre, le feu, même peu retranché, empêche l'avance des tanks, qui sont percés comme des écumoires. Rassurez-vous. Nos ouvrages fortifiés sont suffisamment garnis pour arrêter, même le dimanche, une attaque brusquée. »

21. *Vigilance*, 16 décembre 1936.

22. Son texte est « censuré » par la direction du parti.

dable. Au contraire, le programme du Front populaire comporte le désarmement général [...]. Nous n'avons pas signé un programme permettant d'interdire *le Populaire* dans les casernes et de mettre en prison les jeunes soldats qu'on soupçonne d'être socialistes. Au contraire, nous considérons comme une liberté démocratique élémentaire le droit pour les militants de lire les journaux qui leur conviennent et de se réunir pour discuter et s'éduquer en dehors des heures de service. Puisqu'on parle de l'armée républicaine, qu'on commence donc par faire entrer la politique dans les casernes. »

La direction du PCF non plus n'est pas satisfaite, car il y a l'Espagne. Le 5 décembre au Parlement, après le débat sur la politique extérieure, ils refusent de voter la confiance au gouvernement et s'abstiennent : « Nous devrions voter contre l'ordre du jour, conclut Duclos. Mais nous pensons au Front populaire. »

Les vœux qu'adresse au pays, le 31 décembre 1936, Léon Blum, sont pourtant particulièrement optimistes :

« La reprise est certaine. Les stocks se reconstituent partout. La demande est devenue supérieure à l'offre. On ne se plaint plus maintenant de la mévente, on se plaint de la difficulté de livrer [...]. De nouveaux rapports sociaux s'établissent, un ordre économique nouveau s'élabore. Nous avons poussé le libéralisme aussi loin que ne l'avait fait aucun autre gouvernement dans le passé, plus loin peut-être que ne l'aurait fait aucun gouvernement dans les conditions présentes [...]. Notre seule ambition est d'extraire de ces institutions, de cette société, tout ce qu'elles peuvent contenir d'ordre, de justice, de bien-être. Nous sommes résolus à poursuivre cette tâche nécessaire par le jeu de la légalité républicaine, et, s'il se peut, par l'accord amiable de toutes les catégories sociales. »

En fait, dès les premières semaines de 1937, le gouvernement est confronté à d'autres difficultés.

La première vient du fait que si la dévaluation a effectivement permis aux entreprises de restaurer en partie leurs profits, les travailleurs, en revanche, voient jour après jour diminuer leur pouvoir d'achat [23]. C'est un peu rapidement

23. Le pouvoir d'achat du salaire horaire était passé de 123,9 en mai 1936 à 141,1 en septembre, et à 133,3 en décembre.

que *le Populaire* annonce triomphalement le 8 janvier : « Il n'y a, en fait, plus de grèves en France. » Il y en a encore quelques-unes, et il arrive qu'elles ne soient pas sans signification : dans le bâtiment, elles compromettent par exemple l'ouverture, prévue pour le 1er mai, de l'Exposition des arts et techniques. Blum se rend sur place, accompagné de Gitton, secrétaire du parti communiste. Celui-ci s'adresse aux ouvriers : « Les ennemis du Front populaire désirent l'échec de l'Exposition. Les ouvriers voudront qu'elle soit un succès sans précédent.

Les ouvriers : Oui ! oui ! Nos 15 % !

Blum lui succède : Ni le retard, ni encore moins l'échec. La bonne renommée du Front populaire est en jeu. Et maintenant, je vous le dis franchement : le travail du samedi et du dimanche est nécessaire.

Les ouvriers : Non ! non ! Nos 15 % [24] ! »

L'Exposition ne pourra ouvrir, ou plus exactement être inaugurée, que le 24 mai : elle le sera pour l'essentiel à partir d'une croisière sur la Seine afin d'éviter aux chefs d'État la vue des gravats et des chantiers inachevés. Jean Zay écrit : « Quand, au jour de l'inauguration, le cortège officiel déboucha sur la terrasse du palais de Chaillot et eut sous les yeux le spectacle d'un immense chantier où tant de constructions n'étaient encore qu'un squelette informe, ce fut une minute humiliante. »

Le gouvernement Blum et l'Église

Du côté de la droite, c'est un autre front qui s'ouvre. Jean Zay ayant élevé d'un an la limite d'âge de la scolarité obligatoire, un décret du 10 octobre étend cette mesure aux trois départements « à statut spécial » de l'Alsace-Lorraine. La scolarité obligatoire y étant déjà fixée à 14 ans, ce décret la porte à 15 ans, alors que la loi votée par le Parlement la fixe

---

24. Jules MOCH (*Rencontres avec Léon Blum*, Plon, 1970) conteste ce récit : « Contrairement à certains récits, ce ne fut nullement la "confusion" [...]. Les dirigeants syndicalistes qui avaient promis d'obtenir le silence n'eurent pas à intervenir [...]. L'auditoire applaudit. Moins longuement peut-être que nous ne l'espérions. Mais plus qu'on ne l'a écrit à l'époque dans la presse adverse. »

à 14 ans pour l'ensemble du pays. L'Église feint d'y voir la traduction d'un jugement négatif sur l'enseignement confessionnel. À quoi le gouvernement répond que si l'Église d'Alsace tient tellement à la scolarité à 14 ans, il lui est possible de renoncer à son statut spécial. La droite présente cette remarque comme dévoilant la volonté gouvernementale d'abolir ledit « statut spécial ». Le PSF entre en campagne et propose un référendum. Le 5 février, l'évêque de Strasbourg, Mgr Ruch, publie une lettre pastorale qui appelle à la mobilisation générale et conforte de fait la campagne du PSF.

En réalité, le gouvernement n'avait nullement l'intention d'abolir le statut spécial. Sans doute s'agissait-il là d'une vieille revendication des partis de gauche. Elle figurait même [25] dans la plate-forme du « front laïque », constitué le 29 décembre 1935 et auquel adhéraient tous les partis membres du Rassemblement populaire, et les candidats aux élections de 1936 avaient été, à l'initiative de la « Libre Pensée [26] » sollicités de donner leur accord à cette plate-forme. Mais l'abrogation du statut ne figurait nullement dans le programme du Rassemblement populaire.

Dans un premier temps, irrité par la « philippique » de l'évêque de Strasbourg, Blum répond sèchement : « Le président du Conseil [...] a résolu de se borner à appeler l'attention de ce prélat sur les lourdes responsabilités qu'il assume à la légère et à l'inviter à observer dorénavant une attitude plus réfléchie. »

Mais, sur ce terrain-là pas plus que sur les autres, Léon Blum n'avait l'intention de mener bataille. Il laissa donc se dérouler le « référendum » qui, dans ces conditions, donna aux cléricaux une majorité de 71,3 % dans le Bas-Rhin, 72,5 % dans le Haut-Rhin et 73,71 % en Moselle. Les projets gouvernementaux sont dès lors oubliés : l'heure est au contraire à la multiplication des efforts pour se concilier la hiérarchie catholique. D'ailleurs, le noyau dur de la mouvance laïque est en crise : A. Lantoine, dignitaire de la Grande Loge, plaide dans *Symbolisme* pour un rapprochement avec l'Église.

---

25. Aux côtés de la suppression de l'ambassade du Vatican, de toutes les subventions aux œuvres à caractère confessionnel, des émissions de caractère religieux à la radio d'État et de la fermeture des écoles congrégatives illégalement ouvertes.

26. La « Libre Pensée » était passée de 19 134 adhérents (et 438 groupes) en 1931, à 24 300 adhérents (et 476 groupes) au début de 1936, et elle avait fusionné, le 15 août 1936, avec les 3 918 membres des « Travailleurs sans Dieu ». 200 députés environ étaient membres du groupe parlementaire de la Libre Pensée.

Le 19 février, Blum accorde à Maurice Schumann sa première interview depuis qu'il est président du Conseil : c'est pour l'hebdomadaire catholique *Sept*, et le ton en est plus que conciliant :

« Serait-il si difficile de tirer des deux encycliques que le Saint-Siège, à un demi-siècle de distance, consacrait aux problèmes sociaux des formules voisines de celles que le gouvernement de Front populaire s'efforce de transporter dans la légalité républicaine ? »

Le même mois, il se rend personnellement à la réception organisée à la Nonciature à l'occasion du XVe anniversaire du couronnement de Pie XI. C'est le premier président à s'y rendre depuis la séparation de l'Église et de l'État. On est, décidément, bien loin de la « suppression de l'ambassade du Vatican »...

La pause

Mais c'est sur le terrain économique que les concessions à la droite et au patronat se concrétisent le plus clairement. Le 13 février, Léon Blum répond à la radio aux fonctionnaires : « Un temps de pause est nécessaire... L'économie privée se trouve dans un état de convalescence encore fragile parce que la coïncidence de grandes réformes sociales introduites en peu de mois avec l'alignement monétaire l'a placée dans des conditions toutes nouvelles dont l'équilibre n'est pas encore consolidé. »

Le 6 mars, il annonce un nouvel emprunt pour la Défense nationale. Le coupon, précise-t-il, pourra être remboursé en francs, en livres ou en dollars, et sera « protégé contre toute variation possible des trois monnaies les unes par rapport aux autres ». Les détenteurs de capitaux verront donc leur argent à l'abri des fluctuations monétaires : les travailleurs, en revanche, s'étaient vu refuser l'échelle mobile.

Simultanément, un « comité des experts » est mis en place pour surveiller le fonds d'égalisation des changes. À côté de Labeyrie, gouverneur de la Banque de France, et réputé homme de gauche, on y trouve Charles Rist, Jacques Rueff et Paul Baudouin : tous trois sont connus pour leur hostilité au Front populaire et pour être des partisans acharnés du libéralisme en matière économique. Baudouin, qui est président de la Banque de l'Indochine, est même soupçonné d'entretenir des rapports étroits avec Doriot.

La pause, expliquait Blum le 23 février à Saint-Nazaire, ce n'est pas demander au capital « ni son concours, ni son accord ». Pourtant, ça y ressemble beaucoup. *Le Temps* écrit : « On ne peut qu'approuver. » Le 12 mars, quand l'emprunt sort, Mgr Verdier figure parmi les personnalités qui le patronnent et appellent à y souscrire.

Le PCF vote l'emprunt — défense nationale oblige — mais la « pause » ne lui plaît guère. Dans la SFIO, les répercussions ne sont pas immédiates. Le conseil national est en effet pris de court : il se réunit le 14 février [27], le lendemain même de la déclaration de Blum sur la pause. Sur la politique intérieure, la Gauche révolutionnaire oppose sa motion à celle de Paul Faure, à laquelle se sont ralliés tous les autres courants : 702 voix contre 4 642. Sur l'Espagne, c'est Zyromski qui est isolé : 902 voix contre 4 221. Mais le torchon brûle entre la Gauche révolutionnaire et la direction du parti [28].

Le 28 février, Marceau Pivert démissionne de ses fonctions gouvernementales. Il écrit : « Non, je ne serai jamais un complice silencieux et timoré. Non, je n'accepte pas de capituler devant le militarisme et les banques. Non, je ne consens ni à la paix sociale ni à l'union sacrée. Et je continuerai à le dire, quoi qu'il puisse m'en coûter [29]. »

Les affrontements de Clichy

Le 16 mars, c'est la fusillade de Clichy. Le PSF avait prévu d'y tenir une réunion et, devant le refus du gouverne-

27. Il entérine la fusion avec le parti d'unité prolétarienne.

28. Marceau Pivert, invité à tenir un meeting à Bordeaux par les JS, en avait profité pour réunir, après le meeting, des militants adultes de la fédération. La fédération de la Gironde se plaint au secrétariat du parti qui expédie aux fédérations la « circulaire 273 ». La Gauche révolutionnaire y est accusée de « tentatives de désagrégation », « attaques injustes et systématiques contre la politique voulue par les assemblées souveraines du parti, utilisées par les ennemis du socialisme ». En fait, Paul Faure craint que la situation ne soit propice au développement de la Gauche révolutionnaire : « Il y a cent mille hommes nouveaux dans le parti qui peuvent être la proie d'une démagogie facile » (*Gauche révolutionnaire*, janvier 1937).

29. *La Vaque*, 1er mars 1937.

ment de l'interdire, le maire socialiste, Charles Auffray, et les élus communistes, le député Maurice Honel et le conseiller général Naire, appellent à manifester. À 19 heures, devant la mairie, il y a énormément de monde : entre 6 000 et 10 000 manifestants. Une partie de la manifestation se dirige vers le cinéma où se tient la réunion du PSF, mais que celui-ci a déjà évacué. Elle se heurte aux forces de police et la fusillade éclate [30], déclenchant des affrontements qui dureront plusieurs heures. Rues dépavées, mini-barricades, nouvelles fusillades. Le chef de cabinet de Blum, André Blumel, accouru en hâte, est grièvement blessé par la police. Dormoy, le nouveau ministre de l'Intérieur, Blum et Thorez, se rendent sur place [31]. Il y aura 6 morts et 200 blessés [32].

L'émotion est intense. Ce n'est pourtant pas le premier sang ouvrier que fait couler la police du Front populaire. Au début du mois, l'occupation des usines de phosphates de Metlaoui, en Tunisie (pour la revalorisation des salaires et pour l'application de la journée de 8 heures), avait été sauvagement brisée par la police : il y avait eu 19 morts parmi les ouvriers. Les réactions, à gauche, étaient restées bien faibles. Il n'en va pas de même cette fois-ci. Devant la colère ouvrière [33], l'Union des syndicats CGT décrète une demi-

---

30. Les conditions exactes de cette fusillade ne seront jamais éclaircies. A-t-elle éclaté à l'instigation de membres du PSF infiltrés dans la manifestation ? S'agit-il d'une provocation montée par l'un des dirigeants de la Cagoule (cf. p. 223-224), Jacques Corrèze ? L'un des morts fut-il effectivement reconnu — Jules Moch l'affirme — comme étant un provocateur ayant déjà opéré dans la région du Nord ? Des manifestants étaient-ils armés ? Faut-il incriminer des éléments « chiappistes » toujours présents dans la police parisienne ? L'enquête, confiée au juge Beteille, n'aboutit jamais.

31. *La Lutte ouvrière*, organe du POI trotskyste, décrit ainsi l'arrivée de Thorez : « À 22 h 45, Thorez arrive effondré [...], entre dans la mairie. On le supplie de se montrer au balcon et de parler. Il refuse systématiquement de parler aux ouvriers déçus. D'une voix blanche, avant de repartir, il dit : "du calme, du calme ! Je vais demander la démission de Dormoy [...] !" Près de lui, un groupe d'ouvriers scande : "Milices ouvrières pour le socialisme" [...]. Thorez se retourne et leur lance haineusement : "Sales trotskystes ! » Pour sa part, Thorez décrira ainsi, en 1939, l'arrivée de Léon Blum : « Vers minuit survient en tenue de soirée le président du Conseil. L'assassin des ouvriers de Clichy sort de sa loge de l'Opéra, raide sous l'habit de cérémonie, guindé dans son plastron, ganté de blanc. Une rumeur d'indignation s'élève alors de la foule des parents des blessés, des ouvriers collés contre les grilles de l'hôpital. »

32. René Chrétien, Émile Mahé, Victor Mangermann, Arthur Lepers, Marcel Cerruti, membres du PCF, Solange Demangel, membre de la SFIO et militante « Gauche révolutionnaire » du XVIIIe arrondissement. Toutes les victimes ont été atteintes par des balles de Browning 7.65, arme habituelle de la police.

33. Dès le 17, des grèves avaient éclaté à Renault, sur les chantiers de l'Exposition et dans des dizaines d'entreprises de la région parisienne.

journée de grève pour le 18 mars. Il s'agit autant de canaliser que de protester : une grève « pour le maintien de l'ordre », expliquera Henri Raynaud, dirigeant communiste de la CGT parisienne. Elle est en tout cas massive et active : taxis lapidés à Paris, ponts de la Seine barrés par des piquets compacts en banlieue, etc.

Blum, affecté, parle de démissionner [34]. On l'en dissuade. En revanche, les Jeunesses socialistes de la Seine titrent leur journal (*la Jeune Garde*) : « 8 milliards pour l'emprunt, 5 morts à Clichy : l'argent de la bourgeoisie se paie avec le sang des ouvriers. » Éternel recommencement : le Comité national mixte exclut aussitôt 22 dirigeants des JS de la Seine. Mais les sections de Paris contrôlées par la Gauche révolutionnaire ont également publié un tract dans lequel on peut lire : « Les forces de police tirant sur les ouvriers antifascistes, sous un gouvernement de Front populaire à direction socialiste, est-ce la rançon de la politique de confiance exigée par les banques ? » Un conseil national convoqué d'urgence remet à l'ordre du jour l'offensive contre la GR : « Il y avait à Clichy, n'hésite pas à affirmer Marx Dormoy, 200 membres de la GR organisés en TPPS et participant à l'attaque des barrages de police. » Placé devant l'alternative : dissolution de la GR ou exclusion du parti, Marceau Pivert s'incline : la GR est dissoute [35].

Le gouvernement propose que les conventions collectives signées dans la foulée de juin, qui vont bientôt arriver à expiration, soient prolongées de six mois : la CGPF accepte, mais la CGT conditionne son accord au vote d'une loi réglementant l'embauche et le licenciement. Frachon déclare à Oyonnax, le 8 juin : « Je le dis tout net, si le projet de loi sur l'embauchage et le débauchage n'est pas voté rapidement, nous aurions le droit de dénoncer nos engagements sur les contrats collectifs. Ce projet est vital pour la classe

34. Pour la troisième fois. Il avait déjà envisagé cette possibilité le 7 août, à l'occasion de la non-livraison d'armes à l'Espagne, et le 6 décembre, après l'abstention communiste.

35. Le POUM, que la GR considérait comme son « parti-frère » en Espagne, porte le jugement suivant : « La soumission de Pivert, même si elle n'empêche pas la scission — qui est fatale et certaine et se produira peut-être au prochain congrès du parti socialiste —, la rend difficile, la retarde et accumule les difficultés de la cristallisation du parti marxiste qui doit guider la classe ouvrière française sur le chemin de la révolution [...]. Maintenir des positions révolutionnaires [...] requiert un courage et une fermeté de position dont Pivert a démontré qu'il ne les a pas » (*la Batalla*, 23 avril 1937).

ouvrière ; s'il n'est pas voté, elle pourrait se souvenir du mois de juin de l'année dernière. »

Mais le relais politique fait défaut. Au Parlement, le texte qu'avait présenté en ce sens Monmousseau au nom du groupe communiste est finalement retiré.

La chute du gouvernement Blum

La droite a senti le désarroi grandissant à gauche. Elle reprend l'offensive, cette fois-ci sur le front financier. Sorties d'or de nouveau massives, vente soudaine de bons du Trésor, étranges mouvements de fonds : les opérations se succèdent sous l'œil impavide des hauts fonctionnaires en place dans ces secteurs. Le 14 juin, les trois « experts », Baudouin, Rist et Rueff, démissionnent avec fracas. Le 15 juin, il y a en caisse 474 millions alors que les engagements de l'État représentaient au 1er juillet un décaissement de 1 700 millions... Et dire que Paul Faure a annoncé — le 30 mai à Nancy — le vote prochain d'une loi créant la retraite des vieux travailleurs !

Bien entendu, la droite relaie la campagne alarmiste : « Mais bon Dieu de bon Dieu de sacré bon Dieu de bois, qu'est-ce qu'ils ont pu faire de nos sous ! » s'indigne Henri Béraud, tandis que Flandin réclame le 25 mai « des nouvelles mesures susceptibles de ranimer la confiance ».

Les radicaux ne sont pas insensibles à cette campagne. Le 6 juin, à Saint-Gaudens, Daladier, après avoir relevé « des chiffres et des faits qui sont de nature à nous préoccuper », ajoute : « Que dire, enfin, de l'inquiétude des classes moyennes qui supportent, souvent sans compensation, tout le poids des lois sociales ? »

Le 15 juin, Léon Blum demande les pleins pouvoirs en matière financière (jusqu'au 31 juillet), en même temps qu'il annonce les mesures qu'il compte prendre : le relèvement des avances que peut consentir à l'État la Banque de France, le contrôle des opérations spéculatives et monétaires, 5 milliards d'impôts nouveaux et le relèvement de l'impôt sur le revenu, la hausse des taxes sur les successions, des tarifs postaux et ferroviaires et du tabac.

C'est un programme mi-chèvre mi-chou. L'annonce du contrôle des opérations spéculatives et monétaires déclenche un tollé à droite qui a beau jeu de rappeler à Blum sa promesse qu'il n'y aurait pas de contrôle des changes. Mais d'autres mesures s'en prennent directement au pouvoir d'achat des travailleurs, celles notamment qui concernent le tabac, les tarifs postaux et ferroviaires. Le PCF semble dans un premier temps pencher pour l'abstention, mais vote finalement les pouvoirs spéciaux. Ceux-ci sont adoptés par l'assemblée : 346 voix contre 247, mais refusés par le Sénat : 188 voix contre 72, puis, après une première navette, par 168 voix contre 96.

Le gouvernement examine les solutions qui lui restent. Refaire voter la Chambre et instituer une deuxième navette ? Mais la majorité hostile est trop importante au Sénat pour qu'elle puisse être grignotée. Prononcer la dissolution de l'Assemblée ? Mais il faut l'accord du Sénat. Faire démissionner tous les élus du Front populaire, en espérant une réélection plébiscitaire ? Les radicaux sont contre. Reste-t-il donc d'autres solutions que la démission du gouvernement et la constitution d'une autre équipe, de « Front populaire », mais à direction radicale ? Pendant la discussion, Jules Moch passe une note à Blum : Pivert et Zyromski, qui dirigent toujours la fédération de la Seine, se préparent à appeler à une manifestation de masse devant le Sénat : « Ah, non ! À aucun prix ! » s'exclame Blum. Et à 3 heures du matin, le 21 juin, le gouvernement démissionne.

Le tour de Chautemps

Les diverses solutions gouvernementales de rechange dépendent encore au premier chef de la SFIO, qui reste le plus puissant groupe parlementaire. Elle peut choisir de représenter au parlement un gouvernement à direction socialiste, comme le demande Zyromski. Elle peut laisser s'installer un gouvernement à direction radicale, mais sans y participer, ce qui est la position de Marceau Pivert. Mais

Blum a déjà choisi : ce sera un gouvernement Chautemps [36] et la SFIO y participera. Il a cependant du mal à convaincre son parti, et doit accepter de mettre un certain nombre de conditions à la participation socialiste : que le gouvernement ne contienne aucun des hommes politiques qui avaient combattu le gouvernement Blum, et qu'il poursuive la réalisation intégrale du programme du Front populaire [37]. À ce prix, Blum obtient 1 397 voix contre 1 369 à Zyromski et à Marceau Pivert.

Mais, dès la constitution du gouvernement — où les socialistes ne sont plus que 9 sur 21 — la première de ces conditions est ouvertement violée : on y trouve en effet Henri Queuille, aux Travaux publics [38], et surtout Georges Bonnet, qui avait vivement combattu la dévaluation et qui remplace Auriol aux Finances. La présence de Bonnet, dont les projets financiers sont connus, garantit d'ailleurs que la deuxième condition ne sera pas non plus respectée : il n'y aura pas « réalisation intégrale » du programme du Front populaire.

Au congrès qui se tient à Marseille le 10 juillet, le débat rebondit donc. Mais seule la Gauche révolutionnaire — devenue « la minorité de la CAP » — demande la démission des ministres socialistes. La motion que présentent Bracke et Zyromski pour la Bataille socialiste cultive l'ambiguïté : le gouvernement Chautemps est caractérisé comme « un recul du Front populaire », mais la BS ne demande pas le départ des ministres socialistes.

Malgré tout, le vote final traduit la fragilité de la direction : 54 % pour la motion Blum-Faure, 29 % pour la BS, 16 % pour Pivert.

Cette division chez les socialistes contribue à miner un peu plus l'assise réelle du cabinet Chautemps. Sans doute bénéficie-t-il encore de l'appui du PCF [39], et reçoit-il lors de son investiture la totalité des voix du Front populaire : 392

36. Il semble que Herriot n'était pas candidat, et que Blum ait préféré Chautemps à Daladier, dont la fermeté de caractère lui paraissait largement surestimée.

37. Blum affirmera plus tard qu'une troisième condition, secrète, était la continuation de la politique de « non-intervention relâchée ».

38. Peschadour, le secrétaire de la fédération de Corrèze, intervient violemment devant le congrès : « Nous avons été estomaqués [...]. Je vous dirai qu'en Corrèze, M. Queuille a été le chef de la coalition anti-Front populaire ».

39. Celui-ci, estimant sans doute que l'évolution de la situation sociale ne rendait plus sa présence au gouvernement explosive, a demandé à participer au gouvernement. Mais Chautemps a refusé l'offre.

contre 142. Mais, du côté syndical, Jouhaux est réservé. Et le congrès du Comité de vigilance précise qu'il « ne considère pas le gouvernement actuel comme un véritable gouvernement de Front populaire ». Chautemps va-t-il au moins obtenir de la droite l'accalmie qu'il espère ? En tout cas, il s'y emploie, les mesures financières proposées intégrant largement les souhaits de la bourgeoisie [40] : pas de contrôle des changes, pas d'impôt forcé, diminution des crédits prévus pour les grands travaux.

Dans un premier temps, le Sénat lui accorde effectivement les pleins pouvoirs qu'il avait refusés à Blum. Mais l'accalmie est de faible durée. Au Parlement, Paul Reynaud prédit l'échec du plan de redressement financier. La presse de droite redouble ses attaques. Et surtout, le samedi 11 septembre, à 22 h 15, deux bombes explosent à Paris, la première au siège de la Confédération générale du patronat français, rue de Presbourg, la deuxième, rue Boissière, au siège de l'Union des industries métallurgiques et minières. Rue de Presbourg, deux agents de police en faction sont tués dans l'explosion. *Le Temps* y voit tout aussitôt la main de l'extrême gauche : « On ne multiplie pas impunément les diatribes contre le mur d'argent, contre les 200 familles. » En fait l'enquête met en évidence la responsabilité d'une organisation clandestine d'extrême droite, l'Organisation secrète d'action révolutionnaire (OSAR) qui sera plus connue, à l'instigation de l'Action française, sous le nom de « la Cagoule ».

La Cagoule

Le creuset de la Cagoule, c'est au départ la « 17e équipe » des Camelots du roi, qu'anime Jean Filliol, un jeune baroudeur de 25 ans, à vrai dire plus attiré par la « castagne » que par les théories monarchistes. Rattachés à la section du XVIe arrondissement de l'Action française, ils sont suivis et « couverts » par les deux vice-présidents de la section, un

40. Les discussions avec les compagnies privées, en vue de la nationalisation de la SNCF, aboutissent à un accord le 21 août 1937. Mais le processus avait été engagé sous le gouvernement Blum.

représentant en imprimerie, Aristide Corre, et un polytechnicien, ingénieur conseil de son métier, Eugène Deloncle.

Le détonateur, c'est février 1934, le sentiment que l'Action française a failli, alors que le pouvoir était à portée de la main... Et Daudet, qui était à Bruxelles ! Et Maurras, qui rédigeait son poème provençal ! Et Pujo, qui n'a pas levé le nez du marbre de *l'Action française*, pendant que trente jeunes camelots tombaient sous les balles, que Filliol, contrevenant aux ordres, lançait ses troupes à l'assaut et refusait de quitter la place de la Concorde ! La révolte gronde... Tous ceux-là sont des vieux, qui ne pensent qu'à leur journal, qui ont renoncé à prendre en charge le destin de la France. Deloncle et Corre rédigent le *Mémoire sur l'immobilisme* qui reçoit 97 signatures : la « 17ᵉ équipe » a trouvé des appuis dans d'autres sections, dans d'autres régions. Fin 1935, après un débat interne violent, les « 97 » sont exclus de l'Action française.

C'est ce noyau [41] qui fonde, le 18 mai 1936, le parti national révolutionnaire et social. Las ! Celui-ci figure, le 18 juin, parmi les ligues dissoutes. La décision est alors prise de recourir à l'action clandestine et de s'armer. Ainsi est fondée, le 1ᵉʳ juillet 1936, l'OSARN [42], dont la direction est assurée par les « intimes [43] ». Elle dispose d'une branche dans l'armée, l'Union des comités d'action défensive, animée par le général Duseigneur, auprès duquel on retrouve l'inévitable Pozzo di Borgo. Voilà donc l'organisation que découvre la police au moment de l'enquête sur l'attentat de la rue de Presbourg. Et peu à peu, le voile se lève sur les activités de l'OSARN [44] : ce sont eux qui ont assassiné les deux dirigeants antifascistes italiens Carlo et Nello Rosselli [45], eux

41. « Il y a 18 mois, nous étions 40 et nous n'avions rien », Aristide Corre, le 21 décembre 1937.

42. Organisation secrète d'action révolutionnaire nationale. C'est à la suite d'une erreur de transmission (d'un indicateur ?) transformant le *O* en *C* que la presse popularisa le sigle « CSAR ».

43. Deloncle, Filliol, Corre, Corrèze, et Henri Deloncle, le frère d'Eugène, tous issus de la 17ᵉ équipe et de la section du XVIᵉ arrondissement.

44. « Laissons tomber le *N* (pour *Nationale*), dira Deloncle. Nous sommes devenus "internationaux", mais il ne faut pas le dire. »

45. « Contrat » exécuté à la demande des services secrets italiens (SIM), en échange de fourniture d'armes.

aussi qui ont tué un très curieux économiste russe, Navachine [46].

Quelle est alors la réalité de la Cagoule ? 120 000 hommes selon un rapport établi en 1937 par le Service d'information militaire (SIM) italien [47]. 50 000 selon André Blumel [48]. Philippe Bourdrel [49] donne des estimations partielles, mais plus mesurées : 4 000 à Paris, 700 en banlieue. Elles apparaissent confirmées par les intéressés eux-mêmes : Aristide Corre parle ainsi, pour Paris, de 2 000 hommes « prêts à agir ».

La Cagoule, en revanche, dispose incontestablement d'appuis et de réseaux dans l'armée. En dehors de sa propre infrastructure, elle a par ailleurs noué d'étroites relations avec les réseaux « Corvignolles » qui ont été mis en place dans l'armée à partir de décembre 1936 par le chef d'état-major de Pétain, Loustaunau-Lacau, et qui se donnent comme activité essentielle d'expurger l'armée de toute activité communiste. Et elle ne manque pas d'argent [50] : elle peut ainsi accumuler un puissant armement [51], d'autant plus que les services secrets de Mussolini et de Franco y contribuent volontiers. La police une fois sur leurs traces, Deloncle et ses amis choisissent la fuite en avant : les « groupes de combat » sont mobilisés pour la nuit du 15 au 16 novembre, date à laquelle, explique Deloncle, doit avoir lieu un putsch communiste [52]. Mais l'armée, dont les conjurés espéraient

---

46. Il semble en revanche que la Cagoule n'ait été pour rien dans l'assassinat de Laetitia Toureaux, poignardée dans le métro, et que l'on soupçonna d'avoir été liée aux services secrets italiens. De même, la participation de Jacques Corrèze aux affrontements de Clichy n'a jamais pu être prouvée. Des récits détaillés imputent à Jean Filliol l'organisation de l'attentat contre Léon Blum à l'occasion des obsèques de Bainville. L'affaire aurait été conçue comme une provocation destinée à compromettre l'Action française, mais le coup de demi-baïonnette destiné à Blum n'aurait fait que transpercer le siège de la voiture. Les récits ne constituent pas des preuves. On ne prête qu'aux riches, mais on leur prête.

47. Archives SIM.

48. In *Léon Blum, chef de gouvernement*.

49. Philippe BOURDREL, *La Cagoule*, Albin Michel, 1970.

50. Les « parrains » financiers de la Cagoule sont restés inconnus. Il apparaît cependant acquis que figurait parmi eux Eugène Schueller, le fondateur du groupe L'Oréal.

51. L'estimation la plus précise est donnée à l'occasion de la découverte d'un des dépôts d'armes de la Cagoule, le 26 novembre 1936 : 1 mitrailleuse, 1 mitraillette, 102 FM, 38 mousquetons et fusils de guerre, 2 bombes, 2 948 grenades chargées, 185 000 cartouches. Aristide Corre commente : « À l'exception des grenades, ce total ne doit pas être très supérieur au quart de notre matériel de Paris. Quant à la province, il ne semble pas qu'elle ait été touchée. » DAGORE, *Les Carnets secrets de la Cagoule*, Éd. France-Empire, 1977.

52. L'objectif réel est d'initier un processus de guerre civile, en faisant entrer en action quelques régiments manipulés et persuadés qu'ils répliquaient ainsi à un

que quelques unités au moins accepteraient de se mobiliser préventivement, ne bouge pas. À 4 heures du matin, l'opération est décommandée. Mais les fuites inhérentes à cette mobilisation générale font voler en éclats les règles de cloisonnement et de sécurité qu'avait cru s'imposer la Cagoule. Cette organisation hyper-clandestine se révèle finalement très fragile : c'est à qui bavardera le plus. Elle est rapidement disloquée par la police de Marx Dormoy, qui emprisonne ses chefs, met au jour ses réseaux et la plupart de ses caches d'armes. Mais l'affaire fait évidemment la une de toute la presse, manifeste au grand jour une présence armée et conspiratrice de l'extrême droite et contribue à tendre la situation politique.

Les élections cantonales

Entre-temps ont lieu, le 10 octobre, les élections cantonales. Elles confirment que, globalement, le rapport de forces dans le pays est toujours en faveur du Front populaire : 4 583 542 voix contre 3 078 858 à la droite.

ÉLECTIONS CANTONALES DE 1937

SFIO	1 657 088	UDR	1 193 125
PCF	1 088 052	Alliance démocratique	760 787
Parti radical	1 608 793	Gauche radicale et radicaux indépendants	446 531
Union socialiste républicaine	153 939	PSF	296 537
Socialistes indépendants	63 089	Conservateurs	216 014
Parti radical (Camille Pelletan)	7 580	Démocrates populaires	196 596
Unité prolétarienne	4 501	PPF	70 634
		Autonomes (Alsace)	5 199
		Divers	2 435
Total Front populaire	*4 583 542*	*Total droite*	*3 078 858*

putsch communiste. Mais de qui cet objectif était-il connu ? Au sein même des « intimes », Aristide Corre, apparemment, n'en était pas informé. Il est bien difficile de déterminer, à l'intérieur de la hiérarchie de la Cagoule, qui croyait réellement au putsch communiste et jusqu'à quel niveau la Cagoule elle-même s'est laissé intoxiquer.

Le parallèle, en sièges, avec les élections cantonales de 1931 montre bien que, à l'intérieur de la coalition de Front populaire, c'est le même mouvement vers la gauche enregistré en mai 1936 [53] qui se confirme ici. Le parti communiste gagne 74 sièges [54], la SFIO 71, et le parti radical en perd 79. Globalement, le PCF continue de mordre sur l'électorat de la SFIO, qui mord elle-même sur l'électorat radical. En pourcentage, on serait même tenté de considérer que le Front populaire progresse (de 55 % en mai 1936 à 59 %). Mais ce calcul peut être politiquement trompeur : le nombre de candidats qui ont l'étiquette du parti radical, mais qui se comportent dans les faits comme des adversaires résolus du Front populaire, a sensiblement augmenté. Il paraît plus raisonnable de considérer que le rapport de forces électoral a été globalement maintenu.

La gauche et les colonies

Malgré ce rapport de forces maintenu dans le pays, le gouvernement Chautemps se plie de plus en plus ouvertement aux injonctions de la droite. En quelques mois, nombre de projets disparaissent ainsi dans les dédales des commissions ou à l'occasion des navettes entre les deux Chambres. Le projet Blum-Violette, qui prévoyait un nouveau statut pour l'Algérie, reste dans les tiroirs bien que ce soit toujours le socialiste Marius Moutet qui a en charge le ministère des Colonies. De toute façon, pour ce qui concerne la politique coloniale du Front populaire, ce n'est point en termes de faiblesse, d'échec, ou de trahison de promesses qu'il convient de l'aborder.

53. Des élections partielles avaient entre-temps mis en évidence le même phénomène, notamment l'élection de l'Allier. Le radical Lamoureux arrive en tête au premier tour avec 11 660 voix devant le socialiste Rucklin (10 049 voix). La direction du PS demande que le candidat socialiste se désiste pour Lamoureux, et Rucklin obtempère. Le PCF, qui a obtenu 2 282 voix, se désiste également pour Lamoureux. Mais la Fédération de l'Allier refuse la décision nationale (Lamoureux ne cache pas son hostilité au Front populaire) et présente au second tour un illustre inconnu, un petit paysan nommé Désormières. Celui-ci, qui a contre lui les directions des trois partis du Front populaire, recueille au second tour 11 723 voix contre 12 522 à Lamoureux : non seulement il n'a pas perdu une seule voix socialiste malgré la prise de position de la direction de son parti, mais les deux tiers des électeurs communistes ont voté pour lui, contre les consignes du PCF.

54. S'il semble avoir perdu en voix par rapport aux élections législatives, c'est qu'il n'a présenté que 2 222 candidats pour 3 500 sièges.

Le programme du Front populaire, en matière coloniale, était d'une remarquable sobriété : « Constitution d'une commission d'enquête parlementaire sur la situation politique, économique et morale dans les territoires français d'outre-mer, notamment dans l'Afrique du Nord française et dans l'Indochine. »

Le gouvernement pouvait difficilement se situer en deçà de ces engagements. Sur un point, il alla même plus loin : c'est en ce qui concerne la Syrie et le Liban, qui avaient, en 1926, été placés sous la tutelle de la France par la Société des Nations. Mais c'est que P.E. Flandin, ministre des Affaires étrangères dans le précédent gouvernement, avait déjà pris l'engagement de mettre fin à la tutelle, sans que la forme ait été précisée. Pierre Viénot, sous-secrétaire d'État, proclame donc l'indépendance des deux pays, mais assortie de conditions économiques et militaires (notamment pour ce qui concerne le stationnement des troupes françaises), qui les maintiennent de fait dans un statut néo-colonial. Ces conditions n'empêchent nullement la droite de protester contre « la trahison des intérêts français [55] ».

Pour le reste, la « commission d'enquête » prévue par le programme ne vit le jour qu'en décembre 1936. Très large dans sa composition (de Léon Jouhaux à Mgr Verdier), présidée par un radical, Steeg, son mandat est ainsi défini : « Rechercher les besoins et les aspirations légitimes des habitants de certaines colonies et pays de protectorat. » En fait, elle ne se rendra qu'en Afrique-Occidentale française, c'est-à-dire dans la région où après sa visite les réformes se révéleront particulièrement minces.

La politique suivie au Sénégal, par exemple, est très représentative de la conception « assimilationniste » que développent les socialistes. Elle repose sur deux points : favoriser l'émergence d'un mouvement ouvrier sénégalais, améliorer les conditions de vie des indigènes. Un décret du 11 mars 1937 institue ainsi le droit syndical. Mais il précise que, pour avoir le droit de se syndiquer, il faut : « Parler, lire et écrire couramment le français, être titulaire du certificat d'études primaires, ou avoir une attestation équivalente, délivrée dans les conditions fixées par le gouvernement général en commission permanente du conseil de gouvernement. »

55. Les traités ne furent d'ailleurs jamais ratifiés par le Parlement.

Si tel n'est pas le cas, les travailleurs ne peuvent appartenir qu'à une association professionnelle. La mise en œuvre des réformes gouvernementales n'en est pas accélérée. Par exemple, suite aux accords Matignon, il conviendrait d'appliquer la journée de 8 heures. L'application est en effet décidée... à compter du 1er janvier 1938. L'arrêté est en fait signé le 14 mai 1938, c'est-à-dire trois mois avant que la loi ne soit abolie. En septembre, une grève des cheminots éclate à Thies. Cappet, le gouverneur mis en place par Marius Moutet, envoie la troupe : il y a 6 morts.

Par ailleurs, il y a bien le décret du 23 juillet 1937 : mais les modalités d'accession à la nationalité française qu'il prévoit sont fort timides. L'histoire n'hésite pas d'ailleurs à se faire à elle-même des clins d'œil. En effet, le Sénégal dispose enfin de son premier professeur agrégé. Celui-ci fait, le 10 septembre 1937, sa première conférence à la chambre de commerce de Dakar. Il s'appelle Léopold Senghor.

En Indochine, le gouvernement de Front populaire commence par voter une amnistie partielle [56]. Une campagne de masse, le « Mouvement pour le Congrès indochinois », s'organise dès août 1936, avec comme objectif de remettre les vœux de la population à la commission d'enquête prévue par le Front populaire. Cette campagne a un contenu fort modéré, qui s'explique notamment par le tournant droitier qu'impose alors l'Internationale communiste au parti communiste indochinois : il n'y est, par exemple, pas question d'indépendance nationale, et l'on s'y limite aux « droits démocratiques ». Mais elle présente par ailleurs un caractère tout à fait particulier : si la droite nationaliste y participe, la campagne est en fait animée par le journal *la Lutte* que dirigent ensemble, depuis 1933, communistes et trotskystes [57].

---

56. En Guyane, le bagne est supprimé. Entre la Guyane et l'Indochine, 1 100 prisonniers politiques sur 1 900 sont libérés, 200 bénéficient de réductions de peine, les 600 restant, soit sont des récidivistes, soit sont considérés comme des droits communs. Sortent ainsi de prison Pham Van Dông et Vô Nguyên Giap, futurs dirigeants de la République démocratique du Viêt-nam.

57. Cette expérience de cohabitation durera jusqu'au 14 juin 1937, c'est-à-dire que cela se prolonge alors même que la chasse aux trotskystes orchestrée par le Guépéou bat son plein partout ailleurs. Aux élections municipales de 1937, c'est encore une liste de *la Lutte* qui est présentée, faisant élire un trotskyste (Ta Thu Tau) et deux membres du PCI. Minoritaires jusqu'en 1936, les trotskystes sont devenus majoritaires au sein de *la Lutte*. Après la rupture, leur audience va croissant : en avril 1939, trois candidats trotskystes (Ta Thu Tau, Tran Van Trach et Pham Van Hum) obtiennent 80 % des voix aux élections au Conseil colonial de Cochinchine, battant « constitutionnalistes », « indépendants » et membres du PCI.

Cette campagne a une grande audience. Les dirigeants socialistes, qui bataillent ailleurs contre les mouvements nationalistes sous prétexte qu'ils sont « bourgeois » et ne représentent pas les intérêts des travailleurs, s'opposeront ici au « Mouvement pour le Congrès », parce qu'il est animé par des communistes et des trotskystes [58]. Le 19 septembre 1936, Marius Moutet invite le gouverneur général à maintenir l'ordre par tous les moyens. En octobre, les dirigeants du « Mouvement pour le Congrès » sont arrêtés. En février 1937, le Mouvement lui-même est interdit [59]. La commission d'enquête ne mettra jamais les pieds en Indochine : on craint que sa venue ne ressuscite le mouvement congressiste. Pas question non plus d'instaurer le droit syndical, même pour les « gens instruits », comme en AOF : cela ne risquerait-il pas d'aboutir à légaliser les unions ouvrières clandestines qu'animent trotskystes et communistes ? Au début de l'année 1937, un mouvement de grèves se propage, sur les salaires et sur les conditions de travail. Quelques mois plus tard, la grève des cheminots du Transindochinois se règle par la répression, et, entre le 1er juin 1936 et le 14 octobre 1937, les tribunaux prononcent en Cochinchine 161 condamnations pour délits politiques ou entraves à la liberté du travail, plus qu'il n'en avait été prononcé dans les dix-huit mois précédant la victoire du Front populaire.

Le fiasco est tout aussi sensible au Maghreb. En Tunisie, l'accession à l'indépendance de la Syrie et du Liban, comme les premières déclarations de Pierre Viénot contre les « prépondérants », avaient suscité un grand espoir, et le conseil national du Néo-Destour avait accordé, dès le 10 juin 1936, un « préjugé favorable » à l'action du secrétaire d'État.

58. « J'ai essayé de trouver une formule qui aurait permis une large consultation de tous les éléments de la population et non pas ce rassemblement dit populaire, mais constitué sous la seule égide des trotskystes-communistes, intervenant dans les villages pour menacer et intimider la partie paisible de la population, enlevant toute autorité aux agents publics. Cette formule, nous ne l'avons pas trouvée, car je ne puis permettre la tenue d'un congrès dans lequel les trotskystes seraient incontestablement les dirigeants. » Marius Moutet, « L'agitation antifrançaise en Indochine, juin 1937 » (Papiers Marius Moutet, section outre-mer des Archives nationales).

59. La répression se propage alors dans toutes les directions. Un Indochinois est ainsi condamné à trois ans de prison pour avoir lu, en public, la traduction de la brochure de Léon Blum, *Pour être socialiste*. Le gouverneur général d'Indochine fait signer par le roi du Cambodge l'interdiction de la vente des livres de Marx, Engels, Lénine, Guesde, Lafargue, Vaillant, Jaurès, Romain Rolland.

Mais celui-ci précise très vite sa position. Il estime, en novembre, que « l'installation de la France en pays de protectorat a un caractère définitif » et exclut « la fin d'une participation directe de la France au gouvernement de ce pays [60] ». Malgré ces garanties, la droite coloniale s'affole, la situation politique et sociale se tend, les incidents se multiplient, notamment à l'occasion des grèves : deux morts aux mines de Djenissa, 6 aux chantiers de Methine, 19, en mars 1937, avec l'intervention de l'armée dans la grève des mines de phosphates de Metlaoui. Le 29 octobre 1937, le congrès du Néo-Destour retire son « préjugé favorable ».

Au Maroc, le premier effort du gouvernement de Front populaire est de rappeler le gouverneur général Peyrouton, symbole des intérêts coloniaux [61], mais c'est pour le remplacer par le général Noguès, homme de répression, qui expliquait en 1931 : « La vraie conquête se fait avec des mitrailleuses, c'est la seule manière de se faire respecter par les indigènes [62]. »

En octobre, Noguès réprime très durement les émeutes de Casablanca, d'Oujda et de Marrakech. Le 29 octobre, le Comité d'action marocaine est dissous et ses dirigeants jetés en prison.

En Algérie, le gouvernement a donc élaboré le projet « Blum-Violette », qui se situe explicitement dans le cadre de l'« Algérie française » et qui, même dans ce cadre, ne représente qu'une très modeste avancée : dirigée vers l'élite de la bourgeoisie algérienne, il prévoit d'accorder, la première année, la citoyenneté française et les droits y afférant, à 21 000 Algériens, distingués en fonction de leurs titres, de leurs diplômes, ou des « services rendus ». La bourgeoisie algérienne, qu'il s'agisse des oulémas [63], partisans d'une évolution progressive, ou de l'association des élus qu'anime Ferhat Abbas, et qui sont ralliés aux théories assimilationnistes [64], se déclare favorable au projet.

---

60. *La Dépêche tunisienne*, novembre 1936.
61. Cela ne va d'ailleurs pas sans difficultés, car Peyrouton est le gendre de Malvy, et les radicaux le défendent.
62. *Maghreb*, août 1932, réponse à Robert-Jean Longuet.
63. Docteur de la loi, religieux.
64. Ferhat Abbas explique alors, à propos de la « patrie algérienne » : « J'ai interrogé l'histoire, j'ai interrogé les vivants et les morts, j'ai visité les cimetières. Personne ne m'en a parlé. »

Telle n'est pas l'opinion de l'Étoile-nord-africaine (ENA), et de son principal dirigeant Messali Hadj. À l'occasion du « Congrès musulman » qui se tient à Alger en août 1936, le leader de l'ENA, Messali Hadj, s'est opposé à la majorité « assimilationniste » et a suscité un instant de forte émotion en arrachant, au milieu de son discours, une poignée de terre au sol de la tribune : « Cette terre est à nous, elle n'est pas à vendre. »

Le 26 janvier 1937, l'Étoile nord-africaine est dissoute, accusée de mener une « action nettement dirigée contre la France [65] ».

La dissolution de l'ENA suscite des protestations : des pivertistes, dont Messali est proche, de Bergery, le directeur de *la Flèche*, de la commission coloniale de la Ligue des droits de l'homme, qu'anime Félicien Challaye. Messali Hadj demande à être entendu par la commission nationale du Rassemblement populaire : rien n'y fait. C'est que le PCF appuie la dissolution. Celle-ci l'arrange, non seulement parce qu'il est alors en train de modifier sa position sur les colonies, mais aussi parce que le recrutement très prolétarien de l'ENA représente un obstacle pour son propre développement. Le PCF mènera ainsi une campagne haineuse contre les messalistes, accusés de collusion avec Doriot [66].

Que la répression s'abatte ainsi sur les nationalistes ne suffit pas à convaincre les colons du bien-fondé du projet

---

65. L'Étoile nord-africaine n'est plus, depuis 1933, liée au PCF. Mais elle continue de travailler en étroite symbiose avec le mouvement ouvrier français. Le 12 février 1934, l'ENA participe à la manifestation antifasciste et regroupe dans ses rangs 4 000 à 5 000 travailleurs algériens. Ils sont 10 000 à suivre ses banderoles le 14 juillet 1935. L'ENA fait partie des 98 organisations adhérentes au Rassemblement populaire. Son adhésion a été acceptée, alors que celle du Néo-Destour a été refusée, pour cause de carence programmatique dans le domaine social. À l'époque, le programme politique de l'ENA est tout à fait connu. Son point 1 est : *Indépendance totale de l'Algérie.*

66. En fait, l'ENA se tient à l'écart de Doriot. Parmi ses responsables, deux seulement quittent l'ENA pour le PPF, Ahmed Belghoul et Larabi Fodil. La police elle-même fait justice de ces accusations : « À la suite de la dissolution, en janvier dernier, de l'ENA [...], certains militants des mêmes partis — notamment du PPF — ont à nouveau tenté de recruter des anciens adhérents de l'association dissoute [...]. On estime tout au plus à une cinquantaine le nombre de ceux qui auraient donné leur adhésion à la section de Saint-Denis du PPF [...]. Il convient de rappeler que les ex-militants de l'ENA ont mis en garde leurs camarades contre la propagande des fascistes. Il leur est recommandé [...] de rester fidèles au serment du 14 juillet 1935. » (Rapport de police du 6 mars 1937.) La campagne du PCF se prolongera cependant, jouant, à partir du moment où l'ENA est reconstituée en parti du peuple algérien (PPA), sur la proximité des sigles. De fait, cette campagne du PCF est de même nature que celle qu'il mène contre les « hitléro-trotskystes ».

Blum-Violette. Celui-ci suscite au contraire la fureur des Français d'Algérie. Le congrès des maires (300 délégués) rejette le projet à l'unanimité moins deux voix. Autour du député d'Oran, l'abbé Lambert, une très violente campagne s'engage [67], largement teintée d'antisémitisme. La dissolution de l'ENA n'aura, de ce point de vue, servi à rien.

L'évolution de la politique coloniale

Jusqu'alors, la compréhension qu'avaient les socialistes — ou du moins une partie d'entre eux — du fait colonial, reposait quand même sur l'idée que la colonisation n'était justifiée que par le fait qu'elle préparait, certes à très long terme, l'indépendance des pays concernés. C'est sur cette idée fondamentale qu'il y a très vite glissement [68], et les conséquences en sont la priorité donnée aux problèmes économiques sur les questions politiques.

C'est dans ce contexte que se situent les mesures sociales prises sous l'égide de Marius Moutet : lutte contre l'usure, prévention de la famine, conventions collectives de travail, salaire minimal, responsabilité des accidents du travail, réglementation du travail des femmes et des enfants, réduction de la journée de travail, congés payés, etc.

Mais surtout, ces préoccupations s'insèrent dans une conception des rapports France-colonie qui reprend et systématise le point de vue traditionnel des milieux d'affaires liés aux exportations dans les colonies : « l'usine métropolitaine et la ferme coloniale », la complémentarité autarcique entre la France et ses colonies. Les mesures « sociales » proposées visent ainsi — y compris en favorisant la détente sociale — à augmenter le pouvoir de consommation de la masse indigène et, partant, le pouvoir d'achat des colonies, comme seul

67. « Tous les antifrançais sont pour le plan Violette », écrit-il.

68. Une note du cabinet de Marius Moutet, en 1936, définit ainsi le colonialisme comme « un fait dont la brusque disparition à l'heure actuelle engendrerait plus d'inconvénients que d'avantages ».

moyen de stimuler les activités exportatrices dans l'économie nationale [69].

Marius Moutet le dit sans ambiguïté : « Que les colonies soient dans une large mesure pour la métropole un marché privilégié, c'est une nécessité, et je dois dire qu'elles le seront d'autant plus que nous aurons élevé davantage le pouvoir d'achat de la masse indigène et son pouvoir de consommation [70]. »

Dans cette optique, les mesures d'ordre politique sont reportées aux calendes grecques et le bilan de l'action gouvernementale en ce qui concerne les libertés politiques aux colonies est quasi nul, même en termes de bonnes intentions. Quant à ce que devient, dans ce contexte, une politique socialiste, le cabinet de Marius Moutet en donne un éclairage intéressant :

« Une politique coloniale socialiste aura d'autant plus de chance d'être constructive et durablement féconde qu'elle se préoccupera moins de communiquer d'une manière directe l'idéologie socialiste aux indigènes [...]. Il faut prendre garde au déchaînement de forces incontrôlables, à la situation confuse et instable, impropre à toute construction positive, qui pourraient sortir d'une action où des notions mal digérées de lutte des classes, certains fanatismes religieux, la nature émotive des Africains, la dissimulation islamique et asiatique et toutes sortes d'influences souterraines se rencontreraient en des réactions complexes et imprévisibles [71]. »

L'isolement des socialistes anticolonialistes

Mais que pensent les socialistes eux-mêmes de cette politique gouvernementale ? Les fédérations concernées ne sont

69. Une autre thèse sera cependant défendue, notamment par le directeur des affaires économiques du ministère, Louis Mérat, par l'homme d'affaires Paul Bernard, et par le gouverneur général d'Indochine, Brévié. Contre la thèse de la « complémentarité », elle plaidait pour l'industrialisation des pays coloniaux, financée par l'investissement de capitaux métropolitains. Ainsi écrivait Paul Bernard (*Nouveaux aspects du problème économique indochinois*, Paris, 1937) : « Les velléités d'indépendance, les aspirations autonomistes céderont devant le faisceau compact des intérêts réciproques qui se seront noués. » Mais cette thèse n'obtient pas l'agrément du ministère : elle paraît dangereuse, du fait de la déstabilisation des hiérarchies coutumières et de la prolétarisation sauvage qu'elle risque d'entraîner.

70. Débats à la Chambre, 15 décembre 1936 (*Journal officiel*).

71. « Quelques réflexions sur une politique coloniale socialiste », cabinet de Marius Moutet, 1936.

pas homogènes. La Fédération du Maroc, pivertiste [72], se bat courageusement aux côtés des nationalistes marocains. Son journal, *le Maroc socialiste*, est saisi le 22 octobre 1937, sur ordre de la résidence. Paul Faure, au nom du secrétariat du parti, approuve par télégramme cette mesure. À l'opposé, la Fédération de Tunisie développe avec constance les thèses assimilationnistes. Et entre les deux, les Fédérations d'Algérie oscillent. Ce sont ainsi les Fédérations d'Oran et de Constantine qui défendent, sans succès, au congrès de Marseille (10 juillet 1937), la suppression du gouvernement général en Algérie [73]. En fait, comme en témoigne la motion du congrès de Marseille, la grande majorité du parti se contente de rappeler réformes et revendications qui restent à satisfaire, dans un langage d'où est bannie toute référence aux idées d'indépendance, de *self-government*, ou d'autonomie interne. Seule une toute petite minorité — pour l'essentiel pivertiste [74] — défend des positions anticolonialistes, jusques et dans la commission coloniale du parti, sans grand écho dans une instance que Daniel Guérin décrit comme « un aréopage réformiste, assimilationniste et néo-colonialiste [75] ».

---

72. La Fédération du Sénégal est également pivertiste de mai 1937 à décembre 1938, mais son « pivertisme » apparaît peu : à l'intérieur, Desaunay, qui anime la GR, est également de ceux qui souhaitent que l'on n'admette pas trop d'indigènes dans le parti, et, pour les congrès nationaux, la Fédération confie la plupart du temps sa représentation à Magdeleine ou à Maurice Paz, qui trahissent régulièrement leurs mandats, en s'abstenant ou en votant pour la majorité Blum/Faure. Au congrès de Royan, Magdeleine Paz s'élèvera cependant contre les promesses non tenues. Mais les termes dans lesquels elle narre l'accueil fait au Front populaire traduisent sans doute mieux ses propres illusions que celles des indigènes : « Un tressaillement a parcouru la terre. Jamais, sauf au moment de l'abolition de l'esclavage, mouvement d'espoir n'eut plus d'intensité et plus d'ampleur. Ceux du riz, ceux du mil, ceux de l'arachide, ceux de l'hévéa, ceux de l'olivier, ceux des mines, ceux des troupeaux, fellahs, ouvriers et pasteurs, poitrines jaunes et poitrines noires, il n'y eut alors, dans des millions de cœurs, qu'un seul et même battement, un seul nom retentit à des millions d'oreilles, comme une note jamais entendue, celui de Léon Blum. »

73. Fava, de la Fédération de Constantine, demande que « l'espèce de quitus [...] en qui concerne les libertés démocratiques soit retiré de la motion, car je puis vous déclarer qu'aucune liberté n'a été introduite en Algérie ».

74. Mais la motion d'orientation générale des pivertistes au congrès de Marseille se contente de réclamer « la reconnaissance aux peuples coloniaux de toutes les libertés politiques et syndicales ».

75. *Front populaire, révolution manquée*, Paris, Maspero, 1976.

Les grèves de l'hiver 1937 et la démission de Chautemps

Passé l'été, c'est de nouveau la tension sociale qui revient au premier plan. Les grèves se développent à nouveau dans les magasins, dans l'alimentation, chez les inscrits maritimes. Les groupes fascistes s'agitent à nouveau. Les travailleurs du Primistère d'Ivry doivent ainsi repousser, à coups de bouteilles et de barres de fer, l'assaut, camions à l'appui, d'un groupe de nervis conduit par un jeune avocat fasciste, Jean-Louis Tixier-Vignancour. Le symbole de cette tension c'est, en décembre, la grève de l'usine Goodrich. Le 9 décembre, en effet, un ouvrier électricien, militant CGT et membre du PCF, est licencié pour « faute professionnelle », une faute professionnelle qui apparaît très largement « fabriquée ». La direction refusant de revenir sur sa décision, les ouvriers arrêtent le travail et occupent l'usine. Les habitudes maintenant sont prises : comité de grève, roulement des équipes (une nuit sur trois à l'usine), gardes et préparatifs d'autodéfense... Le 23 décembre, à 5 heures du matin, les gardes mobiles entourent l'usine, envoyés par le gouvernement de « Front populaire ». L'évacuation est prévue pour midi. Mais les ouvriers de garde mettent en route les sirènes d'alarme. En quelques heures, la quasi-totalité des entreprises de la région débrayent et envoient des délégations sur place. Autour de Goodrich, transformée en forteresse, ce sont bientôt 30 000 ouvriers qui se pressent. L'évacuation est annulée. Il était alors possible de généraliser le mouvement [76], ou, tout du moins, d'obtenir la réintégration immédiate de l'ouvrier licencié. Mais les dirigeants communistes de la fédération de la métallurgie et de l'Union des syndicats de la Seine demandent aux ouvriers des autres entreprises de reprendre le travail et se prononcent, quelques jours plus tard, pour l'acceptation de la sentence arbitrale, très défavorable aux travailleurs, qui a été rendue. Le comité de grève [77] refuse par 5 voix pour et 11 voix contre, la majorité s'abstenant. Mais les pressions se multiplient sur la masse des travailleurs : la reprise est finalement votée par 673 voix pour, 488 contre, et 800 abstentions.

---

76. Marceau Pivert écrit : « Un mot... et toute la région parisienne est dressée... Un autre mot, et tout le territoire se met à l'unisson. » (*Les Cahiers rouges*, janvier 1938.)
77. Au sein duquel un militant trotskyste, Bourlet, est actif.

Le 28 décembre, c'est dans les services publics de la Seine que la grève éclate, d'abord le 28 dans les autobus, le métro et les pompes funèbres, puis le 29 dans le gaz, l'électricité et l'eau. Le parti socialiste est cette fois-ci ouvertement divisé : les pivertistes soutiennent la grève, alors que Daniel Mayer estime, dans *le Populaire*, que la grève « peut ne pas paraître justifiée aux yeux de la population ». C'est la première grève des services publics sous un gouvernement de Front populaire. Chautemps hésite. Dans un premier temps, il tente de briser la grève des transports, en utilisant les camions de l'armée. Mais devant la mobilisation, il recule. Le 6 janvier, il lance un appel public « aux représentants des patrons comme à ceux des ouvriers » pour que soit établi en commun un code de paix sociale, « et qu'ils prennent l'engagement formel de le respecter désormais ».

La CGT accepte, la CGPF se déclare prête à accepter également si : « sont conviées à y prendre part, conformément aux principes de la liberté syndicale, toutes les organisations de salariés, de techniciens et de patrons, de la production et de la distribution, de façon qu'aucun monopole ne puisse s'instituer au profit d'aucun d'eux ». Conditions évidemment inacceptables : les radicaux répugnent à inviter la CFTC et, quant à inviter les Syndicats professionnels français, la couleuvre est quand même un peu grosse... Pour gagner du temps, les conventions collectives, qui venaient à expiration le 31 décembre 1937, ont été prorogées de deux mois. Mais Chautemps estime que, dans cette situation tendue, il a besoin d'un vote de confiance du Parlement.

Le 14 janvier, devant la Chambre, il déclare : « Je n'admets pas la révolte des services publics. J'ai le devoir d'indiquer que si certains hommes persistent à troubler la paix, la force de la loi s'abattrait sur eux [...]. Je ne peux continuer à gouverner si je n'ai pas le sentiment d'être en accord avec ceux auxquels je dois mon existence. Je demande une loyauté réciproque. »

Ramette lit la déclaration du groupe communiste. Il rappelle l'échelle mobile, la retraite des vieux travailleurs, l'augmentation de l'allocation chômage, les quarante heures pour les postiers [78]. En fait, les communistes ont décidé de

78. La loi sur les 40 heures n'est pas appliquée aux fonctionnaires. Elle le sera, en principe, en avril 1938. Mais l'application ne concerne que 20 000 agents des PTT : 145 000 en sont exclus, dont les téléphonistes.

s'abstenir dans le vote sur la confiance. La réponse de Chautemps est très vive :

« M. Ramette, au moment où nous voulons défendre le franc et où nous avons insisté sur la nécessité de la prudence financière, croit nécessaire de reprendre la liste des vastes dépenses que son parti réclame [...]. M. Ramette demande sa liberté. C'est son droit. Quant à moi, je la lui donne. »

La déclaration revient à exclure le PCF du Rassemblement populaire. Le groupe socialiste se réunit immédiatement. Il constate que « le parti communiste a déclaré son intention de ne pas s'associer à la majorité » et que « le président du Conseil a rendu sa liberté à ce parti et a donné par là même à la politique du gouvernement une nouvelle orientation ». Et il décide, en conséquence, « que les membres socialistes du gouvernement ne peuvent pas lui maintenir leur concours ». Le 15 au matin, Chautemps démissionne.

Les combinaisons parlementaires à l'ordre du jour

Commence un ballet conforme aux traditions parlementaires de la IIIe République. Le président Lebrun charge immédiatement Georges Bonnet de former un nouveau gouvernement. Ce choix n'est pas sans signification. En s'adressant à celui des ministres radicaux qui apparaît comme ayant pris le plus de distance à l'égard de la politique du Front populaire, Lebrun vise sans doute à la constitution d'un ministère où auraient pu se retrouver les radicaux et la droite modérée. Mais une telle formule n'est envisageable que si elle bénéficie, au minimum, du soutien de l'extérieur du parti socialiste. Or, la SFIO n'accorde ni participation, ni soutien, ni même abstention. Constituer un ministère avec, assuré, le vote « contre » du groupe SFIO nécessite, arithmétiquement, d'aller chercher des appuis fort loin à droite. Le groupe radical n'est pas prêt à assumer une telle situation : il craint de porter seul la responsabilité de la dislocation du Front populaire. Georges Bonnet renonce et avise le président Lebrun des deux solutions qui paraissent possibles pour dénouer la crise : un gouvernement d'union, des socialistes aux modérés, mais qui ne peut être mis en place que sous direction socialiste, ou un gouvernement de Front populaire. Dans les deux cas, estime-t-il, c'est à Léon Blum qu'il faut s'adresser.

Le président Lebrun fait donc de nouveau appel à Blum. Mais celui-ci propose au président, surpris, une troisième formule : un gouvernement d'union nationale, qui irait de Thorez jusqu'à Paul Reynaud. Lebrun, qui n'a jamais dissimulé ses réticences à l'égard de Blum et des socialistes, lui objecte : « Croyez-vous être le genre d'homme le plus indiqué pour tenter un gouvernement unanime de ce genre ? »

Blum prend acte de cette interrogation et accepte d'aller solliciter Herriot. Mais celui-ci se récuse, et Blum tente alors de réaliser lui-même son projet :

« J'ai le sentiment que, dans les circonstances présentes, il est nécessaire de donner une impression de paix sociale au-dedans, de force nationale au-dehors. C'est pourquoi j'essaie de réaliser une sorte d'accord Matignon politique. Je voudrais opérer un rassemblement national autour du Front populaire, des hommes ayant appartenu jusqu'à présent à l'opposition, mais cependant connus pour leur attachement aux libertés démocratiques [79]. »

Les difficultés ne viennent pas du PCF : n'est-ce pas là la politique du « Front des Français » qu'il préconise depuis longtemps déjà, et que la SFIO a tant critiquée ? Le bureau politique précise : « Quant à la formule proposée par Léon Blum d'un gouvernement de rassemblement national autour du Front populaire, Maurice Thorez et Jacques Duclos ont indiqué que l'application du programme de Front populaire en était la condition essentielle. Sous cette réserve, ils se sont déclarés personnellement favorables à une telle formation gouvernementale. »

La droite, en revanche, hésite. Paul Reynaud, personnellement favorable à l'initiative, souhaite ne pas s'y engager seul, et tente d'obtenir la participation de Louis Marin, le président de la Fédération républicaine. Blum semble réservé sur cet élargissement. Et, de toute manière, Marin n'apparaît guère disposé à s'engager. Devant ces tergiversations, Blum renonce à son projet. Tente-t-il alors véritablement de former un gouvernement de « Front populaire », réunissant côte à côte communistes, socialistes et radicaux ? Il y renonce en tout cas très vite en mettant en avant les résis-

79. *Le Populaire*, 17 janvier 1938.

tances à la participation communiste [80] qu'il croit déceler du côté radical.

Retour à la case départ : c'est vers Chautemps que Lebrun se retourne finalement.

Quelle va être la position des socialistes ? Au conseil nationale, qui siège le 17 janvier 1938, trois motions s'opposent.

Seule celle de Marceau Pivert condamne rétrospectivement la tentative d'union nationale [81]. Mais aussi bien celle de Pivert que celle de Zyromski excluent et la participation et le soutien au gouvernement Chautemps. Pivert obtient 1 496 voix et Zyromski 2 659, contre 4 035 voix à une motion Faure-Blum qui « autorise les élus à participer à un gouvernement qui s'appuiera sur une majorité groupée sur le programme et dans la discipline du Front populaire ».

Le total des voix recueillies par les motions Pivert et Zyromski étant supérieur à celui obtenu par la motion Blum-Faure, participation et soutien apparaissent donc exclus. C'était sous-estimer les ressources de l'appareil du parti. Une commission composée de la CAP et du bureau du groupe parlementaire est chargée d'examiner la situation. Elle revient avec deux textes : l'un, présenté par Pivert, exclut participation et soutien ; l'autre, présenté par Graziani, écarte la participation, mais, pour le reste, « fait confiance au groupe socialiste parlementaire, en accord avec la CAP, pour agir au mieux des intérêts de la classe ouvrière, du parti, et du rassemblement populaire ».

En clair, la direction du parti a accepté la non-participation mais, en échange, Zyromski a cédé sur le soutien. Pivert, une fois de plus, se trouve isolé. Et le second gouvernement Chautemps est investi le 21 janvier par 501 voix contre 1 (Bergery), et 105 abstentions. Il dure à peine un mois et demi. Le 9 mars en effet, Chautemps demande les pleins pouvoirs pour un programme d'« assainissement financier et économique ». Le groupe socialiste considère cette fois-ci le programme de Chautemps comme « incompatible avec les engagements pris par le gouvernement le 20 janvier dernier ».

---

80. Le Comité central et le groupe parlementaire du PCF réaffirment le 17 janvier qu'il sont également prêts à participer à un groupement de ce type.

81. « ... constate, enfin et surtout, que la demande de collaboration adressée par Léon Blum à M. Paul Reynaud — en contradiction avec toutes les décisions du parti et même avec l'esprit du Front populaire — signifie non l'élargissement du Front populaire, mais la fin de celui-ci dans sa forme parlementaire. »

Exit Chautemps et, coucou, revoilà Blum qui n'a pas renoncé à son projet d'union nationale, et annonce tout de go qu'il va tenter de constituer un gouvernement « stable et durable ». La direction du parti, le soir même, se prononce pour un gouvernement « fort et stable ». Mais il faut l'avis du conseil national, convoqué pour le 12 mars.

Blum dispose de plus d'atouts qu'il y a deux mois. La veille même du conseil national, c'est l'Anschluss : Hitler occupe et annexe l'Autriche. Les données de la situation internationale pèsent sur toutes les forces politiques et sociales. La CGT elle-même demande « que, sans se livrer aux habituels dosages, il se forme, autour du Rassemblement populaire, un gouvernement de salut public ».

Devant le conseil national, Blum s'emploie à distinguer sa proposition de « l'union sacrée » (« ce n'est pas l'union pour faire la guerre, mais [...] pour empêcher la guerre et protéger les institutions »), et des « unions nationales » de Doumergue et de Poincaré (« ce serait un rassemblement national autour de la classe ouvrière, dirigé par le parti socialiste, avec la participation communiste, avec la collaboration fraternelle de la CGT »). Mais il n'éprouve pas le besoin d'entrer dans les détails : le débat est bref (une demi-heure), et la motion soumise au vote d'un admirable laconisme : « Le conseil national, après avoir entendu les explications de Léon Blum, lui fait pleine confiance. » Elle est votée par 6 575 mandats contre 1 684 : Zyromski s'est rallié, et Pivert est de nouveau seul.

La droite traditionnelle sur le devant de la scène

Reste à convaincre la droite ou, plus exactement, la droite « parlementaire ». Celle-ci a d'ailleurs, depuis quelques mois, retrouvé peu à peu une partie de son influence dans la vie politique. Les raisons de ce *come back* sont multiples.

La première est sans doute que les ligues d'extrême droite ne jouent plus le rôle qui était le leur après 1934. Un certain nombre d'entre elles se sont dissoutes, ou sont, comme l'Action française, bien affaiblies. Le PPF de Doriot piétine. Quant au PSF, il tente de dépasser son passé « liguard » pour accéder au statut d'une force institutionnelle, respectable et reconnue. Ce faisant, il perd sur les deux tableaux. Il abdique un peu de la légitimité conquise dans la rue, sans bénéficier pour autant d'une reconnaissance institutionnelle : les autres forces de droite se gardent bien de réclamer la dissolution de l'Assemblée et de nouvelles élections qui, seules, pourraient fournir au PSF les députés dont il a besoin.

De plus, les fêlures qui apparaissent au sein de la coalition de Front populaire redonnent du jeu à la question des alliances. On se reprend à rêver, du côté de la droite, à une possible coalition avec les radicaux : ce sont évidemment dans ce cas les formations traditionnelles qui tiennent les rênes. Elles sont encore plus aptes à le faire si les problèmes quittent la rue pour se domicilier à l'Assemblée nationale. Or, après la chute du gouvernement Blum, les combinaisons parlementaires reviennent à l'ordre du jour.

L'opposition parlementaire de droite est extrêmement diversifiée : on ne compte en effet pas moins de neuf groupes parlementaires qui peuvent entrer dans cette catégorie. Mais deux forces comptent réellement : l'Alliance démocratique que préside depuis 1933 Pierre-Étienne Flandin, et la Fédération républicaine [82] que Louis Marin préside depuis 1925.

Pour l'essentiel, l'Alliance démocratique est un grand parti libéral, hostile non seulement au « collectivisme » mais à toute intervention de l'État, qui prétend représenter les couches moyennes, et qui se revendique de la tradition républicaine. Bref, les points communs avec la droite radicale sont nombreux, et c'est d'ailleurs avec les radicaux que l'Alliance démocratique a gouverné, sous Doumergue et sous Flandin. La perspective stratégique de l'Alliance est claire : obtenir des radicaux qu'ils se séparent des « collectivistes », socialistes et communistes [83]. À l'inverse, l'Alliance est la plupart du temps réservée à l'égard des ligues d'extrême droite, même sous l'apparence plus bonhomme du PSF de La Rocque.

Pour autant, la formation de Flandin n'est pas homogène [84]. Il y a une aile gauche, autour de Paul Reynaud et de

82. Dont le groupe à l'Assemblée s'appelle « Union républicaine et démocratique ».

83. Dès les cantonales de 1937, l'Alliance appelle à voter pour les candidats du parti radical, « car il faudra bien qu'il s'affranchisse un jour d'une alliance [...] qui ne fut jamais un mariage de raison ».

84. L'indiscipline des parlementaires affiliés à son groupe est même légendaire.

la fédération de la Gironde, favorable à une démarche en direction des socialistes et des radicaux, et surtout partisane d'une politique de fermeté et de résistance à l'égard des menaces hitlériennes. Il y a une aile droite, autour de Tixier-Vignancour, des Jeunesses et de quelques fédérations de province (Bouches-du-Rhône, Rhône et Loire), pour laquelle l'odeur de la collaboration avec les marxistes colle encore à la peau du parti radical et qui, surtout, est attirée par l'antibolchevisme militant des régimes fascistes, et plaide pour l'entente avec l'Allemagne. Au milieu, Flandin arbitre comme il peut : plutôt soucieux de se rapprocher des radicaux — mais non des socialistes — il incline en revanche de plus en plus vers un pacifisme militant et une politique de rapprochement avec l'Allemagne hitlérienne.

Ainsi divisée, l'Alliance démocratique pèse de toute manière plus au Parlement que dans le pays : seul indice réel de son implantation, l'organe du mouvement, *l'Alliance démocratique*, envoyé systématiquement à tous les adhérents, ne tire en 1938 qu'à 25 000 exemplaires.

La Fédération républicaine, que dirige Louis Marin, dispose de meilleurs relais dans le pays. Les chiffres d'adhérents sont sans doute un peu « gonflés » : 300 000 selon Louis Marin en juillet 1938 [85], 180 000 selon le secrétaire général, Jean Guiter, en novembre 1938 [86], 250 000 selon *Esprit* [87]. Il est peu probable que la Fédération républicaine ait dépassé les 100 000 adhérents, mais elle est présente dans 69 départements, « dont 39 fonctionnent de façon très vivante et 30 somnolent [88] ».

La carte de ces fédérations, et encore plus la carte des élus de la Fédération républicaine, donnent d'ailleurs une première indication quant à la nature de cette organisation : elles recoupent en effet très largement la carte de la pratique religieuse : malgré l'agnosticisme de ses dirigeants, la Fédération républicaine représente assez naturellement la France cléricale. Marquée par la personnalité de de Wendel, elle est également l'expression de la « féodalité industrielle [89] », très liée aux « grands intérêts » et à la conservation sociale.

85. Lettre à François de Wendel, 27 juillet 1938.
86. Interview au *Temps*, 13 novembre 1938.
87. Raymond Millet, « Note sur les partis modérés », *Esprit*, mai 1939.
88. Jean Guiter, « Travail d'organisation », 24 mai 1939.
89. André SIEGFRIED, *Tableau des partis en France*, Paris, 1930.

Troisième caractéristique enfin, un souci « national » qu'incarne à merveille le couple « lorrain », Marin-de Wendel. La cohabitation de ces trois composantes ne se fait pas sans heurts : les « cléricaux » sont parfois sensibles aux sirènes du courant « démocrate-chrétien » et prennent alors quelques distances avec le conservatisme social d'une partie de leurs collègues. Les « féodaux » — les « boursiers » ou les « beaux messieurs à terme », comme dit de Wendel, qui aime à s'en distinguer, en visant surtout Achille Fould — oublient souvent leur profession de foi nationaliste quand ils mesurent les profits que pourrait leur rapporter telle ou telle « entente internationale ». Quant aux « nationalistes », leur fermeté même les fait rêver d'un État fort, et ils s'accommodent fort bien de la proximité des formations d'extrême droite, quand ils ne les financent pas.

C'est principalement en direction de ces deux formations que Blum se tourne pour proposer son gouvernement d'union nationale : on comprend que le résultat n'est pas acquis d'avance.

L'impossible union nationale

Dès l'après-midi du 12 mars, Blum réunit à son domicile les principaux dirigeants de la droite [90]. Après délibération, ils lui répondent qu'ils sont prêts à participer ou à donner leur soutien à un gouvernement de salut public sur un programme dont le contenu leur a paru incompatible avec la participation communiste [91]. C'est donc non. Mais pour autant, les négociations ne sont pas rompues. Dans un memorandum, et afin sans doute de clarifier le contenu de

---

90. Barety, de Chapdelaine, Dommange, Flandin, Marin, Mathé, Reille-Soult, Reynaud, Robbe.

91. Blum a rencontré Duclos et Thorez, et ce dernier lui a répondu : « L'acceptation ou le refus dépendent de notre Comité central, mais je crois que nous pouvons nous porter forts de son accord. » Jacques Duclos écrit dans ses *Mémoires* qu'un tel gouvernement était impossible à partir du moment où l'on voulait « y faire figurer Louis Marin, président d'un groupe parlementaire comprenant un défenseur des cagoulards, Xavier Vallat ». Cette appréciation rétrospective n'est guère convaincante. Il est par contre possible qu'il y ait eu des « noms symboles » devant lesquels les communistes eussent reculé. Auraient-ils, par exemple, accepté de cohabiter au gouvernement avec de Wendel ?

ce programme, les dirigeants des partis de droite posent à Léon Blum une série de questions [92]. Blum leur propose d'y répondre l'après-midi à 17 h 30, salle Colbert, devant l'ensemble des parlementaires de droite. Le discours qu'il prononce cherche sa cible sans la trouver : quand il évoque la nécessité de « préparer la défense », de « donner au-dehors le sentiment de sa force », il inquiète ceux des députés de droite qui pensent qu'il faut composer avec Hitler et Mussolini. Quand il rappelle qu'il a toujours mené une politique de paix, il suscite dans le camp des « résistants » des interrogations sur sa fermeté.

Pourtant, quand il descend de la tribune, Blum a le sentiment d'avoir convaincu. Il est d'autant plus optimiste que, les échanges ayant continué la journée durant, il estime que plusieurs dirigeants de la droite, et notamment Marin et Flandin, sont maintenant favorables à la solution qu'il préconise. D'autant plus qu'il a donné des assurances. Par exemple, il n'y aura qu'un seul communiste au gouvernement et ce serait le vieux « social-patriote », Cachin [93]. Le programme ? Mais Reynaud assure que Blum lui a fourni « d'importants apaisements quant à l'aménagement des 40 heures et à l'accélération de la production ». Et quand Blum s'adresse aux députés de droite, il fournit de fait d'autres garanties. La phrase : « Tout ce que vous pouvez souhaiter, c'est que le choix du ministre des Finances vous rassure » n'a pour tout le monde qu'une seule signification : confirmer que ce ministre des Finances, ce sera Paul Reynaud.

Pourtant, par 152 voix contre 5, la droite refuse ses propositions. La raison de ce refus, malgré le soutien de Reynaud, de Mandel, et des « démocrates-populaires », Blum l'a pressentie dans son intervention :

---

92. Les questions posées révèlent fort bien les préoccupations de la droite. *Sur le plan international* : « Quelle sera la politique suivie à propos des événements d'Autriche ? L'engagement de la non-intervention dans le conflit espagnol sera-t-il maintenu ? L'empire d'Éthiopie sera-t-il reconnu ? L'envoi d'un ambassadeur à Rome sera-t-il décidé ? » *Sur le plan financier* : « Le contrôle des changes sera-t-il institué ? La conversion obligatoire de la rente sera-t-elle opérée ? Recourra-t-on à l'emprunt forcé ? » *Sur le plan social* : « Maintiendra-t-on les projets sur les conventions collectives, l'embauchage et le débauchage des travailleurs ? Empêchera-t-on les occupations d'usine ? Réalisera-t-on l'intensification de la production par un aménagement de la loi des 40 h, notamment pour les usines travaillant pour la défense nationale ? »

93. Delperrié de Bayac explique joliment : « Ce n'est pas un couteau qu'il dissimule dans sa poche, c'est un drapeau tricolore » (in *Le Front populaire, op. cit.*).

« Je veux répondre, avec la même franchise, à une objection qui n'est peut-être pas seulement la vôtre, car d'autres que vous l'éprouvent peut-être. Vous vous dites, comme je l'ai entendu dire : oui, cette idée est belle, parce qu'elle est nécessaire, parce qu'elle répond à la réalité du moment, mais il vaut mieux qu'elle soit réalisée par d'autres, que d'autres partis, d'autres hommes en prennent l'initiative. Laissons exprimer l'idée. Puis on s'arrangera pour qu'elle n'aboutisse pas, et qu'elle soit réalisée demain ou après-demain, dans d'autres conditions. »

Ce que la droite comprend en effet fort bien, c'est que les mesures économiques liées à l'effort de guerre ne peuvent se prendre qu'aux dépens de la classe ouvrière et que, pour imposer cette politique d'austérité, c'est le mouvement ouvrier lui-même qu'il faudra en partie démanteler. Blum pouvait être l'homme d'une austérité « douce ». Mais comment, flanqué d'un parti communiste incertain, et mandaté par un parti dont le comportement n'apparaît pas très stable, pourrait-il être l'homme d'une situation qui implique un tel affrontement ?

Dans sa majorité, la droite n'est pas contre l'union nationale : mais à ses conditions, et avec l'un des siens. Le nom du maréchal Pétain circule déjà. Taittinger, à Saintes, a proposé qu'il prenne en charge un gouvernement de salut public. Jacques Bardoux, dont on sait qu'il parle au nom d'une fraction du patronat, écrit à Lebrun pour réclamer un gouvernement de salut national « autour du maréchal Pétain [94] ». Le 16 mars, Henri Pichot, président de l'Union fédérale des anciens combattants — qui, pourtant, « penche à gauche » —, se rend auprès de Lebrun pour le convaincre d'appeler Pétain.

Bref, pour Blum, c'est trop tard. Et pour la droite, c'est encore un peu tôt : il leur faut au préalable ruiner les conquêtes qu'a obtenues le mouvement de masse, achever la dislocation du Front populaire, user jusqu'à la corde ses dirigeants.

Le 13 mars, Blum forme un gouvernement dont la composition politique est identique à celle du gouvernement de mai 1936 : socialistes, radicaux et USR. Blum dira plus tard [95] : « D'accord avec les radicaux et sans doute avec les

94. « ou, à défaut, de Daladier ».
95. Au procès de Riom.

chefs de l'opposition réactionnaire, M. Albert Lebrun ne m'avait alors appelé si instamment au pouvoir que pour débarrasser entièrement de moi la scène politique et pour laisser la place nette à Daladier [...]. J'avais parfaitement vu le piège, et je m'y suis précipité. »

Le second gouvernement Blum

Durant ces quelques mois de marchandage parlementaire, la tension internationale a brutalement crû. Peu à peu, Mussolini s'est rapproché de l'Allemagne hitlérienne : le 6 novembre 1937, il a adhéré au pacte anti-Komintern, le 11 décembre, il a rompu avec la Société des Nations. En novembre, à Moscou, Jouhaux a rencontré Staline, qui se plaint des faibles résultats du pacte franco-soviétique. En décembre, Litvinov confie à Luciani, le correspondant du *Temps* à Moscou, que « des négociations sont en cours pour un rapprochement germano-soviétique, et qu'il est personnellement découragé par la politique anglo-française ». Luciani prévient le Quai d'Orsay : « Chantage », lui répond-on.

Le 4 février, un décret confie à Hitler le commandement des forces armées. Les 25 et 26 février, au Parlement, Flandin déclare que « les jeunesses de France et d'Allemagne sont prêtes à se tendre les mains » et un député de droite, de retour de Moscou, M. de Champeaux, explique : « Le régime politique de la Russie pourrait d'ailleurs priver l'armée de toute valeur en temps de guerre [...]. J'ajouterai enfin que cette armée vient d'être décapitée dans son état-major [96]. »

Le 11 mars, pour prévenir le plébiscite qu'a annoncé le chancelier autrichien Schuschnigg *(Pour une Autriche libre, indépendante, sociale et chrétienne)*, Hitler envahit et annexe l'Autriche. Chautemps est démissionnaire depuis quelques heures [97] et la décision de l'Angleterre de « laisser faire » coupe très vite court à ses velléités d'intervention.

---

96. Le 14 juin 1937, le maréchal Toukhatchevski et sept autres chefs militaires sont accusés d'espionnage, jugés à huit clos et exécutés. En fait, c'est la Gestapo qui a fabriqué les « preuves » de la trahison.

97. On l'accusera d'ailleurs longtemps d'avoir démissionné pour ne pas avoir à gérer la crise internationale issue de l'Anschluss. Il avait été effectivement prévenu, dès le début de l'année, par Flandin, de l'éventualité de l'invasion de l'Autriche. Mais il avait semblé ne pas y croire.

Blum, à peine investi, convoque le 15 mars le Haut Comité de la défense nationale. Le premier point qu'il met à l'ordre du jour se situe dans le prolongement de l'Anschluss : « Quelle aide pouvons-nous apporter à la Tchécoslovaquie en cas d'agression allemande ? » Aucune aide directe, répond Daladier. Tout au plus, une aide indirecte, en mobilisant et en retenant des troupes allemandes à nos frontières. Le général Gamelin appuie : faire plus, c'est-à-dire prendre l'offensive, conduirait à des opérations de longue durée, dans la mesure où la zone est déjà fortifiée.

Deuxième point, l'Espagne, où la situation s'est brusquement aggravée [98]. Le procès-verbal de la réunion est ici très explicite :

« *Blum* — Comment pourrions-nous intervenir en Espagne ? Comment pourrions-nous appuyer un ultimatum de ce genre au général Franco : "si dans 24 h vous n'avez pas renoncé à l'appui des forces étrangères, la France reprend sa liberté d'action et se réserve de prendre elle-même toutes mesures d'intervention qu'elle jugera utiles" [...] ?

Daladier observe qu'une intervention militaire en Catalogne provoquerait vraisemblablement l'élargissement du conflit, peut-être une guerre franco-allemande.

Le général Gamelin fait remarquer que l'Allemagne peut mettre en ligne 900 000 soldats d'action, et que nous n'en avons que 400 000. — Si nous voulions jouer un pareil jeu, il nous faudrait disposer d'un million d'hommes. Il faudrait donc organiser la couverture, c'est-à-dire mobiliser, donc dévoiler notre dispositif.

Le général Vuillemin — Ce qui n'a de sens que si nous sommes disposés à aller jusqu'au bout, jusqu'à la guerre.

Paul Boncour demande quelle serait la répercussion sur l'Espagne d'une opération sur le Maroc espagnol.

Le général Gamelin indique qu'une telle opération [...] nécessiterait une mobilisation partielle de l'Algérie.

---

98. L'offensive franquiste en Aragon a rompu sur plusieurs points les lignes républicaines et progresse vers la mer. Négrin, le président du Conseil espagnol, s'est rendu en hâte à Paris, et a demandé à Blum de rouvrir la frontière pour permettre le passage du matériel et d'armes. Plus largement, il a essayé de convaincre Blum de renoncer à la non-intervention.

Paul Boncour demande ce qu'il faut penser d'une opération sur les Baléares.

L'amiral Darlan répond qu'il s'agit là d'une opération de grande envergure qui nécessiterait des forces terrestres de la valeur d'une division.

À une question sur la puissance comparée des armées de l'air allemande et française, le général Vuillemin, chef d'état-major général de l'armée de l'air, répond qu'en 15 jours "notre aviation serait anéantie [...]".

Blum demande si l'on pourrait, sans intervenir militairement, intensifier l'aide fournie à l'Espagne.

Le général Gamelin montre que cette mesure aurait pour conséquence de désarmer les forces françaises, et pour un résultat aléatoire, les forces gouvernementales espagnoles étant tout à fait inaptes à la manœuvre[99]. »

Bref, Blum semble bien être passé dans « le camp de la résistance », et c'est peut-être d'ailleurs là ce qui explique, dans son second cabinet, le remplacement, aux Affaires étrangères, de Delbos par Paul Boncour.

Mais il est trop tard. Trop tard pour convaincre des militaires, dont certains, comme l'amiral Darlan, étaient pourtant deux ans plus tôt partisans de l'intervention. Trop tard aussi pour l'Espagne. Blum décide malgré tout d'entrebâiller la frontière, et, en quelques jours, des dizaines de tonnes d'armement — notamment soviétiques — passent la frontière. Mais la situation militaire ne peut plus être renversée. Les franquistes atteindront la Méditerranée le 15 avril, et le territoire républicain sera désormais coupé en deux.

Les grèves de la métallurgie parisienne

Sur le front interne, les conventions collectives arrivent à expiration en juin 1938. Or, le patronat refuse de les reconduire. Blum tente une conciliation. Les ouvriers devraient

---

99. Procès-verbal établi par le ministère de la Défense, le 16 mars 1938, et publié dans : général GAMELIN, *Servir*, Plon, 1947.

accepter le non-paiement des heures supplémentaires et le retour aux 45 heures pour les entreprises liées à la Défense nationale. En échange, les patrons consentiraient une augmentation de salaire. La CGT accepte cette proposition. Mais le patronat de l'aéronautique et la chambre syndicale des moteurs refuse le passage aux 45 heures : eux qui avaient tant dénoncé la loi de 40 heures comme l'obstacle majeur à la production expliquent maintenant qu'ils ne sont pas encore sortis de la phase d'étude des modèles et que la fabrication en série, à la seule exception des chars, n'a pas encore commencé. Ils ne peuvent faire travailler les ouvriers 40 heures : à quoi leur serviraient les 45 heures ? La conciliation échoue donc.

Dans la métallurgie parisienne, le ton monte. Le 24 mars, Citroën-Javel part en grève. La consigne est indiscutablement d'origine syndicale : les dirigeants communistes de la fédération des métaux semblent bien avoir voulu « faire un test » afin de peser sur la négociation en cours. En revanche, la généralisation n'entrait pas dans leurs intentions. Or, les autres usines Citroën suivent, puis, à partir du 26, l'Air liquide, SKF, Gnome et Rhône. Le 6 avril, il y a 40 000 grévistes, le 8, plus de 60 000, le 11 plus de 100 000, le 13, 160 000 et 170 usines sont occupées.

Un test, ça va. Mais une généralisation qui peut tourner à la grève générale et, qui plus est, à une grève générale « contre la Défense nationale », ça ne va plus. Dès le 25, le syndicat parisien des métaux précise qu'« il ne s'agit nullement d'un mot d'ordre de grève générale ». Le 26, *l'Humanité* et *le Soir* mettent en garde contre les éléments troubles et les provocateurs qui poussent à la grève. Le 27, le syndicat des métaux met en cause, dans *l'Humanité*, les « provocateurs trotskystes » et... les « Amicales socialistes d'entreprise [100] ». Le 28, le syndicat des métaux de Billancourt dénonce « la bête trotskyste [101] ». C'est faire aux uns et aux autres trop d'honneur [102]. Trotskystes et pivertistes contri-

100. « Des groupements dont les attaches avec le parti au pouvoir sont connues, publient et développent des mots d'ordre en contradiction avec les conseils donnés par le chef du gouvernement. »

101. « Salut aux métallos, Citroën, Gnome et Rhône, et à tous ceux qui luttent pour la sauvegarde des intérêts ouvriers. Prenant prétexte de leur juste lutte, certains voudraient entraîner les métallos dans la grande aventure, en particulier chez Renault, ils préconisent la grève générale [...]. Il faut faire face à *la bête trotskyste*. »

102. Les trotskystes du POI jouent un rôle non négligeable à Citroën-Épinettes, où ils regroupent, à la fin de la grève, 66 travailleurs autour de leurs propositions. Bardin et Tissot, militants du POI, sont membres de la direction de la fédération CGT des techniciens qui se prononce pour la grève générale.

buent sans doute à l'organisation du mouvement de grèves, comme d'ailleurs les anarchistes ou les cercles syndicalistes « Lutte de classe », mais la réalité de l'extension passe par la masse des cadres syndicaux locaux, poussés par l'impatience de la base, et y répondant tant bien que mal.

À la SFIO, Blumel convoque le 26 les dirigeants des amicales de la métallurgie, et leur déclare que si lundi la grève n'a pas cessé, « Blum s'en va et vous aurez Pétain ». Et le lundi 28, Desphillipon, responsable national des amicales, demande, dans *le Populaire*, « aux socialistes et aux sympathisants socialistes d'abandonner un mouvement dont personne ne revendique la responsabilité » et qui « ne peut que créer des difficultés au deuxième gouvernement Blum ». Le bureau fédéral de la Seine désavoue aussitôt cet article et édite un tract qui se termine par : « Salut aux métallos en grève. En défendant leur pain, ils protègent nos libertés et la paix ». Dans ce contexte, la grève piétine, avec un faux air de juin 36 : il y a des usines occupées avec des drapeaux rouges sur les murs, mais il n'y a quasiment pas, à la différence de Goodrich, de comité de grève, pas de tentative de coordination entre les usines, les revendications restent différentes, et la solidarité s'exerce faiblement.

Le 13 avril, Blum parti, les patrons de la métallurgie acceptent l'arbitrage qu'ils avaient précédemment refusé : il instaure les 45 heures, c'est-à-dire le travail du samedi matin, pour les usines d'armement, et conseille 7 %[103] d'augmentation dans les ateliers où l'on passerait aux 45 heures. La CGT « exprime sa satisfaction », mais à Lioré-Ollivier, 70 % des ouvriers refusent la reprise. Chez Bloch, à Citroën-Épinettes et à Gnome et Rhône, l'opposition est également massive.

Les conditions de la reprise laissent des blessures durables. Les syndiqués des usines Lavalette protestent, à l'unanimité moins une voix, contre « la nouvelle capitulation des dirigeants syndicaux ». La commission exécutive de l'Alsthom-Lecourbe vote, à l'unanimité moins 2 contre et 1 abstention, que les dirigeants syndicaux ne méritent plus la confiance des travailleurs, et ils ajoutent : « Convaincus que le syndicat reste l'organisation de masse susceptible de conduire le prolétariat à sa libération, [ils] s'engagent à militer plus activement que jamais au sein de cette organisation,

103. Pour les autres usines, l'augmentation « conseillée » n'est que de 3 à 4 %.

mais s'engagent aussi à œuvrer pour en chasser les mauvais bergers et pour que le syndicalisme reprenne son entière indépendance à l'égard de tous les partis politiques et de tous les gouvernements, et revienne aux saines traditions du syndicalisme lutte de classe. »

Mais tout le monde ne tire pas, quant à l'activité syndicale, les conclusions combattantes de l'Alsthom-Lecourbe : c'est une première chute des effectifs syndicaux que l'on enregistre alors dans la métallurgie parisienne [104].

La nouvelle politique économique de Blum

Mais la grande affaire du second gouvernement Blum, c'est le plan de redressement économique, élaboré en quelques jours et présenté au Parlement le 4 avril.

L'inspirateur principal en est Georges Boris, directeur socialiste de l'hebdomadaire radicalisant *la Lumière*, et depuis le 18 mars, chef du cabinet de Blum pour ce qui concerne le ministère du Trésor.

Boris a lu l'économiste britannique John Maynard Keynes, et les mesures qu'il propose sont largement inspirées par la *Théorie générale* et par l'expérience du New Deal de Roosevelt aux États-Unis. La politique économique proposée n'est plus cette fois fondée sur la seule relance de la consommation, mais sur la croissance et la relance de la production. Celle-ci ne peut s'obtenir qu'à partir de l'intervention de l'État, ce qui, dans ce cas présent, signifie prendre appui sur une puissante politique de réarmement. Ironie de l'histoire pour le Blum pacifiste de Luna-Park ? Sans doute. Mais nous l'avons vu, Blum a changé. De toute façon, s'il veut faire reposer sa politique sur l'intervention de l'État, il n'a guère le choix : le programme de Front populaire n'avait prévu comme nationalisation que celle des industries d'armement, et c'est bien là le seul secteur que le gouvernement peut espérer influencer.

Autour de cet axe, Blum met en place ce que l'on pourrait

104. Ridel (*Révolution prolétarienne*, 10 mai 1938) l'estime à environ 20 % des effectifs.

appeler une ébauche de planification [105]. Sur ce point, il fait d'ailleurs l'autocritique de sa précédente politique [106]. Le souci est apparent dans le chapitre qui concerne la direction de l'économie [107], mais plus encore pour ce qui concerne l'encadrement du crédit : la Banque de France se voit attribuer un rôle plus marqué de surveillance du marché financier et, surtout, le contrôle des changes est dans les faits réintroduit [108]. À quoi viennent s'ajouter un certain nombre de mesures fiscales, qui vont généralement dans le sens de propositions faites depuis longtemps par le PCF (prélèvement exceptionnel sur le capital, accentuation de l'impôt progressif sur les gros revenus, impôt sur les super-bénéfices des industries travaillant pour la Défense nationale), et quelques mesures sociales, dont la retraite des vieux travailleurs et l'extension des allocations familiales.

Ce programme repose sur un soubassement unique : l'augmentation de la durée du travail. Les industries travaillant pour la Défense nationale sont les premières visées. Mais la logique est globale :

« C'est aussi poser en principe que pour les productions nécessaires, chaque fois que la main-d'œuvre fera défaut, l'effort de coordination industrielle, de développement des outillages, de renouvellement de l'appareil industriel aura pour corollaire un accroissement de la durée du travail. » (Léon Blum, compte rendu du débat au Parlement, 17 mars 1938.)

---

105. « Accroître la production, c'est assurément la coordonner, la rationaliser, c'est rationaliser nos échanges commerciaux, nos échanges touristiques, notre système douanier » (Léon Blum, compte rendu du débat au Parlement, 17 mars 1938).

106. « En juin 1937 [...] après être allés vraiment jusqu'au bout [...] de l'orthodoxie financière et du libéralisme monétaire, nous nous étions rendu compte de notre erreur. Nous nous étions aperçus qu'un pays comme la France [...] ne pouvait pas soutenir une charge, déjà bien supérieure à sa force, sans l'appui d'une armature rigide, faite assurément de beaucoup de discipline volontaire, mais faite aussi d'un peu de contrainte » *(ibid.)*.

107. « Surveillance des ententes industrielles et des monopoles de fait par l'État, qui sera représenté dans les conseils d'administration ; surveillance des importations et adaptation des tarifs douaniers à la hausse des prix ; politique des matières premières, organisation de comptoirs d'achat et de vente ; aide apportée pour la construction de logements à la ville et à la campagne, et pour l'équipement sanitaire du pays » *(ibid.)*.

108. Sous la formulation amusante de « centralisation des opérations sur devises par la Banque de France, qui s'assurera du bien-fondé des besoins de change ».

Et Blum tombe pour la seconde fois

De toute manière, quelles que soient les concessions proposées, la droite n'était guère d'humeur à composer. Au contraire, le deuxième gouvernement Blum, c'est l'hallali. *Candide* résume assez bien, dans sa présentation de ce gouvernement, le ton de la droite : « Le même tas d'imbéciles, d'incompétents, de banqueroutiers, d'hypocrites, d'incorrigibles, une insulte au bon sens, une insulte à la nation. »

À la Chambre, les pouvoirs spéciaux sont votés par 311 voix contre 250. L'approbation apparaît large, mais en fait, le vote traduit un net recul de la majorité de Front populaire, si l'on veut bien se rappeler qu'elle disposait en mai 1936 de 376 voix, et la droite de 214 voix seulement.

L'effritement parlementaire avait, à vrai dire, commencé depuis longtemps.

Dès l'été 1936, ce sont sept députés « Front populaire » qui font régulièrement défaut au gouvernement sur la plupart des votes importants. Entre septembre 1936 et juin 1937, ce sont une dizaine de députés « Front populaire », pour la plupart radicaux, qui viennent s'ajouter aux défections précédentes. À partir de juin 1937, on peut ajouter, aux « dissidents », cinq nouveaux élus. Et, sous Chautemps, c'est une nouvelle fournée de dissidence, dans laquelle on trouve surtout des USR, mais aussi quelques radicaux [109].

La soixantaine de voix qui manque à Léon Blum sur les pouvoirs spéciaux est d'une certaine manière l'aboutissement de ce processus : au-delà de tel ou tel désaccord, elle signifie que pour ces soixante-là, le temps du Front populaire est révolu.

Qu'attendre alors du Sénat ? Et est-il possible encore de faire pression sur lui ? Le 7 avril, la veille du vote, la Fédération de la Seine de la SFIO où, pour une fois, pivertistes et

109. L'examen des lois et des votes, autour desquels s'ordonne progressivement la défection de ces députés, est très intéressant. Ils votent en effet pour la revalorisation des loyers, pour exclure de la loi sur l'arbitrage les entreprises agricoles et les entreprises artisanales occupant moins de 6 ouvriers, pour imposer un délai de 3 mois entre deux augmentations de salaire, pour limiter le rôle des coopératives agricoles ou le droit de préemption des fermiers. Ils s'opposent aux conventions collectives dans l'agriculture, au contrôle des prix, à la communication des pièces comptables aux « arbitres ». La ligne de force de ces défections est donc évidente : c'est la défense pied à pied de la petite propriété privée, y compris là où elle n'est menacée que de très légères égratignures.

zyromskistes sont d'accord, appelle à manifester dans la rue contre « une poignée de vieillards au cœur sec ». Mais le cœur n'y est plus et les communistes, d'ailleurs, ne se sont pas associés à cette manifestation. Quelques milliers ? 10 000 ? 30 000 ? Qu'importe : rien, en tout cas, qui puisse impressionner le Sénat. Par 214 voix contre 47, c'est-à-dire là aussi par une majorité qui témoigne de l'hostilité croissante au Front populaire dans les rangs radicaux [110], le Sénat refuse les pouvoirs spéciaux. Et Blum démissionne pour la deuxième fois.

110. Le 21 juin 1937, le Sénat avait refusé les pleins pouvoirs par 168 voix contre 96.

8

L'agonie

« Un vieillard hurle à la mort
Et traverse le square en poussant un cerceau
Il crie que c'est l'hiver et que tout est fini
Que les carottes sont cuites, que les dés sont lâchés
Et que la messe est dite et que les jeux sont faits
Et que la pièce est jouée et le rideau tiré
Vainement
Vainement. »

Jacques Prévert
« Vainement » (*Spectacles*)

L'heure de Daladier

Cette fois-ci, c'est bien le tour de Daladier. Sollicité par Lebrun, il accepte, et est investi, le 10 avril 1938, par 576 voix contre 5. Cette unanimité d'un jour ne signifie pourtant aucunement que l'union nationale soit réalisée. Elle traduit en réalité les espoirs contradictoires que suscite Daladier, le bref instant où le rapport de forces se cherche, avant que tout ne bascule, d'un côté ou de l'autre. Le journal radical *la Lumière* décrit bien cette situation :

« Ces 576 voix ne représentaient pas l'accord des cœurs ou des esprits. Il n'y avait pas rapprochement, amalgame moins encore. On se rencontrait simplement sur le palier : la droite voulait entrer, la gauche refusait de laisser la place. »

Le parti communiste apporte sans hésiter ses voix à Daladier, et y joint même, si l'on en croit le compte rendu des débats, de fougueux applaudissements. Sans doute est-ce pour l'essentiel la politique extérieure qui motive son attitude : il croit Daladier peu sensible aux sirènes pacifistes, proche encore de ceux des radicaux qui se situent dans le « camp de la résistance ». Au cas où cet espoir d'une politique extérieure de fermeté se réaliserait, ignore-t-il qu'il aurait à la payer de sérieuses concessions en matière de politique intérieure ? Sans doute pas. Mais il est indiscutablement prêt à faire ces concessions, notamment dans le domaine des 40 heures. Dès mars 1938, un éditorial des *Cahiers du communisme* a mis l'accent sur la nécessité d'augmenter l'effort de production et sur son corollaire, l'abandon d'un certain nombre de revendications.

L'appui des socialistes est plus réservé. Leur conseil national, réuni le 9, n'a d'ailleurs pas tranché sur la question du soutien : il s'est contenté de mandater la CAP et le groupe parlementaire pour « arrêter l'attitude [...] que commanderont les circonstances ». Mais même cette position, qui inclut le refus de la participation ministérielle, n'a été votée que par 4 320 voix contre 3 763. C'est donc au nom de 53 % du parti que la CAP et le groupe parlementaire apportent finalement à Daladier un soutien sans enthousiasme.

La droite elle-même garde une grande réserve. Certes, la Fédération républicaine (URD) de Marin comme l'Alliance démocratique de Flandin votent l'une et l'autre la confiance. Mais l'URD s'abstient au moment du vote sur les pleins pouvoirs. Et l'Alliance démocratique, si elle vote les pleins pouvoirs, demeure malgré tout divisée : son aile droite estime que le parti radical n'a pas encore clairement démontré qu'il voulait rompre son alliance avec le parti communiste et le parti socialiste.

De fait, Daladier n'a pas vraiment choisi, et la composition de son gouvernement le démontre assez bien. Sans doute la présence de Georges Bonnet aux Affaires étrangères — après que Herriot puis Paul Boncour ont refusé — inquiète-t-elle ceux qui, à gauche, espèrent une politique extérieure de fermeté [1]. Mais, en même temps, le gouverne-

1. Une partie de la droite estime également qu'une politique extérieure de fermeté faciliterait, à l'intérieur, la reprise en main patronale. Mandel explique ainsi à de Wendel : « Vous ne pouvez pas espérer qu'un gouvernement va se maintenir en prenant position contre la majorité [de l'Assemblée, *ndlr*] en matière financière, sociale, économique... et extérieure. Profitez de ce que les gauches ont une mystique en matière de politique extérieure pour faire la politique de droite à l'intérieur. L'une sera la rançon de l'autre. » (François DE WENDEL, *Cahiers inédits*, XXVI, 20 mai 1938.)

ment Daladier ne s'ouvre que fort peu à la droite : n'y figurent en effet que les « colbertistes », les hommes qui, salle Colbert, avaient répondu positivement à l'appel de Léon Blum à l'union nationale : Champetier de Ribes [2], Mandel, Reynaud.

La politique que réclame la droite, Daladier va-t-il pouvoir la mettre en œuvre avec la complicité du PCF et du PS ? Rien n'est moins sûr, car ces deux partis connaissent justement quelques difficultés internes.

Marceau Pivert s'en va

Au PCF, *l'Humanité* publie le 13 mai la lettre de Maurice Honel, le député de Clichy, à Maurice Thorez. Celui-ci écrit : « Les travailleurs de Clichy se demandent si les ouvriers n'ont pas à marquer actuellement avec une vigueur particulière, leur volonté de faire respecter la volonté de la majorité du peuple [...]. Et ce souci de vigueur s'exprime chez certains par le désir d'aller au-delà de la formation du Front populaire, par la constitution d'un "front ouvrier" ou d'un "front révolutionnaire" [...]. »

Signe des temps, Thorez répond longuement — cinq articles successifs — et patiemment dans les colonnes de *l'Humanité*, allant jusqu'à remettre à l'ordre du jour la nécessité des « comités de front populaire ». On ne sait s'il convainc. Mais, si les interrogations sont profondes, la contestation ouverte reste isolée. Il suffira de quelques exclusions, au mois de juillet, pour que tout rentre dans l'ordre. Ferrat et le groupe « Que faire ? » ne sont plus en situation de catalyser ces remous : ils ont en effet décidé

2. Champetier de Ribes ne parlait certes qu'au nom des 13 députés « démocrates-chrétiens » de l'Assemblée. Il n'est pas exact pour autant de considérer qu'il ne « représente rien du tout », selon l'expression de de Wendel. Au contraire, son entrée dans le gouvernement Daladier manifeste le soutien qu'apporte à l'expérience toute une fraction du catholicisme français, sous l'œil bienveillant des évêques. Cette nouvelle alliance se concrétisera par une politique religieuse de Daladier fort compréhensive. Ainsi, quand il acceptera que le décret rendant l'enseignement post-scolaire agricole obligatoire soit complété par un amendement permettant qu'il soit dispensé « soit dans les établissements primaires ou secondaires, soit dans les écoles publiques ou libres, soit dans les familles » (17 juin 1938).

d'adhérer au parti socialiste. Totalement passés sur des positions « social-patriotes » — Rimbert dira, quelques années plus tard : « Nous étions probablement les seuls à être partisans d'une guerre préventive » —, ils appuient les positions de Zyromski.

Au parti socialiste justement, il y a maintenant crise ouverte. Le 7 avril, *le Populaire* titre en première page : « Sus au Sénat », mais rend compte, en dessous, d'une manifestation contre le Sénat... à Clermont-Ferrand. Ce n'est qu'en page 2 que la manifestation parisienne des pivertistes est commentée, avec de grandes réserves. Le 11 avril, la commission nationale des Conflits suspend pour trois ans Marceau Pivert de toute délégation et les membres du bureau fédéral de la Seine pour deux ans. La raison donnée n'est pas la manifestation du 7 avril, mais l'envoi, le 18 mars, par la fédération de la Seine, à toutes les fédérations et les sections, d'une circulaire intitulée : « Alerte, le parti est en danger [3]. » Le 13 avril, la fédération de la Seine refuse de s'incliner : par 11 488 voix contre 204 et 1 579 abstentions [4], elle décide de maintenir en fonction ses dirigeants sanctionnés. Le 14, la CAP prononce sa dissolution [5].

Que va faire la Gauche révolutionnaire ? Occupant les locaux et multipliant les meetings d'explication, elle continue à diriger de fait la Fédération. Sur le fond, elle hésite. Michel Collinet et Daniel Guérin sont pour la scission et la création d'un nouveau parti. Suzanne Nicolitch et la majeure partie de l'aile franc-maçonne y sont hostiles. La province est également souvent réservée : les « histoires de Parisiens » lui paraissent bien lointaines. La Seine-Inférieure, le Doubs (Hérard), le Cantal (Deixonne), la Meurthe-et-Moselle (Migliori), penchent pour le maintien dans le parti. Dans un premier temps, Marceau Pivert épouse leurs préoccupations. Pour nous, écrit-il, « le parti révolutionnaire est tout construit : c'est le parti socialiste ».

3. Il y est écrit : « Voulez-vous recommencer août 1914 ? [...] Nous affirmons que la sécurité d'un pays libre réside, non dans une union sacrée dont nous serions une fois de plus les dupes, mais dans la lutte active contre l'ennemi du dedans [...]. Exigez la discussion dans toutes vos sections, dans toutes vos fédérations, dans toutes les organisations [...] ».

4. « La Bataille socialiste » a voté avec les pivertistes.

5. Elle avait déjà, le 16 février, dissous la Fédération nationale des étudiants socialistes, pour cause d'hostilité à l'union nationale.

À la veille du congrès de Royan (5 juin), l'illusion existe encore que la scission peut être évitée : on pense que Zyromski mettra le poing sur la table, qu'il y aura une médiation de Blum, que seul Paul Faure veut aller jusqu'au bout.

Le congrès balaie les illusions : Blum soutient Paul Faure et la motion confirmant la dissolution de la fédération de la Seine est votée par 4 904 voix pour, 3 033 contre, et 292 abstentions. Sur le vote d'orientation, Zyromski refuse de faire un texte commun avec la GR : la motion Blum recueille 4 872 voix, Zyromski 1 735, et la GR 1 430 [6]. Le 8 juin, à 4 h du matin, un manifeste annonce la scission et la création du parti socialiste ouvrier et paysan (PSOP) [7].

Une situation sociale instable

Ce remue-ménage conforte-t-il la situation de Daladier ? Ce n'est pas certain. Les tensions qui se manifestent ainsi sur la gauche des partis traditionnels incitent plutôt leurs directions à n'exprimer qu'avec prudence leur évolution à droite : il convient en effet de ne pas élargir les brèches qui se sont ouvertes.

Et surtout, la situation sociale est ambiguë. Au premier abord, le calme qui semble régner paraît propice aux projets de Daladier. Les grèves dans la métallurgie se sont éteintes, et les propositions d'arbitrage (proposition Jacomet pour l'aéronautique, et proposition Giraud pour la métallurgie), refusées le 1er avril, sont acceptées le 19.

D'ailleurs, les résultats d'ensemble des procédures arbitrales traduisent aussi l'évolution du rapport de forces.

6. Les mandats de la fédération de la Seine dissoute n'avaient évidemment pas été reconnus par le congrès.

7. Le PSOP comprend alors entre 8 000 et 10 000 membres. Il dispose de 47 sections à Paris, 28 en banlieue et 205 en province. Des indications parcellaires existent sur sa composition sociale. À la conférence constitutive, on dénombre 24 % d'ouvriers, 33 % d'employés, 24 % d'enseignants, 9 % de professions libérales, 5 % d'artisans et de petits commerçants et 5 % d'agriculteurs. La direction élue comporte 45 % d'enseignants, 9 % d'ouvriers, 9 % d'employés, 9 % d'artisans et de petits commerçants, 6 % d'agriculteurs et 22 % de professions libérales et de cadres supérieurs. Une liste d'adhérents établie par un indicateur de police (archives Charles Lancelle) et portant sur 995 militants parisiens et 106 provinciaux confirme la dominante des employés, des fonctionnaires et des enseignants.

Alors que jusqu'en 1938 les réclamations formulées par les travailleurs bénéficiaient d'un pourcentage de réponses positives supérieur à celui qu'obtenaient les réclamations formulées par le patronat, la courbe, à partir de juin, s'inverse.

POURCENTAGE DES REJETS PAR LA COUR SUPÉRIEURE D'ARBITRAGE DES DEMANDES EN ANNULATION DE SENTENCES SURARBITRALES (16 mai 1938-30 juin 1939)

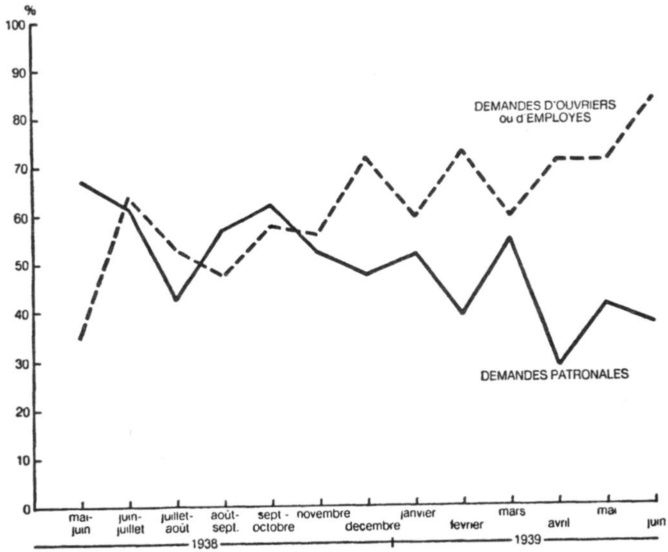

Source : *Journal officiel*, annexes administratives (6 août 1938 et 23 novembre 1939).
In Jean-Pierre RIOUX, « La conciliation et l'arbitrage obligatoire des conflits du travail », colloque « Daladier, chef de gouvernement ».

Les statistiques nationales de grève confirment cette impression : de 153 048 grévistes le 15 avril, on passe ainsi à 4 997 le 20, et à 2 353 le 25. Jusqu'au 22 novembre, il n'est ainsi pas fait mention d'une seule journée où il soit possible de totaliser 5 000 grévistes.

Mais ces chiffres semblent très sous-estimés, voire largement trompeurs. Car, si le calme semble être revenu à Paris, la situation est bien plus complexe en province.

En mai, se déclenche ainsi une grève des ouvriers agricoles dans la plaine du Roussillon : partie de Bompas et de Torreilles le 5 mai, elle a gagné 22 communes dès le 6 mai, et elle est générale dans toute la plaine le 9 mai, avec 3 000 grévistes. Compte tenu de la proximité de la frontière espagnole et du nombre de réfugés républicains travaillant dans l'agriculture, cette grève présente quelques caractères particuliers. Ainsi, à Torreilles, on dénombre, parmi les grévistes, 68 Français, 29 Algériens et 118 Espagnols.

En juin, éclate dans l'Isère une grève générale du bâtiment qui touche 15 000 ouvriers et dure plus d'un mois. Des coups de feu sont tirés sur les grévistes par un membre des SPF. Il a été, dit le rapport du commissaire de police de Vienne au préfet, « chargé de tirer sur les cégétistes pour déclencher un incident grave ». En juillet, c'est à Marseille que démarre une très dure grève des dockers, qui dure deux mois. Ce n'est pas une grève classique : les dockers se contentent de refuser les heures supplémentaires, le travail de nuit, du dimanche et des jours fériés. Mais cela suffit pour paralyser le port.

Dans cette situation mouvante, Daladier cherche le concours et la complicité de la CGT, notamment pour régler le problème sur lequel il sait que son gouvernement sera jugé, celui des 40 heures.

Dans un premier temps, il peut espérer la compréhension des dirigeants ex-unitaires de la métallurgie. À partir d'avril, la fédération des métaux avance ainsi dans sa presse une série de propositions d'adaptation de la loi sur les 40 heures. Le 5 juillet, un sous-comité de production est mis en place pour enquêter auprès des organisations patronales et ouvrières. Au président de ce comité, l'ingénieur du génie maritime Mellon, qui signale que « la livraison tardive [du fait des 40 heures, *ndlr*] des blindages de coque du *Jean-Bart* a eu des répercussions sur l'emploi du personnel des chantiers de Penhoet », Ambroise Croizat, le dirigeant communiste de la métallurgie, répond que l'argumentation est effectivement « techniquement inattaquable », mais invoque « l'état d'esprit des masses ouvrières insuffisamment informées des nécessités industrielles ». En effet, les travailleurs semblent attachés aux 40 heures et la fédération des métaux doit en tenir compte. Le 6 août, sa réponse sonne finalement comme une fin de non-recevoir : elle met l'accent sur l'accroissement des demandes d'emploi non satisfaites et du chômage, sur l'inexistence de la formation professionnelle en direction des chômeurs. Daladier est alors dans une situation d'autant plus difficile que le patronat, de son côté, n'entend faire aucune concession. Déjà, les décrets publiés les 2 mai et 24 mai, en matière de récupération et de dérogation, l'ont déçu :

« Les heures supplémentaires continuent à dépendre du bon vouloir des organisations ouvrières [...]. Les restrictions mises au débauchage constituent un précédent dangereux, susceptible de conduire au contrôle de l'embauchage et à la limitation des pouvoirs de l'entreprise. »

La question des 40 heures est pour eux un test, mais ce test est au moins autant politique qu'économique : il s'agit bel et bien pour toute une fraction du patronat de prendre sa revanche sur juin 36, de marquer un nouveau rapport de forces avec le mouvement ouvrier, d'en finir avec la contestation à l'intérieur de l'entreprise.

Dans ces conditions, la voie d'un compromis apparaît bien impossible, et Daladier est obligé de trancher. Un premier pas est fait à la fin du mois d'août : il annonce le 21 un décret, publié le 30, qui laisse toute latitude au gouvernement pour fixer les heures supplémentaires dans les industries travaillant pour la Défense nationale. Les réactions à gauche sont hostiles, mais restent platoniques [8]. Paradoxalement, les réactions les plus vives viennent des deux ministres USR du gouvernement : Frossard, ministre des Travaux publics, et Ramadier, ministre du Travail, démissionnent tous deux [9], avant même que le décret ne soit pris. La raison ? Ramadier, dans sa lettre de démission, estime que Daladier a pris, sur le problème des 40 heures, « une décision catégorique, sans avoir fait au préalable l'effort nécessaire de rapprochement ».

Daladier va-t-il cependant pousser plus loin la remise en cause des 40 heures ? Dans l'immédiat, d'autres préoccupations le sollicitent, car la situation diplomatique se tend dangereusement.

8. Il est vrai que le décret reste flou : la question de la rémunération des heures supplémentaires n'y est même pas abordée.

9. Ils sont remplacés par deux autres USR, plus dociles, de Monzie et Pomaret.

Munich

Durant l'été, les troubles n'ont cessé de se développer en Tchécoslovaquie. En Bohême-Moravie en effet — où une grande partie de la population est d'origine germanique —, Hitler encourage les demandes de rattachement à l'Allemagne, que formulent notamment Konrad Einlen et son « parti allemand des Sudètes ». Le 12 septembre, au congrès du parti nazi à Nuremberg, il déclare qu'il n'admettra pas plus longtemps le « martyre » des trois millions et demi d'Allemands dont il revendique la présence en Tchécoslovaquie.

Le 15, Chamberlain, représentant le gouvernement anglais, rencontre Hitler à Berchtesgaden. Il en revient convaincu qu'il faut céder.

Mais si la Grande-Bretagne n'est liée par aucun engagement à l'égard de la Tchécoslovaquie, la France, au contraire, a signé un pacte d'assistance. Et, traditionnellement, tous les gouvernements précédents ont assuré la Tchécoslovaquie de l'assistance française si sa souveraineté était menacée. C'est également dans un premier temps la préoccupation de Daladier.

Au vu cependant des concessions auxquelles s'apprête la diplomatie anglaise, il hésite très vite, ballotté entre l'aile « résistante » du gouvernement (Mandel, Reynaud, Zay), et les partisans du compromis avec Hitler (Bonnet, Chautemps).

Mais, poussé par Bonnet, il capitule, dès le 20 septembre, sur l'essentiel : à la rencontre, à Londres, avec les négociateurs anglais, il accepte, en échange du refus du référendum et d'une garantie anglaise aux nouvelles frontières tchécoslovaques, de demander à la Tchécoslovaquie de céder à Hitler les territoires où l'on dénombrerait 51 % « d'Allemands des Sudètes ». Cela ne suffit pas à Hitler qui exige, le 22 septembre, que les forces tchèques évacuent les Sudètes avant le 28 septembre, que les forces allemandes l'occupent avant le 1er octobre, que le territoire soit livré avec ses fortifications, ses industries et ses moyens de transport, que des plébiscites soient organisés dans les enclaves germaniques de Bohême et de Moravie. Les 23 et 24 septembre, la France et la Grande-Bretagne rejettent la demande de Hitler. Mais, en fait, dès le 25, c'est le gouvernement français qui propose une capitulation encore plus radicale :

« M. Hitler objecte à la procédure des commissions internationales qu'elle entraîne mille atermoiements et qu'elle se ressent de l'atmosphère genevoise. Mais pourquoi ne pas désigner une commission dans les trois jours, qui pourrait en finir avec sa tâche dans une dizaine de jours, et, sans attendre, autoriser l'occupation immédiate des troupes allemandes des districts où la majorité germanique est particulièrement importante ? Par l'intermédiaire d'une commission, l'on pourrait faire en sorte que l'occupation allemande fût rendue plus rapide qu'elle n'était prévue d'abord, ce qui éviterait l'invasion et ses conséquences [10]. »

Rétrospectivement, et au vu des archives, la mise en alerte, le 27 septembre, de la Home Fleet et de la Royal Air Force, et, le même jour, le rappel en France d'un million de réservistes, ont quelque chose d'une pantomime. Mais ces mesures impressionnent profondément l'opinion publique, qui croit la guerre imminente. En fait, privé de tout soutien, le gouvernement tchécoslovaque cède. Le 30 septembre, c'est la signature de l'accord de Munich.

À l'aéroport du Bourget, des milliers de personnes sont venues accueillir Daladier au cri de *Vive la paix !*. Du Bourget à la Concorde, ce sont plus de 500 000 personnes qui l'acclament. En vingt-quatre heures, *le Petit Parisien* recueille sur un livre d'or un million de signatures remerciant Daladier et Bonnet. Toute la presse encense Daladier et approuve Munich [11]. S'agit-il d'un phénomène propre aux salles de rédaction parisiennes, d'un de ces engouements dont elles ont le secret ? La lecture de la presse paysanne incline à répondre par la négative. Car elle est unanimement pacifiste. *Syndicats paysans*, organe de la puissante Union nationale des syndicats agricoles, titre : « L'UNSA remercie Daladier. » *La Jeunesse agricole*, catholique, *le Progrès agricole de l'Ouest*, que dirige Dorgères, comme *la Volonté paysanne*, organe de la Confédération nationale paysanne, animée par des socialistes, approuvent à l'unisson Munich. Et si les journaux de la fédération CGT de l'agriculture, dirigée par des ex-unitaires, ou du PCF font exception, ce n'est pas dans ce dernier cas sans une certaine prudence. Le « soupir de délivrance » de Renaud-Jean ressemble fort au

10. Procès-verbal de la séance du 25 septembre 1938, archives Daladier.
11. *L'Aube*, par l'intermédiaire d'un article de Georges Bidault, fait exception.

« lâche soulagement » dont a fait état quelques jours plus tôt Léon Blum : « J'appartiens, comme beaucoup de lecteurs de *la Terre*, aux générations qui ont connu la guerre et qui, plus que celles venues après coup, ont pu en mesurer [...] la bêtise, la stupidité. C'est vous dire, camarades lecteurs, que comme vous, *je l'ai poussé aussi ce soupir de délivrance*. Et cependant ! Cependant, quand j'examine la situation créée par l'accord de Munich, je suis conduit à conclure, hélas, que la paix n'est pas sauvée. Pour aller au fond de ma pensée, je dirais même que j'ai bien peur que nous ayons laissé passer, pour la sauver, une occasion qui ne se retrouvera plus [12]. »

La ratification, au Parlement, des accords de Munich par 353 voix contre 75 (les 73 communistes, Kerillis et le socialiste Bouhey), conforte ce sentiment de consensus national. Seule vient troubler cette image l'un des premiers sondages IFOP réalisés (octobre 1938) : il porte sur Munich et donne 57 % d'approbation et 37 % de désapprobation [13]. Et en fait, derrière le consensus apparent, Munich divise bien plus profondément la classe politique française.

À droite, les dirigeants de l'URD et de la Fédération républivaine sont certes promunichois. Flandin, dès le 28, fait apposer une affiche invitant les Français à s'opposer à la guerre et au « mécanisme qui a été monté depuis des semaines et des mois par les forces occultes — le marxisme international — qui rend la guerre inévitable ». Il récidive quelques jours plus tard en envoyant un télégramme personnel de félicitations à Hitler. Mais, autour de Paul Reynaud, 16 dirigeants [14] quittent en novembre l'URD : « C'est par la fermeté, et non par les capitulations successives, que le danger de guerre aurait été mieux écarté », expliquent-ils [15].

À la Fédération républicaine, de Wendel est mal à l'aise. Contrairement aux accusations de Kerillis [16], de Wendel, même s'il intervient peu, n'est pas munichois, et voit au

12. *La Terre* (8 octobre 1938). L'organe du PCF en Alsace, *l'Humanité de Strasbourg*, écrit pour sa part : « Toute la population de notre patrie a respiré à l'annonce de cette paix limitée. »

13. On ne connaît malheureusement pas l'échantillon sur lequel il a été réalisé.

14. Parmi lesquels Louis Jacquinot et Joseph Laniel.

15. Lettre de Lavergne à Flandin, 5 octobre 1938.

16. « En tant que grand féodal allemand, tout vous incite à ménager Hitler [...]. Vous avez été l'un des grands artisans de la politique catastrophique qui a conduit à la capitulation de Munich » (*le Temps*, 29 novembre 1938).

contraire dans l'accord de Munich une « défaite formidable » de la France.

À l'extrême droite, l'Action française approuve chaleureusement [17], et le PSF également. Pour ce dernier, l'accord de Munich c'est la défaite de ceux qui veulent la guerre : « Les hommes de Moscou, les hommes des Internationales. » Mais pour autant, le PSF n'est pas devenu pacifiste. La Rocque développe dès le 19 octobre la thèse du « sursis de guerre », et Ybarnegaray condamne les partisans de l'entente à tout prix avec l'Allemagne : « Leur thèse est connue : nous désintéresser de l'Europe centrale et orientale, lui tourner le dos. Y laisser les mains entièrement libres à l'Allemagne et, nous, résolument, nous tourner vers les mers libres, vers l'Empire. Mais y a-t-il quelqu'un pour s'imaginer que dans l'élan de sa course, dans l'ivresse de sa victoire, il [Hitler] s'arrêtera gentiment, bénévolement, aux frontières de la France et de son empire, simplement parce qu'il nous l'a promis ? [18] »

Quant à Doriot, il hésite : après avoir affirmé, dans la troisième semaine de septembre, que les Français, « et pas seulement les bolcheviques », étaient prêts à se battre pour la Tchécoslovaquie menacée, il se range, à partir du 26, dans « le camp de la paix » et appuie les initiatives de Flandin. C'est un fort groupe de dirigeants qui quitte alors le PPF : Fabre-Luce d'abord, puis Jouvenel, puis Drieu La Rochelle, Paringaux, Arrighi, Marion et Pucheu. Avec le départ de Pucheu, ce sont désormais les fonds de la grande industrie qui commencent à faire défaut au PPF. Traduction sans aucun doute du fait que le patronat lui-même est divisé : la banque Lazard et la Banque de l'Indochine appuient très certainement la politique de Daladier, et plus encore celle de Bonnet, mais les Rothschild, de Wendel et Schneider passent peu à peu dans le camp de la résistance. Montherlant, coqueluche des intellectuels de droite, écrit : « La France est rendue à la belote et à Tino Rossi. Sur le demi-cadavre d'une nation trahie, sur les demi-cadavres de leur dignité et de leur sécurité, les hommes, par millions, dansent la danse de Saint-Guy de la paix » (*Équinoxe de septembre*, 1938).

---

17. Elle détourne alors dans sa presse le couplet antimilitariste de *l'Internationale* : « Il faut que nos premières balles soient pour Mandel, Blum et Reynaud. »
18. *Le Petit Journal*, 19 septembre 1938.

À gauche, à la seule exception du parti communiste, la question de Munich divise toutes les organisations.

À la CGT, l'alliance de Jouhaux et des ex-unitaires fait qu'au CCN des 10 et 11 octobre, Munich est condamné, après de très longs débats. Mais la minorité pacifiste, regroupée autour de *Syndicats*, est extrêmement active. Dès l'Anschluss, *Syndicats* avait d'ailleurs donné le ton. Froideval écrivait ainsi, le 23 mars 1938 : « Se battre pour empêcher le rattachement de l'Autriche à l'Allemagne, alors que ce sont nos amis syndicalistes et socialistes autrichiens qui, après la guerre, voulaient eux-mêmes l'Anschluss, a-t-on bien réfléchi où l'on voudrait nous mener ? »

Non seulement *Syndicats* applaudit des deux mains la politique de Chamberlain (« Ce grand bourgeois vient de nous donner des leçons. Puisse le syndicalisme s'en inspirer pour œuvrer selon ses traditions [19] »), mais, le 26 septembre, à l'initiative d'André Delmas, le SNI et la fédération des PTT lancent un manifeste « pour la paix », qui recueille 150 000 signatures. La situation devient ainsi de plus en plus tendue à l'intérieur de la Confédération. Le bureau confédéral va jusqu'à refuser la publication dans *le Peuple* d'un article de Delmas.

L'extrême gauche s'est, dans son ensemble, ralliée au camp pacifiste. Mais cohabitent en son sein les « pacifistes intégraux » et les « pacifistes révolutionnaires ». Il est bien difficile à ces deux courants de s'entendre, comme l'on s'en aperçoit à la réunion qu'à convoquée le 25 septembre le Centre syndical d'action contre la guerre. Le CSACG, qui annonçait avoir recueilli en mai l'adhésion de 30 syndicats et 3 220 adhésions individuelles, est largement dominé par les « pacifistes intégraux ». Le manifeste que propose le CSACG ne se contente pas d'appeler à la « mobilisation générale pour sauver la paix », mais définit une politique de « pression » sur le gouvernement Daladier, politique de pression qui ressemble fort à un soutien. Le texte demande ainsi au gouvernement de négocier et de « poursuivre inlassablement les plus grands efforts pour le maintien de la paix ». Face à cette démarche, un bloc « pacifiste révolutionnaire » s'est constitué. On y retrouve le syndicat CGT des techniciens de la métallurgie, le cercle syndicaliste

19 Marcel ROY, *Syndicats*, 23 septembre 1938.

« Lutte de classe », les trotskystes du POI et la CGTSR. Ceux-là appellent à combattre la guerre par les méthodes propres à la classe ouvrière : soutien aux grèves et défense des 40 heures, lutte contre sa propre bourgeoisie, appel à la fraternisation avec les « travailleurs sous l'uniforme » allemands et, surtout, aucun soutien à Daladier. À partir du moment où les dirigeants du CSACG refusent d'intégrer dans le manifeste la défense des 40 heures, afin de ne pas gêner la « politique de paix » de Daladier, l'accord se révèle impossible. Mais la surprise [20] vient de la direction du PSOP qui se rallie aux « pacifistes intégraux ». Ce qui ne va pas sans problèmes : Daniel Guérin, puis Michel Collinet et Colette Audry se désolidarisent tandis qu'André Weil-Curiel, l'un des fondateurs, quitte le parti.

À la SFIO, la politique de Blum est bien difficile à suivre. Jusqu'au 15 septembre, ses éditoriaux sont d'une grande fermeté :

« La chute de la Tchécoslovaquie ou même sa vassalisation, équivalent à l'absorption du centre et du sud-est de l'Europe par le Reich allemand. Ce n'est pas la grandeur et la puissance de la France qui seraient alors menacées — je n'ai pas appris à me servir de ces formules-là — c'est sa sécurité et sa liberté [21]. »

Mais le 15 septembre, il salue en termes enthousiastes la demande de Chamberlain à Berchtesgaden :

« Je n'apporterai aucune réserve dans l'hommage que je rends à l'acte de M. Neville Chamberlain [...]. C'est donc une chance de paix que j'entrevois. C'est pourquoi [...] nous applaudissons à tout ce qui rend la guerre plus difficile [22]. »

Le 20, en revanche, il écrit :

« M. Neville Chamberlain, parti pour négocier un arrangement "honorable et équitable", est revenu de Berchtesgaden porteur d'un ultimatum du Fuhrer-chancelier. Le gouvernement britannique a cédé devant cet ultimatum. Le gouvernement français, si l'on s'en rapporte à son communiqué officiel, a donné son acquiescement pur et simple à un plan qui mutile le territoire de l'État tchécoslovaque,

---

20. Au nom du PSOP, Jacquier avait en effet précédemment expliqué à la réunion du CSACG que le meilleur moyen de lutter contre la guerre, c'était la lutte pour le maintien des 40 heures.

21. *Le Populaire*, 9 septembre 1938.

22. *Le Populaire*, 15 septembre 1938.

ampute sa souveraineté et qui, par voie de conséquence, rompt et désavoue ses alliances [23]. »

Le 29, à l'ouverture de la conférence de Munich, le ton a encore changé :

« Mais voici l'essentiel. Comme le départ de M. Neville Chamberlain pour Berchtesgaden, l'annonce de l'entrevue de Munich a suscité un immense mouvement de joie et d'espoir [...]. Du moment que les négociations reprennent, la paix devient possible et même, logiquement, elle devrait être assurée. La rencontre de Munich, c'est une brassée de bois jetée dans le foyer sacré au moment où la flamme tombait, et menaçait de s'éteindre [24]. »

Le 1er octobre, c'est encore le pacifisme qui s'exprime :

« Il n'y a pas une femme et pas un homme pour refuser à M. Neville Chamberlain et à Édouard Daladier leur juste tribut de gratitude. La guerre est écartée. Le fléau s'éloigne. La vie est redevenue naturelle. On peut reprendre son travail et retrouver son sommeil. On peut jouir de la beauté d'un soleil d'automne [25]. »

Pourtant, le jour même où il écrit cet article, à la réunion du groupe socialiste de l'Assemblée nationale, il défend la non-ratification. Il est mis en minorité, mais accepte cependant de défendre la position socialiste à la tribune [26]. À l'exception du député de la Côte-d'Or, Bouhey, tout le groupe socialiste vote la ratification.

Cette unanimité de façade cache des divisions dévastatrices. Déjà, durant la crise de Munich, et à travers les éditoriaux du *Populaire*, des « nuances » étaient apparues entre Blum et Paul Faure. Les militants n'avaient pas pu ne pas remarquer que quand Blum estimait, le 9 septembre, « qu'on était déjà allé trop loin » dans la concession, Paul Faure intitulait le lendemain son éditorial « Jusqu'au bout

---

23. *Le Populaire*, 20 septembre 1938.
24. *Le Populaire*, 29 septembre 1938.
25. *Le Populaire*, 1er octobre 1938.
26. Jules Moch a raconté comment, ayant violé la discipline et voté contre la ratification, il en informe Blum après avoir glissé son bulletin dans l'urne : « Il me regarde tristement et presque solennellement, me dit : "Jules, vous ne pouvez pas me faire cela VOUS À MOI" en scandant les trois derniers mots. Ces trois mots "VOUS À MOI" me bouleversent. Je m'incline, les larmes aux yeux, et ajoute deux bulletins blancs à mon nom, l'un pour annuler le bulletin bleu déjà déposé, l'autre me faisant, comme Léon Blum, voter la ratification. Restent neuf autres dissidents. Auriol leur court après, et en trouve huit qui acceptent de suivre mon exemple. Seul Bouhey, qu'il ne peut trouver, demeurera de ce fait opposant » (*Une si longue vie*, Laffont, 1976).

pour la paix. » Mais, du fait des fluctuations de Blum, les divergences étaient encore restées feutrées. Elles apparaissent avec une totale netteté à partir de la mise en place, par la CAP, d'une « commission d'études des problèmes de la paix et de la politique de paix du parti socialiste ». À cette commission, qui tient six longues séances entre les 11 et 25 octobre, les positions apparaissent inconciliables.

Autour de Paul Faure, auquel se rallie le petit courant du « redressement socialiste [27] », s'organise la tendance pacifiste. *Le Socialiste*, l'organe de tendance impulsé par les amis de Paul Faure, prend alors son vrai visage. Dès le 15 septembre, son éditorial précise ainsi :

« Ne donnons pas dans le panneau de l'antipacifisme belliqueux si cher aux communistes, écartons la mystique antifasciste qui accepte la méthode du fascisme lui-même. »

Quant à Blum, ayant choisi finalement le camp de la fermeté, il reçoit le concours de Zyromski et de la « Bataille socialiste ». La situation aboutit à un parti ingouvernable : la majorité de la CAP est sur les positions Blum-Zyromski, mais le groupe parlementaire est majoritairement « paulfauriste » [28].

Enfin, le parti radical est lui aussi divisé. Autour de Georges Bonnet, s'exprime en effet un courant pacifiste, dont le journal d'Émile Roche, *la République*, se fait le porte-parole : « La guerre pour régler le problème tchécoslovaque ? Les Français ne la veulent pas ! » tranche ainsi l'éditorial de *la République* du 19 septembre. En face, les partisans de la fermeté sont soutenus par le journal *la Lumière*. Il regroupe certes les partisans traditionnels du Front populaire (Cot, Zay...) mais s'élargit jusqu'à des hommes comme Édouard Herriot, Vincent Badie et Albert Sarraut. Il ne reste pas inactif : une délégation de cinquante députés va ainsi demander à Daladier, le 23 septembre, des gages de fermeté. Mais Daladier choisit la capitulation. Et c'est la soudaine popularité qui l'entoure alors qui tranche le débat.

---

27. Il était constitué par le rassemblement des anciens de Révolution constructive (Albertini, Zoretti, etc.) et des militants de la Gauche révolutionnaire qui n'avaient pas rejoint le PSOP (Deixonne, Berthe Fouchère, Soulès...).

28. La situation ne sera partiellement clarifiée qu'au congrès qui se tient à Montrouge le 24 décembre, et où Léon Blum l'emporte par 4 322 mandats contre 2 837 à Paul Faure. Elle ne l'est cependant que partiellement, dans la mesure où Paul Faure et Severac conservent la direction du parti.

Au congrès qui se tient à Marseille du 27 au 29 octobre, Daladier fait approuver à la fois la politique de Munich et la rupture avec le PCF. Sans doute la salle est-elle de nouveau noyautée par les hommes de main de Sableau [29]. Mais il n'était sans doute pas besoin de cela pour que la droite, regroupée derrière Daladier, l'emporte largement.

Les décrets Reynaud

Ainsi conforté, et dans l'opinion publique, et dans son propre parti, Daladier a les mains libres pour s'atteler de nouveau aux problèmes intérieurs. Le 1er novembre, il effectue une toute petite permutation dans l'équipe gouvernementale : Paul Reynaud remplace Marchandeau aux Finances. C'est en fait le signe que, sur la question des 40 heures, Daladier est maintenant décidé à trancher dans le vif. Entouré d'une brillante équipe [30], Paul Reynaud met ainsi au point 32 décrets en moins de dix jours. Ils sont adoptés le 12 novembre par le Conseil des ministres [31], et Paul Reynaud s'adresse le soir même au pays :

« Les prix étant libérés, le crédit étant abondant, la machine économique va pouvoir repartir. Le seul frein qui reste à desserrer, pour être sûr du succès, ce sont les entraves légales ou administratives au régime du travail [...]. Croyez-vous que, dans l'Europe d'aujourd'hui, la France puisse à la fois maintenir son train de vie, dépenser 25 milliards d'armement et se reposer deux jours par semaine ? Je vous entends dire non. Alors ? Ce sont des actes que vous voulez. Ils sont accomplis. Devant les étrangers qui nous écoutent, *je vous annonce qu'en France, la semaine des deux dimanches a cessé d'exister.* »

En fait, ces trente-deux décrets forment un ensemble bien plus vaste que la seule remise en cause des 40 heures : il y en a un sur les allocations familiales, deux sur les étrangers,

29. *La Lumière* du 5 novembre signalera même la présence dans la salle des « gros bras » de Carbone et Spirito, les gangsters marseillais.
30. Outre Alfred Sauvy, on y trouve Michel Debré, Gaston Palewski, Jacques Rueff et Maurice Couve de Murville.
31. En réunion du groupe radical, neuf députés seulement, parmi lesquels Cot et Mendès France, ont voté contre les décrets-lois.

trois sur les prix, six sur les travaux publics, douze sur les finances et huit seulement sur la législation du travail. Mais ce qui frappe l'opinion, c'est ce qui concerne les 40 heures.

Pourtant, la durée légale du travail reste inchangée. Mais, pour une période de trois ans, l'accès aux heures supplémentaires est extrêmement assoupli : jusqu'à 50 heures, il suffit au patron d'en informer l'inspecteur du travail, sans avoir à donner de justification. Le taux de majoration des heures supplémentaires est ramené à 10 % pour les 250 premières heures [32]. Les horaires hebdomadaires ne sont plus répartis sur cinq, mais sur six jours ouvrables. Des sanctions sont prévues en cas de refus des heures supplémentaires « ordonnées dans l'intérêt de la Défense nationale » : licenciement, sans indemnités de congédiement et sans congés payés, et interdiction de s'inscrire au chômage pendant six mois. Et si c'est un militant syndical qui incite à la lutte, il risque, lui, de six à trois mois de prison.

Le patronat, bien évidemment, est ravi [33]. La chambre de commerce de Grenoble vote une résolution « de félicitations, de confiance, de reconnaissance et d'encouragement à M. Daladier ».

À gauche, *l'Humanité* titre : « Après la trahison de Munich, la réaction noire des décrets-lois. » Et *le Populaire* : « Voilà un plan de réaction sociale pour obtenir la confiance du capital. » Quant à la CGT, les décrets sont promulgués le jour même, le 17 novembre, où s'ouvre son congrès à Nantes.

32. Une taxe spéciale porte sur les bénéfices réalisés grâce aux heures supplémentaires. A. Sauvy explique qu'elle était « de pure façade » et elle ne sera jamais perçue.

33. Alfred Sauvy, soucieux sans doute de démontrer que ces décrets n'étaient pas uniquement tournés contre la classe ouvrière, estime que « l'opposition aux décrets est forte dans tous les milieux sans exception » (« L'évolution économique », colloque « Daladier, chef de gouvernement »). Mais les quelques exemples qu'il donne pour démontrer l'hostilité du patronat (un article de Germain Martin et un article d'Edmond Giscard d'Estaing) ne sont guère probants, même si ce dernier, plus directement lié à la fraction « coloniale » du patronat français, est moins directement concerné par une politique d'armement et par le sort de l'industrie lourde. Le 14 novembre, *le Temps* peut écrire : « Cette semaine boursière aura été la plus favorable que notre marché ait connu depuis de longs mois. »

Le congrès de Nantes de la CGT

C'est peu de dire que ce congrès est important pour la CGT. Premier congrès qu'elle tient depuis la réunification, il doit permettre de mesurer quels sont les effets combinés de l'unité syndicale et de juin 36 et de déterminer, ce n'est pas le moindre des problèmes, qui est aujourd'hui majoritaire dans la confédération. De plus, de l'Espagne à Munich, les événements extérieurs ont suscité des débats dans la CGT : là aussi, il faut faire le point. Enfin, paradoxe, cette CGT du Front populaire réunit son congrès alors que tout le monde constate la dislocation du Front populaire, dislocation dont les décrets-lois Reynaud sont devant ce congrès le symbole vivant.

Les mandats du congrès sont calculés sur la base de l'année 1937. En fonction des sources, les effectifs de 1937 sont de 3 958 825 (Prost, d'après les mandats), 4 564 469 (selon la CGT elle-même), 4 666 600 (selon Lefranc, écrivant sous le pseudonyme de Montreuil), 4 988 626 (selon les calculs de *Gringoire*). Si l'on veut regarder plus précisément l'état de la confédération en 1938, il convient sans doute d'enregistrer un léger tassement : selon *Gringoire*, les effectifs passent de 4 988 626 en 1937, à 4 329 800 en 1938, soit un peu plus de 10 % de chute. Cette énorme machine est alors divisée en quatre courants qui s'opposent ou s'allient, selon la conjoncture et selon les problèmes.

D'abord, un courant « révolutionnaire ». Tout petit, il s'est organisé le 5 juin 1938, en regroupant en un « comité d'organisation des minorités Luttes de classe », les Amis de l'École émancipée[34], le cercle syndicaliste « Lutte de

---

34. Il s'agit de l'ancienne direction de la Fédération unitaire de l'enseignement. Après des débuts difficiles dans le SNI (elle représentait 3 000 adhérents à la fusion, contre 80 000 aux « confédérés » et avait été exclue de toute responsabilité), celle-ci avait constitué, en 1937, les « Amis de l'École émancipée ». L'évolution de leur audience apparaît à travers les votes des congrès :

	1936	*1937*	*1938*
• Rapport moral :	6 %	15 %	21 %
• Orientation :	14 %	12 %	19 %

Le courant proche du PCF recueillait, en 1938, 7 % des mandats. L'EE était majoritaire dans 5 départements (Basses-Alpes, Ardèche, Hérault, Oise, Haute-Savoie) et influente dans l'Allier, les Côtes-du-Nord, le Doubs, le Gard, les Landes, les Hautes-Pyrénées, le Rhône.

classe »[35], ainsi que diverses individualités ou syndicats. Au congrès, le porte-parole de ce courant sera l'un des dirigeants de l'École émancipée, Gilbert Serret.

Le deuxième courant est celui regroupé autour du journal *Syndicats*[36]. Lancé dès le 16 octobre 1936, celui-ci regroupe autour de René Belin un nombre non négligeable de responsables fédéraux et départementaux : Savoie (alimentation), Courrier (PTT), Delmas (enseignants), Froideval (bâtiment), Dumoulin (UD du Nord), Bord et Vigne (sous-sol), Roy (métaux) etc. Le poste de directeur a été laissé vacant, en espérant que Jouhaux finirait par l'occuper, ce qu'il ne fait pas. Y a-t-il cependant, comme l'affirme Georges Lefranc, « division du travail » entre Jouhaux et Belin ? Sans doute y a-t-il en tout cas, dans les premiers temps de la réunification, une forme de complicité basée sur l'anticommunisme qui leur est commun. Mais l'orientation de plus en plus affirmée de Belin vers le pacifisme heurte le vieux fond social-patriote de Jouhaux. À partir de l'Espagne, et plus encore de Munich, les divergences s'approfondissent. La décision du courant proche de *Syndicats* de déposer ses propres motions d'orientation à Nantes — Delmas en sera le porte-parole — n'est plus une affaire tactique.

Le troisième courant est composé des ex-unitaires, ou plus exactement de la fraction liée au parti communiste. Elle a conservé un organe d'expression propre, *la Vie ouvrière*[37], et elle est, quels que soient les calculs faits, majoritaire parmi les adhérents de la confédération. Mais elle n'est pas majoritaire dans les instances fédérales, et il n'est pas certain qu'elle le soit dans le congrès, dont le mode de représen-

35. Créé en janvier 1937, il publie *le Réveil syndicaliste*. La charpente de ce groupe est formée de métallurgistes exclus du PC, dont le leader est un ancien dirigeant des JC, Gustave Galopin. Mais on y retrouve aussi des militants du PSOP (Duvernet, Collinet, Colette Audry), des trotskystes (Bardin), des anarchistes (Guyard). Galopin avait défendu les positions des révolutionnaires lors du congrès de la métallurgie qui avait suivi les grèves d'avril 1938. Il y avait obtenu le soutien de 12 sections, soit 57 mandats, 2 830 voix, et 1,5 %. *Le Réveil syndicaliste* tirait à 5 000 exemplaires.

36. *Syndicats* tire à 60 000 exemplaires selon Lefranc, à 80 000 selon Belin, à 130 000 selon l'annuaire de la presse. Plus de 50 % des exemplaires sont vendus dans 6 départements (Meuse, Morbihan, Pas-de-Calais, Haute-Saône, Savoie, Vendée), et plus de 35 % dans 12 autres départements (Calvados, Charente, Doubs, Haute-Garonne, Gironde, Loire-Inférieure, Lot, Maine-et-Loire, Mayenne, Nord, Orne, Tarn).

37. Tirage : 200 000 exemplaires.

tation défavorise les gros syndicats. Va-t-elle pour autant se compter elle aussi sur ses propres positions ? Les ex-unitaires sont en tout cas regroupés au départ derrière le syndicat des cuirs et peaux de la région parisienne. Mais finalement, ils vont choisir de fusionner leurs textes avec ceux élaborés par les amis de Jouhaux.

Ces derniers forment en effet le quatrième courant à l'œuvre dans la CGT. Jouhaux partage les craintes de Belin quant à la « colonisation communiste ». Mais, en même temps, il se sent le garant de la réunification. Surtout, la situation internationale le rapproche peu à peu des ex-unitaires et l'éloigne du pacifisme exacerbé de Belin et Delmas. Majoritaire au bureau confédéral, où il peut s'appuyer sur Bothereau, Bouisson, Bouyer et Dupont, Jouhaux peut également compter sur le soutien de quelques fédérations importantes, comme celle des transports et celle des fonctionnaires, avec Lacoste et Neumeyer, et quelques grosses UD : la Loire-Inférieure, le Rhône, la Haute-Garonne. Dès 1937, Jouhaux avait fait émettre par le CCN le vœu que *la Vie ouvrière* et *Syndicats* acceptent de disparaître au profit d'un hebdomadaire confédéral. *Syndicats* ayant refusé, Jouhaux avait alors fondé sa propre publication de tendance, *Messidor* [38]. Au congrès de Nantes, c'est le secrétaire de l'UD du Rhône, Vivier-Merle, qui apparaît comme le porte-parole de ce courant.

On peut s'interroger sur la signification du « bloc » réalisé entre les ex-unitaires et les amis de Jouhaux. Du côté des ex-unitaires, cette décision est compréhensible. S'ils déposent leurs propres textes, ils risquent de ressouder contre eux les amis de Belin et ceux de Jouhaux, alors que depuis des mois, ils n'ont pas ménagé leur peine pour les dissocier. Et s'ils sont majoritaires sur leurs propres positions, un tel constat, officiellement enregistré par le congrès, réintroduirait dans l'organisation une dynamique de scission. Pour Jouhaux, la situation est plus ouverte. Il peut défendre sur tous les points ses propres positions, mais il peut aussi, par exemple, voter avec *Syndicats* sur l'indépendance syndicale et avec les ex-unitaires sur les questions internationales.

38. Le courant Jouhaux contrôlait l'organe officiel de la CGT, *le Peuple*, mais celui-ci ne tire qu'à 18 000 exemplaires. *Messidor* paraît du 18 mars 1938 au 1er septembre 1939.

S'il choisit un accord global avec les ex-unitaires, c'est sans doute parce que c'est la seule solution qui lui permette de ne pas mettre en évidence le fait que son courant est très minoritaire dans la confédération. Et puis, les questions internationales pèsent lourd.

Ces trois positions s'affrontent sur l'indépendance syndicale : 16 582 voix (65,5 %) pour Vivier-Merle qui représente le bloc Jouhaux-ex-unitaires, 7 221 (28,5 %) pour Delmas, 121 (0,5 %) pour Serret et 1 280 abstentions (5 %). Et ils se retrouvent en présence sur « la question de la paix et de la guerre » : 16 784 (66,3 %) pour Vivier-Merle, contre 6 419 (25,3 %) pour Delmas, et 76 voix (0,3 %) pour Serret. Il y a 1 046 abstentions (4,1 %).

Les premières constatations s'imposent à tout le monde. D'abord, le terrain de l'indépendance syndicale est plus favorable aux minorités que celui du pacifisme. Ensuite, le rapport de forces en mandats semble s'établir ainsi : entre 25 et 28 % pour *Syndicats*, entre 45 et 50 % pour les ex-unitaires, entre 15 et 20 % pour Jouhaux, entre 0,3 et 0,5 % pour l'extrême gauche, entre 4 et 5 % d'abstentions. Enfin Delmas réussit ses meilleurs scores chez les « cols blancs » (90 % des syndicats des agents des PTT et 85 % des syndicats d'instituteurs votent ses motions) et les plus mauvais dans les fédérations industrielles (il ne recueille ainsi que 18 % des syndicats de la métallurgie, 9 % des syndicats du bâtiment, 8 % des syndicats de la chimie).

Au-delà de ces débats programmés, le congrès est interpellé de manière impromptu par les décrets-lois de Paul Reynaud. Il est unanime dans son hostilité. Mais quelle est la riposte appropriée ? Les ex-unitaires semblent, au fur et à mesure qu'avance le congrès, favorables à une grève générale de vingt-quatre heures. Delmas et ses amis sont au départ réservés. Ils craignent en effet que la grève générale ne soit un instrument contre la politique extérieure pacifiste de Bonnet et de Daladier. Surtout, ils pestent : était-il donc bien nécessaire de sortir maintenant ces décrets-lois, juste à temps pour redorer le blason des ex-unitaires ? Mais en même temps, ils sont partagés : il ne leur déplairait pas de jouer un mauvais tour à ce « va-t-en-guerre » de Paul Reynaud.

Jouhaux est également réservé. Mais, sous la pression du congrès, il lâche finalement du lest. La motion finale insiste surtout sur l'intervention des parlementaires, mais mandate également la CA et le bureau pour « préparer sans retard toute l'action nécessaire, y compris la cessation collective du travail dans le cas où celle-ci s'avérerait indispensable à la défense des réformes sociales ». Le mot « grève générale » n'est donc pas prononcé, on n'envisage d'ailleurs la « cessation collective » qu'au conditionnel et les échéances restent bien imprécises.

Les grèves sauvages

Chez Hutchinson, à Puteaux, la direction a communiqué le samedi 19 novembre la modification des horaires. Puisque c'en est fini de la semaine « des deux dimanches », l'horaire des 40 heures en 5×8 est remplacé par un horaire de 44 heures à raison de 7 heures du lundi au vendredi, et de 9 heures le samedi... Rien ne justifie cet horaire particulier, et la provocation est à ce point évidente qu'elle en devient infantile. Le lundi 21, la première affiche de protestation contre les nouveaux horaires et les décrets-lois est arrachée par la direction. Immédiatement, les ouvriers débraient et occupent l'usine.

En fait, le patronat, s'il dénie officiellement être animé de tout esprit de revanche, a très soigneusement préparé l'application des décrets Reynaud. Au-delà des considérations économiques, il y voit l'occasion de « mater » le mouvement ouvrier issu de juin 36, de briser les fortes têtes et les meneurs. Une série de circulaires patronales sont ainsi connues qui, toutes, font allusion à un « plan de bataille » plus général. Ainsi, la circulaire du groupe patronal du textile d'Elbeuf, datée du 23 novembre :

« D'après les directives adoptées le 23 novembre à l'Assemblée générale du syndicat patronal [...] : dans tous les établissements, il convient de sortir dans la plus large mesure possible du cadre des "cinq-huit". Parmi le personnel des bureaux, magasins et services commerciaux qui effectuent actuellement 40 h, il faut rétablir le travail du samedi matin sans s'arrêter à l'augmentation des frais généraux qui doit en résulter [...]. »

Et celle du groupement interprofessionnel d'Argenteuil, Bezons, Colombes, et des communes avoisinantes :

« La suppression des cinq-huit doit constituer un choc psychologique [...]. Il est essentiel de redonner l'aspect extérieur du travail le samedi matin, particulièrement dans les services spectaculaires. »

Usine après usine, les grèves répondent aux provocations patronales. C'est d'abord la chimie qui entre en lutte : le 22, c'est ainsi la grève chez Kuhlmann (Aubervilliers) et à la Société française des pétroles (Saint-Ouen). À Rouen, le 23, huit raffineries et dépôts de pétrole sont en grève. Dans le Nord, la grève commence à Kuhlmann (Wattrelos) le 22, et gagne ensuite la métallurgie : Fives-Lille, les Aciéries de Denain, Escaut-Meuse, les Forges du Nord et de l'Est. Dans l'Isère, le 23 novembre, ce sont les syndicats du textile qui lancent un mot d'ordre de grève générale. La tactique patronale (et gouvernementale) apparaît très au point. Pas question de laisser le mouvement faire tache d'huile : à Rouen, la police intervient dès le lendemain de la grève et fait évacuer les usines occupées ; à Hutchinson, les gardes mobiles font évacuer l'usine l'après-midi même « sans difficulté notable » ; même processus chez Kuhlmann, où les ouvriers évacuent « sans opposer la moindre résistance ». La préfecture de police de Paris annonce ainsi, qu'entre le 21 et le 24, elle a fait évacuer 12 établissements « sans incidents ». Il y a cependant encore, sur l'ensemble du territoire, plusieurs dizaines de milliers d'ouvriers en grève quand, le 24 au soir, le travail s'arrête à Renault. La direction, à vrai dire, a tout fait pour : la durée du travail passe de 32 à 40 heures étalées sur six jours, des ateliers se voient imposer les 48 heures mais 5 heures seulement sont payées comme heures supplémentaires, deux responsables syndicaux reçoivent des avis de licenciement.

Renault occupé prend d'autant plus figure de symbole que les évacuations, en province, ne se passent pas toujours « sans difficulté notable ». Dans le Nord, l'évacuation des Aciéries de Denain, le 24, tourne à l'émeute. Le 25, les ouvriers des usines Saint-Gobain de Wasquehal ouvrent les vannes d'un réservoir de chlore. À Saint-Gobain (Denain), les portes sont soudées à l'autogène.

Quelques heures à peine après l'occupation, il y a devant Renault 3 000 gardes mobiles et 1 500 agents de police. À 10 h 15, c'est l'assaut. Les ouvriers se défendent à coups de boulons, de barres de fer, « d'objets de métal parfois très pesants », dira le rapport du préfet de police Langeron [39]. Morizet, le maire socialiste de Boulogne, et Costes, le « député-métallo » du PCF, proposent leur médiation : les ouvriers évacueraient volontairement l'usine, et il n'y aurait pas d'arrestations. Impossible, répond le commissaire de Boulogne : « Quelques individus ont lancé des boulons sur nos hommes. Nous voudrions opérer un tri et retenir les coupables. » Morizet et Costes interviennent auprès de Langeron qui leur répond : « Tout va se terminer, il n'y en a plus pour longtemps. » À 21 h 30, la porte principale est enfoncée. Les ouvriers doivent abandonner successivement l'artillerie, le décolletage et l'AOC. À 22 h, le bâtiment n° 2, barricadé avec des camions, est dégagé au gaz lacrymogène. À 23 h 30, les derniers 2 500 occupants doivent abandonner l'île Seguin. Les occupants, pour sortir, sont contraints de marcher au pas, quatre par quatre, en faisant le salut fasciste, et en criant « Vive la police ». Au passage, un commissaire abat sa barre de fer : « Un coup pour Blum ! Un coup pour Thorez ! Un coup pour Jouhaux ! »

Vers l'affrontement

Que font-ils d'ailleurs, durant ces quelques jours, Blum, Thorez et Jouhaux ? Eh bien, ils ne font rien. Les informations sur la vague de grèves sauvages sont peu mises en valeur dans la presse ouvrière. Et en guise de prise de position, ce sont des conseils de prudence, ressemblant parfois à des désaveux, qui sont donnés.

Le Peuple, le 23 novembre : « Ne fournissons aucun prétexte à ceux qui cherchent l'occasion d'une politique de répression. »

Le Populaire, le 24 novembre : « Travailleurs, ne suivez que les mots d'ordre de vos syndicats. »

39. La défense ouvrière n'a rien d'improvisé : « Les projectiles sont réunis à portée de la main, les voitures et le matériel placé aux entrées, des matériaux pour les barricades sont amenés dans les passages souterrains » (entretien avec P. Esnault in *Le Communisme à l'usine, op. cit.*). Mais *l'Humanité* écrit le lendemain que ce sont « des agents de la direction bien connus des métallos qui se mirent, malgré les appels pressants des dirigeants syndicaux, à lancer en direction de la police des boulons et projectiles divers ».

L'Humanité, le 25 novembre : « Le parti communiste met en garde les travailleurs contre toute diversion, contre toute provocation destinée à créer des incidents qui seraient exploités pour frapper les organisations de la classe ouvrière. »

En fait, huit jours après la fin du congrès de Nantes, quatre jours après le début des grèves sauvages, la CGT ne sait toujours pas si elle va ou non appeler à la grève générale. Jouhaux, vraisemblablement, souhaite attendre la rentrée parlementaire et espère que la menace d'une grève suffira à imposer un remaniement gouvernemental. Entre le 22 et le 25, le bureau confédéral convoque, l'un après l'autre, trente secrétaires de fédération, et tente à mi-mot de les convaincre qu'il est urgent d'attendre. Mais la période est mal choisie : les grèves sauvages qui éclatent un peu partout représentent autant de pressions sur les secrétaires de fédération. La date à laquelle est convoquée la commission administrative est, elle aussi, mal choisie : elle se réunit le 25, le lendemain des affrontements de Renault. Quand Semard apporte l'accord des cheminots [40], les dernières réticences ne peuvent plus être maintenues. Frachon propose la date du lundi 28. Ce sera le 30, impose Jouhaux, qui n'a visiblement pas perdu espoir de faire aboutir les négociations qu'il a secrètement entamées.

Celles-ci continuent en effet après le 25. Sur la place publique, des intercesseurs se proposent : les anciens combattants le 27, puis, le 28, la Ligue des droits de l'homme. Mais les choses sérieuses se passent en coulisses. Belin a pris contact avec les ministres USR, Pomaret et Monzie, et trois députés « néos » (Frossard, Frot et Déat) font la navette : il s'agirait de retirer l'ordre de réquisition des services publics en échange de la suspension de l'appel à la grève générale. Étonnante myopie si tel était bien l'enjeu. Car ni Reynaud [41], ni Daladier [42] n'ont l'intention de négocier. Et encore moins

40. Le traumatisme hérité des grèves de 1920 et de la répression qui avait suivi n'avait pu être surmonté que parce que les décrets Reynaud s'en prenaient particulièrement aux cheminots. Outre l'allongement de la durée des services, leurs congés payés passaient de 21 à 15 jours, et la suppression de 40 000 emplois à la SNCF était évoquée. C'est dans ces conditions que la CA du syndicat se déclare prête à appeler à la grève générale par 87 voix contre 12.

41. « Faire échouer la grève générale est vital. Si la classe ouvrière la fait, elle condamne par là même mon effort de redressement. » (Paul REYNAUD, *Mémoires*, t. II, *Envers et contre tous*, Paris, 1963.)

42. « La CGT décide la grève pour le 30. Dans le but de finasser, pression sur quelques ministres [...]. En réalité, ce jeu n'était plus de saison. » (Notes abrégées manuscrites, archives Daladier).

le patronat qui prépare méticuleusement sa riposte. Le 28 au soir, la CGT ne peut faire autrement que de confirmer l'appel à la grève et d'en rejeter la responsabilité sur Daladier.

La tactique que choisit le gouvernement est limpide : il élève brutalement les enjeux et multiplie les mesures d'intimidation.

D'abord, l'arsenal législatif. Le 25 novembre, l'ensemble des cheminots est réquisitionné. Le 28 novembre, ce sont les agents et les ouvriers des services publics [43], ainsi que le personnel des « services concédés de l'État, des départements et des communes » qui font l'objet d'une mesure identique. Le même jour, le gouvernement publie une circulaire concernant la fonction publique : « La loi interdit à ces salariés, par les articles 123 et suivants du Code pénal, toute coalition et toute cessation concertée du travail [...]. Leur révocation, en pareil cas, n'est donc que la constatation du fait qu'ils se sont exclus d'eux-mêmes. » Dans tous les secteurs concernés, l'ensemble de ces dispositions est relayée et commentée par la hiérarchie avec une étonnante rapidité, voire avec une ostensible satisfaction.

Le deuxième volet prévu, c'est l'étalage préventif du dispositif policier et militaire mis en place. À Marseille, 1 600 policiers sont ainsi ostensiblement répartis par petits groupes dans la ville. Des convois militaires sillonnent à grand fracas l'ensemble du pays. On ressuscite un plan de protection des édifices publics qui permet à la troupe de s'installer dès la veille, en armes, à des points qui ne sont peut-être pas tous stratégiques, mais où elle ne passe pas inaperçue : 21 soldats à l'Hôtel des postes de Bordeaux, 12 à la poste de Clermont-Ferrand, 24 à celle d'Annecy, 16 à celle de Strasbourg [44]... Les gares et les nœuds ferroviaires sont l'objet de déploiements de forces encore plus importants. Le décor est planté, explique André Delmas [45], afin de « faire naître dans les esprits l'idée d'une insurrection armée ou de troubles graves imminents ».

---

43. C'est-à-dire, entre autres, le personnel du tramway et des autobus et, pour Paris, du métro.

44. L'étalage de forces ainsi fait est à ce point disproportionné au regard des objectifs protégés que des directeurs de postes, sensibles au ridicule, refusent la protection offerte : ainsi du capitaine et des 45 hommes prévus pour la protection de la poste d'Arras.

45. *À gauche de la barricade, op. cit.*

On ne sait si le garçon coiffeur du chef de cabinet de Paul Reynaud lui a vraiment dit, la veille du 30 : « Ce n'est pas le moment de faire les cons [46] », mais tout est en tout cas mis en œuvre pour que le garçon coiffeur puisse le penser.

À cette intense préparation judiciaire, militaire et psychologique, correspondent les hésitations et l'impréparation du mouvement ouvrier. Non seulement le délai de 5 jours entre l'annonce de la grève générale et sa réalisation a pu être mis à profit par le gouvernement — et par le patronat, nous y reviendrons — pour parfaire son dispositif, mais il n'a pas permis une meilleure préparation du côté syndical. Jusqu'au bout, Jouhaux et Belin espèrent en effet qu'il y aura compromis et que le mot d'ordre pourra être rapporté. Ce n'est sans doute que le 29 qu'ils sont réellement persuadés qu'il y aura une grève générale... le lendemain. Du coup, les consignes données aux fédérations sont restées insuffisamment précises. La riposte au dispositif policier n'est pas vraiment étudiée. Les dernières instructions sont données par pneumatique ou par télégramme [47], ou communiquées la veille seulement dans des assemblées de militants. Au fur et à mesure que s'accroît la pression gouvernementale, les précisions confédérales donnent l'impression que l'on bat peu à peu en retraite. Il est ainsi bien précisé que la grève ne dépassera en aucun cas 24 heures, qu'il n'y aura d'organisés ni cortèges, ni réunions ; qu'elle devra se dérouler sans occupation des lieux de travail. Le climat ainsi distillé n'est pas le seul fait des amis de Belin ou de ceux de Jouhaux. C'est un ex-unitaire, Marcel Paul, qui annonce à sa fédération (gaz et électricité). le 26, qu'il n'y aura pas de coupures de courant : « Nous ne voulons pas de mauvais coup dans l'ombre. »

La grève du 30 novembre

Le sort de la grève se joue en fait en quelques heures, bien avant que la majorité des travailleurs ne soit simplement sortie du lit. Le gouvernement n'a guère caché qu'il comptait concentrer ses efforts sur le secteur des transports. Pourtant, la CGT ne semble pas avoir accordé à ce secteur plus

46. Paul Reynaud, *Mémoires,* t. II, *op. cit.*
47. Cf. Racamond, *le Peuple* du 8 décembre.

d'importance qu'à d'autres. Les erreurs commises sont manifestes. Au dernier moment, les syndicats appellent les cheminots, les conducteurs d'autobus et les agents du métro, à se rendre sur leur lieu de travail, dans les gares, les dépôts et les têtes de ligne. Mais pourquoi se rendre à son travail quand on est en grève et, de surcroît, réquisitionné ? Pour occuper ? Mais la CGT a précisé qu'il ne devait pas y avoir d'occupation. D'ailleurs, lesdits « lieux de travail » sont déjà occupés. Ainsi, la gare de Lyon : « Beaucoup de casques, de mousquetons. On dirait, sur le boulevard Diderot, qu'on a planté un garde mobile au pied de chaque réverbère. À l'entrée et à la sortie de la gare, dans les salles d'attente, sur les quais, les soldats sont plus nombreux que les employés et les voyageurs [48]. »

Si cheminots et traminots ne s'étaient pas rendus à leur poste de travail, l'armée, les cadres et les « jaunes » présents, auraient-ils pu faire sortir trains et autobus dans des conditions normales ? On ne sait. Mais que pouvait-on espérer de la concentration des cheminots et traminots dans les gares et les dépôts ? La réoccupation des lieux, c'est-à-dire l'expulsion des troupes qui y stationnaient, nécessitait une stratégie « militaire » et un rapport de force hors de portée des grévistes. C'est en fait le phénomène inverse qui se produisit. Sous la double pression de l'armée et de leur hiérarchie, les cheminots parisiens reprennent le travail dans la nuit. Il en va de même dans le métro : 29 conducteurs refusant de monter dans les motrices sont immédiatement arrêtés. Menacés du conseil de guerre, les autres cèdent. Les premières rames sortent à 5 h 30. À 17 h, il n'y a plus que 1 % des effectifs en grève, et le syndicat appelle alors à la reprise du travail. Dans les autobus, il y a 200 arrestations parmi les militants qui tentent d'envahir les dépôts. Les « auxiliaires », récemment embauchés, cèdent les premiers. La vue des premiers bus qui sortent, protégés par la police, sème le désarroi parmi les grévistes. À 16 h, la plupart des conducteurs se résignent à prendre le volant. L'ordre d'arrêter la grève est officiellement donné par le syndicat à 9 h.

Sans doute la situation en province est-elle plus contrastée [49].

---

48. *Le Populaire*, 1er décembre 1938.

49. Dans le Nord, les chemins de fer fonctionnent partout. Les tramways sont arrêtés à Valenciennes, Maubeuge, Roubaix, mais fonctionnent à Lille et à Douai. Les trains circulent à Grenoble, mais pas à Marseille. À Clermont-Ferrand, les trains roulent, mais pas les tramways. À Brest, trains et tramways circulent sans problèmes.

Mais c'est Paris qui fait figure de test, et c'est la situation à Paris que décrit la radio. Toutes les mesures ont d'ailleurs été prises pour que celle-ci ne faillisse pas au rôle qui lui a été imparti dans le dispositif gouvernemental : les postes émetteurs sont gardés par une compagnie d'infanterie, le personnel de la radio est réquisitionné, les informations diffusées par les postes privés sont contrôlées au préalable par un inspecteur de la Sûreté nationale [50], Pierre Brossolette et Pierre Paraf, qui assuraient habituellement les émissions d'information du matin, sont ce jour-là interdits d'antenne ; les dépêches d'agence sont transmises censurées [51]. Dès les premières heures de la matinée, au moment où bien des travailleurs hésitent encore sur l'attitude à adopter, la radio annonce déjà l'échec du mouvement. Et quand, de sa fenêtre, on voit circuler les bus, cela paraît bien correspondre à la réalité [52].

Il est bien difficile de se faire une idée précise de la participation à la grève. Il n'existe pas en effet, pour ce jour, de relevé du ministère du Travail. Géographiquement, des données existent, valables pour les principales villes des départements, et non pour les départements eux-mêmes. Elles sont généralement peu précises, mais peuvent indiquer si la mobilisation a été forte, moyenne ou faible (cf. Participation à la grève, tableau I). Il est par ailleurs possible de reconstituer les estimations syndicales pour les principales branches (cf. Participation à la grève, tableau II).

La première remarque concerne le chiffre global auquel nous arrivons : 1 599 050 grévistes. Compte tenu de l'absence dans ce calcul d'un certain nombre de branches, l'estimation d'ensemble doit se situer au-dessus de 2 000 000 de grévistes Et même si les estimations syndicales sont

50. Jean Guignebert, le rédacteur en chef de Radio-Cité, se refuse à travailler dans ces conditions.

51. *Le Peuple* du 2 décembre 1938 donne l'exemple d'une dépêche de l'Agence Havas, les phrases entre parenthèses étant les phrases censurées : « Toulouse. La ville est calme. Aucun trouble dans le trafic ferroviaire et la distribution du courrier. (Les voitures des postes sont convoyées par des gendarmes.) Des gardes mobiles (et des soldats) assurent le service d'ordre à l'Office de l'Azote. (La police surveille les grandes artères, les gares et les bureaux des PTT.) Les magasins sont ouverts. (Les quotidiens locaux n'ont pas paru.) »

52. Le rapport du commissaire spécial de Brest indique ainsi : « Dès le matin, des observateurs ouvriers sont venus rôder aux alentours de la gare, pour s'assurer de la conduite des cheminots. Voyant qu'à partir de 4 heures (heure fixée pour le début de la grève des chemins de fer), le travail continuait normalement [...], ces observateurs se sont dispersés. »

surestimées, cela nous laisse cependant entre 1 500 000 et 2 000 000 de grévistes. Ce n'est pas rien. Mais, si l'on détaille ce résultat, les inégalités sont alors flagrantes. Comment s'expliquent-elles ?

Les raisons de l'échec

Un premier type d'explications renvoie aux courants existant à l'intérieur de la CGT. Côté pile : *Syndicats*, ne voulant pas nuire à Daladier dont il apprécie la politique munichoise, aurait délibérément saboté la grève. Côté face : c'est bien la politique munichoise du gouvernement qu'aurait visée le PCF et, ce faisant, il aurait fourni des armes à Daladier pour déclarer cette grève politique et restreindre son impact. À y regarder de près, les faits ne confirment pas forcément ce type d'explications.

TABLEAU I.
PARTICIPATION À LA GRÈVE DU 30 NOVEMBRE 1938

	Faible participation	
Strasbourg	Chalon-sur-Saône	Aix
Nancy	Dijon	Cannes
Reims	Orléans	Nice
Caen	Tours	Le Creusot
Cherbourg	Angers	Lyon
Laval	Poitiers	Metz
Rennes	Pau	Longwy
Saint-Brieuc	Béziers	Thiers
Vannes	Belfort	Quimper
Besançon	Montpellier	
	Participation moyenne	
Charleville	Alès	Moulins
Amiens	Toulon	Vichy
Châteauroux	Tarbes	Grenoble
Limoges	Perpignan	Brest
Chambéry	Bordeaux	
	Forte participation	
Saint-Étienne	Saint-Nazaire	Commentry
Firminy	Rouen	Montluçon
Saint-Chamond	Le Havre	Clermont-Ferrand
Rive-de-Giers	Marseille	Roubaix
Toulouse	Riom	Dunkerque
Nantes	Aurillac	

TABLEAU II : PAR BRANCHES PROFESSIONNELLES PARTICIPATION À LA GRÈVE DU 30 NOVEMBRE 1938

	Effectifs syndiqués	Grévistes	Pourcentage
Cheminots	356 500	1 700	0,47 %
Transports Urbains	146 000	14 600	10 %
PTT	106 500	3 850	3,61 %
Enseignants	100 000	20 000	20 %
Fonctionnaires	152 000	150	0,09 %
Tabacs/allumettes	13 200		
Employés	203 000		
Arsenaux (établissements de l'État)	71 000	33 900	47,61 %
Agriculture	127 000	15 000	11,81 %
Métallurgie	818 500	590 350	72,48 %
Alimentation	202 000	20 000	9,90 %
Ports et docks	96 700	75 525	75 %
Bâtiment	275 000	220 000	80 %
Inscrits maritimes	42 100	31 575	75 %
Chimie	162 000	81 000	50 %
Sous-sol (mines)	265 600	162 000	61 %
Cuirs et peaux	79 000	47 400	60 %
Papier/carton	65 000	19 500	30 %
Livre	60 000	24 000	40 %
Textile	355 600	238 500	67,06 %

Certes, le parti communiste prépare sérieusement la grève générale [53], et il ne cache pas la liaison qu'il fait entre la politique munichoise et les décrets Reynaud, ni sa volonté d'obtenir le départ de Daladier. Mais quand l'accord est passé au sein de la CGT pour ne pas mêler Munich au 30 novembre, il est respecté et rares sont les bavures [54]. De plus, le comportement dans la lutte des fédérations ne saurait s'expliquer uniquement par la *furia* communiste. S'il est indiscutable que les « gros bataillons » de grévistes viennent de fédérations qu'ils dirigent (bâtiment, métallurgie, textiles), la combativité semble faible dans d'autres fédérations ex-unitaires, comme le bois, sans parler des cheminots.

53. De ce point de vue, les thèses de Jacques Fauvet (« Le parti [...] n'avait en fait pas préparé la grève », in *Histoire du PCF*, t. I, Fayard, Paris, 1964), et de Jean-Jacques Becker (« l'intérêt secondaire que la direction communiste portera à ce mouvement » in « Le parti communiste », colloque « Daladier chef de gouvernement », FNSP), ne paraissent guère fondées.

54. On peut en noter une à Voiron, dans l'Isère.

Quant aux amis de *Syndicats*, s'ils freinent l'annonce de la grève, ils semblent ensuite jouer le jeu. Là aussi les bavures sont rares : des dirigeants cheminots peu enthousiastes dans l'ouest de la France, quelques syndicats de l'enseignement [55] qui refusent de s'associer « à une action non corporative [...] dirigée contre la politique d'entente franco-allemande [56] ». Sans doute, cette sensibilité existe-t-elle. Témoin, la Fédération du PS des Pyrénées-Orientales, qui refuse de s'engager aux côtés du PC dans le soutien à la grève. Témoin, ce président de la Ligue des droits de l'homme qui déclare à Montargis au lendemain du 30 novembre : « La grève générale a échoué, et c'est heureux. Elle n'avait d'autre but que le renversement de notre politique extérieure ; son échec a été un triomphe pour la paix. » Mais, en règle générale, les partisans de *Syndicats* tentent d'entraîner la mouvance pacifiste.

Le degré de mobilisation en fonction des « courants » n'est pas plus probant : la grève est certes un échec dans les PTT, dirigée par des partisans de *Syndicats*, mais la situation est encore pire chez les fonctionnaires, bastion des amis de Jouhaux. Quinio, le secrétaire de l'UD des Côtes-du-Nord, qui, après avoir appelé à la grève, choisit de ne pas la faire lui-même (et qui est aussitôt démis de ses responsabilités), n'est pas lié à *Syndicats*, mais à Jouhaux. D'autres raisons ont donc joué, qui expliquent ces inégalités de mobilisation.

En premier lieu, les décrets-lois Reynaud n'avaient pas les mêmes répercussions sur toutes les catégories. Comment oublier, quand on analyse le comportement des fonctionnaires, que non seulement ceux-ci n'étaient guère menacés, mais que les décrets prévoyaient une revalorisation des traitements de la fonction publique ?

La rapidité avec laquelle le dispositif policier, dans un certain nombre de secteurs, étouffe la grève dès ses premiers pas, entre également en ligne de compte. Elle incite en tout cas à introduire une différenciation entre pourcentage de grévistes et combativité du secteur : si 10 % seulement des

55. Dans la Saône-et-Loire, le Lot-et-Garonne, le Vaucluse et le Rhône.

56. Il n'y a d'ailleurs pas que chez les enseignants que l'on assiste à des défections à la veille de la grève. Dans le Finistère, par exemple, c'est le cas à Morlaix à l'usine Lebon, à Douarnenez, chez les cheminots, à Brest, chez les communaux. Les menaces de réquisition semblent souvent plus déterminantes que la sensibilité de tel ou tel syndicat.

traminots sont comptés comme ayant fait grève, ils sont probablement près de 50 % à avoir essayé de la faire.

Le dispositif patronal pèse également. Le patronat a longuement insisté sur le fait que cette grève constituerait une « rupture de contrat » et qu'il serait donc possible de licencier les grévistes. Bien des patrons affichent dans l'usine leurs intentions. Ils ont de plus eu tout le loisir de prendre langue avec les syndicats « jaunes », SPF [57], ou CFTC [58].

L'hostilité de la CFTC à la grève du 30 pèse d'ailleurs d'un poids différent d'une région à l'autre, même si son implantation y est comparable : elle ne semble guère nuire au mouvement des métallurgistes de la vallée du Gier, dans la Loire, tandis qu'elle gêne incontestablement la mobilisation des mineurs du Nord. Quant aux SPF, leur implantation pèse dans les grands magasins. Mais elle s'articule là avec un phénomène plus profond : l'absence de traditions de lutte, liée à une prise de conscience somme toute récente. Tout le secteur des employés sera quasi absent de la grève générale.

À quoi il faudrait ajouter les menaces brandies contre telle ou telle catégorie ouvrière. C'est en particulier le cas pour les travailleurs immigrés, sur lesquels patronat et gouvernement font peser la menace du licenciement immédiat et de la reconduction à la frontière en cas de participation au mouvement. Ils arrivent ainsi dans une série d'endroits à empêcher les travailleurs immigrés de se joindre au mouvement — c'est le cas en particulier à Lyon et dans la Lorraine — voire à les transformer en actifs briseurs de grève [59].

Faut-il alors parler d'échec ? Sans doute les chiffres de participation sont loin d'être tous négligeables, et peuvent inciter à un jugement nuancé. Sans doute, la combativité ouvrière s'est ici ou là fortement exprimée. Les ouvriers outrepassant souvent les consignes syndicales, manifestent

---

57. La Rocque a appelé à « se dresser par tous les moyens contre ceux qui tendront à ralentir ou à arrêter le travail », et a demandé à ses fidèles de « rester en contact avec la direction des entreprises ». Ironie ou gag de l'histoire, la quasi-totalité des salariés de son quotidien, *le Petit Journal*, fera grève le 30 novembre.

58. La CFTC condamne les deux décrets-lois, mais elle condamne également la grève du 30 : c'est, selon elle, au Parlement qu'il convient maintenant de laisser l'initiative de corriger les décrets.

59. C'est le cas à la Compagnie royale asturienne, près de Douai, où les travailleurs immigrés — polonais et maghrébins — tentent de remettre en route les laminoirs.

dans la rue et se heurtent violemment aux forces de police : c'est le cas dans le Nord (à Dunkerque, à Sous-le-Bois, à Louvroil, à Hautmont), à Clermont-Ferrand, où 6 000 travailleurs dressent des barricades autour de l'Hôtel des postes, à Nantes et à Saint-Nazaire, où ils donnent l'assaut à un commissariat. Mais d'autres éléments déterminent le fait qu'une grève générale soit un succès ou un échec : la grève a-t-elle ou non atteint son objectif ? A-t-elle au moins servi à faire prendre conscience au mouvement ouvrier de sa force, a-t-elle soudé ses rangs, lui a-t-elle permis de se développer ?

De toute évidence, la grève n'a pas atteint son objectif, quelle que soit la manière dont on l'énonce : faire abroger les décrets-lois ou entraîner la chute de Daladier et de Reynaud. Eût-elle d'ailleurs été massivement suivie qu'il est probable qu'elle ne l'eût de toute manière pas atteint. Le mouvement ouvrier n'avait plus affaire à un gouvernement hésitant encore entre le Front populaire et un autre type de coalition, en butte aux pressions de la droite et ayant de ce fait pris, quelque peu par mégarde, de mauvais décrets. Raisonner en pensant que ce qu'une pression avait fait, une autre pression pouvait le défaire était de toute évidence erroné. Le mouvement ouvrier avait face à lui un gouvernement ayant fait son choix, déjà lié à la droite et au patronat, et qui n'avait de ce point de vue pas de marge de manœuvre. Une grève générale réussie pouvait être ressentie comme un avertissement, marquer le début d'une bataille de longue durée, mais elle ne pouvait atteindre les objectifs qui lui étaient fixés.

A-t-elle alors permis au moins au mouvement ouvrier de reconstituer ses forces ? La vague de répression qui suit le 30 novembre prouve à l'évidence que c'est l'inverse qui est vrai.

La répression patronale

Le patronat a eu peur, et c'est de sa peur d'abord qu'il se venge. Avant même que ne soit officiellement donné le mot d'ordre de grève générale, le dispositif répressif est mis en place.

Une circulaire de la Fédération des syndicats des maîtres

imprimeurs, dont la date est imprécise, mais qui se situe en tout cas avant le 25 novembre, détaille les sanctions conseillées par la CGPF selon que c'est la totalité, la majorité ou une minorité du personnel qui est en grève.

La circulaire de la Chambre syndicale des entrepreneurs de Haute-Savoie, datée du 29 novembre précise : « [...] Ces sanctions seraient inefficaces si les ouvriers contre lesquels elles seront prises trouvaient immédiatement du travail dans une autre entreprise locale [...]. Pendant la période qui s'écoulera du 1er au 31 décembre, aucun embauchage ne devra être fait sans avis préalable de la maison qui a débauché l'ouvrier [...]. »

Ces consignes sont appliquées à la lettre. Selon le ministère du Travail lui-même, c'est le chiffre astronomique de 800 000 travailleurs[60] qui se trouvent « lock-outés » à la suite du 30 novembre. La plupart des entreprises rouvrent et réembauchent, qui le 5, qui le 12. Bien entendu, les semaines de lock-out ne sont pas payées. Et surtout, le réembauchage ne se fait pas à n'importe quelles conditions : même quand il ne s'accompagne pas de sanctions diverses (mise à pied, etc.), il se fait sur la base d'un nouveau contrat qui consacre la perte de toute une série d'avantages acquis : baisse de salaire, modification de la durée du travail, suppression des primes, durée indéterminée de l'engagement, affectation à un nouveau poste de travail, etc. Le plus souvent, le fait que la grève soit assimilée à une rupture de contrat leur fait perdre les avantages liés à l'ancienneté, notamment pour les congés payés. Et bien évidemment, ces réintégrations se font comme réembauches individuelles, non tenues par les conventions collectives. Surtout, ces réembauches sont sélectives et ne concernent pas tous les « lock-outés ».

Au bout d'un mois, un bilan approximatif peut être tiré : plus de 20 000 ouvriers sont définitivement licenciés, selon une estimation de Monmousseau, que le ministère du Travail ne dément pas[61] : 10 000 dans la métallurgie, 5 000 dans le bâtiment, 3 000 dans la chimie, 2 000 dans le textile, 970 dans les cuirs et peaux, 650 dans le papier-carton, etc. Bien entendu, ces ouvriers non réembauchés ne sont pas

60. 40 000 dans l'automobile, 36 000 dans l'aéronautique, 100 000 dans le textile, 30 000 dans la chimie... (selon le ministère du Travail).

61. Cf. D. Avignon, *La Répression de la grève générale du 30 novembre 1938*, mémoire de maîtrise, 1975.

pris au hasard. Parmi eux, on trouve ainsi 66 délégués chez Renault, 34 chez Citroën, 23 chez Peugeot. À Lyon, chez Rhône-Poulenc, comme à Rouen, dans 4 entreprises chimiques, tous les délégués sont licenciés. La rage patronale se donne parfois libre cours : aux Brasseries de Kerinou, dans le Finistère, il y a 34 licenciements définitifs, soit environ 20 % des effectifs. Et la revanche prend parfois des allures de symbole : chez Breguet, au Havre — où avait éclaté en mai 1936 le premier conflit avec occupation —, 10 délégués sur 12 sont licenciés. Dans l'Isère, la situation est telle que les préfets doivent intervenir pour limiter le nombre de licenciements définitifs : il se réduit à 327 en janvier, et 227 en avril. Mais ces 227 sont tous délégués du personnel ou responsables syndicaux : le mouvement syndical dans l'Isère est décapité [62].

La répression gouvernementale

Le gouvernement adopte sans hésiter la même attitude que le patronat. Le parallèle est particulièrement sensible dans les entreprises nationalisées de l'aéronautique. L'ensemble des usines est « lock-outé » au lendemain de la grève. Le réembauchage commence le 5, mais, en fait, les usines ne redémarrent que le 12. 2 562 ouvriers sont alors l'objet de sanctions diverses et près de 3 000 travailleurs ne reprennent le travail que le 30 décembre. Au bout du compte, 1 645 ouvriers, dont 1 098 à Paris sont définitivement licenciés, soit plus de 10 % des grévistes [63].

Dans les arsenaux et établissements de guerre, la totalité des grévistes reste lock-outée l'ensemble du mois de décembre. Au total il y aura 254 licenciements [64]. Dans l'électricité et le gaz, il y a plus de 800 licenciés. Dans les transports urbains, on compte plus de 2 000 mises à pied : les sanctionnés ne seront repris qu'au bout d'un mois, voire de six

62. Cf. P. Guillien, « La vie politique et sociale dans l'Isère », colloque « Daladier, chef de gouvernement ».

63. Danos et Gibelin (*Juin 36*, Maspero, Paris, 1972) ont tort de reprendre le chiffre de Thorez : 40 000 licenciés dans l'aéronautique. 1 645, c'est déjà beaucoup. Et il n'y a de toute manière que 36 000 travailleurs dans la branche.

64. Auxquels il faut ajouter 52 « exclusions temporaires avec déplacement ».

semaines. La situation est encore plus étonnante à la SNCF : bien que la grève y ait été fort peu suivie, on y dénombre 8 révocations [65], 70 mutations d'office et plusieurs centaines de sanctions diverses. Dans les PTT, il y a 3 455 sanctions, dont 2 743 mises à pied pour huit jours. Dans l'enseignement, le nombre des sanctionnés est difficile à déterminer. Dans un premier temps, Delmas a en effet tendance à gonfler les chiffres des grévistes afin de faire hésiter Jean Zay devant l'ampleur des sanctions à prendre. Mais quand les sanctions sont décidées, il s'emploie alors à faire rayer, avec la complicité de nombre d'inspections départementales, le maximum d'instituteurs des listes de grévistes. De même, il obtient de Jean Zay que les mises à pied de huit jours soient transformées en simples suspensions du salaire.

La grève des fonctionnaires avait été inexistante : il y a cependant une vingtaine de mises à pied et de révocations.

La répression judiciaire

Mais surtout, les sanctions prises dans le cadre professionnel se doublent d'une sévère répression judiciaire. Dans les premiers jours de décembre, se tient le procès des ouvriers arrêtés le 24 à Renault : 11 bénéficient d'un non-lieu, 50 sortent libres de l'audience, leur peine étant déjà purgée, et 194 sont condamnés à des peines qui vont jusqu'à deux mois de prison ferme. En ce qui concerne les grévistes du 30 novembre, 1 731 sont poursuivis devant les tribunaux, qui prononcent 806 peines de prison ferme [66]. Les militants syndicaux sont particulièrement visés : le secrétaire du syndicat Michelin est sanctionné de 18 mois fermes, les deux secrétaires de l'UD du Puy-de-Dôme de 8 et 12 mois, le secrétaire du syndicat des métaux de Denain de 6 mois, les secrétaires des syndicats des dockers et des marins de Dieppe de 3 mois... Police, armée, justice : les bras séculiers de l'État bourgeois — que Blum voulait gérer loyalement — ont bien fonc-

---

65. Encore le ministre concerné a-t-il visiblement freiné le processus : il y avait au départ 77 propositions de révocations faites par les directions régionales dont 46 avaient été maintenues par le conseil de discipline.

66. 449 peines de 1 à 15 jours, 178 peines de 15 jours à un mois, 76 peines de 1 à 2 mois, 103 peines de plus de 2 mois.

tionné. L'intermède du Front populaire n'avait visiblement guère modifié leur fonction.

Faibles réactions ouvrières

Il serait exagéré de dire que la classe ouvrière reste sans réaction devant cette répression brutale.

Dans le Nord, en réponse au lock-out, 13 entreprises sont occupées et évacuées non sans heurts par les gardes mobiles. Dans les Bouches-du-Rhône, ce sont 44 entreprises qui se remettent en grève, notamment dans la chimie et dans la métallurgie. Elles tiendront dix-sept jours durant, le travail ne reprenant que le 16 décembre aux chantiers navals de Provence, à Port-de-Bouc. À Nantes et à Saint-Nazaire, les chantiers navals sont occupés dès le 1er décembre, et, le 2, c'est l'ensemble de la métallurgie, de la chimie, et des produits alimentaires qui arrêtent le travail. Pendant près de deux semaines, les affrontements avec les gardes mobiles sont quasi quotidiens. Le 13, le syndicat des métaux finit par reprendre le travail.

La réplique est également forte dans la marine marchande : à Conflans-Sainte-Honorine, à Dieppe, à Boulogne et à La Rochelle, les bateaux de pêche sont bloqués. La Rochelle est également le seul cas où la réplique des travailleurs aux sanctions se solde par un succès : les armateurs reprennent les marins qu'ils avaient licenciés. Au Havre, grâce à des équipages militaires et à des « jaunes » recrutés dans les autres ports, le ministère arrive à faire appareiller quelques bateaux. Ce n'est cependant que le 12 que le travail reprend.

Ces quelques réactions ne doivent cependant pas faire illusion. C'est le sentiment d'avoir connu une grande défaite qui prédomine dans le mouvement ouvrier. Blum le reconnaît dès le lendemain :

« À la fin de cette triste journée, en contemplant le champ de bataille, je n'aperçois pas d'autre vainqueur que la réaction qui pousse déjà son cri de triomphe [67]. »

Jouhaux parle de « grande déception » et Delmas de

67. *Le Populaire*, 1er décembre 1938.

« défaite du syndicalisme ». La CGT se place sur le terrain de la défense légale des sanctionnés, terrain sur lequel elle perdra : la sentence rendue le 14 janvier 1939 par le surarbitre Segogne reconnaît que le conflit est bien collectif, mais que, d'inspiration « uniquement politique », il constitue « une rupture abusive de contrat ». La proposition d'amnistie faite quelques mois plus tard par Daladier ne servira même pas à panser les plaies : quand elle est appliquée, elle arrive la plupart du temps trop tard : les peines ont été effectuées, les responsables syndicaux ont dû quitter leur entreprise et chercher ailleurs du travail. Les effectifs fondent : selon *Gringoire*, la CGT perd 34 % de ses effectifs entre 1938 et 1939 : de 4 329 800 à 2 854 900. Les syndicats « jaunes » relèvent un peu partout la tête, tandis qu'à l'intérieur même de la CGT les dissensions s'aggravent, chaque courant se rejetant la responsabilité de l'échec.

Le 11 décembre, le Parlement sanctionne la fin du Front populaire : Daladier obtient la confiance par 315 voix contre 241. Et les 241 voix comprennent les 155 socialistes, les 73 communistes, 5 USR (sur 11), 3 radicaux et 4 indépendants de gauche. Péripétie : ce n'est pas le vote du Parlement qui clôt cette période, mais bel et bien la défaite ouvrière du 30 novembre.

Le pacte germano-soviétique viendra, quelques mois plus tard, accroître le désarroi dans les rangs ouvriers.

Avec la déclaration de guerre, la voie sera alors ouverte au régime de Vichy.

9

Le paysage de la défaite

« Vents et marées
Au loin déjà la mer s'est retirée
Mais dans tes yeux entrouverts
Deux petites vagues sont restées. »

Jacques PRÉVERT
« Sables mouvants » *(Paroles)*

À partir de l'échec de la grève de 1938, c'est à une défaite politique de la classe ouvrière que nous assistons. D'abord, parce que le changement de majorité parlementaire évince du pouvoir un parti, le parti socialiste, qui y avait été porté par les suffrages ouvriers. Ensuite, parce que les organisations ouvrières voient brutalement chuter leurs effectifs, mais aussi parce que s'installe une nouvelle période de division ouverte, le pacte germano-soviétique venant déchirer la réunification syndicale réalisée en 1935. La mise hors la loi du PCF complète, à partir d'août 1939, le paysage de la défaite. Mais cette défaite politique a été précédée d'une série de reculs qui ont affecté en profondeur et la composition de la classe ouvrière et le procès de travail.

Au lendemain de juin 36, la classe ouvrière disposait, en effet, d'un certain nombre d'outils qui pouvaient lui permettre de peser sur l'organisation du travail : pouvoir politique, organisation syndicale puissante, dispositif législatif (délégués du personnel et conventions collectives), nouvelle répartition travail/loisir (les 40 heures et surtout la « semaine des deux dimanches »). À quoi il faut ajouter le rapport de force alors établi avec le patronat à travers les occupations et les premières victoires remportées ici ou là dans le domaine même de l'organisation du travail : système Bedeaux, travail aux pièces, tâcheronat, etc.

Organisation du travail et nouvelles qualifications professionnelles

Or, un examen attentif montre que c'est dès 1937 que le patronat reprend l'avantage dans le domaine de l'organisation du travail. Les 3×8 se répandent, ainsi que le travail à la chaîne, bureau des méthodes et chronos font leur réapparition, d'autant plus naturellement que 1936 n'a en rien freiné les phénomènes de concentration industrielle et que la grande industrie n'a pas cessé de se développer. De plus, la convention collective de la métallurgie signée en juillet 1936 a de fait adopté un système de classification qui officialise les classements et les normes inhérents au taylorisme. Les négociateurs syndicaux ne cherchaient, en effet, nullement à bouleverser la hiérarchie salariale ni à rouvrir le débat sur les qualifications. Leurs préoccupations étaient bien plus simples : disposer d'une base sérieuse de connaissance des salaires pratiqués, limiter l'exercice du bon plaisir patronal dans la fixation des salaires. Mais, ce faisant, les normes sont maintenant rigidifiées : la convention collective de la région parisienne [1] définit ainsi onze grandes catégories (manœuvres, OS, etc.) et trente-neuf métiers spécifiques [2]. Le temps n'est plus où le « savoir-faire » ouvrier établissait de nombreuses passerelles dans la hiérarchie professionnelle.

1. Les conventions collectives ne sont pas identiques d'une région à l'autre. Aussi la convention collective des Ardennes ne comprend que neuf grandes catégories. La convention collective de la Haute-Garonne comprend bien onze grandes catégories, mais ce ne sont pas les mêmes que celles de la région parisienne. La tendance à la rigidité s'observe cependant partout.

2. Jean Saglio (« Ordre salarial et relations professionnelles : l'évolution des hiérarchies de salaire ouvrier », *Travail et Emploi*, n° 27, mars 1986) signale un rapport de mars 1937 (Rapport sur les bases de la tarification des salaires dans la convention collective des ouvriers métallurgistes de la région parisienne), dont il attribue la paternité à Étienne Villey et où le patronat lui-même s'inquiète de la tendance « au catalogue ». Ce rapport ne sera cependant pas suivi d'effets.

Sur cette base, les pratiques tayloriennes peuvent alors se déployer : dans la sidérurgie lorraine [3], chez Renault, chez Peugeot [4], dans les mines [5], dans le textile lyonnais ou à Saint-Gobain [6], aussi bien qu'aux Galeries Lafayette [7] ou chez les grands exploitants betteraviers ou céréaliers du Nord et de l'Ile-de-France.

C'est donc dès avant novembre 1938 qu'une fraction du patronat [8] remet à l'ordre du jour la rationalisation du travail et que des changements en profondeur se manifestent dans la structure même de la classe ouvrière. Les conséquences quant à l'intensité du travail sont lourdes et, dans certaines professions, se traduisent en termes de sécurité. En Meurthe-et-Moselle, c'est en 1937 que le taux des accidents du travail mortels atteint son point culminant. Les statistiques nationales d'accidents du travail ne traduisent d'ailleurs nullement une quelconque amélioration des conditions de sécurité [9]. Quant aux divisions qu'introduisent dans la classe ouvrière classifications et qualifications nouvelles, elles sont sans doute moins immédiatement perceptibles que la baisse du pouvoir d'achat ou la remise en cause des 40 heures. Elles ne laissent cependant pas indifférents les travailleurs : à Neuves-Maisons, par exemple, ils refusent l'examen de classement que veut imposer la direction pour passer de OS.1 à OP.3 [10].

Les luttes contre les cadences trop élevées se développent

---

3. Cf. Gérard NOIRIEL, *Longwy, immigrés et prolétaires*, PUF, Paris, 1985.
4. Archives Yves Cohen.
5. Cf. Aimée MOUTET, *La Rationalisation dans les mines du nord de la France à l'épreuve du Front populaire*, Le Mouvement social, mars 1986.
6. Cf. Patrick FRIDENSON, *Le Patronat français*, in colloque Daladier.
7. Cf. le témoignage de B. Albrecht, in Annie FOURCAULT, *Femmes à l'usine*, Maspero, Paris, 1978.
8 .Les grands capitaines d'industrie de l'époque s'investissent inégalement dans cette tâche : Ernest Mercier (électricité) paraît attentif, mais Detœuf (Alsthom) et Dautry (SNCF) semblent plus distanciés. Souvent, ce sont les brillants seconds qui semblent maîtres d'œuvre : Mattern et Lehideux, plus que les « familles » Renault ou Peugeot. En arrière-plan, les cabinets d'organisation, où l'on mixte joyeusement taylorisme et fordisme, les concepts de Fayol et l'idéologie de Hyacinthe Dubreuilh sont extrêmement actifs : la CEGOS, plus tournée vers l'administration, aussi bien que Paul Planus, qui « rationalise » dans le commerce et dans l'industrie.

9.

Accidents mortels	*Incapacités permanentes*
1934 : 2 174	100 086
1935 : 2 111	92 597
1936 : 1 847	95 267
1937 : 1 870	97 484

10. L'examen comprenait une épreuve de lecture et l'exécution d'un dessin. *Le Réveil ouvrier* (18 septembre 1937) oppose à ce type d'examen « l'expérience pratique particulière aux professionnels de l'entretien ».

également. Que ce soit à Renault ou dans les mines du Nord, cette forme élémentaire de solidarité ouvrière qu'est « le freinage » connaît de beaux jours. Consignes ouvrières [11] et constats patronaux [12] coïncident sur ce point. Mais peu à peu, les pratiques ouvrières entrent en contradiction avec l'idéologie productiviste qui prévaut à la CGT. Dans les mines, l'ex-confédéré Kléber Legay regrette que « des syndiqués s'étonnent de voir les militants appartenant aux syndicats et au Front populaire attacher autant d'importance au maintien de la production, voire [...] à son augmentation ».

En fait, quand les syndicalistes abordent ce problème, les ouvriers les conspuent et les traitent de *maqua*, sobriquet attribué aux « démonstrateurs » qui viennent dans les puits expliquer la tâche et les cadences. En Meurthe-et-Moselle, la CGT, dirigée par d'ex-unitaires, blâme les militants qui refusent l'augmentation des cadences et leur demande « d'avoir désormais une tenue et une application exemptes de reproches ». À Renault, *l'Unité*, le journal de la CGT, déplore « les absences injustifiées » parmi les syndiqués ; *la Lutte finale*, le journal du PCF, estime que des « camarades indisciplinés » tombent dans un piège en négligeant la production, et *le Défenseur*, le journal du PPF de Doriot, estime que « les camarades exagèrent [...] certains travailleurs arrêtent de travailler dix minutes avant la sirène ».

Il n'est pas évident, d'ailleurs, que dans la CGT tout le monde ait le même point de vue à l'égard des résurgences de la rationalisation. Dans *la Vie ouvrière* du 15 octobre 1938, on trouve ainsi, à propos de Renault : « Cette loi devait servir à résorber le chômage [...]. Nous voudrions qu'on arrête l'installation de nouvelles machines. » La fédération régionale du sous-sol du Nord-Pas-de-Calais, dirigée par d'ex-confédérés, demande pendant ce temps le développement de l'équipement mécanique des mines, « ce qui permettra d'employer plus d'ouvriers sans réduire leurs possibilités de gain ».

La défaite du 30 novembre 1938 accélère évidemment et le

---

11. « Que le plus fort aide le plus faible, qu'on ne voie plus un ouvrier déclassé parce que son camarade en aura fait plus que lui. Quand la tâche est de deux mètres, on ne doit pas s'esquinter pour en faire trois. »

12. « Certains ouvriers plus anciens et au rendement nettement supérieur jugent qu'il n'est pas nécessaire de travailler plus que leurs camarades pour une différence de paie ne correspondant pas à la différence de production. »

rythme des mutations structurelles et la reprise en main patronale face à une classe ouvrière désorientée et amère. Amertume qui n'entraîne pourtant pas un « glissement à droite » dans la classe ouvrière. Au contraire, un intéressant sondage, réalisé à la fin du mois de juin 1939, montre que s'il y a bien une légère évolution à droite de l'ensemble de l'électorat, la classe ouvrière, elle, évolue en sens inverse : la leçon tirée fait qu'elle voterait en 1939 « plus à gauche » qu'en 1936 [13].

La situation que connaissent alors diverses couches de la société française est très contradictoire. Le développement de la sphère des loisirs comme la prolongation de l'âge de la scolarité rendent possible un mouvement d'émancipation de la jeunesse qui se traduit notamment pas la croissance de diverses organisations autonomes. Les femmes sont « coincées » entre une réelle évolution des mœurs et la grande timidité des organisations de gauche : faute d'avoir su organiser leur expression autonome, la réorganisation du marché du travail se fait à leurs dépens et les conquêtes institutionnelles se dérobent en même temps qu'elles sont victimes d'une violente offensive nataliste. Quant aux immigrés, c'est la vague de xénophobie issue de la tension internationale qui vient aggraver les conséquences de la rationalisation du travail : la politique nationale et chauvine que développe le PCF ne fait qu'accentuer leur isolement au sein de la société française.

Le mouvement de la jeunesse

On ne sait si le visage du Front populaire est véritablement « celui d'un jeune homme bruni de soleil, aux muscles longs, habitué à la marche et aux morsures du ciel, à l'âme candide et pourtant sans naïveté, qui chante en marchant à côté d'autres jeunes hommes [14] ». Mais il est incontestable que les années 1936-1939 ont « changé la vie » pour toute une génération.

---

13. 64,5 % des interviewés voteraient en 1939 comme en 1936, 29 % changeraient leur vote. Parmi ceux qui changeraient leur vote, 57 % voteraient plus à droite, et 43 % plus à gauche. Mais, parmi les ouvriers, 36 % voteraient plus à droite et 64 % plus à gauche.

14. André CHAMSON, *Vendredi*, 21 août 1936.

Les Jeunesses communistes

Paradoxalement, en ces temps d'effervescence politique, cette radicalisation culturelle ne passe pas par les organisations de jeunesse des partis politiques.

L'extrême droite a certes marqué de son empreinte le milieu étudiant dans la première partie des années trente, mais en 1938, les plus turbulents de ses pseudopodes jeunes — qu'il s'agisse des Camelots du roi ou des Jeunesses patriotes — ont une existence relativement végétative. Ni le PSF ni le PPF ne construiront d'organisation de jeunesse digne de ce nom, pour ne pas parler des formations de la droite parlementaire.

À gauche, ce n'est pas non plus par les organisations de jeunesse des formations politiques que passe principalement le changement culturel dans la jeunesse [15].

Les Jeunesses communistes sont d'abord victimes des tournants et des épurations successifs. Une première génération, principalement éduquée dans la lutte antimilitariste, est brisée quand éclate en 1931 l'affaire du « groupe des jeunes », aboutissant à l'élimination de Barbé et de Celor. En 1934, la direction est une nouvelle fois liquidée. Le secrétaire général Georges Charrière, Marcel Lebas et Jeannette Vermeersch, sont successivement accusés d'avoir admis « des pourparlers avec la direction des Jeunesses socialistes, sans travail à la base », de ne pas intervenir à temps dans les grèves, et de « dédaigner le travail de conquête des jeunes travailleurs [...] en le remplaçant par des discussions avec des renégats pupistes [...] et avec les trotskystes », bref, d'être « tombés dans le fossé "opportuniste" ». Les JS avaient conditionné leur participation à une réunion publique à celle des trotskystes et la direction des JC avait finalement acquiescé : péché capital... La nouvelle direction, autour de Raymond Guyot, ne se contente pas de tomber dans le

15. À gauche, existent également les Jeunesses radicales, qui passent sous la coupe de l'extrême droite, les JEUNES (Jeunes équipes unies pour une nouvelle économie sociale) et la LAURS (Ligue d'action universitaire républicaine et sociale) où milite Pierre Mendès France. Jacques Varin (*Jeunes comme JC*, Éditions sociales, 1975) fait grand cas des « Jeunesses laïques et républicaines », qu'il crédite de 50 000 adhérents. Les JLR ont revendiqué eux-mêmes 97 000 adhérents en 1928. Mais la création, en 1933, des Jeunesses radicales semble bien avoir rendu cette organisation quelque peu fantomatique.

« fossé opportuniste », mais y patauge avec délectation autour d'un nouveau mot d'ordre, « l'union de la jeune génération », à tel point que le secrétaire de l'Internationale communiste de la Jeunesse estime qu'elle « efface les contradictions de classe » et lui demande de « cesser d'employer ce terme emprunté aux fascistes ».

Dans le cadre du mouvement antifasciste qui se développe alors, la JC obtient cependant quelques succès. 25 sections des JS, 11 sections des JLR, et « quelques jeunes travailleurs membres de la JOC » participent ainsi au congrès de la branche Jeunes d'Amsterdam-Pleyel, qui fonde le « Comité national des jeunes contre la guerre et le fascisme ». Mais il faut attendre juin 1936 pour que des dizaines de milliers de jeunes ouvriers(ères) combatifs se tournent vers le PCF : 100 000 adhérents à la JC en octobre 1936.

Ce capital, la JC ne saura pas le faire fructifier. Elle s'est, en effet, défini un nouveau « look », apolitique [16] et culturel, et perd ainsi sur tous les tableaux. Trop marquée politiquement, elle ne peut sérieusement prétendre concurrencer les réelles organisations de masse qui se développent alors sur le terrain des loisirs. En même temps, la mièvrerie des distractions qu'elle propose ne répond guère à la soif de lutte des adhérents qu'elle a recrutés. Significatif, l'écho que l'on trouve ainsi dans *l'Avant-Garde* du 11 janvier 1936 : « Les jeunes de Ménilmontant et du Père-Lachaise vont être heureux d'apprendre que la Jeunesse communiste locale, soucieuse de répondre au désir des jeunes qui ont soif d'apprendre et de se distraire, vient de se transformer en foyer éducatif et distractif des jeunes. »

La constitution de l'Union des étudiants communistes de France [17], de l'Union des jeunesses agricoles de

---

16. Les appels à l'unité organique avec les JS se font alors plus rares, et le IXe congrès de la JC déclare en 1937 que « toutes ses organisations [...] s'abstiendront désormais de poser le problème de l'unité organique ». Quelques cas de fusion locale ont cependant eu lieu : à Meung-sur-Loire, à Lavardac (Lot-et-Garonne), à Montargis (Loiret).

17. Depuis le rattachement, en 1931, des étudiants à la JC, l'influence du PCF chez les étudiants est très faible. Face à une Union nationale des étudiants de France, corporative et fascisante, il existe cependant une Fédération nationale des étudiants (FNE), forte de quelques milliers d'étudiants, que dirigent les communistes et que rejoignent les étudiants socialistes en 1935. La spécificité du travail dans la FNE justifie à elle seule la création d'une organisation séparée. Un secrétariat nationale des étudiants communistes de France est créé dès 1937, mais l'Union des étudiants communistes de France (UECF) ne voit le jour qu'en avril 1939. Elle compte alors 950 adhérents et son premier secrétaire est Pierre Hervé.

France [18] et surtout de l'Union des jeunes filles de France ne résout pas les problèmes.

Parmi les raisons de la création de cette dernière, Jacques Varin [19] avance *a posteriori* que, dans la JC, « la prise en compte des problèmes féminins » est pour le moins allusive. Il ne semble pas que cet aspect du problème ait été déterminant dans la décision de l'époque. Le discours de sa première présidente, Danielle Casanova, au congrès constitutif de l'UJFF (novembre 1936), met en avant d'autres éléments :

« Au début, quelques-unes d'entre vous se sont demandé si ce n'était pas tourner le dos à nos principes que de vouloir organiser séparément les jeunes filles. Disons franchement qu'une organisation mixte ne nous permettrait pas un bien large recrutement. Les parents et les jeunes filles elles-mêmes sont en fait opposés à ces formes d'organisation. »

Bref, à celles qui s'étaient battues pour avoir le droit d'occuper les usines, on proposait aujourd'hui une organisation non mixte pour ne pas choquer leurs parents. Et à l'heure où le nouveau redécoupage travail/loisirs fait émerger la mixité comme un phénomène de masse, on propose aux jeunes filles communistes « des cours de dactylo et de couture », de « tricoter des pull-overs pour les chômeuses » et de confectionner des colis pour les jeunes filles en sanatorium.

Cette ligne de construction ne va pas sans difficulté : « Nous avions un petit noyau de filles qui dans les cercles de base étaient très affranchies, elles se promenaient avec des foulards rouges, genre un peu garçon manqué comme aspect. Ce qui n'était pas le type de la jeune fille de l'époque. Ces camarades ont finalement très mal pris la séparation, et il y en a qui ont quitté le mouvement à ce moment-là [20]. »

---

18. Créée en novembre 1937, elle voit ses effectifs décroître rapidement : entre 10 000 et 12 000 adhérents annoncés à la fondation, 9 279 cartes « envoyées » aux fédérations en septembre 1938, 6 000 adhérents « à l'aube de 1939 ». Le rapport de son premier secrétaire, Léo Figuères, illustre assez bien la reproduction mécanique, dans les organisations de jeunesse, du tournant opportuniste du PCF : « Transposant la lutte du parti pour reprendre le drapeau tricolore à la réaction, je proposais dans mon rapport de reprendre à Dorgères [...] le "drapeau vert", car cette couleur était, selon mon propos, celle des révolutionnaires de 1789 et de l'espérance de la jeunesse » (in Léo FIGUÈRES, *Jeunesse militante*, Éditions sociales).

19. *Jeunes comme JC, op. cit.*

20. Entretien avec Colette Jobard, *op. cit.*

Créée alors que le Front populaire est dans sa phase ascendante, l'UJFF se développe pendant un premier temps. Mais très vite, elle stagne [21]. Et surtout, elle n'est évidemment pas le canal par lequel s'exprime la radicalisation féministe dans la jeunesse.

Les Jeunesses socialistes

Ce creuset de radicalisation, ce n'est pas non plus la Jeunesse socialiste qui le fournit. À vrai dire, on s'y ennuie prodigieusement. Le secrétaire général « prolongé » — il a la trentaine bien sonnée — s'appelle Dumon (les communistes l'appellent systématiquement « Ducon »), et répète à l'envi que c'est une bonne chose « de ne pas oser donner des conseils aux anciens », et « qu'il faut avoir été arpète avant d'être compagnon ».

En fait, les JS sont directement sous la tutelle du parti par l'intermédiaire du Comité national mixte et des structures paritaires parti-jeunesse que l'on retrouve à tous les échelons. Ce grand corps [22] est périodiquement traversé de poussées de fièvre, à l'occasion desquelles trotskystes et trotskysants s'ébrouent joyeusement : ce sont probablement les seuls moments où l'on s'amuse dans les JS. Ces poussées de fièvre sont d'ailleurs en général limitées à la région parisienne. En province, en effet, les JS sont souvent un simple appendice de l'appareil du parti. Mais, même parisiennes, ces crises sont suffisantes pour décapiter à chaque fois la direction nationale. Les JS ont du mal à s'insérer dans une activité stable. Privées de base ouvrière, elles sont marginales par rapport aux luttes ouvrières. La non-intervention les met en porte à faux par rapport à l'Espagne. Et elles n'ont même pas à assumer les affrontements qui sont le lot quotidien des étudiants, confrontés à un environnement où l'extrême droite est hégémonique.

En fait, deux grands pôles attirent alors la jeunesse : d'un côté, les mouvements d'action catholiques, liés à la sphère du travail ou des loisirs (la JAC, la JOC, les Scouts de

21. 9 463 adhérents au congrès constitutif, 18 165 en 1937, « près de 20 000 » à Pâques 1939.

22. 11 317 adhérents en 1934, 54 461 en 1937. Mais elles n'ont plus, en 1938, que 43 282 adhérents.

France), de l'autre, les mouvements sur les loisirs qui se développent dans la sphère d'influence laïque (Faucons rouges, Auberges de la jeunesse).

La Jeunesse agricole chrétienne

C'est sur une base extrêmement « missionnaire [23] » qu'est fondée la Jeunesse agricole chrétienne (JAC) en 1929. À travers le Front populaire, sa progression est impressionnante : 3 000 participants à son congrès de 1935, 25 000 à celui de 1939. Une donnée de fait pèse sur son itinéraire : alors qu'en milieu ouvrier, la force hégémonique c'est la CGT, en milieu rural, ce sont des forces réactionnaires qui tiennent le haut du pavé, et c'est par rapport à elles que la JAC doit se forger une identité. Ainsi, à l'encontre de Dorgères, elle défend dès 1935 les assurances sociales et les allocations familiales. Ses dirigeants ne penchent certes pas à gauche. Robert Gravier, qui est président national à la JAC de 1930 à 1935, est élu conseiller général « républicain national » en Meurthe-et-Moselle. Mais, à l'occasion des élections de juin 36, certaines de ses organisations départementales appuient des candidatures démocrates-chrétiennes.

La Jeunesse ouvrière chrétienne

Quant à la JOC, son hostilité au Front populaire ne s'est pas démentie. Sa direction résumait ainsi, en août 1938, son jugement :

« [Le Front populaire véhicule] un paganisme nouveau extrêmement dangereux, parce qu'il a un caractère constructeur et réalisateur [...]. Au travail, il semble que l'on ait des droits sur le matériel, les machines, la liberté même du patron [...]. Cette mystique est matérialiste [...]. Elle est d'autant plus dangereuse qu'elle influence toute la vie [...]. Les améliorations matérielles ne suffisent pas. »

La JOC se développe d'abord sur la base d'une option réactionnaire, et dans le cadre de ses liens avec la hiérarchie

---

23. En témoigne son chant : « Dévoués à notre patrie, nous referons chrétiens nos frères, par Jésus-Christ nous le jurons. »

catholique. Elle se développe d'autant mieux qu'elle ne rencontre pas sur sa route les obstacles auxquels se heurte la JAC : si Dorgères arrive à organiser une fraction des jeunes paysans, aucune organisation d'extrême droite n'arrive à s'implanter durablement dans la jeunesse ouvrière. Mais en même temps, la trajectoire de la JOC est ambiguë. Elle célèbre la famille et organise — pour ce qui concerne la JOCF — des soirées récréatives afin d'éviter aux jeunes filles la tentation des loisirs « dégradants » : mais la participation à ces activités est aussi une forme d'autonomisation par rapport à la cellule familiale. Elle prône la collaboration de classe, mais la fierté d'être ouvrier qu'elle développe désigne de tout autres formes de solidarité.

Le congrès-meeting qu'ils réunissent en juillet 1937 est un bon témoignage de cette réalité. Préparé comme un pèlerinage[24], il baigne dans le mysticisme le plus complet, en même temps qu'il compose comme une gigantesque ode à la classe ouvrière. C'est en tout cas un succès : 20 000 au congrès, 40 000 au meeting, 85 000 paniers-repas vendus...

La progression de ses adhérents est sensible (28 000 adhérents en 1937, 45 000 en 1939), et celui de sa presse encore plus : *Jeunesse ouvrière* tire à 140 000 exemplaires en 1934, 160 000 en 1935, 200 000 en 1936, et 270 000 en 1939.

Le mouvement scout

C'est au mouvement scout qu'est dévolue la prise en charge des loisirs[25]. Son succès ne se comprend sans doute

24. Les jeunes jocistes s'engagent dans le cours de la préparation du congrès, qui à ne plus fumer, qui à ne plus boire de bière, etc.

25. Le mouvement est né en Angleterre, au début du siècle, à l'initiative d'un militaire anglais, le colonel Baden-Powell. Référence anglo-saxonne oblige, c'est d'abord dans les milieux protestants que le scoutisme prend sa source. Deux mouvements apparaissent ainsi dès 1911 : les Éclaireurs de France, qui gardent des liens avec les milieux de l'école publique et se réfèrent à une conception ouverte de la laïcité — Jean Zay leur accorde en 1936 son patronage officiel —, et les Éclaireurs unionistes, plus directement liés à la hiérarchie confessionnelle du protestantisme. Mais l'importance de ces deux mouvements est très vite relativisée par la création en 1920, à partir de groupes scouts d'obédience catholique à Lyon, au Creusot et à Paris, du mouvement « Scout de France ». Dynamisés par « Vieux Loup » (le chanoine Lornette) et, surtout, bénéficiant du réseau des établissements d'enseignement libre et des paroisses, auxquelles ils sont directement rattachés, les Scouts de France dépassent très rapidement en nombre leurs concurrents protestants.

pas sans référence à l'ambiguïté de ses origines. Le scoutisme est en effet d'abord une tentative de transposer, dans l'éducation et l'encadrement des enfants, les conceptions qui président à la vie militaire : discipline, hiérarchie, exercices physiques, uniforme. Mais il est aussi la concrétisation, à une échelle de masse, des « méthodes actives » qui commencent ici et là à interpeller l'enseignement traditionnel [26]. Le scoutisme déclare faire confiance aux enfants, s'adapter à leurs motivations, viser à l'épanouissement de leur personnalité. On y cherche à s'appuyer sur les centres d'intérêt réels des enfants, et non sur une contrainte extérieure, on y cultive le volontariat et l'engagement personnel et on y confronte les enfants à des situations réelles d'expérimentation. Que les fondateurs de l'École des Roches, première institution à s'inspirer en France des principes du *self-government* anglais, se retrouvent parmi les initiateurs du scoutisme français n'est de ce point de vue pas un hasard.

« Pas de politique », proclament volontiers les Scouts de France. Et, effectivement on peut ignorer, en feuilletant la presse scoute durant les années de Front populaire, non seulement qu'il y a eu des grèves, mais aussi qu'il y a maintenant la semaine de 40 heures, ce qui peut avoir un intérêt pour les loisirs, ou que la scolarité est prolongée jusqu'à 14 ans, ce qui pourrait intéresser les jeunes scouts. Jusqu'à la fin de l'année 1938, on ignore même qu'il y a une guerre en Espagne.

Il n'est pas certain pour autant que cela suffise à décerner un brevet d'apolitisme. Par le biais des rappels historiques, une « formation de base » est en effet assurée. Ainsi, cette description de la prise de la Bastille, destinée à « préparer » un 14-Juillet :

« Quant au gouverneur de Launay, lâchement torturé, il fut conduit à coups de sabre, de piques, de baïonnettes jusqu'à la place de l'Hôtel-de-Ville, où un garçon cuisinier le décapita à l'aide d'un petit canif, se vantant avec cynisme de "savoir travailler la viande". Pendant qu'on promenait la tête du gouverneur au bout d'une pique, les malfaiteurs des quartiers pillaient les boutiques et les maisons [...]. Pour beaucoup, la prise de la Bastille restera ce qu'elle n'a pas

---

26. Jean Zay, recevant en décembre 1936 à la Sorbonne « le populaire B.P. », déclare : « Les méthodes scolaires gagneraient à faire des emprunts au scoutisme, qui représente une magnifique réalisation de l'esprit démocratique. »

été : un héroïque triomphe populaire. Ce n'est pourtant là qu'une mauvaise légende, altération de l'histoire, et qu'il faut détruire [27]. »

Plus nettement, l'actualité amène parfois de sérieuses entorses à l'apolitisme. Ainsi, après le 6 février 1934 :

« Nous avons une consigne : "Pas de politique", et nous la respecterons. Mais il est des événements qui la dépassent [...]. Demain tu seras routier. On te parlera d'*action sociale*, sache que celle-ci comprend également l'*action civique*. C'est pour cela que beaucoup de tes aînés étaient hier dans la rue sanglante. Nous en avons vu tomber sous nos yeux, frappés parce que, "fils de France", ils étaient de "bons citoyens" ! Les balles d'un fusil-mitrailleur ont sifflé à nos oreilles : peut-on croire que ces balles étaient françaises ! [...]. Frère scout, nous ne pouvons ici en dire plus. Tu prieras de tout ton cœur pour les morts du 6 février, et tu te promettras d'être vraiment prêt lorsque, dans quelques années, ta génération aura son rôle à jouer [28]. »

Mais surtout, la tension internationale, à partir de 1938, impose des prises de position. Le mouvement parle, après Munich, d'« événements graves et même tragiques [...] entrés dans une phase de gravité différée », en même temps que les relations se raidissent avec le régime nazi, après la dissolution du mouvement scout dans les organisations de jeunesse hitlérienne. *Scout* publie ainsi, le 20 décembre 1938, une lettre d'Autriche qui explique : « Au gymnase, plus de crucifix, ni de prière : on dit "heil Hitler". »

Mais pour faire bon poids figure à côté une correspondance d'Espagne dont l'auteur ne laisse guère de doute quant à ses opinions franquistes : il est « en prison depuis cinq mois dans une cellule étroite », « gardé par des miliciens », subissant de continuelles « vexations », et est heureusement réconforté par le contact, dans sa prison, « avec une multitude de religieux ».

Décidément, c'est dur de ne pas faire de politique... À vrai dire, au-delà de telle ou telle prise de position, le côté « ordre moral [29] » qui imbibe fortement le scoutisme en

---

27. *Scout*, n° 12, 5 juillet 1934.
28. *Scout*, n° 4, 10 février 1934.
29. Le scoutisme repose sur une série de « lois » que l'on s'engage à respecter en faisant sa « promesse ». Parmi les engagements pris, figure le fait de faire chaque jour sa « BA » (« bonne action »).

fait l'instrument idéal pour tous les conservateurs qu'effraient l'anarchie des usines occupées, le débraillé et la mixité [30] des Auberges de la jeunesse, pour tous ceux qui voient naître avec effroi un mouvement d'émancipation de la jeunesse.

À la seule exception des Éclaireurs de France, le recrutement scout ne se fait jamais parmi les couches populaires et est au contraire, surtout chez les filles, très « bon chic bon genre ». On y assume d'ailleurs tout à fait que l'on a choisi « l'élite », et non la masse : pas question d'aller recruter à la « communale [31] » !

L'air du temps fait que, dans l'immédiat après-36, ce sont surtout les Éclaireurs de France qui se développent. Mais l'engouement nouveau pour les loisirs « champêtres » profite au mouvement dans son ensemble, comme le montre le tableau ci-dessous :

	Éclaireurs de France	*Éclaireurs unionistes*	*Scouts de France*
1935	12 000	8 000	60 000*
1939	23 000	11 000	74 000

* 61 191 en octobre 1936.

30. L'organisation du mouvement est non mixte. Chez les Scouts de France, une branche spéciale a été créée pour les filles : les Guides de France.

31. *La Vie catholique*, décembre 1937.

Les Faucons rouges

À gauche, il a d'abord les « Faucons rouges [32] », officiellement patronnés par la SFIO et par la CGT, et qui se développent en 1936 assez rapidement [33].

Au confluent d'apports très divers [34], la pédagogie mise en œuvre par les Faucons rouges s'exprime principalement à travers les camps de trois à quatre semaines, les « Républiques ». Celles-ci s'ordonnent autour d'un certain nombre d'activités : chants, danse, travail manuel (menuiserie), confection du journal et, bien entendu, jeux et sports. Mais la caractéristique de ces activités est qu'elles s'organisent par « groupes d'affinités », que les enfants sont directement responsables de leur mise sur pied, de la même manière qu'ils sont responsables de la gestion d'ensemble de la République selon un système pyramidal qui emprunte à la fois aux traditions « conseillistes » et au fonctionnement parlementaire : communauté de tente, communauté du village, parlement de la République. À tous les niveaux, les responsables sont élus, et se partagent les diverses charges, qu'il s'agisse de l'intendance, de l'hygiène ou de la trésorerie. Les « aides [35] » sont

---

32. L'exemple est ici autrichien et allemand, et il est au départ peu démarqué du scoutisme. Le *Livre des Faucons rouges* (manuscrit, Vienne, 1929) explique ainsi qu'il s'agit de « mettre au service de l'éducation socialiste le système d'éducation présenté par le grand pédagogue Baden-Powell, et reconnu exact par les psychologues modernes ». En 1933, un théoricien de l'éducation allemand, Kurt Lowenstein, fondateur des « Amis de l'enfance ouvrière du Reich », organise à Draveil une « République d'enfants » : 800 jeunes y participent, dont 700 Allemands et Autrichiens. À l'initiative de militants socialistes plus ou moins liés à la social-démocratie allemande (Wally et Salomon Grumbach, Germaine et Georges Monnet, etc.) sont alors créés, le 5 janvier 1933, les « Amis de l'enfance ouvrière ». Les premiers groupes d'enfants apparaissent en avril dans la région parisienne (V^e^, XIe, XVe, XVIIIe, XIXe et XXe arrondissements, et également Puteaux, Suresnes, Draveil, Le Perreux), puis dans la région de Villefranche-sur-Saône, à Bordeaux et à Strasbourg. Les enfants du « Comité Matteoti », qui est à l'origine un regroupement d'antifascistes italiens réfugiés en France, y participent également très tôt.

33. Le seul chiffre de cartes connu est celui de 5 000 cartes pour 1936, sans que l'on sache d'ailleurs si ce chiffre ne comprend que les enfants et les aides ou si y figurent aussi les parents regroupés dans l'Unions des parents et amis. La fréquentation des « Républiques » permet cependant de reconstituer une courbe : 350 enfants y participent en 1934, 550 en 1935, 600 en 1936, 200 en 1937, 405 en 1938. Sur ces problèmes, cf. Liliane Guisnard-Perrein, *Les Faucons rouges*, thèse de doctorat d'histoire contemporaine, 3e cycle, Paris-X-Nanterre.

34. Il s'agit aussi bien de la pédagogie libertaire des « maîtres-camarades » de Hambourg que de l'expérience de A.S. Neill à Summerhill, celle de Pistrack en Union soviétique, ou du mouvement qui existe en France autour de Célestin Freinet.

35. Il s'agit de l'encadrement adulte. Il y a généralement un ou deux « aides » par groupe de dix faucons.

non seulement exclus de ces responsabilités mais ne disposent généralement pas du droit de vote. En revanche, ils doivent respecter les décisions prises par — ou en commun avec — les enfants, et n'interviennent qu'à leur demande.

Ce fonctionnement autogestionnaire n'épuise pas les caractéristiques des Faucons rouges : leur pédagogie se veut également socialiste. Ce souci s'appuie d'abord sur un double constat. L'école, même laïque et républicaine, ne peut remplir cette tâche : prisonnière de la prétendue neutralité laïque, elle reste en fait capitaliste et bourgeoise. Et la famille, même ouvrière, connaît également ses limites dans ce domaine. La référence à l'éducation socialiste se cale alors entre deux négations : d'une part, il n'y a de toute façon pas d'éducation « neutre » et, d'autre part, il ne s'agit pas de recruter pour un parti, mais « de faire comprendre ce qui constitue la base de la beauté de l'idée socialiste ». D'où la permanence de quelques références cardinales : réaffirmation de l'appartenance de classe (« Nous sommes des enfants de travailleurs et nous en sommes fiers »), apprentissage de la solidarité et de la responsabilité, internationalisme de fait [36], par la place accordée aux « Républiques internationales » où se côtoient des enfants de tous les pays européens.

Les Faucons rouges se sont ainsi donné des « anti-lois », mais entre les énoncés et la pratique, apparaissent de fortes zones d'ambiguïté. Ainsi, le point 5 affirme : *Nous sommes disciplinés*. Mais les pratiques hésitent entre, d'une part, le refus de la discipline « militaire » et l'appel à l'autodiscipline, et d'autre part, la réelle fascination pour la discipline en vigueur, par exemple, chez les scouts, et un culte du « symbolisme » qui se traduit par l'uniformisation de la tenue vestimentaire : chemise bleue et foulard rouge. Les Faucons rouges revendiquent également l'apprentissage de la mixité, la coéducation : *Nous voulons être élevés ensemble*. Mais cette ouverture au niveau des principes, bien pro-

36. En reportage à la « République internationale des enfants » d'Ostende, R. Dumontier écrit dans *le Populaire* du 12 août 1933 : « Le premier jour [...]. on devait hisser les drapeaux des diverses nations [...] et, au-dessus, le grand drapeau rouge [...]. Les Faucons belges et les Faucons français [...] refusèrent de hisser leurs drapeaux. Il fallut parlementer. Les drapeaux furent néanmoins hissés. Mais le lendemain matin, ils étaient à terre. Les ficelles avait été coupées pendant la nuit, Branle-bas. Explications : il ne doit pas y avoir de nations, ont répondu les coupables, mais une seule Internationale. A quoi bon, dès lors, avoir des drapeaux nationaux ici. »

pre à « effrayer les bourgeois », se conjugue avec des pratiques fort rigoristes au niveau des Républiques : entre les aides eux-mêmes — qui ont plus de 16 ans — les relations sexuelles y sont interdites et le journal des aides commente : « Cette grève de la faim sexuelle est certainement un gros sacrifice pour nous, mais un nécessaire sacrifice [37]. »

Juin 36 voit les Faucons rouges au cœur de la mêlée. Avec leurs chants et leurs « chœurs parlés », ils sont de toutes les manifestations et ils participent à l'animation des usines en grève, parfois « interdits de séjour » comme à Citroën, à l'initiative des militants du PCF, mais aussi chaleureusement accueillis à Renault. Chants aux lèvres, foulards rouges et poings levés, ils alimentent très certainement, en cette année 1936, les fantasmes de la bourgeoisie [38] La SFIO ne semble guère se préoccuper de la place qu'ils occupent, ni de la ligne qu'ils développent. Souvent, ils ne sont considérés que comme une « attraction » possible dans la partie recréative des congrès et réunions, à la fureur des « aides [39] ». Du coup, les Faucons rouges qui étaient théoriquement indépendants du PS (pour être « aide par exemple, il n'était pas nécessaire d'avoir en poche la carte du parti socialiste, celle de la CGT suffisait) tendent à le devenir dans la pratique. Et ce, d'autant plus qu'un grand nombre d'aides sont étrangers à la tradition sociale-démocrate : une partie d'entre eux vient en effet de l'organisation scoute protestante, les Éclaireurs unionistes, une autre partie vient du trotskysme ou s'en sent proche.

Deux événements cristallisent le problème : la réunification syndicale d'abord, à partir de laquelle le fait d'être adhérent de la CGT n'offre évidemment plus les mêmes « garanties » dans le positionnement à l'égard du PS, puis l'exclusion du PS des trotskystes Des aides parisiens se retrouvent ainsi exclus du PS, sans qu'il soit pour autant

---

37. *L'Aide*, n° 16, avril 1938.

38. « Tout de même, n'est-ce pas un crime d'apprendre de tels gestes aux enfants ? Leurs petits poings levés sont les plus alarmants car ils ont le temps de grossir. » *La Croix*, 20 février 1936.

39. « On nous demandait de les prêter pour une manifestation, un congrès, ils chantaient et disparaissaient tandis que ces messieurs continuaient à traiter de choses sérieuses. À l'occasion d'un congrès, je suis donc venue avec mes enfants de Clichy. Le buffet des congressistes était déjà dressé, visiblement ces messieurs regardaient et écoutaient d'une oreille distraite les Faucons qui chantaient. Alors, prise de fureur, j'autorisai les enfants à se servir avant de partir, sans que l'on m'y eût autorisée, et au grand scandale de tous les militants. » (Témoignage de Bruna Nardini, in *Les Faucons rouges, op. cit.*)

possible de leur retirer les responsabilités qu'ils exercent chez les Faucons, où leur audience est forte. La direction du PS exige alors que les aides aient leur carte du parti. C'est la scission [40] et, en février 1937, une centaine de pionniers et la majeure partie des « aides » parisiens forment le mouvement « Pionniers rouges ».

Les deux branches continueront, séparément, leur chemin, la branche officielle évoluant peu à peu vers le pacifisme intégral, et les animateurs des Pionniers rouges recevant, à partir de 1938, le renfort des militants du PSOP. Mais l'une et l'autre conserveront le caractère d'un mouvement d'avant-garde. Popularisant les « chœurs parlés » et adaptant à la France le répertoire des chants révolutionnaires allemands et soviétiques [41], détournant les contes pour enfants, les Faucons rouges eurent le mérite de tester des formes d'éveil et d'éducation ouvertement engagées, campant sur le terrain de la lutte de classes comme sur celui de l'internationalisme. Plus profondément encore, la pratique de la mixité et l'émancipation qu'elle signifie, l'utilisation des méthodes actives et l'autonomie qu'elles accordent à l'enfant, prennent une valeur réellement subversive. Nombre de Faucons réinvestiront très vite ces acquis dans le mouvement des « Auberges de la jeunesse ».

Les Auberges de la jeunesse

Les Auberges de la jeunesse ne sont ni une création du gouvernement de Front populaire, ni un acquis du mouvement d'occupation des usines.

40. Dont les échanges qui ont lieu au Cercle d'aides du 11 novembre 1936 du Pré-Saint-Gervais résument bien les raisons. *J. Godard* : « À Paris, les pionniers suivent les mots d'ordre trotskystes. »
R. Foirier : « Les camarades veulent faire l'éducation des enfants sous le contrôle de la social-démocratie. »
G. Bernadou : « Notre fortune dépend uniquement de la fortune du parti socialiste [...]. C'est-à-dire qu'il est impossible d'accepter dans nos rangs des camarades qui ont une action politique en opposition avec la ligne politique générale de notre parti. »

41. C'est à l'occasion de la « République » dissidente de 1937 que Roger Foirier compose les paroles de *Zimmerwald*.

La structure existe déjà [42] quand le Front populaire arrive au pouvoir. C'est la conjonction de cette structure, des lois sociales votées (les 40 heures), et de l'activité de Léo Lagrange, au sous-secrétariat à l'Organisation des loisirs et des sports, qui fait que l'institution « AJ » se transforme peu à peu en un puissant mouvement de jeunesse.

Il est facile de tracer des Auberges de la jeunesse un portrait idyllique. Mais, en réalité, leur histoire pendant ces quelques années est traversée de conflits, de difficultés et d'échecs.

Une chose est, par exemple, de noter que les AJ voulaient se tourner vers la classe ouvrière. La réalité, comme le mon-

---

42. C'est dès 1930 que Marc Sangnier, animateur du *Sillon* et figure de proue du courant démocrate-chrétien en France, a ouvert la première « AJ », « l'Épi d'or », à Bierville, puis fondé la Ligue française pour les Auberges de jeunesse. Très vite cependant, apparaît un projet qui se révélera concurrent. Dès 1932, en effet, les « Journées d'espérance » qu'organise le 20 août Marc Sangnier à Hossegor, ont eu un témoin passionné : Paul Grunebaum-Ballin. « Il faut lancer un grand mouvement [...], pressentir les grandes organisations susceptibles de s'intéresser à ça, les instituteurs, la Ligue de l'enseignement, la CGT », explique-t-il à sa femme (Entretiens avec Mme Grunebaum-Ballin, le 1er mai 1976, in *Histoire des Auberge de jeunesse*, Lucette HELLER, thèse de doctorat d'État, université de Nice). Contacté, le SNI se déclare intéressé. Mais la coordination des efforts avec le mouvement naissant de Marc Sangnier se révèle difficile. Sangnier est indiscutablement un esprit progressiste, mais sa conception de la laïcité renvoie plutôt au souci d'un équilibre entre les religions. Le comité d'honneur de sa LFAJ comprend ainsi le cardinal Verdier, le pasteur Jézéquel, et le grand rabbin Levy. À Bierville, l'auberge voisine dans le parc avec la chapelle, et dans la deuxième auberge qu'il crée, au Folgoët, c'est le curé qui fait fonction de père aubergiste. Quand la LFAJ crée en 1938 les « gîtes d'étape », on compte parmi eux 3 presbytères, 1 abbaye, 1 prieuré, 1 couvent, 30 institutions religieuses, 8 maisons « Protection de la jeune fille », 4 salles paroissiales. Parmi les « parents aubergistes », on trouve 9 mères supérieures, 34 abbés, curés et chanoines. L'accord avec le SNI se révèle impossible et les laïques créent, en juin 1933, leur propre organisation, le Centre laïque des Auberges de jeunesse (CLAJ). Comme si deux organisations ne suffisaient pas, une troisième apparaît en novembre 1934 : les « Auberges de jeunesse du Monde nouveau ». Le vrai lancement doit avoir lieu durant l'été 1935, où Giono a accepté de conduire une « caravane » de marcheurs à travers la montagne de Lure. Mais il n'y a pas d'osmose possible entre les jeunes ajistes prosélytes et militants et les admirateurs de Giono, plus exclusivement tournés vers la nature. Giono choisit ces derniers, qui vivront avec lui l'aventure du Contadour, tandis que le noyau de jeunes ajistes, pour la plupart des communistes alsaciens, créent leurs auberges « engagées » avec des résultats limités : 2 auberges en région parisienne, 4 en province. Très vite, elles durent se fondre soit dans le CLAJ, soit dans la LFAJ. Ce sont en effet ces deux organisations qui se développent. Quand est fondé le CLAJ, la Ligue fait déjà fonctionner 12 auberges. À la fin de l'année, 10 auberges du CLAJ sont mises en route. Dès 1934, le CLAJ a dépassé la Ligue : 40 auberges contre 37, puis 97 contre 47 en 1935. Le bond en avant de 1936 confirme l'avantage du CLAJ : 205 auberges et 6 000 adhérents contre 129 auberges et 4 000 adhérents.

trent les éléments statistiques ci-dessous [43], c'est que les enseignants et les étudiants forment la très grande majorité des usagers :

Enseignants	138	*Étudiants*	73
Professions libérales	7	*Cadres*	11
Ouvriers	31	*Employés*	45
Artisans et commerçants	41	*Bureaucrates*	2
Agriculteurs	3	*Divers*	13

La mixité, en revanche, est plus réelle. Les mêmes statistiques (non compris Rotenbrunnen) donnent 67 % de garçons et 33 % de filles. Mais elle ne va pas sans problèmes, et ce sous plusieurs angles. D'abord, parce qu'apparaît dans l'encadrement adulte une réticence de plus en plus nette devant les conséquences, réelles ou supposées, de la mixité sur la « liberté des mœurs ». Au CLAJ, on radie les auberges où la tenue morale laisse à désirer, celles, par exemple, où le contrôle des tentes de camping n'est pas assez strict. À la LFAJ, on interdit la mixité du camping, on instaure des « gîtes d'étape » séparés pour les mineurs, et surtout, l'on condamne formellement et officiellement les rapports sexuels en dehors du mariage.

Mais aussi parce que les problèmes sont réels : Juliette Pary [44] écrit ainsi :

« Marie Colmont et moi avons une dizaine de cas de jeunes filles revenues de vacances, en particulier de Toulouse, enceintes. Elles n'osent l'avouer à leurs parents. Des auteurs de leurs grossesses, elles n'attendent pas de soutien, comme elles n'en attendirent pas de précautions. Ni eux, ni elles ne savent ce que c'est prévoir. »

Or, peu de choses sont faites. À l'auberge de Fontainebleau, le docteur Bonnerot fait bien des exposés sur les risques de grossesses non désirées, mais ils ont lieu dans une clairière de forêt, pour s'assurer qu'il n'y a pas d'oreilles extérieures et malveillantes.

L'autogestion par les usagers eux-mêmes ne se fait pas non plus sans problèmes. À partir du moment où les clubs d'usagers se fédèrent, le CLAJ s'émeut et vote en 1937 la

43. Statistiques à partir du registre d'hébergement de l'auberge de Regain aux mois d'août 1937, 1938 et 1939 et du Rassemblement de Rotenbrunnen (Vosges) le 1er janvier 1937.
44. Victor MICHON, *L'Amour des camarades*, Paris, 1948.

motion suivante : « S'il peut exister provisoirement des clubs d'usagers soit à Paris, soit en province, toute association, fédération, confédération, à base régionale ou nationale, est considérée comme antistatutaire. »

Les compromis peu à peu élaborés et qui visent à donner aux jeunes une part de responsabilité, fort restreinte, dans la direction du CLAJ, ne satisfont véritablement personne. L'Union des clubs de la région parisienne ayant été dissoute, 23 clubs sur 24 décident de créer, en novembre 1938, le Comité de coordination et d'information, où l'influence trotskyste est forte. Il faudra attendre le 18 février 1939 pour que les adultes du CLAJ se décident à tenir compte de cette réalité et entérinent une réforme des statuts permettant une présence réelle des usagers.

Le pacifisme et l'internationalisme étaient parfois bien ambigus. Ils conduiront en tout cas à des routes divergentes et Marc Augier[45], le protégé de Mme Grunebaum-Ballin, deviendra pronazi.

Même le retour à la nature avait ses ambiguïtés, et Jean Guéhenno n'avait pas tort quand il affirmait aux ajistes réunis à Toulouse : « Nous vivons, nous devons gagner notre vie dans la ville [...]. Vivez dans les champs, mais portez dans les villes ce que vous avez trouvé dans les champs, non pas pour une évasion, non pas pour une désertion. »

Quant au succès des AJ, il fut lui-même porteur de problèmes. Popularisées par la grande presse, mais volontiers présentées comme des hôtels très bon marché[46], les AJ virent arriver une clientèle nouvelle qui avait délaissé le short et le sac à dos au profit du pantalon de flanelle et de la valise — les « valochards » dans le langage ajiste — et qui ne se sentaient guère concernés par les randonnées pédestres, le partage des tâches et l'esprit ajiste.

N'empêche : les dizaines de milliers de jeunes qui passent alors dans les AJ sont le plus évident témoignage du mouvement d'émancipation qui traverse la jeunesse du Front populaire.

45. De son nom d'écrivain, Saint-Loup.

46. « Pour 3 francs, les jeunes trouvent chaque soir un gîte » titre *Paris-Soir* (3 août 1938).

La place des femmes

L'espoir que pouvait susciter parmi les femmes la venue au pouvoir du Front populaire a été très vite déçu. Au bout du compte, les acquis législatifs sont quasi inexistants. Sur deux questions au moins — le droit de vote des femmes et les problèmes de la contraception et de l'avortement — les évolutions sont particulièrement significatives.

Toujours pas citoyennes

« Blum au pouvoir accomplira ce qu'a promis Blum militant », s'écrie le 25 mai la dirigeante socialiste Andrée Marty-Capgras au meeting qu'organise sur le vote des femmes la gauche unie. Les conditions, en effet, n'ont jamais paru aussi favorables. Même les radicaux semblent évoluer. Jacques Kayser n'a-t-il pas écrit : « J'avoue ne pas concevoir comment on peut s'opposer au vote des femmes [47]. » Et à ce meeting organisé le 25 mai pour exiger le droit de vote, c'est toute la gauche qui est présente : non seulement le PC et le PS, mais aussi les « néos », avec Max Hymans, et les radicaux : Raoul Aubaud, secrétaire du parti, et Marcelle Kraemer-Bach, au nom des femmes radicales. Une partie de la droite enfin (celle qui est sous l'influence catholique) y est également favorable. Les féministes, d'ailleurs, maintiennent quelque temps leur pression. Une délégation se rend ainsi auprès de Blum dès le 29 mai. Le 2 juin, lors de la mise en place de la nouvelle Chambre, elles manifestent dans les travées de l'Assemblée, en brandissant des affiches « la Française doit voter », avant que les huissiers ne les expulsent. Elles vont également manifester devant le Sénat, distribuant aux sénateurs des chaussettes munies d'une étiquette : « Même si vous nous donnez le droit de vote, vos chaussettes seront raccommodées. »

La Chambre approuve, par 488 voix contre 1, le droit de vote pour les femmes. Comme d'habitude, serait-on tenté de dire. Car, depuis 1919, les députés se prononcent régulièrement en faveur du vote des femmes et se heurtent ensuite au

47. *Le Petit Méridional*, avril 1936.

refus du Sénat. Et, en effet, le Sénat vote contre. Cet aller-retour rituel ayant été effectué [48], nulle bataille ne sera plus menée sur cette question.

Il n'y a pas qu'au gouvernement que l'on pense qu'il est urgent d'attendre. Les femmes radicales battent très vite en retraite. Au congrès de Lille, en octobre 1937, elles déclarent : « Prendre note [...] de la promesse du président Chautemps d'appuyer auprès du Sénat un projet [...] qui donnerait aux Françaises une première satisfaction, relativement à leurs droits électoraux, et elles remercient le groupe radical de la Chambre des députés qui a proposé comme première étape leur participation aux élections municipales de 1941. »

Et, quelques mois plus tard, c'est la CGT qui estime que « la conquête du droit de vote donnerait sans doute des résultats décevants » et qu'elle « se place sur un autre terrain ».

Avortement et contraception : la gauche à reculons

L'une des décisions qui pouvaient être attendues du Front populaire était l'abrogation de la « loi scélérate » qui, depuis 1920, régissait les condamnations pour avortement. Il n'en fut rien. En matière de contraception, rien non plus n'est fait, et la situation est particulièrement préoccupante pour la jeunesse. Dans ces conditions, le nombre des avortements ne cesse de croître. Pour l'année 1935, le docteur Jean Dalsace donne, à partir du fichier de la maternité de l'hôpital Saint-Antoine, le chiffre de 60 avortements pour 100 naissances. Le nombre de décès est également impressionnant : le docteur Balard calcule que, de janvier 1934 à octobre 1936, à l'hôpital de Bordeaux, le pourcentage des décès chez les avortées hospitalisées est de 2,9 % : 1,24 % parmi les avortements thérapeutiques, 3,58 % parmi les avortements « criminels », qui représentent 74 % des hospi-

48. Suzanne Lacore, sous-secrétaire d'État à la protection de l'enfance, déclare ainsi le 26 février 1937 : « Non, vraiment, le suffrage universel, je n'y ai jamais sérieusement pensé. J'obéis au parti. Henri Sellier, mon ministre, dit qu'il faut encore attendre. Il est effrayé du nombre de femmes qui, votant aujourd'hui, ne voteraient pas socialiste. » In Louise WEISS, *Ce que femme veut*, Julliard, Paris, 1946.

talisations [49]. À la même époque, le pourcentage en Italie est de 1 %. La répression, également, s'est aggravée : de 72 % entre 1880 et 1910, le pourcentage d'acquittements est tombé à 19 % pour la période 1925-1934.

La mobilisation, pourtant, reste faible. Du côté des femmes, guère d'activité. Bertie Albrecht arrête, en 1935, la parution du journal qu'elle avait fondé quelques années plus tôt : *le Problème sexuel.*

Le cabinet que Dalsace, pionnier du *birth control*, a fondé en 1935 avec le concours du maire de Suresnes, Henri Sellier, ne paraît pas avoir une importante activité. Sellier lui-même, promu sous-secrétaire d'État à la Santé, ne semble guère s'intéresser à cette question. Quant aux organisations politiques, seule l'extrême gauche — notamment les anarchistes — et les milieux rationalistes liés à la franc-maçonnerie maintiennent une activité minimale d'information.

C'est en effet à cette époque que toute référence au droit à l'avortement disparaît de la presse communiste. Sans doute cela s'explique-t-il par la difficulté à assumer un certain nombre de contradictions : l'URSS n'a-t-elle pas, en juin 1936, promulgué une loi interdisant l'avortement ? Plus profondément, la disparition de la référence à l'avortement — et à la contraception [50] — se fait sur un fond de régression morale. Dans une série d'articles [51], significativement intitulée *Au secours de la famille*, Paul Vaillant-Couturier intitule sa quatrième livraison : *Les gauchistes de l'amour*, et prend position contre « le chaos sexuel » et le « dévergondage » : « Notre conception du droit à l'amour est précisément le contraire du droit au dérèglement sexuel. C'est le droit à la famille, le droit au foyer joyeux. »

Et Maurice Thorez, au congrès de Villeurbanne en janvier 1936, s'inquiète de la dénatalité. Peu à peu, c'est la défense de la famille qui prend le dessus en même temps que s'imposent toutes les conventions sexuelles jadis rejetées comme autant d'hypocrisies bourgeoises.

49. In Bertha VAN HOOSEN, rapport présenté au congrès d'Édimbourg des femmes médecins (1937).

50. François Delpla signale la disparition de la publicité pour les calendriers Ogino dans l'hebdomadaire « de masse » qu'animent les communistes, *Regards* (« Les communistes français et la sexualité », 1932-1938, *le Mouvement social*, juin 1979).

51. *L'Humanité* du 7 novembre 1935 au 2 janvier 1936.

Dalsace peut encore expliquer, dans *la Vie ouvrière*, en 1937, que les conditions dans lesquelles se font les avortements les rendent plus souvent « mutilants », voire mortels, pour les « femmes laborieuses » et conclure : « Je m'étonne toujours qu'on ne donne pas à l'avortement la place qu'il mérite. »

Mais son isolement maintenant est patent. À l'Exposition internationale de 1937, c'est dans un bateau-lavoir qu'il tient un stand, où il expose des contraceptifs. Le 2 février 1938, se tient encore un meeting contre la loi de 1920, sous la présidence de Victor Margueritte. Et c'est tout.

La contre-offensive nataliste

Sur la base de la capitulation idéologique du PCF, et la tension internationale rendant plus aiguës les pressions natalistes, le gouvernement Daladier peut promulguer, le 28 juillet 1939, le « Code de la famille ». C'est un véritable tournant. Les allocations familiales sont supprimées pour le premier enfant [52], maintenues à 10 % du salaire de référence pour le deuxième enfant, haussées à 20 % pour le troisième et les suivants. Le dispositif fiscal suit la même logique : augmentation des prélèvements pour les célibataires et les couples sans enfants au bout de deux ans de mariage, dégrèvement pour les familles de trois enfants et plus. Dans les communes urbaines, une allocation spéciale est instituée, incitant les femmes à abandonner leur travail pour garder elles-mêmes leurs enfants : l'allocation de « la mère au foyer » est fixée à 10 % du salaire de référence. Enfin, on se préoccupe de développer une politique de « dissuasion » à l'égard de l'avortement. Des foyers sont mis sur pied pour accueillir les mères célibataires et les dissuader de recourir à l'avortement. Surtout, la répression est renforcée, et des moyens nouveaux lui sont alloués : des « sections spéciales » sont désormais créées au sein de chaque brigade de police mobile. Les actes suivent : Madeleine Pelletier, figure de proue du féminisme et de la franc-maçonnerie, est accusée de pratiquer des avortements chez elle avec l'aide de sa

52. Pour le premier enfant, une prime à la naissance — deux fois le salaire de référence — est versée si celle-ci survient dans les deux ans suivant le mariage.

bonne. Condamnée, elle est, à 65 ans, internée à l'asile de Perray-Vaucluse.

Loin de s'opposer au « Code de la famille », le PCF en regrettera les insuffisances [53] et les spécialistes communistes travailleront dans les commissions côte à côte avec les « natalistes » catholiques et réactionnaires.

Ce ne sont pas les femmes présentes dans le premier gouvernement Blum qui ont pu faire pencher la balance pour la prise en compte des intérêts des femmes. Irène Joliot-Curie abandonne très vite son sous-secrétariat à la Recherche scientifique. Et Cécile Brunschwig et Suzanne Lacore font montre d'un féminisme à vrai dire un peu particulier. La première écrit ainsi : « Le véritable féminisme ne consiste pas à faire exactement la même chose que les hommes mais à *compléter* leur travail, et on peut affirmer que, s'ils font certains travaux mieux que nous, de notre côté, nous réalisons mieux qu'eux-mêmes certaines tâches de *nature* essentiellement féminine ou familiale [54]. »

Et Suzanne Lacore : « Il a besoin, le vaillant lutteur, de retrouver au foyer l'atmosphère calme et sereine qui opérera, après les meurtrissures du labeur, la détente salutaire, et renouvellera ses forces morales [55]. »

Même dans le strict domaine des droits civils, le bilan est limité. Marx Dormoy a supprimé par décret l'obligation de l'autorisation maritale pour les passeports. Quelques concours ont été ouverts aux femmes. La loi Renoult, votée le 18 février 1938, supprime l'incapacité civile. Mais cette capacité nouvelle ne joue que pour les couples mariés sous le régime de la séparation des biens. Dans le cas de communauté de biens, c'est-à-dire le cas de loin le plus fréquent en milieu populaire, c'est toujours le mari qui continue à gérer les biens de la femme.

On comprend qu'à la troisième conférence nationale des femmes socialistes (octobre 1937), la rapporteuse précise qu'elle « se voit obligée d'apporter un maigre bilan ». Et on comprend que Daladier n'eut guère de difficultés à restaurer un culte de la famille et un « ordre moral » qui n'avaient guère été entamés.

---

53. E. STORALE, « Le code de la famille. Ce qui lui manque », *Regards*, 10 août 1939.
54. Bulletin des surintendants d'usine, 1937 *(c'est nous qui soulignons)*.
55. Brochure *Femmes socialistes*, juin 1936.

Le droit au travail

Tout aussi sensible est la dégradation de la situation des femmes sur le marché du travail. Des faibles acquis qu'avait apportés le Front populaire, rien, ou quasiment, ne subsiste en cette année 1939.

Faibles acquis : l'égalité des salaires dans le secteur privé ne sera jamais obtenue. De-ci, de-là, il en sera fait mention dans quelques congrès syndicaux. Au congrès du textile (1937), le rapport déclare prioritaire la lutte contre les différences de salaires. Et la même année, au congrès de l'habillement, un délégué estime qu'on n'a pas assez entendu, depuis 1936, la formule « à travail égal, salaire égal ». Il arrive même que les travailleurs du privé reçoivent le soutien des fonctionnaires. Marthe Duguet écrit ainsi : « Nous ne commettrons pas la faute, impardonnable à nos yeux, de laisser au patron le droit de choisir pour un même travail une employée qui coûte moins cher. »

Mais ce souci n'est guère partagé par la CGT dans son ensemble. Ni le PCF ni le PS ne mènent non plus bataille. La rançon de cette passivité ne se fait pas attendre : non seulement l'égalité des salaires n'est pas obtenue, mais l'écart tend de nouveau à se creuser entre salaires masculins et salaires féminins [57].

La remise en cause des 40 heures touche particulièrement la main-d'œuvre féminine. Certes, les 40 heures n'avaient pas supprimé la double journée de travail des salariées mariées, ni bouleversé le partage traditionnel des tâches dans le travail domestique, mais il est clair que les femmes

56. Les hésitations du parti socialiste viennent de loin. Suzanne Buisson, qui est en 1936 la dirigeante du Groupe national des femmes socialistes, écrivait dès 1932 : « La revendication d'un travail égal pour un salaire égal est celle des couches supérieures du prolétariat féminin, celui qui accomplit des besognes semblables à celles des hommes. Pour les autres femmes, exerçant un métier purement féminin, travailleuses non spécialisées, il nous faut revendiquer un salaire minimum de base, salaire vital qui permette une vie intellectuelle active, qui comporte des possibilités de loisir et de développement personnel » (*le Populaire*, 1er juin 1932).

57. Dans la sucrerie, l'écart entre les salaires hommes/femmes était de 54,3 % au 1er septembre 1935. Tombé à 40,2 % au 1er octobre 1936, il remonte à 42 % au 1er septembre 1937. De même, les statistiques du ministère du Travail, pour les villes « autres que Paris », donnent la comparaison suivante sur l'écart entre « l'ensemble des professions masculines » et ce qu'elles désignent comme « les professions féminines » (repasseuse, couturière, lingère, giletière, dentellière, brodeuse, modiste) : 1935 : 42, 10 % ; 1936 : 40,72 % ; 1937 : 45 %. L'écart est ici redevenu, en 1937, plus élevé qu'il ne l'était avant les accords de Matignon.

y étaient particulièrement attachées. Elles le disent [58], et elles le manifestent aussi par leurs luttes. Ce sont 20 000 femmes qui manifestent, le 12 février 1937, à l'appel des industries du vêtement pour « protester contre le retard intolérable de l'application des 40 heures [59] ».

Et là où les 40 heures ne sont pas acquises — comme dans les PTT — ce sont aussi souvent les femmes qui sont à la pointe de l'activité revendicative. Le 24 janvier 1938, c'est à l'Interurbain de Paris, au personnel essentiellement féminin, que s'organisent débrayages et manifestations pour les 40 heures. La fin de la « semaine des deux dimanches » qu'annonce Paul Reynaud est durement ressentie.

Quant à l'octroi des congés payés, embûches et chausse-trapes n'ont pas tardé à apparaître. Ne voit-on pas, pour les congés de 1937, les bureaux des compagnies de chemin de fer exiger des femmes divorcées la production du jugement complet de divorce avant de leur accorder les « billets Lagrange » ?

Plus grave, comme le montre le tableau ci-dessous, le placement sur le marché du travail se fait désormais au détriment des femmes, qui subissent de plus en plus durement la concurrence masculine.

PLACEMENT CHEZ LES EMPLOYÉS DE L'INDUSTRIE ET DU COMMERCE

	1936	1937	1938
Pourcentage de femmes	67,05 %	58,74 %	54 %

58. « Le jour de repos supplémentaire, ce deuxième dimanche, les ouvrières n'ont pas encore réussi à s'assimiler un tel bonheur ; on y revient sans cesse : qui roulera demain, qui a roulé hier, qui n'a pas roulé, ce qu'on fera le jour du roulement » (Bertie Albrecht in A. FOUCAULT, *op. cit.*). Il faudrait pouvoir citer la multitude des congrès syndicaux qui signalent, avant 1936, que ce sont les femmes qui sont pour l'essentiel porteuses de la revendication des 40 heures.

59. Elles seront appliquées le 1er avril 1937. La pression ouvrière n'était pas partout, sur ce point, d'une intensité égale. Henri Jourdain fait état du scepticisme qui existait dans certains secteurs de la métallurgie (cf. *Comprendre pour accomplir*, Éditions sociales, Paris, 1982, p. 80) et un examen des cahiers de revendications fait au contraire apparaître l'exigence fréquente des « 48 heures assurées qu'il y ait ou non du travail ». Cette revendication est par exemple présente dans sept branches importantes de la région de Toulouse (bâtiment, coiffure, aéronautique, métallurgie, tannerie, garçons de café, dragueurs). Elle s'explique évidemment par la crainte du chômage partiel.

Le mouvement se fait aussi bien sentir dans des professions où la main-d'œuvre masculine est majoritaire [60] que dans les professions plus traditionnellement féminines : même les sténodactylos ne sont pas épargnées [61].

La question du travail des femmes est d'ailleurs l'enjeu d'une réelle bataille idéologique. La droite, et en particulier la mouvance catholique, fait ici feu de tout bois. Maxence Van der Meersch écrit ainsi, décrivant les conséquences du travail des femmes : « C'est le règne de la [...] cuisine hâtive, du beefsteack et de la côtelette, et c'est aussi le gaspillage des bas-morceaux, des viscères et des peaux. D'où la nécessité d'un sacrifice plus grand de bêtes de boucherie. D'où standard de vie plus élevé et motif nouveau d'infériorité par rapport à l'étranger. Tout se tient [62]. »

Ce ne sont pas seulement les bas-morceaux qui sont ainsi négligés, mais aussi les enfants. Louis Duval-Arnoud, président de la Ligue pour la grande famille, écrit ainsi : « C'est en effet un spectacle pénible [...] que celui d'un ménage tenu tant bien que mal par l'homme au chômage, tandis que la femme passe la journée à l'usine. Même quand le mari travaille de son côté, le désordre, pour être moins criant, n'est guère moindre : les enfants, au lieu d'être plus ou moins bien soignés par le père, sont abandonnés, et s'ils ne sont recueillis par une voisine ou une œuvre, poussent comme ils peuvent [63]. »

La Ligue de la mère au foyer propage les enseignements de l'encyclique *Quadragesimo anno*, qui non seulement prend position contre le travail des femmes [64], mais s'oppose de plus à toutes les infrastructures sociales, crèches ou garderies, qui pourraient décharger partiellement les mères salariées de l'élevage des enfants.

60. Chez les comptables, le pourcentage des femmes embauchées passe de 38,21 % en 1936 à 21,59 % en 1938. Chez les coiffeurs, il passe de 24,39 % en 1935 à 19,36 % en 1938.

61. Le pourcentage de femmes embauchées passe chez les sténodactylos de 97,72 % en 1936 à 97,16 % en 1938. Chez les employées aux cantines, il passe de 52,17 % en 1936 à 42,13% en 1938, et chez les vendeuses, de 57,92 % en 1936 à 51,5 % en 1938.

62. *Le Journal*, mars 1936.

63. « La mère au foyer », in *Le Devoir des femmes*, novembre 1937.

64. « C'est à la maison avant tout, ou dans les dépendances de la maison, et parmi les occupations domestiques qu'est le travail des mères de famille. C'est un abus néfaste, et qu'il faut à tout prix faire disparaître, que les mères de famille [...] soient contraintes de chercher hors de la maison une occupation rémunératrice, négligeant les devoirs tout particuliers qui leur incombent, avant tout, l'éducation des enfants. »

Mais, en même temps, signe des contradictions qui travaillent l'époque, c'est *Esprit* qui publie, en juin 1936, un numéro spécial sur les femmes, et Marguerite Grépon y écrit : « C'est par dignité que d'innombrables jeunes filles, écœurées du mariage alimentaire, ont réagi par le travail contre une société capitaliste qui les opprimait à leur insu [65]. »

Le débat est également présent dans la grande presse féminine. Un magazine du cœur comme *Confidences* insère régulièrement dans ses colonnes des « remarques » favorables au travail des femmes [66], et lance une grande enquête : « Une femme doit-elle travailler ? [67] »

Même *Marie-Claire*, qui développe pourtant, sous l'impulsion de Marcelle Auclair, une ligne fort peu féministe [68], plaide à sa manière pour le travail des femmes : « Si toutes les femmes savaient quelle joie on puise dans la sensation du devoir accompli, peut-être redouteraient-elles moins d'avoir à gagner leur vie [69]. »

Mais dans ce débat ouvert, la gauche officielle pèse peu. Le parti communiste, que son tournant « national » a peu à peu entraîné à la recherche de toutes les respectabilités et de toutes les modérations, a depuis longtemps nuancé ses positions. Dans la série d'articles de *l'Humanité* déjà citée, Paul Vaillant-Couturier a développé l'idée qu'il faut que la femme puisse choisir entre « travailler ou demeurer à la maison ». Et la socialiste Suzanne Lacore, qui n'est pas encore sous-secrétaire d'État, écrit : « Nous demandons que ce dernier [le travail ménager], comprenant la charge de la maternité, s'élève au rang de fonction sociale, reçoive avec un salaire vital, les allocations familiales suffisantes, pour que la mère soit dispensée de chercher dans un travail supplémentaire, souvent pénible, un salaire d'appoint [70]. »

---

65. « La femme dans la cité des hommes », *Esprit*, 1er juin 1936.

66. 16 et 30 septembre, 14 et 28 octobre 1938. *Confidences* tire alors à 395 000 exemplaires.

67. « Je ne voudrais jamais abandonner ni ces petits avantages ni mon travail pour un homme qui souffre dans son amour-propre d'être inférieur à sa femme » (27 novembre 1938). « N'est-il pas absurde de renoncer à un travail qu'on aime, d'enterrer son talent, et de devenir bonne à tout faire ? » (14 août 1938).

68. Marcelle Auclair écrit ainsi : « Le courrier me fit comprendre qu'à quelque milieu qu'elles appartiennent [...] elles ont toutes des intérêts communs : l'amour, l'élégance, la beauté, la santé, les bons petits plats, les enfants, le confort et le charme du foyer, mari compris. »

69. Éditorial, *Marie-Claire*, 17 juin 1938.

70. *La Tribune des femmes socialistes*, mars 1936.

Les immigrés exclus

L'espoir

Il y avait, en 1936, 2 453 000 étrangers officiellement recensés en France, dont le tableau ci-dessous fournit la répartition :

Italiens :	887 732	Hongrois :	30 000
Belges :	211 484	Hollandais :	30 000
Allemands :	48 786	Turcs :	18 000
Portugais :	32 472	Espagnols :	410 183
Roumains :	25 000	Suisses :	58 880
Autrichiens :	18 000	Anglais :	34 912
Polonais :	463 163	Yougoslaves :	25 668
Russes :	63 349	Grecs :	21 272
Tchécoslovaques :	41 496	Nord-Américains :	11 467

Une partie de cette main-d'œuvre, dans l'agriculture, est saisonnière : Belges pour la betterave, Italiens pour les cultures du Sud-Est, Espagnols pour les vendanges. La main-d'œuvre industrielle est plus stable, concentrée dans l'Est et le Nord pour les Polonais, dans le Sud-Est mais aussi en Lorraine pour les Italiens, dans l'Aisne et le Calvados pour les Tchécoslovaques... Les métiers qu'ils exercent sont également spécifiés : bûcherons yougoslaves et mineurs de fond polonais, le bâtiment pour les Italiens, et les métiers de la confection pour les juifs de diverses nationalités.

Ces diverses collectivités sont traversées par trois types d'organisations. D'abord, les organisations nationales de l'émigration : unique comme pour les Polonais (Association des travailleurs polonais en France, ZRP), dont l'organe est *Sila*, « la Force » ; diverses quand les options politiques s'en mêlent. Ainsi, chez les Italiens s'opposent les associations liées au régime fasciste et l'Union populaire (dont l'organe est la *Voce degli Italiani*). Et chez les Arméniens, le Ramkavan, organisation bourgeoise, prosoviétique, qui finance le Hog (« Comité de secours pour l'Arménie » dont la devise est : « aider la Russie et ne penser qu'à ça »), s'oppose au Dachnalk, dont le programme socialiste, est hostile à l'Union soviétique.

Ensuite, les travailleurs immigrés peuvent se syndiquer, se répartissant pour la plupart d'entre eux entre la CGT et la CGTU, qui ont l'une et l'autre mis sur pied des « sections nationales », des « groupes de langue ». À la veille de la fusion syndicale on peut ainsi dénombrer environ 20 000 Polonais à la CGT (environ 3 000 à la CGTU) et 15 000 Italiens (une dizaine de milliers à la CGTU).

Enfin, une partie des travailleurs immigrés s'organise politiquement dans (ou en tout cas en liaison avec) les partis français. Pour l'essentiel, ils se retrouvent dans les « groupes de langue » du PCF : il en existe treize. La SFIO intègre à la même époque un certain nombre de réfugiés politiques. Il est moins connu qu'elle pratique également parfois les « groupes de langue », notamment en Alsace.

L'arrivée au pouvoir du Front populaire a suscité un grand espoir parmi l'ensemble de cette population. Juin 36 a vu les travailleurs immigrés participer très naturellement aux grèves et aux occupations, voire y jouer un rôle dirigeant [71]. Dans la mesure où leurs salaires figuraient souvent parmi les plus bas, ils ont bénéficié d'augmentations de salaires substantielles. Les lois qui suivent l'accord Matignon leur apporte les 40 heures et les congés payés [72]. Enfin, ils peuvent désormais voter aux élections de délégués, s'ils ont plus de deux ans de présence en France, mais ils ne sont toujours pas éligibles.

Quant aux réfugiés politiques, c'est un *ouf !* de soulagement qu'ils poussent et le gouvernement encourage effectivement l'administration à se montrer plus souple à leur égard.

Les organisations d'immigrés se regroupent, se déve-

---

71. Cf. Philippe SERRE, discussion sur les grèves de juin 36, in *Léon Blum, chef de gouvernement, op. cit.* : « Je me souviens qu'à Moutiers, petite cité minière, le maître de l'usine était un jeune Italien de 20 ans. » Cf. aussi Jean FRÉVILLE, *Pain de brique*, Paris, 1937.

72. Marcel Livian insiste sur la volonté de Léon Blum d'obtenir pour les travailleurs immigrés les mêmes avantages que pour les travailleurs français, et signale à ce sujet une entrevue de Blum avec le directeur de cabinet de Lebas, Chaillé, qui était à la fois militant socialiste et inspecteur du travail spécialisé dans la main-d'œuvre étrangère. D'après les comptes rendus dont nous disposons des discussions de l'accord Matignon, il ne semble pas cependant que le patronat ait abordé ce problème..

loppent et mènent maintenant leur action au grand jour. Ainsi, l'Union populaire italienne transforme *la Voce degli Italiani* en quotidien et en Meurthe-et-Moselle, par exemple, regroupe bientôt 8 000 adhérents.

Le même mouvement se fait sentir dans les organisations françaises. Les 50 000 immigrés adhérents à la CGT avant juin 1936 sont à présent 400 000 [73], parmi lesquels 125 000 Italiens, 80 000 Polonais et 45 000 Russes [74]. Au PCF, les « groupes de langue » connaissent un nouveau développement, et bien des futurs dirigeants y font leur classe [75].

L'indifférence gouvernementale

Cependant, le gouvernement ne semble guère se préoccuper de la situation des immigrés. Certes, Salengro accorde des sursis à 6 000 réfugiés en voie d'expulsion mais il interdit, le 4 août 1936, sous prétexte de lutte contre l'espionnage nazi, toute entrée nouvelle sur le territoire français de réfugiés allemands, si ceux-ci ne disposent pas d'un passeport en bonne et due forme. Certes il abolit, le 14 octobre, la nécessité de l'assentiment préalable des préfets avant changement de domicile, mais en fait, aucune politique nouvelle, ni même aucune mesure déterminante, n'est engagée par le gouvernement. Pourtant, les députés communistes reprennent, dès le 9 juillet, les propositions qu'avait faites Marius Moutet, alors dans l'opposition, d'un « statut juridique des immigrés [76] ». Elle ne vient en discussion qu'au mois de décembre, elle est adoptée le 21 janvier, mais son titre a été modifié : de *proposition de résolution en vue de donner le plus rapidement possible un statut juridique aux immigrés,* il

73. Chiffre de la CGT. La Société d'étude et d'information économique retient le chiffre de 300 000 (cf. Georges KLETCH, *L'Organisation syndicale des travailleurs étrangers en France*, SEIE, janvier 1937).

74. Chiffre qui nous paraît contestable, malgré l'adhésion collective de 3 000 chauffeurs de taxi parisiens dès 1935...

75. Le responsable des cercles italiens s'appelle Giorgio Amendola, le responsable du groupe arménien s'appelle Missak Manouchian, celui de la sous-section juive s'appelle Léopold Trepper, et celui du groupe tchécoslovaque, Artur London.

76. La proposition de statut concernait :
a) l'autorisation de séjour et la carte d'identité ;
b) la législation sociale pour la population immigrée ;
c) les refoulements et les expulsions ;
d) les droits civils et politiques.

devient *proposition de résolution relative aux étrangers.* Peut-être le fait de supprimer « *le plus rapidement possible* » relevait-il de l'humour noir : car le texte se perdit lui aussi dans les navettes entre la Chambre et le Sénat, et ne revint jamais en discussion.

Chez les immigrés, la désillusion est forte. C'est un Hongrois [77] qui explique : « Pour moi, personnellement, le Front populaire n'a rien changé. Ce n'était pas fait pour les étrangers, n'est-ce pas, mais pour améliorer la situation des Français. » Un Polonais [78] qui estime que le gouvernement Blum « a laissé subsister toute la réglementation qui réduisait la liberté des étrangers » ; et un Italien [79] qui conclut : « Les parents pauvres que nous sommes n'ont qu'à se taire. »

Quant aux Maghrébins qui ne sont pas décomptés parmi les immigrés, puisqu'ils sont « français », le gouvernement reprend très vite à son compte la politique de « contingentement » de ses prédécesseurs. Les entraves à la liberté de voyage sont supprimées le 17 juillet 1936, mais le cautionnement est rétabli en décembre, et le contrôle des passagers de classe inférieure en janvier 1937.

Plus significatif encore : aucun ministre ni secrétaire d'État n'a en charge la main-d'œuvre immigrée [80]. Et le paradoxe est qu'il faut attendre le gouvernement Chautemps pour qu'un sous-secrétaire d'État au Travail, en l'occurrence Philippe Serre, ait dans ses fonctions l'ensemble des problèmes concernant la main-d'œuvre immigrée. Serre tente bien de définir une politique plus cohérente de l'immigration, tant par l'élaboration d'un statut de l'étranger que par la mise sur pied de structures disposant de davantage de pouvoirs (Conseil supérieur des étrangers et Commission consultative des réfugiés) ou par la suppression de la Société générale d'immigration. Mais ni sous Chautemps ni sous le deuxième gouvernement Blum, aucun de ces projets n'aboutit.

---

77. Paul LOFFER, *Journal de Paris d'un exilé*, Rodez, 1974.
78. Stéphane WLOCEVSKI, « Atmosphère de malaise chez les Polonais de France », *les Cahiers polonais*, n° 6-7, 1936.
79. Ernesto CAPORALI, *le Peuple*, 15 avril 1938.
80. Marcel Livian plaide qu'une équipe, composée de Salengro, Moutet, Viénot et Longuet, travailla sur ces problèmes sous la responsabilité de Jules Moch. Il semble bien, en fait, que Livian baptise « équipe » les présents à « quelques réunions » de coordination entre ministères.

Les décrets anti-immigrés

Le changement de majorité qui s'amorce sous Daladier permet au contraire la publication d'une série de mesures défavorables aux immigrés.

Les décrets du 3 mai 1938 forment la première vague. Ils « flexibilisent » l'embauche des travailleurs immigrés dans l'industrie et dans l'agriculture [81] et instituent en revanche un contrôle et multiplient par six — de six mois à trois ans — les peines d'emprisonnement contre les étrangers qui ne respectent pas l'arrêté d'expulsion. Le citoyen français qui abrite un étranger « irrégulier » est passible d'un an de prison s'il n'a pas dénoncé dans les quarante-huit heures l'étranger qu'il abrite.

Le 17 juin, un décret-loi institue, pour les étrangers, un livret sanitaire. En six mois, 8 405 étrangers sont condamnés à des peines de prison en application de ces deux décrets. En novembre, les décrets-lois Reynaud renforcent le dispositif : il faut désormais un séjour d'un an en France pour pouvoir s'y marier, fût-ce entre immigrés ; la naturalisation n'est plus automatique et, surtout, elle peut être retirée « promptement » à ceux qui ne se plieront pas au respect de la non-ingérence dans les affaires nationales ; le droit de vote n'est accordé que cinq ans après la naturalisation, les immigrés ne peuvent plus élire les délégués du personnel.

Les réactions des organisations ouvrières sont faibles. La fédération CGT du bâtiment « assure les immigrés qu'elle saura prendre toutes les mesures pour sauvegarder leur droit de séjour en France », mais la CGT, à son congrès de Nantes [82], ne souffle mot des problèmes des immigrés. L'extrême gauche proteste [83], tandis que Félicien Challaye lance, avec l'appui de la Ligue des droits de l'homme, une pétition qui déclare :

81. Les dérogations aux quotas prévus ne nécessitent, si elles sont présentées comme temporaires, que l'avis de l'inspecteur divisionnaire du travail.

82. Jouhaux, dans son rapport introductif, demande l'égalité des droits entre travailleurs immigrés et travailleurs français.

83. Y compris Ferrat, alors en train d'adhérer à la SFIO : « Le programme du Front populaire, particulièrement pauvre dans le domaine politique, prévoyait cependant l'abrogation des lois scélérates. Au lieu de cela, nous sommes gratifiés d'une nouvelle loi super-scélérate qui met les étrangers (8 % de la population de ce pays) à la merci de la police. Elle les soumet ainsi à un régime exceptionnel dont les analogies se retrouvent seulement dans le droit colonial et fasciste. »

« La France s'honorait, sous tous les régimes antérieurs, d'offrir, notamment aux prisonniers politiques, une hospitalité sans réserves. Aujourd'hui, c'est un gouvernement qualifié de démocratique qui condamne l'aide apportée à ces réfugiés dans certaines circonstances [...]. Les soussignés déclarent qu'ils ne tiendront aucun compte d'un décret-loi illégal, inhumain, contraire aux plus nobles traditions de notre pays. »

Mais les grandes organisations politiques ne réagissent guère. Le parti socialiste estime, dans un commentaire neutre, que le décret « ne porte aucune atteinte aux règles traditionnelles de l'hospitalité française en faveur des réfugiés politiques qui ont une attitude absolument correcte vis-à-vis de la République et de ses institutions [84] ».

Il envoie, le 24 mai, auprès du ministre de l'Intérieur, Sarraut, une délégation conduite par Paul Faure. Mais celle-ci se contente de demander quelques aménagements de détail. Et sur la partie des décrets du 12 novembre concernant les immigrés, la SFIO reste silencieuse.

Du côté communiste, *l'Humanité* se contente d'insister sur l'inefficacité des mesures : « Le nouveau statut des étrangers renferme, à première vue, beaucoup plus de mesures vexatoires pour les petites gens que des dispositions efficaces contre les forbans internationaux qui passent toujours au travers des chicanes administratives [85]. »

En fait, la soudaine prudence du PCF renvoie à son tournant patriotique : c'est dans le même élan qu'il dissout, dans le courant de l'année 1937, ses « groupes de langue », que ses militants conseillent, dans la CGT, « aux camarades juifs de ne pas envahir continuellement la bourse du travail » afin que les locaux syndicaux n'apparaissent pas comme une annexe du « Pletzl [86] », et que Monmousseau écrira, quelques mois plus tard, un article qui s'intitule : « Ici, c'est complet. »

84. *Le Populaire*, 3 mai 1938.
85. 4 mai 1938.
86. *Noie Presse* (« Presse nouvelle »), le quotidien qu'il édite en direction du prolétariat juif, conseillera aux ouvriers juifs de ne plus venir chercher du travail en France.

Racisme et xénophobie

La communauté immigrée se trouve « coincée ». Pour elle, l'antifascisme signifiait l'internationalisme, l'absence de frontières dans la lutte, le drapeau rouge, *l'Internationale.* Elle découvre avec stupeur que, pour d'autres, cela signifie les Capétiens et Jeanne d'Arc, le repli sur l'hexagone et les valeurs de la race, le drapeau tricolore et *la Marseillaise.* Maladroitement, elle essaie de se replier sur l'idée de la France comme « seconde patrie » et fait allégeance de « patriotisme français ». En juin 1938, six communautés immigrées publient ainsi des déclarations qu'elles veulent rassurantes.

Allemande :

« La place des antifascistes allemands se trouve partout où il s'agit de vaincre Hitler, ennemi du peuple allemand, et d'abattre la domination du fascisme. »

Espagnole :

« Si la France venait à être attaquée, nous n'hésiterions pas à la défendre avec le même courage que nous mettons pour la défense de notre propre pays. »

Hongroise :

« Les Hongrois habitant la France se lèveraient comme un seul homme pour la défendre en servant par cela même la cause de la liberté de notre pays. »

Italienne :

« L'Union populaire italienne déclare que si malgré tous les efforts des masses populaires pour sauver la Paix [...] Hitler déclenchait la guerre, l'immigration italienne et le peuple italien lutteront aux côtés du grand peuple français pour la défense et la cause de la démocratie et de la liberté. »

Juive :

« Au moment où se précisent les dangers de guerre de la part des pays fascistes, les immigrés juifs déclarent qu'en cas d'agression contre la France, ils combattront ensemble avec le peuple français pour la défense du pays, de la démocratie et des libertés communes. »

Polonaise :

« La fédération des immigrés polonais en France assure le peuple français que les immigrés polonais resteront comme par le passé à ses côtés. Elle déclare solennellement qu'ils sauront défendre avec lui et par tous les moyens la France, pays de la liberté et du progrès. »

La grève du 30 novembre se déroule donc sous la menace des expulsions et les travailleurs immigrés y participent relativement peu. Après la défaite, la grande masse des immigrés est désemparée, doublement orpheline : elle avait le sentiment de ne plus bénéficier, de la part du mouvement ouvrier français, d'un soutien très ferme, mais de plus, ce mouvement ouvrier vient lui-même de subir une grave défaite. Le taux de syndicalisation de l'immigration baisse considérablement, plus sans doute que ne chute la moyenne des effectifs de la CGT. À Paris, par exemple, le nombre de syndiqués juifs passe de 13 000 à 3 000. L'interdiction désormais signifiée aux immigrés de voter pour les élections de délégués du personnel a des conséquences pratiques : les travailleurs immigrés ont d'autant plus le sentiment de n'être plus représentés que des milliers de postes de délégués sont du coup supprimés.

Déferle alors une vague de racisme et de xénophobie qui n'épargne aucune couche de la société. Celle-ci s'exerce contre la main-d'œuvre maghrébine — plus nombreuse depuis quelques années, car le patronat l'apprécie —, contre les Italiens et les Allemands, considérés comme citoyens de nations peu amicales, contre les juifs, bien sûr. Il n'est pas nécessaire ici d'en appeler à Céline. Citons plutôt le bon Giraudoux :

« Notre terre est devenue terre d'invasion. L'invasion se poursuit exactement de la façon dont elle s'opéra dans l'empire romain, non point par les armées, mais par une infiltration continue des barbares [...]. Nous sommes pleinement d'accord avec Hitler pour proclamer qu'une politique n'atteint sa forme supérieure que si elle est raciale, car c'était aussi la pensée de Colbert et de Richelieu [87]. »

Comme le montre le tableau ci-après, les expulsions de travailleurs immigrés qui avaient été, en 1937 et en 1938, nettement inférieures aux entrées (elles en représentent respectivement 30,5 % et 44,8 %) sont, en 1939, presque équivalentes (88,6 %), en chiffres officiels, ce qui signifie qu'elles leur sont en réalité deux à trois fois supérieures [88].

87. *Pleins pouvoirs*, Paris, juin 1939.

88. Selon le ministère du Travail lui-même, les chiffres d'entrées sont légèrement sous-estimés, mais le décalage diminue au fur et à mesure de la mise en place des contrôles. En revanche, le chiffre des sorties représente à peu près le tiers des sorties réelles.

	Introduits		Rapatriés
	Agriculture	*Industrie*	
1935	9 889	46 517	67 215
1936	10 052	30 928	46 426
1937	13 397	53 908	20 527
1938	12 251	33 569	20 519
1939	6 884	20 200	23 972

À quoi viennent s'ajouter les chiffres pour les Maghrébins :

	Introduits	Rapatriés
1935	13 915	11 975
1936	27 200	11 302
1937	45 762	25 622
1938	34 017	36 064

La référence antifasciste et la défaite espagnole

Pourtant, la partie la plus politisée de l'immigration, c'est-à-dire celle liée au PCF, n'est pas encore démoralisée. La dissolution des « groupes de langue » n'a pas eu sur leur activité des conséquences majeures [89]. Et même les procès de Moscou où tous les accusés sont de vieux bolcheviks d'origine juive ne troublent que modérément les militants de la sous-section juive [90]. C'est que, pour eux, comme pour tous les secteurs de l'immigration directement confrontés au nazisme et à ses alliés : Allemands, Italiens, Espagnols, etc., la priorité, c'est la lutte antifasciste. C'est cela qui leur permet d'épouser sans trop de problèmes les tournants de

89. Georges Cogniot évoque cependant « un effet négatif sur le travail des immigrés italiens » (archives du Comité d'histoire de la Seconde Guerre mondiale).

90. À l'exception de quelques militants comme Faïwel Schrager, successeur de Trepper à la direction de la sous-section juive, et Charles Rappoport, vieille figure du mouvement ouvrier juif international, qui quittent tous deux le PCF.

l'Internationale communiste, et, à leurs yeux, ce qui se passe en Espagne est sans doute plus déterminant que la situation française.

Or, en Espagne, c'est la défaite. Dès septembre et octobre 1938, cédant aux pressions anglaises et françaises, le gouvernement espagnol a renvoyé chez eux 13 000 combattants des Brigades internationales. Ainsi remerciés, ils n'ont pas forcément bon moral, et ceux d'entre eux qui rentrent en France ont parfois une réinsertion difficile. Honesto Leri, rapatrié avec le contingent français, vit en fabriquant à domicile des « pompons » qui lui rapportent 10 F par jour. Le 27 novembre 1938, un ancien ouvrier de Renault, de retour d'Espagne, est condamné à trois mois de prison ferme pour port d'arme. Et en janvier et février 1939, 490 000 réfugiés arrivent en France.

L'impréparation est complète. Dès que l'on remonte vers le nord, les conditions matérielles d'hébergement s'améliorent, mais à Gurs, à Argelès ou au Vernet, elles sont catastrophiques. Le vrai scandale n'est d'ailleurs pas tant les conditions d'hébergement : il est que sous un gouvernement que préside l'un des signataires de la charte du Rassemblement populaire, ces hommes seront enfermés et parqués des mois durant, suspects *a priori*, on ne sait trop si c'est à cause de leur race ou de leur engagement. À voir comment sont traités les pionniers de l'antifascisme, alors même que s'accumulent les menaces de guerre, l'immigration progressiste sait qu'elle a désormais le dos au mur.

10

Repères pour un bilan

> « Nous avons avancé la pendule
> Nous avons arraché les feuilles mortes au calendrier
> Mais nous n'avons pas sonné aux portes
> C'est un fait
> Nous avons seulement glissé sur la rampe
> de l'escalier. »
>
> Jacques Prévert
> Conférence publique, août 1940
> *(La pluie et le beau temps)*

Ni les 40 heures, ni les congés payés ne figuraient dans le programme de Rassemblement populaire : l'un et l'autre ont été de fait imposés par la mobilisation ouvrière de juin 1936.

Une série d'autres réformes, parmi l'œuvre législative quantitativement impressionnante du Front populaire, s'inscrit tant bien que mal dans les formulations souvent vagues du programme que s'était donné le Rassemblement.

Curieusement, on oublie souvent qu'une partie des promesses dûment formulées dans ce programme n'ont en revanche pas été tenues. Il ne s'agit pourtant pas de points secondaires. C'est ainsi le cas du « régime de retraites suffisantes pour les vieux travailleurs », toujours promis, jamais réalisé. De manière plus surprenante encore, c'est le cas du « Fonds national de chômage » qui venait pourtant en numéro un des engagements économiques, et dont il ne fut plus jamais question, passé la victoire électorale. Conviction que la relance par la consommation et les 40 heures allaient suffire à résorber le chômage ? Problème relégué au second plan par les occupations d'usines et l'agitation parmi ceux qui n'étaient pas chômeurs ? On ne sait. Mais la France sort en tout cas du Front populaire avec un système d'indemnisation du chômage totalement désuet.

Dans la zone des réformes que le gouvernement de Front populaire réalisa, ou tenta de réaliser, quelques points peuvent cependant servir de repères pour tenter, un jour, un plus vaste bilan.

Une incontestable réussite : les congés payés

La loi instaurant les congés payés est votée le 11 juin à la Chambre, par 563 voix contre 2 [1]. Les décrets d'application sortent dès le 31 juillet. Ils accordent à tout ouvrier, employé ou apprenti, après un an de travail continu dans l'entreprise, un congé annuel payé de 15 jours.

Il est difficile d'imaginer maintenant la rupture qu'introduit dans la condition ouvrière le simple fait de ne pas être contraint, deux semaines durant, de se lever à la même heure que d'habitude. De multiples récits décrivent la désorientation des premiers jours, puis le jardinage et le bricolage, puis, l'incertitude passée, la pêche, la pétanque, les promenades en famille.

Mais Léo Lagrange ne s'en tient pas au vote de la loi. Pour que les travailleurs profitent de leurs vacances, encore faut-il qu'ils puissent se déplacer. Il convoque les présidents-directeurs des sept compagnies privées de chemins de fer pour leur demander la création d'un billet à tarif réduit. Leur porte-parole, Raoul Dautry, regimbe : « Monsieur le Ministre, c'est antiferroviaire ce que vous demandez là »,

1. Autant le patronat était unanime contre les 40 heures, autant une grande partie des patrons était convaincue d'avoir trop tardé à accepter les congés payés. Au-delà du Parlement, la droite et l'extrême droite sont elles-mêmes divisées sur la question. Si une partie de la presse de droite ironise sur le « sous-secrétariat d'État à la paresse », sur l'impossibilité de « codifier le rêve » ou, plus matériellement, sur le coût pour les patrons (que *le Figaro* du 26 juin estime à 1 milliard 200 millions), *Je suis partout* écrit, le 29 août, sous la signature de Pierre Gaxotte : « Si nous arrivons à nous débarrasser du Front populaire, il y aura pour quelques-uns de ses élus une petite circonstance atténuante, motivée par les vacances payées. »

mais ils finissent par accepter. Il y aura un « billet populaire de congé annuel », entraînant 40 % de réduction aller et retour pour le travailleur et sa famille, 50 % pour les enfants de 3 à 7 ans et pour les départs en groupe de plus de dix personnes. Des trains spéciaux sont mis en service, à des tarifs encore plus bas : Paris-Toulouse et retour, 150 F, Paris-Nice et retour, 165 F.

560 000 « billets Lagrange » sont ainsi utilisés dès 1936. Comment estimer ce chiffre ? Si l'on rappelle que la population active dépasse en 1936 les 19 millions et que les billets sont utilisables non seulement par le travailleur bénéficiant des congés payés mais aussi par sa famille, le chiffre peut apparaître faible. Mais si l'on tient compte du fait que la mesure est annoncée le 3 août, qu'elle doit être utilisée dans le mois qui suit, dans un climat de grande impréparation psychologique, le chiffre est considérable. D'autant plus que s'y surajoute le développement de la marche, du camping et de la bicyclette : le tandem, en particulier, connaît un impressionnant regain de faveur. Dans un pays où le seul voyage dans la vie d'un salarié (mâle) était celui qu'il effectuait à l'occasion de son service militaire, où le prolétaire ne quittait pas ses corons, et où le paysan n'avait pas d'horizon plus lointain que le chef-lieu de canton, à l'occasion de la foire, c'est bien de phénomène de société qu'il s'agit. Oui, il y eut des travailleurs qui virent pour la première fois la mer, et qui en furent bouleversés. Et, non contents de voir la mer, ils voulurent aussi aller « aux sports d'hiver » : en deux jours, les 23 et 24 décembre, la gare de Lyon achemine plus de 50 000 congés payés. Le trafic est triplé à la gare d'Orsay, sextuplé à la gare de l'Est [2]. L'élan est tel que les réticences initiales sont vite brisées. Valable 31 jours maximum, le « billet populaire de congé annuel » est prorogé jusqu'au 31 mars. Les immigrés peuvent en profiter au même titre que les Français. L'interdiction d'utiliser les billets de congés payés les 14, 15, 16, 29, 30, 31 août, 29 et 30 septembre est supprimée. La travailleuse, quand elle est seule salariée dans le couple, est reconnue comme chef de famille et peut faire bénéficier du « billet Lagrange » son mari et ses enfants. Et si le cas des chômeurs apparaît insoluble, leurs enfants, en tout cas, ne sont pas oubliés : un décret est publié qui fait passer de 3,50 F à 5 F la subvention

2. *Le Populaire*, 25 décembre 1936.

qui leur est accordée pour partir en colonies de vacances. Le premier départ est à l'initiative de la CGT : 400 enfants de chômeurs quittent ainsi Paris le 18 août.

À travers l'utilisation des congés payés, c'est la question des loisirs qui fait irruption dans la classe ouvrière. Le mouvement ne se démentira pas : ce sont 900 000 « billets Lagrange » qui sont utilisés en 1937.

Irruption pratique, mais aussi irruption philosophique et sociale. Réduction du temps de travail, congés payés, naissance du « week-end » : c'est le statut même du travail et de sa fonction dans la vie humaine qui se trouve en fait posé.

La réforme scolaire s'enlise

Sur cette question, le programme du Front populaire était fort succinct. Le point 6 précisait simplement sous le titre « L'école et la liberté de conscience » :

« *a)* assurer la vie de l'école publique, non seulement par les crédits nécessaires, mais par des réformes telles que la prolongation de la scolarité obligatoire jusqu'à quatorze ans et la mise en pratique, dans l'enseignement du second degré, d'une sélection indispensable comme complément de la gratuité ;

« *b)* garantir à tous, élèves et maîtres, la pleine liberté de conscience, notamment par le respect de la neutralité scolaire, de la laïcité, et des droits civiques du corps enseignant. »

Si l'on s'interroge sur le respect des engagements pris, il est incontestable — en laissant de côté les généralités du deuxième paragraphe — que Jean Zay a appliqué le programme du Rassemblement populaire. Les contestations d'ailleurs, bien avant de porter sur les réalisations de Jean Zay, portaient sur le contenu de ce programme lui-même : non seulement du fait de la branche la plus laïque du Rassemblement qui proteste contre le silence fait sur le statut de l'Alsace-Lorraine et qui fit connaître ses desiderata lors de la constitution du « front laïque » (cf. p. 214), mais du fait également de la CGT, qui avait depuis fort longtemps inscrit à son programme la scolarité obligatoire jusqu'à l'âge de quinze ans.

En revanche, s'il s'agit de se demander en quoi le gouvernement de Front populaire a permis la rénovation du système éducatif français, la réponse est bien plus mitigée.

Le 13 août 1936, Jean Zay fait donc voter au Parlement la prolongation de la scolarité jusqu'à quatorze ans, en même temps qu'il unifie l'enseignement primaire, unification sanctionnée par le passage du « certificat d'études primaires » dont l'obtention est désormais nécessaire pour accéder au secondaire.

Il s'intéresse également au contenu et aux méthodes (dédoublement des classes de plus de 35 élèves, réduction à 30 heures des heures de classe, « activité dirigée » le samedi). Enfin, dès juillet 1936, Zay met en chantier une réforme de l'ensemble de l'enseignement. Il le fait à sa manière, précautionneuse, lente, préférant les expérimentations locales à la loi d'ensemble. La méthode n'est d'ailleurs pas pour déplaire à tout le monde, et Freinet écrit : « Nous craignions qu'un projet définitif en général sorte un jour des bureaux ministériels, projet hâtif, insuffisamment étudié par les techniciens eux-mêmes, et qu'il nous aurait pourtant fallu adapter tant bien que mal. Nous ne saurions trop louer la prudence et l'intérêt de la tactique ministérielle qui paraît accorder une très grande importance à l'expérimentation à la base. »

Ce n'est pas l'expérimentation qui manque : d'abord dans trois départements, puis dans vingt-neuf. Finalement, le projet est déposé à la Chambre en mars 1937, neuf mois après qu'il a été annoncé. Sur le fond, il est critiqué, notamment dans la mesure où il met en avant la nécessité de l'« orientation » des élèves, orientation qui doit se faire à 11 ans, et en une seule année. Incurablement optimiste, Freinet « félicite à nouveau l'équipe gouvernementale du bon travail accompli ». Tout le monde dans son mouvement ne partage pas son optimisme, et un adhérent lui écrit : « L'optimisme à petite dose est une chose excellente. Mais il me semble que dans ton dernier article, tu t'en verses un peu trop (...). En général, nos "Nestors" ont déjà gonflé à bloc leurs 30 heures (problèmes, dictées, résumés de science, d'histoire). Pourquoi ne leur viendrait-il pas à l'idée de faire "rattraper" à la maison les 6 heures perdues en classe (...). Je te demande de faire la proposition suivante : une note ministérielle interdira de façon absolue la pratique des "devoirs à faire et des leçons à apprendre à la maison". »

Freinet prend la balle au bond et transmet à la Chambre la proposition de loi : « La semaine de travail imposé ne doit pas dépasser dans l'enseignement primaire trente heures par semaine. » À vrai dire d'ailleurs, il bombarde sans arrêt de notes et de propositions diverses le ministre et son cabinet. En retour, les bonnes paroles ne manquent pas. Elles ne sont, cependant, guère suivies d'effets. Pas une des lois proposées par Freinet et son mouvement ne sera votée [3].

De toute manière, le projet de réforme de Jean Zay s'enlise peu à peu. Dès novembre 1937, le nouveau ministre des Finances, Georges Bonnet, déclare qu'« aucun crédit n'est inscrit au budget de 1938 pour la réforme de l'enseignement ». Quand arrivera la déclaration de guerre, le projet de réforme de Jean Zay, annoncé depuis plus de trois ans, déposé sur le bureau de la Chambre depuis deux ans et demi, n'aura pas fait l'objet d'un seul débat à l'Assemblée...

L'Office du blé et la condition paysanne

Quand est votée, le 15 août 1936, la loi créant l'Office national interprofessionnel du blé, celle-ci n'est cependant, dans l'esprit des socialistes et de Georges Monnet, que la première étape d'une réforme d'ensemble de l'agriculture française.

De quoi s'agit-il ? En France, c'est le marché qui fixe le prix du blé, c'est-à-dire d'un produit sur lequel justement la loi de l'offre et de la demande n'a aucune prise : le volume de la production dépend de choix faits par les paysans pour des décennies et des conditions météorologiques, et non du prix ; la demande, c'est-à-dire la consommation de pain, est particulièrement inélastique elle aussi, et varie fort peu en fonction du prix. Le marché n'ajuste donc rien et le commerce du blé marche sur la tête : quand la récolte est bonne, c'est une catastrophe, car les prix chutent, et quand la récolte est mauvaise, dévastée par la pluie ou la grêle, les producteurs se frottent les mains : les prix vont monter. Les « bonnes années » (c'est-à-dire les mauvaises récoltes) ne compensent d'ailleurs pas les mauvaises » (c'est-à-dire les

3. E. Freinet, *Naissance d'une pédagogie populaire*, Maspero, Paris, 1981.

années où la récolte est bonne), car la hausse des prix de vente porte alors sur des quantités de blé restreintes. Pour arriver à des prix stables, une seule solution : confier la fonction commerciale à un organisme qui se substitue aux intermédiaires et aux spéculateurs.

Telle est effectivement la mission confiée à l'ONIB : appuyé sur un réseau de coopératives, celui-ci achète le blé à un prix unique, fixé pour l'année, le revend lui-même aux minotiers, dispose du monopole du commerce extérieur, c'est-à-dire exporte quand il y a surplus et importe en cas de disette, stocke enfin les excédents. Le projet paraît de simple bon sens Pourtant, la bataille parlementaire est rude. Sans doute une grande partie de la droite estime qu'il n'est guère possible dans ce domaine de se contenter de glorifier la loi du marché, et elle n'ose s'en prendre de front à la nécessité d'une régulation. Mais elle mène bataille sur tous les mécanismes du projet : contre « l'étatisation » et pour que l'organisme régulateur soit un organisme « de la profession » ; contre les risques financiers ; l'argent nécessaire pour acheter le blé est avancé par les caisses du Crédit agricole, qui réescompte ses traites auprès de la Banque de France, et Paul Reynaud décrira ainsi l'ONIB, comme un 402 [un gros canon, *ndlr*] braqué sur la Banque de France » ; contre la mise en place, *via* l'Office, d'une cohorte de fonctionnaires incompétents, et pour réserve la fonction commerciale de l'organisme aux intermédiaires habituels : courtiers, etc.

Les archives Georges Monnet témoignent de l'intense mobilisation corporative qu'organisa la droite : pas une chambre d'agriculture, pas une association professionnelle, pas un syndicat de courtiers qui n'interviennent auprès du ministre ou auprès du député de sa région [4]. Mais, contrairement à bien d'autres projets, le dossier socialiste est ici mûri de longue date [5] et Monnet ne cède que sur deux points, qui ne touchent d'ailleurs pas à l'essentiel. Alors qu'il était

---

4. Les démarches sont parfois à la limite de la courtoisie. Témoin ce télégramme franchement comminatoire — « Lombrez, président syndical général Bourse commerce Lille à Laurent, député Nord-Paris : Prière vous opposer énergiquement au vote Office du blé [...]. Vivement combattu par agriculture également par moyenne et petite minoterie et commerce en entier unanimes à revendiquer droit de vivre sous régime liberté offre et demande » (archives Georges Monnet, déposées à l'ONIC).

5. Georges Monnet avait déposé en 1934 un contre-projet dans lequel figurent déjà les grandes lignes de la réforme de 1936.

initialement prévu que le Conseil central[6] devait fixer le prix du blé à l'unanimité et que si cette unanimité n'était pas réalisée, la charge de la déterm ation du prix revenait au gouvernement il est finalement admis qu'il suffit d'une majorité des trois quarts. L'essentiel demeure : la menace d'une fixation par le gouvernement suffit à faire taire les prétentions exorbitantes qui peuvent surgir ici ou là. Le deuxième aménagement est que les coopératives n'auront pas le monopole de la vente et de l'achat Les négociants en blé sont eux aussi admis à acheter et à vendre du blé, mais aux prix pratiqués par les coopératives.

L'ONIB n'était nullement le « plus beau monument marxiste que connaisse aucune législation » décrit par le sénateur Desjardins lors du débat au Sénat le 21 juillet. Ses objectifs étaient bien plus modestement résumés par Waldeck-Rochet[7].

« Assurer au producteur un prix rémunérateur et stable ; supprimer la spéculation en obtenant un prix de la farine et du pain correspondant au prix du blé ; contribuer à l'organisation professionnelle agricole par le développement des coopératives paysannes. »

Techniquement, le bilan de l'ONIB est bon, malgré les tensions financières de l'année 1938 (1936 et 1937 sont des années où la production est normale et où l'ONIB n'a pas à gérer ou à stocker des surplus). Ses limites sont ailleurs, et Renaud-Jean les annonce d'ailleurs dès la fin de l'année 1937 : « L'Office ne sert que le huitième ou le dixième des paysans de France[8]. » De fait, l'Office concernait peu les petits paysans, pour lesquels, bonne au mauvaise, la production de blé sert plus au troc qu'à la commercialisation.

Si l'on voulait modifier la condition paysanne dans ce qu'elle a de fondamentalement aléatoire, il fallait que l'expérience réalisée autour de l'ONIB ne reste pas un cas isolé. Le projet qu'élabore pour d'autres produits Georges Monnet ne passe pas par la création d'un organisme propre,

---

6. Il est composé de 51 membres : 29 représentants des producteurs de blé, 9 représentants des consommateurs, 9 représentants de l'industrie et du commerce du blé, 4 représentants des ministères.

7. Débat à la Chambre le 3 juillet 1936. La position des communistes avait oscillé sur la question de l'Office. Le 10 novembre 1932, Renaud-Jean se promettait, devant la Chambre des députés, de « démontrer aux petits paysans la duperie que constituaient pour eux les Offices ». Mais le même Renaud-Jean estimait, le 6 juillet 1936, « satisfaisant » le projet d'Office déposé par les socialistes.

8. Congrès d'Arles, 29 décembre 1937.

mais par la conclusion de « conventions collectives » entre les coopératives d'agriculteurs et les groupements d'industriels et de commerçants. À certaines conditions, le ministre de l'Agriculture peut rendre obligatoire pour tous la convention passée. Le projet est déposé à la Chambre le 20 novembre 1936, voté le 25 février. Il ne sera jamais discuté par le Sénat. Il en va de même pour le statut du fermage et pour le statut du métayage. Le premier est voté par la Chambre le 20 mars 1937, le second, déposé le 7 juillet 1937, ne fut voté que le 31 mars 1939. De toute façon, dans les deux cas, le Sénat refusera d'inscrire l'un et l'autre à son ordre du jour. Même fiasco en ce qui concerne les mesures directement sociales. Georges Monnet réussit bien à faire prendre, le 5 août 1936, le décret permettant d'appliquer la loi qui étendait les allocations familiales aux salariés de l'agriculture, loi qui datait... du 11 mars 1932. Et le 26 septembre, les « congés payés » sont déclarés applicables à l'agriculture. Mais le projet de loi étendant le bénéfice des allocations familiales aux métayers, voté par la Chambre le 18 janvier 1937, ne viendra jamais en discussion au Sénat. Et l'extension du système des conventions collectives aux salariés de l'agriculture est renvoyée le 6 juillet 1937 en commission par le Sénat, qui ne le remettra jamais à son ordre du jour.

Aucune véritable pression ne s'exercera d'ailleurs en direction du Sénat. Et les socialistes n'envisageront jamais de s'appuyer sur les mobilisations paysannes, pourtant vigoureuses. La mécanisation, qui commence à voir le jour dans les campagnes, bénéficie aux grandes exploitations, mais rend encore plus précaire la situation des petits paysans. L'un dans l'autre, leur pouvoir d'achat est en 1939 inférieur à celui dont ils disposaient avant la crise économique.

Des nationalisations en trompe l'œil

Les nationalisations prévues par le programme du Front populaire étaient fort réduites. Que cette timidité ait lourdement pesé, c'est l'évidence. Mais ce qu'il faut ajouter, c'est que les nationalisations réalisées par le gouvernement Blum — la Banque de France et les industries d'armement — ont largement fonctionné comme des trompe l'œil.

Dans l'aéronautique, Gnome et Rhône devient la Société nationale d'étude et de construction de moteurs d'aviation (SNECMA), et cinq sociétés nationales de construction aéronautiques sont créées (Centre, Nord, Ouest, Sud-Ouest, Sud-Est), dans lesquelles l'État possède au moins les deux tiers des actions.

La nouvelle structure ainsi mise sur pied a au moins le mérite de créer des emplois : mais s'agit-il véritablement d'une nationalisation ? Certes les patrons de l'aéronautique ont été « expropriés » et ont d'ailleurs pour ce faire touché de grosses indemnités, mais, dans la plupart des cas, ce sont toujours eux qui restent à la tête des sociétés nationales créées et qui y cumulent grosses indemnités et grosses rémunérations : Potez, Bloch (Dassault), Dewoitine...

En dehors de l'aéronautique, la nationalisation ne concerne que neuf entreprises [9], alors qu'environ 7 000 entreprises privées travaillent pour la Défense nationale. En fait, il ne s'agit nullement de confier à l'État le monopole de la fabrication des armements, mais tout au plus de se donner les moyens de peser dans le cadre du fonctionnement concurrentiel qui reste la règle du secteur [10]. Le poids ainsi acquis ne devait pas apparaître trop contraignant au patronat si l'on en croit la progression du nombre d'entreprises privées qui se mettent alors à travailler pour la Défense nationale : de 7 000 à 11 000 en deux ans. C'est que, même pour les neuf entreprises citées, la « nationalisation » est souvent à ce point partielle qu'elle en devient symbolique : ni Renault, ni les usines Schneider du Creusot ne sont véritablement touchés : pour la première, seul est nationalisé l'atelier de montage des chars d'Issy-les-Moulineaux et, pour la seconde, les ateliers d'artillerie. De plus, les indemnités versées aux patrons sont coquettes. Léon Blum propose bien que leur paiement soit étalé dans le temps, sous forme de rentes, mais le Sénat s'y oppose. Percevant leur indemnité en un unique versement, les patrons peuvent alors réinvestir, dans le même secteur, mais avec des usines performantes et un matériel modernisé, qui contraste avec les équipements souvent désuets qu'ils ont laissés à l'État. Le gendre du

9. Brandt, Renault, Manurhin, Hotchkiss, Ateliers mécaniques de Normandie, Pyrotechnie française, Société des torpilles de Saint-Tropez et, plus tard, Schneider puis Gnome et Rhône.

10. Est ainsi créé un « Service général de coordination et de centralisation du contrôle de la fabrication et du commerce des matériels de guerre ».

PDG de Brandt se trouve ainsi promu directeur d'une toute nouvelle société qui exporte à l'étranger, sans aucun contrôle de l'État, les produits Brandt les plus sophistiqués.

En ce qui concerne la Banque de France, il n'y eut d'ailleurs pas, contrairement à la légende, de nationalisation. La commission mise en place, et qui fonctionne sous la présidence de l'économiste socialiste Antonelli, élabore certes dans un premier temps un projet de nationalisation (échange des actions contre des titres de rente), mais le gouvernement refuse, estimant que le Sénat en général, et Caillaux en particulier, le rejetteront. Le parti communiste approuve cette décision. La commission prépare alors un autre projet : les « régents » sont supprimés, remplacés par un Conseil général de vingt membres (neuf représentants des pouvoirs publics, et notamment du secteur des finances publiques, neuf représentants des consommateurs de crédit et du personnel de la banque, et deux élus par l'assemblée générale des actionnaires). La composition de l'assemblée générale est modifiée : ce ne sont plus les 200 plus gros actionnaires (les « 200 familles ») qui y participent, mais les 40 000 porteurs d'actions. Le gouverneur et les sous-gouverneurs, enfin, conservent leur traitement pendant les trois ans qui suivent leur départ, cela permettant de leur interdire de prendre à la fin de leur mandat un poste dans le secteur bancaire privé, et de préparer cette reconversion durant leur mandat. La loi votée, le gouvernement impose comme gouverneur Horace Finaly, le directeur de la Banque de Paris et des Pays-Bas, représentatif de la fraction du capital financier qui a choisi de soutenir le Front populaire.

En fait, l'opération tient plus du symbole (« la Banque de France est devenue la banque de la France ») que de la construction d'un outil efficace. Les hauts fonctionnaires, qui sont mis en place comme administrateurs dans une ambiance hostile, se révèlent souvent d'une loyauté à éclipses à l'égard du Front populaire [11]. L'assemblée générale ne réunit que 775 participants, hue Jouhaux et le gouvernement, et élit deux représentants marqués à droite et à l'extrême droite : Duhem, de la Confédération des groupements industriels et commerciaux, et Lemaigre-Dubreuil,

11. Pierre Ganivet — de son vrai nom, Achille Dauphin-Meunier — responsable de la section fédérale banques et bourse de la CGT écrit : « Quand on parcourt la liste des conseillers, on en vient presque à regretter la composition de l'ancien conseil. » (*Les Tâches actuelles du syndicalisme*, éditions de la CGT, 1939.)

président de la Fédération des contribuables. Début juin, une semaine avant la démission des experts, Finaly est évincé de son poste de gouverneur au profit d'Émile Moreau, ostensiblement lié aux anciens régents et à Caillaux, et représentant le groupe financier qu'anime Lehideux, adversaire de toujours du Front populaire [12]. Les caisses de l'État asséchées, le Sénat refuse alors les pleins pouvoirs au gouvernement Blum, qui démissionne le 21 juin.

Le 31 juillet 1937, l'interdiction aux gouverneurs et aux sous-gouverneurs de « pantoufler » dans le système bancaire privé est levée. Le sous-gouverneur Guiraud devient immédiatement président de la BNCI. Et, en septembre, le gouverneur Fournier convoque les représentants des banques privées pour leur proposer de « se concerter » régulièrement. La « nationalisation » est bien morte et enterrée.

Une progression inégale du pouvoir d'achat

La hausse du pouvoir d'achat consécutive aux augmentations salariales arrachées en juin 36 a été réelle, et surtout ressentie comme telle par la grande masse des travailleurs [13].

Dans son ensemble, le pouvoir d'achat augmente ainsi de 6,8 % de 1935 à 1936, ou, si l'on calcule le pouvoir d'achat du salaire hebdomadaire, de 8,4 %. À quoi il faut ajouter que cette amélioration du pouvoir d'achat est particulièrement sensible pour les petites catégories : juin 36 a entraîné un resserrement de la hiérarchie salariale non négligeable.

Avec la dévaluation et ses conséquences, la tendance s'inverse dès 1937. Sans doute le pouvoir d'achat dans son ensemble continue-t-il à progresser légèrement : toujours

---

12. Robert Louzon écrit : « Les jours du gouvernement Blum sont comptés. On ne voit pas trop, en effet, quelle puissance financière est prête à prendre la place que laisserait vacante la Banque de Paris comme banque du Front populaire. » (*La Révolution prolétarienne*, 25 juin).

13. Cf. Alfred Gislet, ouvrier aux forges d'Hennebont : « Tout ça, voyez-vous, c'est mon premier billet de 500 F rapporté de l'usine. J'ai dit aussitôt à ma femme : "achetons du meuble puisqu'on a des sous !" La salle à manger, la cuisinière, la machine à coudre, le poste TSF, on a tout pris en même temps. On a bien fait, car un an après, c'était déjà fichu. Et pourtant, on nous avait bien dit : "cette fois ce sont les "deux cents familles" qui vont payer !" Vous pensez ! » (in Gisèle Le Rouzic, *Voyage aux forges d'Hennebont*, La Digitale, 1984).

par rapport à 1935, cette progression est de 10,64 % en 1937, 12,5 % en 1938. Mais l'augmentation du pouvoir d'achat du salaire hebdomadaire ne suit pas la même courbe : elle est, par rapport à 1935, de 5,23 % en 1937, mais elle n'est plus que de 2,05 % en 1938. C'est que la hausse du coût de la vie affecte d'abord les détenteurs de revenus fixes, au premier chef les salariés. Elle touche aussi d'ailleurs une partie de la clientèle radicale (les rentiers), tandis que d'autres catégories [14] — les commerçants par exemple — ne sont qu'indirectement concernés par les variations de la consommation interne.

Est-il alors possible de conclure, comme Danos et Gibelin [15], que les hausses de salaires ont été *grosso modo* réduites à néant par l'augmentation du coût de la vie ? Pas tout à fait, du moins si l'on raisonne à nouveau en termes de masse de pouvoir d'achat perçue par les travailleurs. Car le nombre de chômeurs, totaux ou à temps partiel, diminue, de 2 000 000 à 940 000 chômeurs en 1936 [16]. En tenant compte de ce facteur, Lhomme chiffre à 20 % l'augmentation du pouvoir d'achat entre 1935 et 1938. Encore faut-il préciser que cette estimation en termes de masse de pouvoir d'achat se répartit différemment selon les secteurs : la hausse du pouvoir d'achat est surtout sensible dans les familles précédemment frappées par le chômage, que celui-ci soit « à temps plein » ou « à temps partiel ». Là où le chômage était précédemment inexistant ou peu important, l'amélioration est en revanche peu sensible. C'est, par exemple, le cas des fonctionnaires, qui n'ont de plus pas bénéficié de l'ampleur des augmentations de salaires de juin 1936. Incontestablement, ils sont les premiers dindons de la farce.

---

14. La situation des paysans reste très variable selon les régions et les cultures. Ainsi, en 1936, une trop abondante récolte fait chuter le chiffre d'affaires des viticulteurs du quart dans le Gard, du tiers dans les Pyrénées-Orientales, et de la moitié dans l'Aude et dans l'Hérault.

15. *Juin 1936*, Maspero, rééd. revue et modifiée par M. Gibelin, éd. La Découverte, Paris, 1986.

16. Toujours selon le mode de calcul de Lhomme (cf. p. 11).

L'application des 40 heures

Que les conséquences de la réduction du travail à 40 heures n'aient pas eu sur l'emploi les conséquences attendues, c'est l'évidence. Le procès régulièrement fait à la loi sur les 40 heures est connu [17]. Décidée dans la méconnaissance de la situation réelle de l'emploi et de la durée du travail, appliquée de manière rigide, elle n'a pu provoquer de nouvelles embauches, car elle s'est heurtée au goulet d'étranglement que représentait le manque d'ouvriers qualifiés. En fait, elle a abouti à diminuer la production des entreprises, tout en augmentant les coûts salariaux. D'où la hausse des prix : mais celle-ci n'ayant pas pu combler le manque à gagner suscité par la baisse de la production, il s'est ensuivi de nouveaux licenciements.

Tel est le premier terme du procès. La réalité semble un peu différente. D'abord, les répercussions sur l'emploi ne sont nullement négligeables. Selon les chiffres officiels, on passe ainsi de 487 374 chômeurs en février 1936 à 319 223 chômeurs en octobre 1937, soit une diminution de 37 % du nombre des chômeurs : ce n'est pas rien. Mais si l'on reprend le mode de calcul de Lhomme, le passage de 2 000 000 à 940 000 correspond à une diminution de plus de 50 %. Il convient, de plus, de signaler que les créations d'emplois n'entraînent pas automatiquement la diminution du chômage recensé sur le territoire national. Les emplois créés par la SNCF profitent ainsi en grande partie à des paysans qui s'insèrent à cette occasion dans le mouvement général d'exode rural. De même, elles facilitent l'arrivée — ou le retour — sur le sol national d'immigrants étrangers : du solde négatif de l'année 1936 (−5 436), on passe ainsi à un solde nettement positif en 1937 (+45 568).

Sans doute ce mouvement d'ensemble n'est-il pas uniquement dû à la réduction du temps de travail. Il commence d'ailleurs avant que ne puissent réellement se faire sentir les effets de la loi des 40 heures, et tient sans doute en partie

17. Ce procès a été mené à l'époque par la droite (Paul Reynaud) mais aussi par des économistes favorables au Front populaire, voire par des spécialistes du parti socialiste, dont le plus virulent fut sans doute Robert Marjolin — *alias* Marc Joubert — (« Leur loi absurde a réduit la production au niveau le plus bas atteint dans la période d'après-guerre »). *Europe nouvelle*, 5 mai 1938. Il a été depuis lors entretenu avec constance par Alfred Sauvy.

à la relance de la consommation populaire liée aux augmentations salariales conquises en juin 36 et, plus généralement, à la reprise de l'activité économique [18].

Si ce mouvement ne se prolonge pas, la raison principale n'en est pas la « rigidité » de la loi des 40 heures, mais bien plutôt la lenteur de sa mise en application [19] et la manière dont une partie des entreprises préférèrent assumer une baisse — qu'elles espéraient brève — de leur production, plutôt que d'opérer immédiatement les embauches nécessaires. Pour cette fraction du patronat, le problème est directement politique : de toutes les mesures législatives ou conventionnelles prises, les 40 heures étaient celle qui avait cristallisé son hostilité. Non seulement elle « traîne les pieds » en espérant qu'une modification du rapport de forces politiques permettra l'abrogation de la loi — elle n'aura d'ailleurs guère à attendre avant d'avoir satisfaction — mais surtout, elle ne veut pas se lier les mains par des embauches qui pourraient se révéler irréversibles, la CGT menant alors campagne pour obtenir un droit de contrôle sur les licenciements. Elle multiplie donc, afin de gagner du temps, les propositions d'aménagement : « flexibilité » (2 000 heures annuelles à répartir, au lieu des 40 heures), dérogations diverses pour les heures supplémentaires. Sur ce terrain, elle marque des points, et la rigidité est bien moins grande que ne le disent les adversaires de la loi : dès les premiers mois de 1937, le patronat obtient ainsi l'autorisation de « récupé-

---

18. Ses conséquences sont cependant plus fortes que ne le laisse supposer le sondage réalisé en 1937 : sur 3 896 établissements n'appliquant pas encore la semaine de 40 heures, l'effectif des salariés augmente de 1,8 %. Sur 4 426 établissements l'appliquant, cette augmentation est de 4,1 %. Il est facile d'en conclure que la réduction du temps de travail n'est responsable que pour 2,3 % de l'augmentation des effectifs. Mais il suffit de regarder les dates d'application effective des 40 heures pour comprendre que la majeure partie de ces 4 426 établissements n'avaient pas, au 1er janvier 1937, achevé le processus de réorganisation et d'embauche lié au passage aux 40 heures.

19. Les 40 heures entrent en application le 3 août dans les arsenaux de la marine, le 1er novembre dans les mines, le 1er décembre dans le bâtiment, le 1er janvier 1937 dans le textile, le 1er février dans le livre. Les retards dans la mise en application sont dénoncés par l'ensemble du mouvement ouvrier. Severac écrit dans *le Populaire* du 21 octobre : « Qu'on se hâte donc, l'ayant votée, d'en exiger de tous l'application. » Et Arrachard, le secrétaire communiste de la fédération du bâtiment, rappelle le 26 octobre que « les travailleurs du bâtiment attendent avec impatience l'application de la semaine de 40 heures ». À quoi il faut ajouter que, même si le patronat avait fait preuve de bonne volonté, il s'écoule toujours un délai entre la réduction de la durée de travail à 40 heures et l'embauche d'un personnel nouveau : ne serait-ce que le temps de bien voir les conséquences pratiques sur l'organisation du travail dans les usines.

rer » les congés de Noël et du premier de l'an. Bientôt étendu aux jours fériés dans leur ensemble, cet aménagement permet aux patrons de se réapproprier environ 80 heures sur l'année.

Mais l'attitude patronale en face des 40 heures est diversifiée. Une partie du patronat saisit, en effet, cette occasion pour réorganiser et rationaliser la production. Elle le fait soit par l'embauche d'un personnel peu qualifié — qui permet la généralisation du travail à la chaîne et, de manière générale, la massification de la production — soit par l'achat de nouveaux matériels et une mécanisation accrue, soit par une combinaison des deux. En tout cas, elle embauche. Dans l'automobile, les effectifs de Michelin passent de 8 011 ouvriers le 1er juin 1936 à 11 237 le 1er avril 1938 ; ceux de Peugeot entre 1936 et 1937, de 13 129 à 15 619, tandis que Renault embauche 5 000 ouvriers entre octobre 1936 et février 1937. Dans les mines du Nord et du Pas-de-Calais, il y a 11 181 embauches entre mai 1936 et décembre 1937. Du coup, le discours patronal sur le « goulet d'étranglement » dû à l'absence de travailleurs qualifiés paraît ambigu. Louis Renault entonne certes l'air à la mode, mais ledit « goulet d'étranglement » ne l'empêche pas d'embaucher massivement des ouvriers spécialisés et de se séparer durant toute cette période de nombreux ouvriers professionnels (1 000 pour la seule année 1938). Quant à Ernest Mattern, à Sochaux, il estime avoir réglé, dès 1936, son problème d'ouvriers qualifiés par un système de formation interne.

Certes, il n'y a parmi les chômeurs qu'un petit nombre de travailleurs qualifiés. Mais si Renault, par exemple, éprouve des difficultés à en recruter (ou à les conserver) ce n'est pas seulement parce qu'ils sont rares sur le marché, mais parce que Renault est considéré comme « une sale boîte », où l'on n'a guère envie de s'embaucher. Si le patronat dans son ensemble avait eu l'intention de procéder à des embauches, il est probable que le « goulet d'étranglement » aurait alors joué, ainsi que l'absence, comme mesure d'accompagnement, d'une réelle politique de formation professionnelle. Mais là où il y a embauche, ce sont pour l'essentiel des OS qui sont recrutés [20]. Et là où l'on n'embauche pas, c'est bien

20. À l'exception des entreprises peu ou prou liées à l'État, qui, premières à embaucher, se fournissent d'ailleurs sans difficulté en ouvriers qualifiés (cf. le rapport de la chambre de commerce de Nantes pour l'année 1937).

plus la volonté patronale de retarder l'application effective des 40 heures qui joue, que le manque de travailleurs qualifiés.

Deuxième terme du réquisitoire : les 40 heures, sans réduction de salaires, liées à l'impossibilité d'embaucher du personnel qualifié, ont abouti à la diminution de la productivité des entreprises en même temps qu'à l'augmentation de leurs charges salariales. D'où la hausse des prix, la restriction de la demande, et finalement, les compressions de personnel et les licenciements. Là aussi, la réalité est plus nuancée.

D'abord, la rupture produite par les 40 heures est moins brutale que ne le fait croire Alfred Sauvy quand il compare « l'ignorance » des dirigeants du Front populaire avec une réalité chiffrée, qui serait que, dans 70 % des entreprises, la durée du travail était de 48 heures. Ces 70 % des entreprises — celles qui emploient plus de 100 salariés — ne représentent en fait que 40 % de la population ouvrière. Les recherches contradictoires entreprises par Pierre Weill-Raynal [21] permettent de situer la durée moyenne du travail aux alentours de 44 heures. Donc, des charges salariales directes accrues d'environ 10 % si l'on admet que le rendement baisse en proportion de la durée du travail, ou si l'on admet que celle-ci nécessite 10 % d'embauches nouvelles. Seulement, comme le signale le « Comité d'enquête sur la production [22] », la baisse de rendement ne peut être constatée que dans un seul cas, celui des mines.

Et de plus, cette chute du rendement, tout à fait réelle [23], ne peut s'expliquer par la diminution de la durée du travail, qui, dans la plupart des mines, reste quasi inchangée [24].

En fait, l'idée largement développée que la chute de la production industrielle constatée à partir de 1937 [25] s'ex-

---

21. *La Politique économique et sociale du gouvernement de Léon Blum*, manuscrit déposé à l'Office universitaire de recherche socialiste.

22. *Journal officiel* du 18 décembre 1937.

23. Malgré les embauches, la production chute en 1937 de 7,43 %, dans les mines du Pas-de-Calais, de 12,8 % dans celles du Nord.

24. Cf. sur ce point, Aimée Moutet, « La rationalisation dans les mines du Nord à l'épreuve du Front populaire », *le Mouvement social*, mars 1986.

25. Indice de production industrielle :

septembre	1936 : 81	février	1937 : 93
octobre	1936 : 88	mars	1937 : 94
novembre	1936 : 90	avril	1937 : 90
décembre	1936 : 91	mai	1937 : 89
janvier	1937 : 92		

plique par l'incapacité des entreprises, paralysées par les 40 heures, à répondre à une demande stable, voire croissante, peut être aujourd'hui relativisée.

Le recours aux monographies locales tend à démontrer que la simultanéité que présente Alfred Sauvy entre chute de la production industrielle (mars 1937) et application quasi généralisée des 40 heures (avril 1937) est plus apparente que réelle. À Nantes, par exemple, le patronat de l'imprimerie (dont l'activité dépend en grande partie des industries alimentaires, par l'intermédiaire de la fabrication des étiquettes) constate que la reprise du deuxième semestre 1936 s'éteint dès la fin du mois de janvier 1937. Le patronat de la chaussure n'enregistre, au début de janvier 1937, que 7 % des commandes passées pour l'année 1936. Les chocolatiers constatent que si la demande a été supérieure à l'offre à la fin de l'année 1936, c'est l'inverse qui est vrai depuis plusieurs mois, et de nombreuses industries évoquent la « sous-consommation générale ». En fait, il semble bien que si les augmentations salariales de juin avaient stimulé la demande, pour certaines branches, la hausse des prix qui suit aussitôt et qui est due à l'absence de contrôle effectif, résorbe très rapidement celle-ci. Et ce, d'autant plus que si la dévaluation se révèle insuffisante pour rendre réellement les prix compétitifs à l'exportation, elle suffit, en revanche, pour accélérer la hausse du coût de la vie. Seuls se maintiennent, voire prospèrent, entre avril 1936 et juin 1937 [26], les secteurs dépendants des commandes de l'État : là où il y a difficulté, ce n'est pas d'ailleurs en raison de l'impossibilité de répondre aux demandes, mais bien en raison de la raréfaction progressive de ces commandes. C'est en tout cas ce qu'explique le président des Sociétés nationales [27], aussi bien que l'administrateur-délégué de la Société des moteurs Gnome et Rhône [28] :

« L'aéronautique française n'a pas souffert depuis dix-huit mois d'une crise d'incapacité à produire qu'on aurait pu redouter comme conséquence de l'application de la semaine

---

26. La production industrielle augmente de 19,7 % dans la métallurgie, de 11,4 % dans le travail des métaux, de 10,4 % dans les produits chimiques, de 2,3 % seulement dans les textiles. Elle baisse de 12,2 % dans les cuirs et peaux et de 14,7 % dans le bâtiment. Dans ce dernier domaine, l'absence d'une réelle politique de grands travaux se fait cruellement sentir.

27. Séance du Comité de coordination des usines nationales, 27 janvier 1938.

28. *Le Journal*, 15 février 1938.

des 40 heures et de l'impossibilité de faire faire des heures supplémentaires aux ouvriers. L'industrie a surtout souffert du manque de commandes, des crédits insuffisants ayant été réservés aux fabrications sur l'ensemble des crédits affectés à l'aéronautique. »

Ainsi, la direction des Batignolles regrette qu'aucune locomotive n'ait été commandée durant l'année 1937, et la chambre de commerce de Nantes signale la grande importance des « travaux secondaires », des « commandes rares obtenues auprès des pouvoirs publics, mais au prix de négociations laborieuses ». Si la production industrielle baisse à partir de 1937, ce n'est donc pas d'abord en raison de l'incapacité des entreprises à répondre à la demande, mais bien en raison de difficultés économiques générales qui entraînent la baisse de la demande. Certes les 40 heures gênent les industries. Mais elles les gênent d'abord parce qu'elles contrecarrent la stratégie patronale de la gestion de la main-d'œuvre peu à peu mise en place : comprimer au maximum les effectifs stables, exploiter au maximum ceux-ci par la gestion des heures supplémentaires et la déqualification des tâches, gérer les effectifs au coup par coup par le chômage partiel et les licenciements.

Les difficultés qu'entraînent les 40 heures dans le fonctionnement des entreprises ne sauraient donc être surestimées. Elles ne représentent pas, en tout cas, l'entrave majeure à la production qui a souvent été décrite. Plus décisifs apparaissent d'autres obstacles : une demande faible, et le sentiment du patronat que, face à une classe ouvrière combative, il ne retirerait probablement aucun profit supplémentaire d'une éventuelle relance de la production.

Un adversaire déclaré des 40 heures l'exprime fort bien : « Si cet obstacle [les 40 heures] n'avait pas été mis en place, l'expérience aurait-elle réussi ? Il ne semble pas. Dans une économie qui demeurait à base d'entreprises privées, il fallait, pour que la production croisse, que les chefs d'entreprise aient la perspective de profits suffisants [...]. Il aurait fallu que les chefs d'entreprise, faisant un acte de foi dans la réussite de cette politique, aient pensé que leur intérêt était de se préparer à accroître leur production [...]. Les circonstances politiques et les idées économiques du patronat s'opposaient à ce qu'un tel acte de foi intervînt [29]. »

29. Jean-Noël JEANNENEY, in *Léon Blum, chef de gouvernement.*

Pour la majeure partie du patronat, l'acte de foi, à vrai dire, se plaçait ailleurs : dans l'espoir qu'un retour rapide de la droite au pouvoir ferait sauter le carcan des 40 heures.

11

Le mouvement culturel

« Le temps immédiat
La glace rompue
Le miroir intact
La mémoire rafraîchie
Mais le rêve renvoyé... »

Jacques PRÉVERT
« Allez vous y reconnaître » *(Choses et autres)*

Reste enfin l'accélération culturelle qui accompagne les « années chaudes » du Front populaire, sur un arrière-fond de bouleversements scientifiques et techniques, notamment dans le domaine de la communication.

Cet arrière-fond, c'est l'apparition du cinéma parlant avec ce qu'il signifie, non seulement comme modifications dans la conception des films et dans le type d'acteurs, mais comme équipement du pays en salles, industrialisation du procès de production, modification du type de public. C'est l'avènement du disque, le « 78-tours ». C'est l'irruption de la radio : 500 000 postes en 1930, 3 000 000 en 1936. 4 300 000 en 1938, 5 500 000 en 1939. Des associations d'auditeurs se créent, Marceau Pivert donnant l'exemple dans le XVe arrondissement, les communistes prenant le relais. Radio-Liberté connaît un développement réel. La radio, expliquent la plupart des auteurs, ne supplante pas la presse écrite. Certes. Les modifications sont cependant considérables. À la fin de l'été 1938, c'est à la radio qu'on suit les événements qui mènent à Munich, c'est autour de la

TSF que des groupes de « cherzauditeurs » se pressent pour apprendre l'ordre de mobilisation générale. Les gouvernements comprennent vite l'impact de ce nouveau media, des élections de 1936 à l'utilisation qu'en font Daladier et Reynaud. Ils se désintéressent en revanche largement du nouveau langage radiophonique qui s'élabore ici et là, notamment autour de Radio-Cité.

Dans bien des domaines, les mutations techniques se révéleront aussi contraignantes que les orientations culturelles des partis — et du gouvernement — du Front populaire. D'ailleurs, le parti socialiste est-il véritablement dépositaire d'une « politique » culturelle ? Ce n'est pas évident. En revanche, dans la première moitié des années trente, le parti communiste — ou du moins l'Internationale — en a une : elle est rouge, révolutionnaire et prolétarienne, accentue tout ce qui la distingue et la spécifie par rapport à une culture « bourgeoise ». On laisse alors Nizan écrire : « Faire lire Racine aux ouvriers ? ou Virgile ? Quand un ouvrier aimera Picasso, il sera plus efficacement corrompu que s'il aimait Gozzoli [1]. » Le tournant de la moitié des années trente, c'est l'orientation vers une politique culturelle de rassemblement, de réinsertion nationale et de défense patrimoniale. Or, dans le secteur culture, c'est durant toute cette période le PCF qui exerce l'influence dominante. Passé au tamis de l'action gouvernementale, il en subsistera pour l'essentiel la volonté réaffirmée de la démocratisation culturelle.

De ce strict point de vue, il est possible de recenser une série d'initiatives gouvernementales. Mais en réalité, le choix d'assurer une plus grande diffusion de la culture française telle qu'elle était se révéla largement contradictoire avec le soutien aux mutations en cours, comme avec une politique de réformes et de structures dans le domaine artistique [2]. La rançon, ce fut aussi le peu d'atomes crochus entre le gouvernement de Front populaire et certains secteurs de l'avant-garde culturelle. Sans doute cette prise de distance fut-elle parfois réciproque et politiquement étayée. Les raisons qu'avance Prévert pour expliquer la dislocation du groupe Octobre sont sans appel :

---

1. *Europe*, juillet 1930.
2. C'est sur ce type de problèmes que la mésentente fut parfois la plus vive entre le secteur associatif et le gouvernement, que ce soit, par exemple, sur le statut de la radio ou sur celui du cinéma.

« C'était le moment où, dans les milieux ouvriers, il devenait de bon ton de remplacer *l'Internationale* par *la Marseillaise.* Cela ne me plaisait pas, parce que *la Marseillaise*, je la connaissais depuis que j'étais tout petit, je l'avais vue à toutes les sauces. Et j'aimais bien *l'Internationale* [3]. »

Mais pour le reste, une discrète intervention en faveur de Le Corbusier, ou une commande à Lurçat, ne suffisent pas à occulter des phénomènes plus profonds : indifférence à l'égard de Picasso, surdité quant à l'apparition du jazz (le Hot-Club de France a été créé en 1935), ostracisme à l'égard des surréalistes qui, pourtant, produisent toujours.

Ce qu'il est alors possible, c'est de voir dans quelle mesure le mouvement culturel anticipe sur le mouvement social ou au contraire le réfracte ; d'étudier les interrelations entre ce mouvement et les initiatives gouvernementales, de repérer aussi les distorsions éventuelles entre la consommation de masse telle qu'elle est et les évolutions en cours dans les divers secteurs culturels.

Le monde irréel de la chanson

Dans le domaine de la chanson, ce que « produit » le Front populaire est infime. Alors que l'on n'a jamais tant manifesté dans les rues, jamais tant occupé les usines, aucune production chantée n'émerge directement des luttes de l'époque. La couche ouvrière qui entre alors pour la première fois en lutte ignore les chants traditionnels du mouvement ouvrier français, ce qui est bien compréhensible, mais n'en profite nullement pour créer ses propres refrains. Ainsi, dans le cortège qui accompagne à Alençon la reprise du travail, seuls les ouvriers du bâtiment chantent *l'Internationale.* Le reste du cortège entonne successivement *Auprès de ma blonde, Le bon fromage* et *Quand on est matelot.* Et dans les usines occupées, ce sont les chansons « à la mode » qui tiennent le haut du pavé. Placées dans le contexte de la lutte, elles ne sont d'ailleurs pas toujours dépourvues de valeur subversive. Assez naïvement, Jean Bruhat s'étonnera

3. *Jacques Prévert et ses amis photographes,* Fondation nationale de la photographie, Lyon, 1981.

sa vie durant [4] d'avoir vu les ouvrières d'une entreprise de chemiserie nantaise occuper leur usine en chantant *La trompette en bois* : il ne lui est apparemment jamais venu à l'esprit de mettre en corrélation la signification de la chanson — qui est, au second degré mais de manière très évidente, une chanson sarcastique sur l'impuissance masculine — avec le fait que sont des femmes qui occupaient l'usine de leur patron-homme, lequel devait très certainement en cette occasion se sentir bien impuissant...

Le domaine des loisirs, et notamment le circuit des Auberges de la jeunesse, ne comble pas cette lacune. S'il contribue à ressusciter de vieilles chansons françaises et à populariser le répertoire du mouvement ouvrier international, il ne produit guère de créations originales, à la seule exception de *Allons au-devant de la vie (Ma blonde)*. Véritable hymne du Front populaire, *Allons au-devant de la vie* — dont les paroles ne sont pas d'une qualité littéraire exceptionnelle — fut très certainement fredonné par des millions de voix. Mais si l'on fait la comparaison avec la floraison de chansons que suscita la Commune, ou même avec le répertoire militant né avant la guerre de 14-18, force est de constater que *Allons au-devant de la vie* reste un cas isolé.

Y eut-il alors un circuit parallèle de la diffusion de la chanson « de gauche » ? Sans doute existe-t-il, avec les « Frères Marc [5] », avec Gilles et Julien [6], ou avec la timide pénétration en France des chansons de Kurt Weill ; mais c'est un tout petit circuit.

Or, le principal phénomène qui accompagne le Front populaire, c'est justement le fait que la chanson entre alors dans la sphère de la production de masse. C'est maintenant l'hégémonie du disque, de Pathé-Marconi (qui contrôle à partir de 1935 85 % du marché) et de la radio (la part des redevances radio dans les ressources de la SACEM passe de 0,9 million en 1930 à 8,6 millions en 1939). Fini, le temps des « chanteurs de rue », et sérieusement relativisé le rôle « promotionnel » des music-halls et des « caf'conc' ».

---

4. Cf. intervention au colloque « Léon Blum, chef de gouvernement », et *Il n'est jamais trop tard*, Albin Michel, Paris, 1982.

5. Francis Lemarque et son frère, liés par ailleurs au groupe Octobre et à Jacques Prévert.

6. Dont les textes ne manquent pas de talent. *20 ans*, par exemple, fait curieusement écho à la première phrase de Aden-Arabie de Nizan : « *J'avais 20 ans. Je ne laisserai personne dire que c'est le plus bel âge de la vie.* »

Face à l'industrialisation, la sensibilité populaire des « goualantes » fait place à un « look » bien plus standardisé. Il n'y a guère que chez Piaf [7] (dont les amitiés politiques ne furent guère de gauche, mais qui fut « chanteuse de rue » de 1932 à 1936) que l'on retrouve un écho sinon des luttes, du moins des conditions sociales de l'époque.

Mais les chansons qui marchent, dans leur ensemble, ne traduisent guère l'influence des luttes du Front populaire. La grande vedette des années « Front populaire », c'est Tino Rossi, qui vend alors 80 000 disques par mois, les plus proches de ses concurrents ne dépassant pas les 5 000 exemplaires. Dans l'ensemble, la chanson est massivement un moyen d'évasion [8], à travers la célébration de l'amour (cf. la vogue des « crooners », Tino Rossi, mais aussi Sablon et Tranchant), comme à travers l'exotisme de pacotille (Joséphine Baker) et le comique débile et troupier (Fernandel, Andrex). Cette volonté d'évasion laisse d'ailleurs rêveur quant à son décalage d'avec la réalité et son optimisme forcé. Quand Franco massacre en Espagne, le grand succès du moment, c'est *Sombreros et mantilles* (Rina Ketty). *Y'a d'la joie* [9] (Charles Trenet) et *Qu'est-ce qu'on attend pour faire la fête* (Ray Ventura) font leur percée au moment de la déroute du Front populaire, de l'Anschluss et des menaces de guerre.

De manière générale, les bouleversements en cours dans la société ne trouvent guère de traduction dans la chanson : l'image de la femme reste très conventionnelle (*Si petite*, Jacqueline Boyer et même Marie Dubas, *Mon légionnaire*). Seule exception : la levée d'un certain nombre de tabous en direction de la jeunesse, qui peuvent être notés dans le répertoire de Mireille ou dans celui de Trenet. Mais les références, voire les allusions, aux luttes du Front populaire sont rigoureusement absentes.

Ces traces d'« engagement » n'apparaîtront dans les chansons qu'à la veille de la guerre, et ce sera pour exalter le

---

7. Et chez son parolier, Raymond Asso.

8. Il serait intéressant d'étudier la place qu'occupe alors la Loterie nationale dans l'imaginaire ouvrier, à travers la chanson, mais aussi le cinéma.

9. Le succès de *Y'a d'la joie*, contrairement à une légende tenace, date en effet de 1938 et n'accompagne ni la victoire du Front populaire, ni juin 36 ou les premiers départs des « congés payés ». Si tant est que Trenet soit un produit du Front populaire, il en est en tout cas un produit différé.

chauvinisme et l'union nationale (*Et tout ça, ça fait de très bons Français*, Maurice Chevalier).

Dans quelle mesure la classe ouvrière se reconnaît-elle dans le répertoire des chansons à succès de l'époque ? Il est bien difficile de le préciser. Mais il est clair qu'elle participa au mouvement général vers la chanson d'évasion. À vrai dire, dans la déconnection qui s'opère alors, les grandes organisations de gauche ont leur part de responsabilité. À la fête de la Fédération de la Seine du PS, la vedette, c'est Tino Rossi, et au rassemblement socialiste du Vel'd'hiv', Fernandel chante *Ignace* [10]. Quant au PCF, en quête d'une nouvelle respectabilité, empêtré dans son affirmation d'une filiation et d'une identité nationale, le seul auteur-compositeur qu'il s'attacha à promouvoir avec obstination fut incontestablement Rouget de Lisle.

Du sport rouge au sport populaire

Quand arrive au pouvoir le Front populaire, non seulement il existe déjà une branche « sportive » du mouvement ouvrier, mais celle-ci s'est réunifiée avant même que n'intervienne la réunification syndicale, et avant même que le rapprochement entre le PCF et le PS ne soit officialisé par le pacte d'unité d'action [11]. La FSGT (Fédération sportive et gymnique du travail) se gonfle rapidement : elle a, à la veille

10. Marianne Oswald est au programme de la fête de *l'Humanité* en 1937, et Charles Trenet en 1938. Mais les « fêtes de *l'Huma* » de l'époque sont davantage tournées vers de grandes démonstrations « nationales ». En 1936, l'introduction de la musique classique se fait par l'intermédiaire de *La Patrie* de Bizet, tandis que le clou de la fête est un immense « Défilé des provinces françaises », parmi lesquelles les Antilles, présentant les chants du terroir. En 1937, on souscrit pour *La Marseillaise* de Renoir, pendant que, puisqu'il ne faut pas hésiter à « faire français », une troupe de french-cancan se produit sur scène.

11. Dès juin 1934, l'USSGT (Union sportive des sociétés gymniques du travail), proche du PS, et la FST, proche du PCF, passent un accord contre les manœuvres de défense passive qu'institue le gouvernement. En juillet, la FST propose l'unification et elle participe au mois d'août au rassemblement qu'organise l'USSGT « pour commémorer Jean Jaurès et Jules Guesde ». En décembre 1934, les deux organisations fusionnent, la FST représentant, avec ses 15 000 adhérents, environ le double des effectifs de l'USSGT.

de 1936, 732 clubs et 42 706 licenciés. Elle ne peut pour autant prétendre rivaliser avec les fédérations « bourgeoises » et surtout, elle est en proie à un certain nombre de contradictions. Elle a en effet été durablement marquée par l'idéologie du « sport rouge » opposée à la conception « bourgeoise » et spectaculaire du sport [12]. Elle œuvre dans un pays où la pratique du sport est très longtemps restée un privilège de la bourgeoisie [13], mais où, par ailleurs, le « sport spectacle » a une audience importante dans toutes les couches de la société : Jules Ladoumègue, Marcel Thill, Antonin Magne, sont devenus de véritables vedettes nationales [14]. Et enfin, elle est interpellée par la semaine de cinq jours et le développement des loisirs. Le tournant général du PCF [15] aidant, la conception du sport « classe contre classe » laissera peu à peu la place à l'idéologie de la démocratisation. Les préoccupations de la FSGT se trouveront alors en accord avec l'orientation de la politique gouvernementale, dont le grand ordonnateur est ici aussi Léo Lagrange. Le rapport que celui-ci produit sur son activité dans le premier gouvernement Blum définit assez bien le cadre de son action :

« Jusqu'au cours de l'année 1936, la conception du sport pratiquement dominante a été celle du sport spectacle, réservant toutes les facilités de la pratique des sports à un petit nombre d'athlètes soigneusement sélectionnés et préparés,

---

12. La FST consacrait en effet une grande partie de son activité à dénoncer les trucages et les aspects commerciaux du sport professionnel. Elle envoyait ainsi régulièrement des brigades d'« agit-prop » faire de l'agitation et dénoncer les « combines » aux étapes du Tour de France, fût-ce en s'opposant physiquement au départ des coureurs. Entre 1929 et 1932 les épreuves qu'elle organise sont interdites, et ne peuvent se tenir qu'à partir de rendez-vous clandestins. Appelant à boycotter les jeux Olympiques de Los Angeles en 1932, elle organise des « Spartakiades » nationales à Lyon, tandis que son journal, *Sport*, organise le « concours du plus beau scandale sportif ». Cette attitude n'était d'ailleurs pas le privilège des milieux proches du PC. Le 7 juillet 1936, au départ du Tour de France, *le Populaire* écrit ainsi : « Encore une fois, ce n'est vraisemblablement pas le meilleur qui gagnera l'épreuve. »

13. Terrains et équipements sont rares, la plupart du temps aux mains des fédérations professionnelles et des municipalités de droite qui en refusent l'utilisation à la FSGT. La section de Montreuil doit ainsi aller jouer sur le polygone de Vincennes et l'équipe féminine transporte toutes les semaines sur ses épaules les panneaux avec leurs montants, à partir du café du Petit Parc (archives Chatron).

14. Dont le PCF ne dédaigne pas forcément le concours : ainsi, Marcel Thill arbitre un match pour le 30e anniversaire de *l'Humanité*.

15. Dans *l'Humanité*, on lit ainsi, à l'occasion du Tour de France de 1938 : « *L'Humanité* entend profiter de cette grande épreuve sportive qui suscite un très grand intérêt parmi les travailleurs, pour gagner de nouveaux lecteurs, de nouveaux abonnés à notre grand journal. »

dont les démonstrations présentent surtout un agrément pour ceux qui y assistent [...]. La plus grande partie de la jeunesse de France n'a pas la possibilité de pratiquer des sports : manque de terrains et de stades, d'instructeurs et d'entraîneurs, manque de temps pour les jeunes qui travaillent, frais trop élevés [...]. Notre point de vue n'a donc pu être que le suivant : il y a 5 millions de jeunes gens qui sont l'avenir de notre pays. Sa santé physique et morale exige qu'ils fassent du sport. Il s'agit donc de créer, par tous les moyens, un vaste mouvement dans toute la France d'intensification rapide de la pratique sportive. »

Dans cette optique, Léo Lagrange définit un certain nombre d'orientations. Mais celles-ci ne prennent un sens que si la base est solide : et la base, c'est l'introduction du sport à l'école. Or, dans ce domaine. Léo Lagrange n'a pas les mains libres. L'éducation physique dépend en effet de Jean Zay, et plus particulièrement du radical Dezarnaulds. Jean Zay n'est d'ailleurs aucunement hostile à cette mesure mais, comme tout ce qu'il fait, son action est précautionneuse et très lente. Il n'y aura ainsi, en 1936, que trois départements « pilotes » où l'éducation physique sera rendue obligatoire [16], puis comme l'expérience est positive, elle est étendue à 19 départements le 23 mars 1938, et à 40 départements en 1939.

Sur les axes dont il assume lui-même la responsabilité, Léo Lagrange va plus vite. Un « Conseil supérieur des sports », réunissant la FSGT et les fédérations professionnelles, au côté de la CGT et du SNI ? Il est mis en place dès 1936. Le développement des terrains de sport et de jeu « simples et accessibles » ? 253 projets sont mis en chantier dès 1936, 400 pour la fin de l'année 1937. Le « brevet sportif populaire » ? Le décret est signé le 1er mars 1937, il y a plus de 100 000 brevetés dès le mois d'octobre.

Non seulement les fédérations professionnelles, mais aussi la FSGT ont pris en main les examens de passage du BSP. Pour ce faire, la FSGT a passé, en mai 1937, un accord avec l'UFOLEP (Union sportive des œuvres laïques d'éducation physique), la branche de la Ligue de l'enseignement qui s'occupe du sport dans le domaine post et préscolaire.

---

16. La Meurthe-et-Moselle, département du président de la République, Lebrun ; l'Aude, département dont Léon Blum est le député, et le Loiret, le département de Jean Zay.

L'action de la FSGT est efficace pour la promotion du BSP [17]. Mais son investissement dans ce secteur favorise également son propre développement : elle a en 1939 1 769 clubs et 103 420 licenciés.

Le même engouement se retrouve dans un autre secteur, celui de l'aviation, dans lequel la situation était préoccupante. L'épopée de l'Aérospatiale reliant, première après première, les continents les uns aux autres, avait en effet créé une véritable galerie de héros populaires : Nungesser, Coli, Costes, Mermoz, et bien sûr, Saint-Exupéry.

La fascination qu'exerce alors l'aviation ne peut guère prendre corps à travers les deux organismes privés, ostensiblement élitistes, qui gèrent l'aviation civile : l'Aéro-Club de France et la Fédération aéronautique française. Mais Mermoz a rejoint les Croix-de-Feu et parade régulièrement, tête nue et mèche romantique sur le front, aux côtés de La Rocque et de ses troupes en béret. C'est sous l'égide des Croix-de-Feu que commencent alors à se multiplier à travers la France les « clubs Jean-Mermoz », « au-dessus et en dehors » de toute politique. À gauche, le petit regroupement de « l'Aile tendue » se tranforme, en avril 1936, en Fédération populaire des sports aéronautiques. En accord avec Léo Lagrange, Pierre Cot crée au sein du ministère le service de l'Aviation populaire qui met terrains, moniteurs et infrastructure technique à la disposition de la Fédération. Dès novembre, celle-ci regroupe une centaine de clubs [18] et plus de 10 000 membres. 1 700 brevets de pilote seront décernés en 1937, et 23 000 en 1938.

Dans ce mouvement, l'Espagne n'est pas pour rien. Les exploits, réels ou supposés, de Malraux et de ses cinquante coucous et, en sens inverse, le sinistre bombardement de Guernica, ont remplacé, dans l'imaginaire collectif, les exploits de l'Aérospatiale et la disparition de Nungesser et Coli. L'expérience ne durera cependant que deux ans et, trop dépendante des structures ministérielles, sera facilement démantelée au départ de Pierre Cot. La guerre rendra

17. Dans la deuxième semaine de juin 1937, elle brevète ainsi 624 candidats sur 980 présentés.

18. Leur jeunesse fait cependant que guère plus d'une vingtaine d'entre eux peuvent être officiellement homologués, alors que les 103 clubs de la Fédération aéronautique française le sont depuis fort longtemps.

l'aviation aux professionnels. Et les progrès techniques en rendront par la suite l'accès difficile aux amateurs.

Écrivains engagés et lectures ouvrières

C'est dans le domaine de la littérature que se concrétise le plus nettement la politique du rassemblement, de l'héritage national et de la démocratisation culturelle chère au PCF.

Très vite, on est passé du paternalisme gentillet qui commence à prévaloir à l'AEAR [19] à une conception fort large du rassemblement, que formule Jacques Duclos, en septembre 1935 :

« Nous avons la conviction personnelle que des hommes comme Lucien Descaves, Léon Frapié, Roland Dorgelès, Louis-Ferdinand Céline [...] peuvent bien ne pas aboutir aux mêmes conclusions que nous, mais ce qui est sûr, c'est qu'ils veulent comme nous défendre la culture. »

Ce rassemblement souhaité connaîtra des limites : la question de l'antifascisme divise profondément la communauté des écrivains. En ce sens, il y a d'ailleurs un engagement réel d'une fraction notable d'entre eux, engagement qui se traduit d'abord par le choix des journaux, hebdomadaires et revues dans lesquels ils écrivent. Deux camps se dessinent très précisément : à droite, Brasillach, Céline et Montherlant ; à gauche, communistes, compagnons de route ou simples sympathisants du Front populaire : Aragon, Nizan, Malraux, Gide, Giono... Quelques mois après l'avènement du Front populaire, la guerre d'Espagne accentuera ce clivage, finissant par couper en deux le bloc pourtant bien réactionnaire des écrivains catholiques : Bernanos et Mauriac désertent le camp du fascisme, tandis que Claudel s'en fait au contraire le chantre [20]. En ce sens, il y a une produc-

19. À Édith Thomas, qui lui écrit ses hésitations à adhérer à l'association dans la mesure où elle ne se considère pas marxiste, Paul Vaillant-Couturier répond : « Quand vous venez à nous, nous serions des sectaires et des sots si nous vous faisions passer un examen de marxisme [...]. Le sentimentalisme n'est déjà pas si mal. » (*Commune*, mai 1934.)

20. « Et vous aussi, pierres, salut du plus profond de mon âme, saintes églises exterminées
Statues que l'on casse à coups de marteaux et toutes ces peintures vulnérables, et ce ciboire avant de le fouler aux pieds
Où la CNT en grognant de délice a mêlé sa bave et son groin. » (Poème de Paul Claudel, *Sept*, 4 juillet 1937.)

tion littéraire directement issue des affrontements mêmes du Front populaire : *les Beaux Quartiers* (Aragon), *le Sang noir* (Louis Guilloux), *l'Espoir* (Malraux) et, dans un autre registre, *les Nouvelles Nourritures terrestres* (Gide) ou *les Vraies Richesses* (Giono), sont des œuvres portées par le mouvement social de l'époque. De même que *Bagatelles pour un massacre* n'a de sens qu'en réaction à ce mouvement social.

Les institutions ne peuvent ignorer totalement ce mouvement [21] : le Goncourt avait déjà été attribué à Malraux en 1935, Aragon décroche le Renaudot en 1936 pour *les Beaux Quartiers* et Nizan l'Interallié en 1938 pour *la Conspiration*. Pour le reste, les prix consacrent le tout-venant de la littérature, le Goncourt de 1936, attribué à Maxence Van der Meersch pour *Pêcheur d'hommes,* marquant cependant l'impossibilité d'esquiver totalement le terrain de l'actualité sociale.

Les ventes le reflètent cependant moins : le best-seller reste *Clochemerle* et les « Commissaire Maigret » de Simenon, comme les premiers romans d'espionnage de Pierre Nord *(Double crime sur la ligne Maginot)* dépassent de loin les tirages des romans engagés. Les lectures de la bourgeoisie demeurent précautionneuses : Delly certainement, puis Dekobra, Pierre Benoit et Paul Morand, au mieux Henry Bordeaux et André Maurois.

Quant à la classe ouvrière, elle n'est pas encore entrée de plain-pied dans l'âge de la lecture. La diffusion des livres reste d'ailleurs élitiste par son réseau. L'accès aux romans passe principalement par les feuilletons que publient les quotidiens, et les « romans populaires » à 32 pages *(Chaste et flétrie, Trahie le soir de ses noces).* Quelques « classiques » sont cependant lus : Victor Hugo, par exemple, connaît à partir de 1936 une nouvelle faveur populaire. Un éditeur comme Arthème Fayard tente cependant de promouvoir des œuvres de qualité par une collection « de poche » avant l'heure : « le Livre de demain ». Mais le réseau de diffusion reste là aussi un obstacle. Les barrières de classe sont à vrai dire presque aussi fortes pour ce qui concerne la littérature que pour le théâtre ou la musique. Il suffit, pour s'en convaincre, d'écouter cet ouvrier charpentier qui pénètre,

21. À l'exception, bien sûr, de l'Académie française qui élit imperturbablement, en 1936, l'amiral Lacaze, Mgr Grente et Jacques de Lacretelle, et, en 1938, André Maurois, Jérôme Tharaud et Charles Maurras.

presque par hasard, un soir de l'hiver 1936, dans une bibliothèque municipale :

« Je regarde le bâtiment public qui se trouve près du chantier : c'est la bibliothèque municipale. J'ai entendu dire que l'on peut y entrer gratuitement [...]. J'ouvre une grande porte et me trouve dans une large salle que j'ose à peine regarder. Un employé, me voyant embarrassé, m'explique qu'il faut remplir une fiche d'entrée. J'inscris sur mon bulletin vert mon nom, mon adresse, ma profession. Après quoi, essayant de faire le moins de bruit possible avec mes gros souliers, je vais vers le fond de la salle où les gens cherchent dans un grand fichier le titre du livre désiré. Je n'ose pas manipuler tous ces cartons avec mes grosses mains gonflées d'engelures [...]. Je cherche un moment, puis pour ne pas trop rester longtemps devant ce gros casier, je me décide à inscrire sur le carton un titre qui me plaît [...]. Je sors de ma poche de côté mon crayon rouge de charpentier et d'une écriture la plus fine possible, je m'applique à transcrire les références. Je dois ensuite traverser la salle pour me faire donner le livre. J'ai l'impression que tout le monde me regarde comme l'homme des cavernes, sans doute à cause de mon large pantalon de velours usé et de ma gaucherie [...]. Il n'y a pas d'ouvriers dans la salle. J'ai le sentiment d'être l'étranger. Ma gêne grandit. Mes yeux deviennent humides. Je m'assieds dans un coin. Je lis *Tartuffe* de Molière [22]. »

Les réalisations gouvernementales ne peuvent de ce fait être tenues pour négligeables et notamment la création dès juillet 1936, sous la présidence d'Édouard Dolléans, membre du cabinet de Jean Zay et historien du mouvement ouvrier, de l'Association pour le développement de la lecture publique (ADPL). Celle-ci développe son action dans deux directions. La première, c'est le « Centre de lecture publique », destiné à irriguer un réseau régional de bibliothèques populaires mis en place d'abord à Nantes et à Bordeaux. La deuxième, ce sont les « bibliobus », dont Jean-Richard Bloch avait anticipé l'existence au mois de juillet [23] et qui commencent à sillonner la Marne à partir des premiers mois de l'année 1937. Les résultats sont prometteurs : en deux ans, la « bibliothèque circulante » de la Marne a

22. Benigno CACÉRÈS, *La Rencontre des hommes*, Seuil, Paris, 1950.
23. « Les bibliothèques », in numéro spécial de *Vu*, 25 juillet 1936.

touché plus de lecteurs que l'ensemble des bibliothèques scolaires du département. Mais ils sont lents, et la dislocation du Front populaire viendra là aussi ralentir l'effort entrepris.

Le cinéma, miroir du Front populaire

Un petit comptable, après la disparition de son patron, coupable d'une faillite frauduleuse, remonte l'imprimerie sous forme d'une coopérative ouvrière. Mais le patron a feint sa mort : il réapparaît, déguisé en curé, et demande qu'on lui restitue son bien. Pour sauver l'œuvre collective et le bonheur de la petite communauté ouvrière, le comptable tue alors le vrai patron-faux curé. Le film se présente comme la narration des événements aux consommateurs d'une auberge de frontière, qui se constituent en une sorte de jury improvisé. Le comptable, M. Lange, est acquitté.

Telle est la trame du *Crime de M. Lange*, tourné en octobre et novembre 1935, sorti en janvier 1936, ce qui permet de le présenter très habituellement comme le premier film « Front populaire ».

C'est aller un peu vite en besogne. Ce dont témoigne à vrai dire *le Crime de M. Lange*, c'est que le mouvement de contestation dans le cinéma précède l'institutionnalisation gouvernementale du Front populaire, et accompagne les prémices de celui-ci. Mais *le Crime de M. Lange* n'en fut pas le seul ni le premier témoignage. Sans remonter aux balbutiements du cinéma parlant, on peut remarquer que Jean Vigo, qui a participé en 1932 à la création de l'AEAR (Association des écrivains et artistes révolutionnaires), produit dès 1933 *Zéro de conduite*. Qu'il récidive en 1934 avec *l'Atalante*, pendant que Renoir tourne *Toni*, histoire d'un immigré italien « ordinaire », tué par la balle d'un paysan xénophobe [24].

Surtout, c'est dès avant le Front populaire que le cinéma

24. Placée en exergue du film, cette phrase : *L'action se situe dans le midi de la France, là où la nature, détruisant l'esprit de Babel, sait si bien opérer la fusion des races.* On en mesure la signification si l'on se rappelle que 1935 voit le gouvernement organiser l'expulsion de dizaines de milliers d'immigrés, notamment polonais.

devient objet de préoccupations militantes. C'est encore la « bande à Prévert » qui s'empare la première de ce nouvel instrument. Yves Allégret tourne, en effet, en 1933, pour la Coopérative de l'enseignement laïque qu'anime Célestin Freinet, un court-métrage didactique, *Prix et Profits*. Destiné à montrer les bénéfices que recueillent les intermédiaires entre le paysan et le consommateur, il prendra de fait comme titre le nom du produit qu'il étudie : *la Pomme de terre*. Puis vient, en mai 1935, la fédération de la Seine de la SFIO, sous l'impulsion de Pivert, avec la production d'un court-métrage, *la Grandiose Manifestation du 1er-Mai au mur des Fédérés*. En 1935 également, est réalisé un court-métrage de L.M. Daniel sur les marches des chômeurs, *la Marche de la faim*, où le rôle du protagoniste principal est tenu par un jeune peintre, Jean Lurçat, tandis que la musique est signée Joseph Kosma.

C'est à la fin de l'année 1935 que le parti communiste fait mettre en chantier *la Vie est à nous*, destiné à illustrer sa campagne électorale [25], et dont le financement est assuré par des collectes de meeting : 50 kg de pièces de monnaie remis tels quels aux promoteurs. Pendant ce temps, est fondée en novembre 1935 l'Alliance du cinéma indépendant, où cohabitent communistes, socialistes et « progressistes » divers : elle revendique, à la veille des élections, 25 000 adhérents.

Sans doute, le courant qui naît alors est absolument noyé dans la production courante : Pagnol et Guitry, du cinéma d'évasion et des opérettes filmées, des « comiques troupiers », dans lesquels triomphe Fernandel, et où la hiérarchie militaire est en général peu brocardée. À quoi il faut ajouter une bonne pincée de xénophobie et d'antisémitisme [26], voire une production authentiquement de droite et qui correspond un peu à l'air du temps, quant à l'antiparlementarisme et à la recherche d'un « État fort [27] ».

25. La réalisation est assurée par un collectif de cinéastes, parmi lesquels on retrouve Jacques Becker et Jean-Paul Le Chanois, que coordonne Jean Renoir.

26. La série des « Lévy » que tourne André Hugon illustre bien l'antisémitisme ordinaire qui traverse alors une bonne part de la société française. De manière larvée, l'antisémitisme est présent dans un grand nombre de films français, à commencer par ceux d'Abel Gance.

27. *Le Père Lampion* de Christian-Jacque, que Paul Reboux résume en expliquant que le film montre « qu'un chef gouverne mieux que 600 bavards » ; *Jérôme Perreau* d'Abel Gance, qui se termine par : « qu'il en vienne un [...], qui nous prenne par la main et nous conduise sur le chemin du travail, de la paix et de la justice, et toute la France le suivra en chantant ».

Mais il demeure étonnant que ce soit dans un milieu culturel où les délais de production sont parmi les plus longs que l'on assiste, même de manière limitée, à cette sorte d'anticipation sur le cours politique qui mène au Front populaire. Il demeure étonnant aussi que ce soit dans le domaine culturel le plus directement lié aux normes capitalistes de production que s'expriment le plus nettement la poussée à gauche et les aspirations ouvrières. Peut-être l'aspect collectif que prend nécessairement la production d'un film — par rapport à la production d'une chanson ou celle d'un roman — mériterait-il ici d'être pris en compte.

Que le cinéma soit un art collectif, les grèves de juin 36 viennent en tout cas le rappeler. C'est dès le 30 mai que, partie des électriciens, des machinistes et des peintres, la grève éclate dans les studios. À Gennevilliers, à Billancourt, à Joinville, les studios sont occupés et les grévistes dorment dans les décors des films en cours de tournage. Le 4 juin, les personnels des salles suivent : le Gaumont d'abord, puis le Rex, puis la province. Le 6 juin, les revendications des grévistes sont satisfaites. Certains directeurs de salle tardent cependant à appliquer la convention collective. Le 17 juin à Nice et à Cannes, le personnel réoccupe alors les salles. Les grèves s'arrêtent dans les studios le 18 juin.

Le patronat cinématographique se montre fort conciliant. Il est d'ailleurs, à plusieurs points de vue, sur la défensive. La GFFA (Gaumont-Franco-Film-Aubert), le gigantesque holding qui a longtemps fait la loi dans le cinéma français, a dû déposer son bilan le 31 juillet 1934. Pathé-Nathan, qui avait produit en 5 ans plus de 60 films parlants, est mis en faillite le 17 février 1936. Le cinéma est devenu une énorme entreprise industrielle [28] et tout le monde s'accorde à reconnaître qu'elle est mal gérée. Une grande partie de l'opinion de gauche, politique et syndicale, a pris conscience de l'importance du fait cinématographique. La réponse du communiste Marcel Cachin à la question posée en février

28. Il y a maintenant 27 studios en France. On y a tourné 112 films en 1936, 111 en 1937. L'évolution de la part du cinéma dans les recettes des spectacles parisiens est la suivante : 40 % en 1920, 61 % en 1934, 62 % en 1937, 69 % en 1938. Il y a 4 000 salles de cinéma en 1936, dont environ 3 750 en métropole. Ces salles verront défiler en 1938 220 millions de spectateurs. Il y a près de 40 périodiques consacrés au cinéma, dont deux atteignent des tirages qui ne sont plus confidentiels : *Ciné-Miroir* (75 000) et *Pour vous* (80 000).

1936 par *Cinémonde* (« Feriez-vous du film un instrument de propagande ? ») est révélatrice : « Je crois bien, comme tout le monde [...]. Sans même parler de son rôle scolaire, il doit pourchasser, comme il le fait en Russie, la paresse, la crasse, l'ignorance [29]. »

Et tout autant celle du socialiste Paul Faure, en avril 1936 : « Qu'un jour notre parti détienne la totalité du pouvoir politique et il fera du cinéma une institution d'État, car il est impossible qu'un gouvernement qui veut instaurer un ordre nouveau laisse un moyen de propagande aussi puissant que le cinéma aux mains de groupements qui peuvent avoir des intérêts contraires aux siens. »

Et en effet, le syndicat CGT des travailleurs du film réclame la nationalisation intégrale des studios et des laboratoires, appuyé en cela par des cinéastes déjà prestigieux comme Jean Renoir. C'est d'ailleurs bien là le seul secteur où, dès 1936, le parti communiste semble favorable à une nationalisation.

Que va faire le gouvernement ? Eh bien, il crée une commission dont le ministre radical Jean Zay confie la présidence au député-poète Jean-Marie Renaitour. C'est une « commission-spectacle » (200 parlementaires y sont inscrits), dans laquelle tout le monde, à commencer par le ministre, a comme premier souci de ne pas toucher aux aspects les plus brûlants du problème [30]. Il faut attendre 1937 pour que l'on parle d'un projet de statut de cinéma, dont l'élaboration a été confiée à Grunebaum-Ballin. Silence à nouveau jusqu'à octobre 1938, où la substance du projet commence à être connue. En fait, entre les exigences patronales et le projet de nationalisation du syndicat CGT des travailleurs du film, Jean Zay s'est rallié à une médiocre troisième voie : une vague coordination administrative, autour d'un haut commissariat aux compétences mal définies. Il faudra malgré tout attendre le 17 mars 1939 pour qu'Albert Lebrun signe le décret de présentation du projet devant la Chambre. Trop tard : il ne sera jamais voté.

---

29. À la même interview, Jean Renaud, le chef de l'organisation fasciste « Solidarité française », répond : « Je m'en servirais surtout pour la propagande. Le cinéma est un des moyens de propagande les plus sûrs, parce qu'il parle davantage à l'esprit, parce qu'il amuse. »

30. Jean Zay déclare devant la commission, le 3 février : « Après les situations auxquelles votre président faisait allusion, dans lesquelles se trouvent GFFA et Pathé — dont je m'empresse de dire d'ailleurs que je ne parlerai pas dans mon exposé, n'étant point saisi de ce problème... »

Le mouvement qui s'était amorcé pour un cinéma différent devra donc, durant toute cette période, se développer sans le concours du gouvernement de Front populaire. Voire, à certains égards, contre. Des réalisateurs jugent la période propice pour faire lever la censure qui s'était précédemment exercée contre *Zéro de conduite* : réponse négative. De même, *la Vie est à nous* n'avait même pas demandé son visa d'exploitation sous le gouvernement précédent : il le demande une fois installé le gouvernement Blum : réponse négative également [31]. Plus significatif encore, deux textes du gouvernement Sarraut, datant de la période de transition qui suit la victoire électorale de la gauche (décret du 7 mai 1936 et arrêté du 26 mai), instituent une censure administrative préalable sur toutes les actualités cinématographiques, qui doivent être visées par trois fonctionnaires (président du Conseil, Intérieur et Affaires étrangères). Le gouvernement Blum maintient ce cadre : les premières victimes en sont, ironie de l'histoire, deux ministres du gouvernement de Front populaire, Vincent Auriol et Charles Spinasse, dont les déclarations sur la dévaluation sont ainsi censurées.

La production que l'on peut estampiller de « Front populaire » — du moins par sa localisation dans le temps : celle qui sort à l'écran entre le deuxième semestre 1936 et la fin de l'année 1938 — est à bien des égards ambiguë. Sans doute un nombre non négligeable de films font-ils alors une place à la classe ouvrière. Mais l'image qui en est présentée est parfois douteuse, aussi bien dans *la Belle Équipe* de Duvivier [32] que dans *Choc en retour*, que dialogue Pierre Mac Orlan [33] Et si une plus grande liberté de ton concernant le statut des femmes dans la société est présente dans les films où apparaît

31. Il faut ajouter que les possibilités de censure municipale existent toujours : le maire du Havre, Léon Meyer, interdit, en décembre 1936, la projection de *Tout va très bien, madame la marquise* (de Henry Wulscheger, avec Marguerite Moreno) parce qu'il estime que ce film « ridiculise les habitants de la Bretagne, dont sont originaires un grand nombre de nos concitoyens ».

32. Dans la première version, les deux survivants de l'« équipe ouvrière », qui avait gagné à la Loterie et réinvesti l'argent dans une guinguette, finissaient par s'entre-tuer. Après avoir soumis la question à un « référendum populaire », dans les salles de quartier, Duvivier substitua une fin « optimiste » dans laquelle la guinguette était inaugurée.

33. C'est le patron qui insiste ici auprès des ouvriers pour qu'ils se mettent en grève.

la patte de Jacques Prévert [34], les films restituent la plupart du temps l'image probablement fidèle d'une classe ouvrière masculine que les grèves de juin 36 n'ont pas débarrassée d'une forte composante misogyne [35].

Réussite incontestable, le film de Jean Renoir, *la Grande Illusion* traduit fort bien les ambiguïtés de l'époque. Film pacifiste, incontestablement, mais où la boucherie de 14-18 n'est évoquée qu'à travers la mentonnière et les rotules en argent de Rauffenstein-von Stroheim. Film où le sentiment de l'unité nationale, du genre « mais tout ça, ça fait de très bons Français [36] », cohabite avec l'affirmation très forte que les solidarités de classe transcendent les solidarités nationales [37]. Film aussi où la volonté de défendre le sol national (Maréchal retourne terminer la guerre en France) côtoie de réelles affirmations internationalistes [38].

Comment cette production est-elle accueillie par le public ? Le « hit-parade » dressé par la Cinématographie française pour 1937 nous donne quelques indications :

1. *la Grande Illustion*
2. *Ignace*
3. *Carnet de bal*
4. *les Perles de la couronne*
5. *Abus de confiance*
6. *Double crime sur la ligne Maginot*
7. *Pépé le Moko*
8. *Naples au baiser de feu*
9. *Trois artilleurs au pensionnat*
10. *les Rois du sport.*

---

34. On pense au personnage d'Estelle, fille-mère, dans *le Crime de M. Lange*, traité sans mièvrerie.

35. Dans *la Belle Équipe* comme dans *Grisou*, c'est la présence tentatrice et provocante d'une femme qui met fin à une amitié virile et prolétarienne.

36. L'aristocrate Boeldieu-Fresnay se sacrifiant pour le métallo Maréchal-Gabin.

37. Cf. le dialogue entre Boeldieu et Rauffenstein :

Boeldieu : « Me permettez-vous une question ? Pourquoi avez-vous fait pour moi une exception en me recevant chez vous ?

Rauffenstein : — Pourquoi ? Parce que vous vous appelez de Boeldieu, officier de carrière dans l'armée française et moi, von Rauffenstein, officier de carrière dans l'armée impériale d'Allemagne. »

38. Maréchal : « Tu es sûr, au moins, que c'est la Suisse en face ?

Rosenthal : — Il n'y pas de doute.

Maréchal : — C'est que la neige suisse et la neige allemande ça se ressemble drôlement.

Rosenthal : — Ne t'inquiète pas. La frontière est là, dessinée par les hommes... bien que la nature s'en foute.

Maréchal : — Moi aussi, je m'en fous. »

Le palmarès brasse tous les genres, mais le cinéma « Front populaire » n'en est pas absent. Sans doute *Pépé le Moko* doit-il davantage son succès au cocktail Gabin/casbah qu'au fait qu'il annonce le basculement vers les films d'amertume et de désespérance qui triomphent dans les années suivantes. Mais la première place de *la Grande Illusion* laisse à penser que la production « Front populaire » n'est pas marginale dans la société française.

Parallèlement à la mise en œuvre de ces films, qui passent par l'habituel circuit commercial, le mouvement pour un cinéma différent s'est développé. On a vu ainsi apparaître « Mai 36 », une structure à l'origine de laquelle on trouve Germaine Dulac et les pivertistes. Elle ne survivra pas aux distances que prennent peu à peu les pivertistes, tant par rapport à la SFIO qu'au gouvernement Blum, mais elle produit en 1936, une bonne dizaine de courts-métrages [39]. Mais l'événement, c'est la création, dès les premiers mois de 1936, de « Ciné-Liberté », dont le comité de patronage est œcuménique, mais où le PCF est en réalité hégémonique. Les tâches que s'assigne Ciné-Liberté sont multiples : diffuser des films populaires, français ou étrangers [40], faciliter la pratique du cinéma d'amateur, lutter pour l'abolition de la censure, « moraliser » la profession [41], mais surtout, réaliser des « actualités populaires, des documents et des films romancés ». Sur cette base, Ciné-Liberté arrive à s'entourer de bien des concours prestigieux : de Jacques Feyder à Jean Renoir, de Charles Dullin à Louis Jouvet, chez les acteurs, et pour les critiques et historiens du cinéma, Henri Jeanson, Élie Faure ou Georges Charensol. En quelques mois, il y a 12 000 adhésions. Et surtout, Ciné-Liberté produit une impressionnante série de courts-métrages : sur l'actualité politique française [42],

39. *Le Deuxième Paris-Roubaix travailliste, Réception de Salengro, Lagrange et Lebas à Roubaix, le Conseil national extraordinaire du 10 mai 1936, Pourquoi la crise ?, Anniversaire de la mort de Jaurès, Boulogne socialiste, le Retour à la vie, l'Inoubliable Manifestation du Vel'd'hiv' du 7 juin 1936, les Faucons rouges chez eux.*

40. Et notamment des films soviétiques, particulièrement visés par la censure. *Octobre*, d'Einsenstein, est toujours interdit par le gouvernement de front populaire.

41. Ciné-Liberté défend le projet de nationalisation.

42. *Grèves d'occupation de juin 36*, tourné par des amateurs. *14 juillet 1789-1937*, immédiatement interdit sur décision de la préfecture de police, *le Temps des cerises*, réalisé par Le Chanois, sur « le troisième âge », *la Vie d'un homme*, toujours de Le Chanois, à la mémoire de Paul Vaillant-Couturier.

sur la guerre d'Espagne[43], des courts-métrages « historiques[44] » et « syndicaux[45] ». Comme on le voit par les thèmes choisis, ce sont pour l'essentiel les préoccupations du PCF qui s'expriment. De plus, ces courts-métrages, comme les *Actualités populaires*, que réalise également Ciné-Liberté, sont diffusés par l'office de location de films du PCF, « Les films populaires », et sont projetés pour l'essentiel dans les réunions du PCF et des associations proches.

La réalisation du premier long métrage, *la Marseillaise*, confirme l'emprise idéologique du PCF. Financé par une « souscription populaire » (l'achat des billets de deux francs remboursables sur une entrée[46]), le film se donne comme objectif de montrer, à travers la montée sur Paris d'un bataillon de « sans-culottes » provençaux, la lente formation, à travers les luttes, d'une conscience nationale, celle-ci se traduisant par la promotion du chant du bataillon au rang d'hymne national. Le film est conçu pour favoriser toutes les transcriptions : poignée d'aristocrates = deux cents familles ; émigrés de Coblenz (plus « l'Autrichienne » ainsi que l'on désigne Marie-Antoinette, la femme de Louis XVI) = cinquième colonne (ou, plus largement, ceux « qui préfèrent Hitler au Front populaire ») ; levée en masse des fédérés = union du peuple de France, « front français ». Les curés qu'on y rencontre saisissent volontiers la « main tendue » et, symboliquement, la scène qui devait représenter le 14 juillet saute au montage. Le scénario la décrivait ainsi : « Les actes de propriété sont brûlés en place publique... comme cela pourrait se faire pour les actes de propriété de la grande industrie[47]. »

Quand le film sort, en février 1938, il symbolise à la perfection la bataille menée par le PCF pour l'« union nationale », bataille que Blum a d'ailleurs fini par reprendre à son compte. Mais il sort aussi alors que le Front populaire

---

43. *Espagne 36* monté par Luis Bunuel, *SOS Espagne, l'Aide au peuple catholique basque*, monté par Le Chanois, *Cœur d'Espagne*, sur la Centrale sanitaire internationale, et *l'ABC de la liberté*, sur l'instruction populaire en zone gouvernementale.

44. *Le Souvenir*, réalisé par Le Chanois, sur la Commune.

45. *Sur les routes d'acier*, de Boris Peskine, à la demande de la fédération des cheminots, *les Bâtisseurs*, de Jean Epstein, à la demande de la fédération du bâtiment.

46. Elle se révélera insuffisante, si bien que la production du film dut passer du statut de « coopérative » à celui de société anonyme contrôlée par la CGT.

47. Jean Renoir, in *l'Avant-garde*, 13 mars 1937.

est disloqué et que les énergies qui avaient constitué Ciné-Liberté s'éparpillent déjà [48]. Dès le 25 octobre 1937, d'ailleurs, sous le gouvernement Chautemps, la censure a été renforcée, et la précensure instituée. Se voient désormais « rigoureusement » refuser le visa de la commission de contrôle : « les films tendant à ridiculiser l'armée ou susceptibles d'amoindrir son prestige », tandis que la circulaire précise : « Vous voudrez bien me consulter avant de procéder aux prises de vues, et me communiquer, pour examen, le découpage détaillé du film projeté. »

Pourtant, la production cinématographique de l'année 1938 et des premiers mois de 1939 est encore marquée par l'esprit « Front populaire ». Victoire et espoir sont simplement remplacés par défaite et désespérance. Le palmarès des films de 1938 est ici aussi éloquent :

1. *Blanche-Neige*
2. *Quai des brumes*
3. *Katia*
4. *la Femme du boulanger*
5. *Alerte en Méditerranée*
6. *Robin des bois*
7. *Barnabé*
8. *la Maison des Maltais*
9. *les Trois Valses*
10. *Prisons sans barreaux.*

À côté d'un Pagnol peu gai *(la Femme du boulanger)* et d'un *Alerte en Méditerranée* encore embué de pacifisme, mais qui signale le regain de popularité des films militaires [49], le symbole du cinéma « Front populaire »,

48. Les « Films populaires » continueront à produire quelques courts-métrages sous l'égide du PC. Le dernier en date sera *Le Voyage de Maurice Thorez en Algérie* (février 1939), qui y est allé recueillir « l'exposé des revendications de l'Algérie française ».

49. À côté d'*Unité française* et de *Sommes-nous défendus*, tous deux se voyant décerner les « grands prix » que crée alors Jean Zay, on peut énumérer *Trois de Saint-Cyr, Légions d'honneur, les Réprouvés, Chemins de l'honneur, Entente cordiale...* L'évolution des actualités cinématographiques est encore plus significative.

c'est cette fois-ci *Quai des brumes*[50]. Autant le couple Renoir-Prévert symbolise l'éveil et l'espoir du Front populaire, autant c'est l'association Carné-Prévert qui représente cette deuxième période, à travers *Quai des brumes* et *Le jour se lève*. Significatif aussi du renversement des valeurs, le fait que le joyeux Fernandel est remplacé, comme acteur n° 1 de l'année, par Jean Gabin ; et quel Gabin ! toujours ouvrier[51], il aurait dû mourir déjà dans *la Belle Équipe* (1936), il se suicide en s'éventrant dans *Pépé le Moko* (1937), s'exile devenu meurtrier dans *Gueule d'amour* (1937), se fait éventrer par une jeune gouape dans *Quai des brumes* (1938), est écrasé par une locomotive dans *la Bête humaine* (1939), et se suicide à nouveau dans *Le jour se lève* (1939).

Le dernier film ferme la parenthèse. Déjà, en 1936, dans *le Crime de M. Lange*, c'est Jules Berry qui incarnait l'odieux patron qu'exécutait Lange. Trois ans plus tard, dans *Le jour se lève*, c'est à nouveau l'odieux Jules Berry qui est la cause de tous les malheurs de l'ouvrier Gabin. En 1936, c'est la solidarité ouvrière, celle de sa coopérative de production comme celle des ouvriers frontaliers, qui sauve M. Lange, mieux : organise sa rédemption. L'exécution de Jules Berry, c'est la fin du vieux monde. En 1939, Gabin exécute également Berry-Valentin, et la solidarité ouvrière est à nouveau présente, avec ces groupes d'ouvriers massés sous la fenêtre de son hôtel : *François, on t'aidera ! François, on te laissera pas tomber !* Mais alors les gardes mobiles chargent et dispersent le rassemblement. Gabin se suicide. Un aveugle tâtonne à l'aide de sa canne blanche et crie qu'il ne comprend rien à ce qui se passe.

---

50. Renoir déclare, le 7 juillet 1938 à la Maison de la culture de la rue d'Anjou, que le film est « de bonne propagande fasciste [...] parce qu'il montre des individus tarés, immoraux, malhonnêtes [...] et qu'on pense immédiatement qu'il faudrait un maître, un dictateur à trique pour remettre de l'ordre là-dedans. » Henri Jeanson lui répond très vivement : « Le faux Renoir n'oublie jamais qu'il est avant tout un agent politique du PC, maquillé en cinéaste. Or, le PC tient, je ne sais pourquoi, Marcel Carné et Jacques Prévert pour de dangereux trotskystes. Donc, *Quai des brumes* est un crime de haute trahison, et il importe de discréditer et Carné et Prévert en employant les méthodes dégradantes du stalinisme intégral » (*la Flèche de Paris*, 12 août 1938).

51. Métallo, typographe, ouvrier sablier, cheminot...

Bibliographie

Livres

ABELLIO Raymond, *Les militants*, Gallimard, Paris, 1975.
AGULHON M., NOUSCHI A., *La France de 1914 à 1940*, Nathan, Paris.
ALEXANDRE Michel, *Leçons, textes, lettres*, Mercure, Paris, 1956.
ANDREU Pierre, *Les idées politiques de la jeunesse intellectuelle de 1927 à la guerre*, Académie des sciences morales et politiques, 1957 ;
Le rouge et le blanc, 1928-1944, La Table ronde, Paris, 1957.
AREMORS (Association de recherches et d'études du mouvement ouvrier de la région de Saint-Nazaire), *Saint-Nazaire et le mouvement ouvrier de 1920 à 1939*, 1983.
ARON R., DANDIEU A., *La révolution nécessaire*, Grasset, Paris, 1933.
AUDRY Colette, *Léon Blum ou la politique du juste*, Julliard, Paris, 1955.
AUGE-LARRIBE Michel, *Situation de l'agriculture française 1930-1939*, Berger-Levrault, Paris, 1945 ;
La politique agricole de la France de 1880 à 1940, PUF, Paris, 1950.
AURIOL Vincent, *Un bilan*, Librairie Populaire, Paris, 1936.
AZEMA Jean-Pierre, *De Munich à la Libération (1938-1944)*, Le Seuil, Paris, 1979.
AZEMA J.-P., WINOCK M., *La IIIe République*, Calmann-Lévy, Paris, 1970.

BADIA G., JOLY J.-B., *Les barbelés de l'exil.* Étude sur l'immigration allemande et autrichienne (1938-1940), Grenoble, Presses universitaires, 1979.
BARDÈCHE M., BRASILLACH R., *Histoire du cinéma*, Livre de Poche, Paris.
BARDONNET D., *Évolution de la structure du parti radical*, Montchrétien, Paris, 1960.
BARRAL P., *Les agrariens français de Méline à Pisani*, FNSP, Paris, 1968.
BARTHÉLÉMY V., *Du communisme au fascisme, l'histoire d'un engagement politique, Jacques Doriot*, Albin Michel, Paris, 1978.
BAUCHARD P., *Le pouvoir pour quoi faire*, Arthaud, Paris, 1976.
BAUER O., DAN T., DUNOIS A., ZYROMSKI S., *L'Internationale et la guerre*, Nouveau Prométhée, Paris, 1935.

BEAU DE LOMÉNIE E., *Les responsabilités des dynasties bourgeoises,* t. V, Denoël, Paris, 1973.
BECKER J.-J., *Le Parti communiste veut-il prendre le pouvoir ? La stratégie du PCF de 1930 à nos jours,* Le Seuil, Paris, 1980.
BELIN R., *Du secrétariat de la CGT au gouvernement de Vichy,* Albatros, Paris, 1978.
BERGER S., *Les paysans contre la politique,* Le Seuil, Paris, 1975.
BERNADAC C., *Dagore, les carnets secrets de la Cagoule,* Ed. France-Empire, Paris, 1977.
BERNARD J.-P., *Le Parti communiste et la question littéraire, 1921-1939,* Grenoble, PUF, 1972.
BERNARD T., BOUET L., DOMMANGET M., SERRET G., *Le syndicalisme dans l'enseignement,* IEP, Grenoble, 1969.
BERNARD-DUQUENET N., *Le Sénégal et le Front populaire,* L'Harmattan, Paris, 1985.
BERNARD M., *Les journées ouvrières des 9 et 12 février 1934,* Grasset, Paris, 1934.
BERNSTEIN S., *Le 6 février 1934,* Gallimard-Julliard, Paris, 1975 ; *Histoire du Parti radical,* FNSP, Paris, 1980 (t. I), 1982 (t. II) ; *Édouard Herriot ou la république en personne,* FNSP, Paris, 1985.
BILIS M., *Socialistes et pacifistes,* Syros, Paris, 1970.
BLANC A.M., *Marie-Romaine,* Metz, 1979.
BLEITRACH D., LOJKINE S., OARY E., MAHIEU C., *Classe ouvrière et social-démocrate, Lille et Marseille,* Éditions Sociales, Paris, 1981.
BLUM L., *Œuvres,* Albin Michel, Paris, 1964, etc.
BLUM D. (et al.), *Histoire du réformisme,* t. I, Éditions Sociales, Paris, 1976.
BODIN L., TOUCHARD J., *Front populaire,* Armand Colin, Paris, 1936.
BONNEFOUS E. et G., *Histoire politique de la IIIe République,* PUF, Paris, 1959.
BONNET G., *Le Quai d'Orsay sous trois républiques,* Fayard, Paris, 1961.
BONNET J.-L., *Les pouvoirs publics français et l'immigration dans l'entre-deux-guerres,* Centre d'histoire économique et sociale, Lyon, 1976.
BONNEVAY L., *Les journées sanglantes de février 1934,* Flammarion, Paris, 1964.
BORIS G., *Servir la République,* Julliard, Paris, 1963.
BOTHEREAU R., *Histoire du syndicalisme français,* PUF, Paris, 1945.
BOURDREL P., *La Cagoule,* Albin Michel, Paris, 1970.
BOURDE G., *La défaite du Front populaire,* Maspero, Paris, 1977.
BOURGIN H., *L'École Normale et la politique,* Fayard, Paris, 1938.
BRASILLACH R., *Notre avant-guerre,* Plon, Paris, 1941.
BRIZAY B., *Le patronat,* Le Seuil, Paris, 1975.
BRON J., *Histoire du mouvement ouvrier français,* t. II, Les Éditions ouvrières, Paris, 1970.
BRUHAT J., *Il n'est jamais trop tard,* Albin Michel, Paris, 1982.
BRUHAT J., PIOLOT M., *Esquisse d'une histoire de la CGT,* Éditions Sociales, Paris, 1966.

CACÉRÈS B., *Histoire de l'éducation populaire,* Le Seuil, Paris, 1964 ; *Allons au devant de la vie* (la naissance du temps des loisirs en 1936), Maspero, Paris, 1981.
CASANOVA M., *L'Espagne livrée,* Maspero, Paris, 1971.

CAUTE D., *Le communisme et les intellectuels français,* Gallimard, Paris, 1967 ;
Les compagnons de route, 1917-1968, Laffont, Paris, 1979.
CERRETI G., *À l'ombre des deux T.,* Julliard, Paris, 1973.
CHAMBAZ J., *Le Front populaire pour le pain, la liberté et la paix,* Éditions Sociales, Paris, 1961.
CHARBONNEAU H., *Les mémoires de Porthos,* Plon, Paris, 1967.
CHAVARDES M., *Été 1936, la victoire du Front populaire,* Calmann-Lévy, Paris, 1966 ;
6 février 1934, la république en danger, Calmann-Lévy, Paris, 1968 ;
Un ministre éducateur, Jean Zay, IPN, Paris, 1965.
CHEVALLIER P., *Histoire de la franc-maçonnerie,* t. III, Fayard, Paris, 1975.
COHEN-SOLAL A., *Paul Nizan, communiste impossible,* Grasset, Paris, 1980.
COLLINET M., *L'esprit du syndicalisme,* Les Éditions ouvrières, Paris, 1952.
COLTON J., *Léon Blum,* Fayard, Paris, 1968.
COT P., *Le procès de la république,* Édition de la Maison française, New York, 1944.
COUTROT A., DREYFUS F., *Les forces religieuses dans la société française,* Armand Colin, Paris, 1965.
COUTROT J., *L'humanisme économique,* CPEE, Paris, 1936.
CRAIPEAU Y., *Le mouvement trotskyste en France,* Syros, Paris, 1971.

DALSACE J., DOULEN-ROLLIER H., *L'avortement,* Casterman, Paris, 1970.
DANOS J., GIBELIN M., *Juin 36,* Maspero, Paris, 1972.
DANSETTE A., *Histoire religieuse de la France contemporaine,* t. II, Flammarion, Paris, 1952.
DÉAT M., *Perspectives socialistes,* Valois, Paris, 1931 ;
Le Front populaire au tournant, Éditions de la Concorde, Paris, 1937.
DELMAS A., *À gauche de la barricade,* Éditions de l'Hexagone, Paris, 1950 ;
Mémoires d'un instituteur syndicaliste, Albatros, Paris, 1979.
DELPERRIÉ DE BAYAC J., *Le Front populaire,* Fayard, Paris, 1972 ;
Les Brigades internationales, Fayard, Paris.
DEPRETTO J.P., SCHWEITZER S., *Le communisme à l'usine,* EDIRES, Paris, 1984.
DEPREUX E., *Souvenirs d'un militant,* Fayard, Paris, 1972.
DOLLEANS E., *Histoire du mouvement ouvrier,* Armand Colin, Paris, 1953.
DORGÈRES H., *Haut les fourches,* Les Œuvres françaises, Paris, 1935.
DORIOT J., *Refaire la France,* Grasset, Paris, 1938 ;
La France ne sera pas un pays d'esclaves, Les Œuvres françaises, Paris, 1936.
DROZ J., *Histoire générale du socialisme,* t. III et IV, PUF, Paris, 1977-1978.
Histoire de l'antifascisme en Europe, 1929-1939, La Découverte, Paris, 1984.
DUBIEF H., *Le déclin de la troisième république (1929-1938),* Le Seuil, Paris, 1973.

DUBY G., WALLON A., *Histoire de la France rurale,* t. IV, Le Seuil, Paris, 1977.
DUCHEMIN R., *L'organisation syndicale patronale en France,* Plon, Paris, 1940.
DUCLOS J., *Aux jours ensoleillés du Front populaire (Mémoires 1935-1939),* Fayard, Paris, 1967.
DUPEUX G., *La société française 1789-1960,* Armand Colin, Paris, 1964 ;
Le Front populaire et les élections de 1936, Armand Colin, Paris, 1959.
DURAND R., *La lutte des travailleurs de chez Renault, 1912-1914,* Éditions Sociales, Paris, 1971.
DUROSELLE J.-B., *Les relations franco-allemandes de 1914 à 1939,* Armand Colin, Paris, 1977 ;
L'Europe de 1815 à nos jours, PUF, Paris, 1970 ;
Histoire diplomatique de 1919 à nos jours, Dalloz, Paris, 1970.

EDEN A., *Face aux dictateurs,* Plon, Paris, 1963.
EHRMANN H.W., *Le patronat français en 1936,* Armand Colin, Paris, 1959.
ESTIER G., *La Gauche hebdomadaire, 1914-1962,* Armand Colin, Paris, 1962.

FABRY J., *De la place de la Concorde au cours de l'Intendance,* Éditions de France, Paris, 1942.
FACK A., *Le roman vrai de la IIIe République. Les années difficiles,* Denoël, Paris, 1958.
FAJON E., *Ma vie s'appelle liberté,* Laffont, Paris, 1976.
FAUCHER J.A., RICKER A., *Histoire de la franc-maçonnerie en France,* Nouvelles Éditions latines, Paris, 1968.
FAURE M., *Les paysans dans la société française,* Armand Colin, Paris, 1966.
FAURE P., *Au seuil d'une révolution,* Limoges, Imprimerie Nouvelle, Paris, 1934.
FAURÉ M., *Le groupe Octobre,* Éditions Bourgois, Paris, 1977.
FAUVET J., *Histoire du Parti communiste français,* t. I, Fayard, Paris, 1964.
FERRAT A., *Histoire du PCF,* Éditions Gît-le-Cœur, Paris, 1931.
FLANDRIN P.E., *Politique française 1919-1940,* Les Éditions Nouvelles, Paris, 1947.
FREDERIX P., *État des forces en France,* Gallimard, Paris, 1935.
FREINET E., *Naissance d'une pédagogie populaire,* Maspero, Paris, 1981.
FRIDENSON P., *Histoire des Usines Renault*, t. I., Le Seuil, Paris, 1972.
FROSSARD L.O., *Sous le signe de Jaurès, de Jaurès à Blum*, Flammarion, Paris, 1943.

GALLO M., *Cinquième Colonne,* Plon, Paris, 1970.
GAMELIN (Gal), *Servir, 1930-août 1939,* Plon, Paris, 1976.
GARÇON F., *De Blum à Pétain,* Éditions du Cerf, Paris, 1984.
GAULLE C. DE, *Vers l'armée de métier,* Berger-Levrault, Paris, 1934.
GEORGES B., RENAULD M.A., TRINTANT D., *Léon Jouhaux, 50 ans de syndicalisme,* PUF, Paris, 1962.
GIDE A., *Journal, 1889-1939,* Gallimard, Paris, 1948.

GIGNOUX C.J., *L'économie française entre les deux guerres, 1919-1939*, SEES, Paris, 1942.
GIRARDET R., *La société militaire dans la France contemporaine (1815-1939)*, Plon, Paris, 1953.
GIRAUD J. et al., *Le PCF, étapes et problèmes*, Éditions Sociales, Paris, 1981.
GIRAUD J., *Sur l'implantation du PCF dans l'entre-deux-guerres*, Éditions Sociales, Paris, 1977.
GOETZ-GIREY R., *Le mouvement des grèves en France, 1919-1962*, Syrey, Paris, 1962.
GOGUEL F., *La politique des partis sous la IIIe République*, Le Seuil, Paris, 1958 ;
Géographie des élections françaises sous la IIIe République, Armand Colin, Paris, 1970.
GOMBIN R., *Les socialistes et la guerre*, Mouton, Paris, 1970.
GRANDMOUGIN J., *Histoire vivante du Front populaire*, Albin Michel, Paris, 1970.
GRATTON P., *Les paysans français contre l'agrarisme*, Maspero, Paris, 1972.
GREENE N., *Crisis and Decline. The French Socialist Party in the Popular Front*, Erathica, Cornell University Press, New York, 1969.
GRENADOU E., PRÉVOST A., *Grenadou, paysan français*, Le Seuil, Paris, 1966.
GUÉHENNO J., *Journal d'une « révolution », 1937-1938*, Grasset, Paris, 1939.
GUÉRIN D., *Front populaire, révolution manquée*, Maspero, Paris, 1970 ;
Fascisme et grand capital, Gallimard, Paris, 1936 ;
Au service des décolonisés, Éditions de Minuit, Paris, 1954.
GUERRAND R.H., *Les origines du logement social en France*, Éditions Ouvrières, Paris, 1967.
La libre maternité, Casterman, Paris, 1971.
GUILLEMIN H., *Nationalistes et nationaux, 1870-1940*, Gallimard, Paris, 1974.

HAMON A. (et X.), *Les maîtres de la France*, ESI, Paris, 1936.
HEADINOS M.J., *French Free Masonry under the Third Republic*, Baltimore, 1949.
HENRIOT P., *Le 6 février*, Flammarion, Paris, 1934.
HERRIOT E., *Jadis*, t. II, Flammarion, Paris, 1952.
HUMBERT-DROZ J., *L'Œil de Moscou à Paris*, Julliard, Paris, 1964 ;
Mémoires, La Baconnière, Neuchatel, 1969.

IZARD G., *Où va le communisme*, Grasset, Paris, 1936.

JACOB M., *40 ans de journalisme*, Julliard, Paris, 1970.
JAMET C., *Notre Front populaire. Journal d'un militant*, La Table Ronde, Paris, 1977.
JAQUIER M., *Simple militant*, Denoël, Paris, 1974.
JEANCOLAS J.-P., *15 ans d'années trente, le cinéma des Français, 1929-1944*, Stock, Paris, 1983.
JEANNENEY J.-N., *François de Wendel en république (1914-1940)*, Le Seuil, Paris, 1976.

JOUBERT J.-P., *Révolutionnaires de la SFIO*, FNSP, Paris, 1977.
JOURDAIN H., *Comprendre pour accomplir*, Éditions Sociales, Paris, 1982.
JULIEN C.A., *L'Afrique du Nord en marche*, t. I, Julliard, Paris, 1972 ;
Une pensée anticoloniale, Sindbad, Paris, 1979.

KAYSER J., *La presse de province sous la IIIe République*, Armand Colin, Paris, 1958 ;
Les grandes batailles du radicalisme, Rivière, Paris, 1962.
KERGOAT J., *Le Parti socialiste*, Le Sycomore, Paris, 1983.
KRIEGEL A., *Les Communistes français*, Le Seuil, Paris, 1968 ;
Le Parti et les roses, PUF, Paris, 1968.
KRIEGEL A., PERROT M., *Le socialisme français et le pouvoir*, EDI, Paris, 1966.

LACORE S., *Enfance d'abord*, Pierre Faulac, Paris, 1960.
LACOUTURE J., *Léon Blum*, Le Seuil, Paris, 1977 ;
De Gaulle, t. I, Le Seuil, Paris, 1984.
LAGUIONNIE M., *Les trois CGT : 20 années du mouvement syndical à Limoges (1919-1939)*, Force ouvrière, Paris, 1982.
LA PAQUELLERIE Y., *Édouard Daladier*, Flammarion, Paris, 1940.
LAPIE P.O., *De Léon Blum à de Gaulle*, Fayard, Paris, 1967 ;
Herriot, Fayard, Paris, 1967.
LARMOUR P.J., *The French Radical Party in the 1930*, , Stanford University Press, Stanford, 1964.
LA ROCQUE (colonel, de), *Service public*, Grasset, Paris, 1934.
LA ROCQUE E. et G., *La Rocque tel qu'il était*, Fayard, Paris, 1962.
LAROQUE P., *Les rapports entre patrons et ouvriers*, Aubier, Paris, 1938.
LATREILLE A., REMOND R., *Histoire du catholicisme en France*, t. III, SPES, Paris, 1962.
LAURENT R., *Le Parti démocrate populaire*, Maison de la Presse, Paris, 1965.
LEBRAS G., *Études de sociologie religieuse*, PUF, Paris, 1955.
LECŒUR A., *Le Partisan*, Flammarion, Paris, 1963.
LEFRANC G., *Histoire du Front populaire*, Payot, Paris, 1974 ;
Juin 36, Julliard, Paris, 1966 ;
Le mouvement socialiste sous la IIIe République, Payot, Paris, 1963 ;
Le mouvement syndical sous la IIIe République, Payot, Paris, 1967 ;
Essais sur les problèmes socialistes et syndicaux, Payot, Paris, 1970.
LEFEBVRE H., *La Somme et le reste*, La Nef, Paris, 1959.
LE ROUZIC G., *Voyage aux forges d'Hennebont*, La Digitale, Paris, 1984.
LIGOU D., *Histoire du socialisme en France*, PUF, Paris, 1962 ;
Histoire des francs-maçons en France, Privat, Paris, 1981.
LIPANSKY E., RETTENBACH B., *Ordre et démocratie*, PUF, Paris, 1967.
LOUBET DEL BAYLE J.L., *Les non-conformistes des années trente*, Le Seuil, Paris, 1969.
LOUIS P., *Histoire du mouvement syndical en France*, t. II, Valois, Paris, 1948.
LOUSTAUNAU-LACAU, *Mémoires d'un Français rebelle*, Laffont, Paris, 1948.

MACHEFER P., *Ligues et fascismes en France, 1918-1939*, PUF, Paris, 1974.

MAITRON J., *Le mouvement anarchiste en France*, t. II, Maspero, Paris, 1975.
MALINVAUD E., CARRÉ J.-J., DUBOIS P., *La croissance française*, Le Seuil, Paris, 1972.
MANEVY R., *Histoire de la presse 1914-1939*, Corréa, Paris, 1945.
MARCUS J.T., *French Socialism in the Crisis Years (1933-1936)*, A. Praeger, New York, 1958.
MARQUET-RIVIÈRE J., *Histoire de la franc-maçonnerie française*, Paris, 1951.
MAXENCE J.-P., *Histoire de 10 ans*, Gallimard, Paris, 1939.
MAZAURIC L., *Vive le Front populaire*, Plon, Paris, 1976.
MEACH R.O., *The Struggle for Power : Reformism in the French Socialist Party, 1920-1937*, University of California, Berkeley, 1952.
MICHEL A.G., *La France sous l'étreinte maçonnique*, FNC, Paris, 1937.
MILLET R., *Trois millions d'étrangers en France*, Librairie de Médicis, Paris, 1938.
MOCH J., *Rencontres avec Léon Blum*, Plon, Paris, 1970 ;
Le Front populaire, grande espérance, Perrin, Paris, 1971 ;
Naissance et croissance du Front populaire, Éditions du parti SFIO, Paris, 1966.
MONETA J., *Le PCF et la question coloniale, 1920-1965*, Maspero, Paris, 1971.
MONNATE P., *Syndicalisme et Révolution*, Maspero, Paris, 1968.
MOULIN L., *Jean Moulin*, Presse de la Cité, Paris, 1969.
MOUVEMENT FRANÇAIS POUR LE PLANNING FAMILIAL (MFPF), *D'une révolte à une lutte, 25 ans d'histoire du planning familial*, Tiercé, Paris, 1982.

NADEAU M., *Histoire du surréalisme*, Le Seuil, Paris, 1945.
NAVILLE P., *L'entre-deux-guerres, la lutte des classes en France (1926-1939)*, EDI, Paris, 1975.
NÈRE J., *La crise de 1929*, Armand Colin, Paris, 1969.
NICOLET C., *Le radicalisme*, PUF, Paris, 1967.
NIZAN P., *Les chiens de garde*, Rusler, Paris, 1932.
NOBÉCOURT J., *Une histoire politique de l'armée, de Pétain à Pétain, (1912-1942)*, Le Seuil, Paris, 1967.
NOGUÈRES H., *La vie quotidienne en France au temps du Front populaire*, Hachette, Paris, 1977.
NOIRIEL G., *Longwy, immigrés et prolétaires, 1880-1980*, PUF, Paris, 1981.
NOLTE E., *Le fascisme en son époque*, Julliard, Paris, 1970.
NOOMAN L.G., *Study of the Theory and Tactical Policy of the French Socialist Party SFIO (1920-1937)*, University of California, Berkeley, 1952.
NORDMANN J.T., *La France radicale*, Gallimard, Paris, 1977.

ORDIONI P., *Le pouvoir militaire en France*, Albatros, Paris, 1981.
ORY P., *Nizan*, Ramsay, Paris, 1980.

PAILLAT C., *Dossiers secrets de la France contemporaine*, t. III, Laffont, Paris, 1981.
PAUL-BONCOUR J., *Entre-deux-guerres*, t. II, Plon, Paris, 1946.

PIERRARD P., *L'Église et les ouvriers en France*, Hachette, Paris, 1984.
PIERRARD P., LAUNAY M., TREMPE R., *La JOC*, Éditions ouvrières, Paris, 1985.
PLUMUYÈRE J., LASIERA R., *Les fascismes français*, Le Seuil, Paris, 1963.
PRIGENT M., *Tanguy-Prigent*, t. I, Club socialiste du Livre, Paris, 1982.
PROST A., *L'enseignement en France, 1800-1967*, Armand Colin, Paris 1968 ;
La CGT à l'époque du Front populaire, FNSP, Paris, 1964 ;
Les anciens combattants et la société française, FNSP, Paris, 1977.

QUILLIOT R., CHAMBAZ J., *Le Front populaire, juin 36*, Édition du Burin, 1972.

RABAUT J., *Tout est possible*, Denoël, Paris, 1974.
RACINE N., BODIN L., *Le parti communiste français pendant l'entre-deux-guerres*, Armand Colin, Paris, 1972.
RAUDE E., PROUTEAU G., *Le message de Léo Lagrange*, La Compagnie du Livre, Paris, 1950.
RÉMOND R., *Les catholiques dans la France des années trente*, Cana, Paris, 1979 ;
Les catholiques, le communisme et les crises, 1929-1939, Armand Colin, Paris, 1960 ;
La droite en France de la restauration à la Ve République, t. I, Aubier, Paris, 1968 ;
Les droites en France, Aubier, Paris, 1982.
RENOUVIN P., *Histoire des relations internationales*, t. II, Hachette, Paris, 1958.
REYNAUD P., *Mémoires*, Flammarion, Paris, 1959.
RIOUX J.-P., *Révolutionnaires du Front populaire*, UGE, Paris, 1973.
ROBRIEUX P., *Maurice Thorez, vie secrète et vie publique*, Fayard, Paris, 1975 ;
Histoire intérieure du PCF, t. I, Fayard, Paris, 1980.
ROSSEL A., *Été 36, cent jours du Front populaire*, Éditions de la Courtille, Paris, 1976.
RUBY M., *La vie et l'œuvre de Jean Zay*, Gedalge, Paris, 1969.
RUDAUX P., *Les Croix-de-Feu et le PSF*, France-Empire, Paris, 1967.
RUEFF J., *Autobiographie*, Plon, Paris, 1977.

SADOUL G., *Histoire du cinéma*, Flammarion, Paris, 1962 ;
Le cinéma français, Flammarion, Paris, 1962.
SAUNIER J., *La synarchie*, Grasset, Paris, 1972.
SAUVY A., *Histoire économique de la France entre les deux guerres*, t. II, Fayard, Paris, 1967.
SCHOR R., *L'opinion publique et les étrangers en France pendant l'entre-deux-guerres*, Publications de la Sorbonne, Paris, 1986.
SIEGFRIED A., *Tableau des partis en France*, Grasset, Paris, 1930.
SOULIÉ M., *La vie politique d'Édouard Herriot*, Armand Colin, Paris, 1962.
SOWERVINE C., *Les femmes et le socialisme*, FNSP, Paris, 1978.

TALMY R., *Histoire du mouvement familial en France*, UNCAF, Paris, 1962.

THIRION H., *Révolutionnaires sans révolution*, Laffont, Paris, 1972.
THOMAS H., *La guerre d'Espagne*, Laffont, Paris, 1961.
THOREZ M., *Fils du peuple*, Éditions sociales, Paris, 1949.
TIERSKY R., *Le mouvement communiste en France, 1920-1972*, Fayard, Paris, 1973.
TILLON C., *On chantait rouge*, Laffont, Paris, 1977.
TOUCHARD J., *La gauche en France depuis 1900*, Le Seuil, Paris, 1977.
TOURNOUX J.-R., *L'histoire secrète*, Plon, Paris, 1962.
TROTSKY L., *Le mouvement communiste en France, 1919-1939*, Éditions de Minuit, Paris, 1967 ;
Où va la France ?, Quatrième Internationale, Paris, 1969 ;
Œuvres, EDI, Paris, 1978.

UNIR, *Histoire du PCF*, t. I, Éditions Verdad, Paris, 1964.

VALETTE G., BOUILLON J., *Munich 1938*, Kiosque, Paris, 1964.
VALLAT X., *Le nez de Cléopâtre*, Les 4 fils Aymont, Paris, 1957.
VAN DER MEERSCH M., *Pêcheur d'hommes*, Albin Michel, Paris, 1936.
VAN EFFENTERRE H., *Histoire du scoutisme*, PUF, Paris, 1961.
VARENNE C., *Le destin de Marcel Déat*, Jeanmaray, Paris, 1948.
VAUSSARD M., *Histoire de la démocratie chrétienne*, Le Seuil, Paris, 1956.
VERDIER R., *PS-PC*, Seghers, Paris, 1976.
VICHNIAC M., *Léon Blum*, Flammarion, Paris, 1937.
VIENOT A., *Pierre Viénot*, Lahure, Paris, 1949.
VIGNEAU A., ORLAND V., *Franc-Maçonnerie et Front populaire*, Éditions Boudinière, Paris, 1937.

WALTER G., *Histoire du PCF*, Somogry, Paris, 1948.
WEBER E., *L'Action française*, Stock, Paris, 1962.
WEIL S., *Écrits historiques et politiques*, Gallimard, Paris, 1960 ;
La condition ouvrière, Gallimard, Paris, 1951 ;
L'enracinement, Gallimard, Paris, 1949.
WILLARD C., *Socialisme et communisme français*, Armand Colin, Paris, 1967 ;
Quelques aspects du fascisme en France : le 6 février 1934, Éditions sociales, Paris, 1961.
WINOCK M., *Histoire politique de la revue « Esprit »*, Le Seuil, Paris, 1975.
WOLF P., *Doriot*, Fayard, Paris, 1969.

XXX (attribué à MOSSÉ Robert), *L'expérience Blum*, Éditions du Sagittaire, Paris, 1937.

ZAY J., *Souvenirs et Solitude*, Julliard, Paris, 1946.
ZELLER F., *Trois points c'est tout*, Laffont, Paris, 1976.
ZIEBURA G., *Léon Blum et le Parti socialiste, 1929-1934*, FNSP, Paris, 1967.
ZYROMSKI J., *Sur le chemin de l'unité*, Nouveau Prométhée, Paris, 1936.

Articles

ALLARD J.-M., EYMARD I., « Limoges au temps du Front populaire », *Les amis de Lastours*, n° 19, janvier-février 1984.

ANDERSON M., « The myth of the two hundred families », *Political Studies*, XIII, 2, Oxford, 1965.

BADIE B., « Les grèves du Front populaire aux usines Renault », *le Mouvement social*, décembre 1972.

BARTHONNAT J.-P., « Le parti communiste et les réfugiés d'Espagne en 1939 », *le Mouvement social*, avril-juin 1978.

BENDIT M., « Les grèves générales de novembre 1938 », *le Peuple français*, avril 1978.

BERGER D., « La révolution est-elle possible en France ? », *Critique communiste*, n° 13, mars 1977.

BERNARD-DUQUENET N., « Les débuts du syndicalisme au Sénégal au temps du Front populaire », *le Mouvement social*, n° 101, octobre-décembre 1971.

BOYER R., « Le taylorisme hier », colloque international sur *Le Taylorisme*, La Découverte, Paris, 1984, et document CEPREMAP, juin 1984.

BRUNET J.-P., « Réflexions sur la scission de Doriot », *le Mouvement social*, n° 70, janvier-mars 1970.

CARON-LEULLIEZ M., « Le mouvement de grèves de juin et juillet 1936 dans le Bas-Languedoc méditerranéen », colloque *Droite et Gauche en Languedoc-Roussillon*.

COGNIOT G., « La politique scolaire et culturelle du gouvernement Léon Blum », *Revue socialiste*, n° 12.

COHEN Y., « L'espace de l'organisateur : Ernest Mattern, 1906-1939 », *le Mouvement social*, n° 125, octobre-décembre 1983.

COQUART A., « Roger Salengro ou l'exercice du pouvoir », *Revue socialiste*, 1936.

COQUERY-VIDROVITCH C., « Colonisation ou impérialisme, la politique africaine de la France entre les deux guerres », *le Mouvement social*, n° 107, avril-juin 1979.

DELPLA F., « Les communistes français et la sexualité, 1932-1938 », *le Mouvement social*, n° 91, avril-juin 1975.

DREYFUS M., « Des femmes trotskystes et pacifistes sous le Front populaire », *Cahiers Léon Trotsky*, n° 9, janvier 1982 ;

« Bureau de Paris et Bureau de Londres, le socialisme de gauche en Europe entre les deux guerres », *le Mouvement social*, n° 112, septembre-octobre 1980.

DUPEUX G., « L'échec du premier gouvernement Léon Blum », *Revue d'histoire moderne et contemporaine*, X, janvier-mars 1963.

FERRAT A., « Monsieur Fauvet saisi par la légende », *Preuves*, février 1965.

FEVRE B., « Histoire de la CFTC à Nantes avant 1939 », *Cahiers du Lersco*, n° 4, septembre 1982.
FUSS H., « Le chômage et le placement des femmes », *Revue internationale du travail*, vol. XXXI, n° 4, avril 1935.

GABILLARD P., « Les viticulteurs angevins et le mouvement Croix-de-Feu PSF (1935-1939) », *Annales de Bretagne*.
GAUDIBERT P., « Front populaire et Arts plastiques », *Politique aujourd'hui*, octobre-décembre 1974.
GUÉRIN D., « Le Front populaire et la décolonisation », *France Observateur*, 30 mai 1963.
GUILLON J.-M., « Luttes paysannes 1937 : grèves d'ouvriers agricoles dans le Var », *le Peuple français*, n° 12, 1979.

HAINSWORTH, « Les grèves du Front populaire de mai et juin 36 », *le Mouvement social*, n° 96, juillet-septembre 1936.
HARDY-HÉMERY O., « Rationalisation technique et rationalisation du travail à la compagnie des mines d'Anzin, 1927-1938 », *le Mouvement social*, juillet-septembre 1970.
HÉMERY D., « Pouvoir colonial et phénomène communiste en Indochine avant la Seconde Guerre mondiale », *le Mouvement social*, n° 101, octobre-décembre 1977.

JOUBERT J.-P., « Trotsky et le Front populaire », *Cahiers Léon Trotsky*, n° 9, janvier 1982.

KAYSER S., « Souvenirs d'un militant, 1934-1939 », *Cahiers de la République*, n° 12, mars-avril 1958, octobre-décembre 1982.
KOLBOOM I., « Patronat et cadres : la contribution patronale à la formation du groupe des cadres », *le Mouvement social*, n° 121, octobre-novembre 1982.
KRIEGEL A., « Les effectifs du PC sous la IIIe République », *Revue française de science politique*, février 1966.
KUISEL R.F., « Technocrats and public economic policy : from the 3rd to the 4th republic », *Journal of European Economic History*, 1973 ;
« Auguste Detœuf, conscience of French industry : 1926-1947 », *International Review of Social History*, n° 2, 1975.

LAVAU G., « Destin des radicaux », *les Temps modernes*, mai-juin 1955.
LAZITCH B., « Le Komintern et le Front populaire », *Contrepoint*, 1971.
LÉVY-LEBOYER M., « Le patronat français a-t-il été malthusien ? », *le Mouvement social*, n° 88, juillet-septembre 1974.
LHOMME J., « Le pouvoir d'achat de l'ouvrier français, 1840-1940 », *le Mouvement social*, n° 63, avril-juin 1968.
LHUILLIER F., « Remarques sur les grèves de 1920 et de 1936 en Alsace », *Bulletin de la Société d'histoire moderne*, XVe série, n° 3, 1972.

MACHEFER P., « La doctrine algérienne du PSF », *Revue d'histoire moderne et contemporaine*, t. X, avril-juin 1963 ;
« L'union des droites, le PSF et le Front de la Liberté », *Revue d'histoire moderne et contemporaine*, janvier-mars 1970 ;

« Les Croix-de-Feu 1927-1936 », *Informations historiques*, janvier 1972 ;
« Le PSF en 1936-1937 », *Informations historiques*, mars-avril 1972 ;
« Les syndicats professionnels français », *le Mouvement social*, n° 119, avril-juin 1982.

MARGAIRAZ M., « Les socialistes face à l'économie et à la société en juin 1936 », *le Mouvement social*, n° 93, octobre-décembre 1975.

MASSARD M., « Syndicalisme et milieu social », *le Mouvement social*, n° 99.

MOUTET A., « La rationalisation dans les mines du Nord de la France à l'épreuve du Front populaire », *le Mouvement social*, mars 1986.

NOUSCHI M., « Georges Boris, analyste de la crise économique », *le Mouvement social*, n° 115.

OLIVESI A., « Le Front populaire à Marseille d'après un sondage d'opinion (1935-1936) », *Provence historique*, janvier-mars et juillet-septembre 1967.

ORY P., « Le dorgérisme, institutions et discours d'une colère paysanne », *Revue d'histoire moderne et contemporaine*, t. XXII, avril-juin 1975 ;
« De Ciné-Liberté à la Marseillaise », *le Mouvement social*, n° 91, avril-juin 1975 ;
« La politique culturelle du premier gouvernement Blum », *Revue socialiste*, n° 12-13.

PERSON Y., « Le Front populaire au Sénégal », *le Mouvement social*, n° 107, octobre-décembre 1980.

PROST A., « L'évolution des effectifs syndicaux en France de 1926 à 1939 », *Bulletin de la Société d'histoire moderne*, n° 3, 1964.
« L'évolution de la politique familiale en France de 1938 à 1981 », *le Mouvement social*, n° 129, octobre-décembre 1984.

RACINE-FURLAUD N., « Le Comité de vigilance des intellectuels antifascistes, 1934-1939 », *le Mouvement social*, n° 101, octobre-décembre 1977.

RACINE N., « L'Association des écrivains et artistes révolutionnaires », *le Mouvement social*, n° 54, janv.-mars 1966.

RAGACHE G., « Les grèves d'ouvriers agricoles, été 1936 », *le Peuple français*, n° X, 1978.

RAMADIER P., « Les origines des grèves de mai et juin 1938 », *Revue socialiste*, mai 1957.

RÉMOND R., « Les catholiques et le Front populaire », *Archives de sociologie des religions*, n° 10, 1960 ;
« Les anciens combattants et la politique », *Revue française de science politique*, avril-juin 1955.

RIOUX J.-P., « Les socialistes dans l'entreprise au temps du Front populaire : quelques remarques sur les amicales socialistes (1936-1939) », *le Mouvement social*, n° 106, janvier-mars 1979.

ROGLIANO M.F., « L'anticommunisme dans la CGT : Syndicats », *le Mouvement social*, n° 87, avril-juin 1974.

ROUS J., « Notes d'un militant », *Esprit*, mai 1956.

SCHOR R., « Le Front populaire et les étrangers en France, une espérance déçue », *Recherches sur les migrations internationales*, 1981.
SCHWART S., « Les occupations d'usine en France de mai et juin 136 », *International Review for Social History*, 1937.
SCHWEITZER T., « Le Parti communiste français, le Komintern et l'Algérie dans les années 30 », *le Mouvement social*, n° 178, janvier 1972.
SEIDMANN M., « The birth of the week-end », *French Historical Studies*, vol. XIII, n° 2, 1981.
SERAMPUY B., « Le comportement du patronat français », *Esprit*, VI, 1938 ;
« Le parti radical-socialiste », *Esprit*, 1939.
SHORTER E., TILLY C., « Les vagues de grèves en France, 1890-1968 », *Annales*, juillet-août 1973.

WAHL A., « Les députés SFIO de 1924 à 1940. Essai de sociologie », *le Mouvement social*, n° 106, janv. 1979.
WAHL I., « The resignation of the first popular front government of Léon Blum », *French Historical Studies*, 1970.
« French Socialism and the popular front », *Journal of Contemporary History*, 1970.
WERNER F., « L'évolution du travail ménager et son écho dans la presse féminine française de 1919 à 1939 », *le Mouvement social*, n° 129, octobre-décembre 1984.
WERNER A., « Le mouvement "jeunes turcs", phénomène radical d'entre les deux guerres », *Cahiers de la République*, n° 2, 1956.
WINOCK M., « *Gilles*, de Drieu La Rochelle », *le Mouvement social*, n° 80, juillet-septembre 1972.

Numéros spéciaux consacrés au Front populaire :

Le Mouvement social, n° 54, janvier-mars 1966.
Critique communiste, numéro hors-série, été 1982.

Travaux universitaires

ARCHIMBAULT A., *Aspects politiques des jeux Olympiques de Berlin* (1936), mémoire de maîtrise, 1972.
ASSELAIN J.-C., *La loi des 40 heures et les conséquences de son application*, DES, Paris-I, 1965.
ATTIAS E., *Les trotskystes en France sous le Front populaire*, mémoire de maîtrise, Paris-I, 1982.
AVIGNON D., *La répression de la grève générale du 30 novembre 1938 à travers la presse*, maîtrise, Paris-VII, 1975.

BADIE B., *Le Parti communiste français et la grève*, thèse de doctorat, IEP, 1974.

BENNALÈGUE N., *CGT, CGTU et les étrangers en France*, maîtrise Paris-I, 1970.
BERNARD J.-P., *Le Parti communiste et la question littéraire, 1921-1939*, mémoire IEP, Grenoble, 1972.
BIRGI P., *Femmes salariées, syndicalisme et grèves de mai-juin 36 en France*, mémoire ISST, 1969.
BLAIN M., *Un expert des idées patronales dans l'entre-deux-guerres : A. Detœuf*, mémoire de maîtrise, Paris-X, 1972.
BONNET J.-P., *La réunification syndicale de 1936*, DES, Paris-I, 1958.
BONNOT F., PISAND J., LAGAIZE M., *Recherche des attitudes culturelles dans* Monde, Europe, Vendredi, DES, Paris-I, 1969.
BRAUN D., *La politique du sport de la France entre les deux guerres*, thèse de 3e cycle, 1977.
BROT M., *Le Front populaire dans les Alpes-Maritimes*, mémoire de maîtrise, Nice, 1983.
BUFFOTON P., *Le PS et la Défense nationale (1921-1936)*, mémoire de maîtrise, Nanterre, 1974.
BUZON N. de, *Le PCF et l'histoire nationale (1933-1939)*, mémoire de maîtrise, Paris-VIII, 1979.

CAHIER F., *La classe ouvrière havraise et le Front populaire, 1934-1938*, mémoire de maîtrise, Paris-I, 1972.
CANDILLE D., *Le Front populaire dans la vallée de la Meuse, 1930-1937*, mémoire de maîtrise, Paris-I, 1973.
CARON M., *Le Front populaire dans le Bas-Languedoc et le Roussillon*, thèse de 3e cycle, Montpellier, 1972.
CHATAIGNIER A., *Ludovic Zoretti et l'éducation ouvrière dans l'entre-deux-guerres*, mémoire de maîtrise, Paris-I, 1971.
CHAUBET F., *Marcel Déat et la SFIO, 1926-1933*, mémoire de maîtrise, Paris-I, 1981.
CHAUDEURGE E., *Les paysans et le Front populaire dans l'Orne*, mémoire de maîtrise, Paris-I, 1971.
CHERES A.-M., *Vision du communisme dans* le Populaire, *mai 1932-juillet 1934*, mémoire de maîtrise, Paris-I, 1971.
CHOUVEL A.-M., *Croix-de-Feu et PSF en Haute-Vienne*, mémoire de maîtrise, Nanterre, 1971.
CHUSSEAU Y., *Le mouvement ouvrier à Nantes de 1936 à 1939*, mémoire de maîtrise, Nantes, 1977.
CORBIER M., *La SFIO à travers* l'Humanité *de 1932 à juillet 1934*, mémoire de maîtrise, Paris-I, 1971.
CORBIN A., *Prélude au Front populaire : étude de l'opinion publique dans le département de la Haute-Vienne (février 1934-mai 1936)*, thèse de 3e cycle, Poitiers, 1968.
CORTES L., *Une expérience de théâtre populaire, la Compagnie Proscénium, 1929-1939*, mémoire de maîtrise, Paris-I, 1972.
COTTA M., *Le Frontisme et la Flèche de 1934 à 1936*, mémoire IEP, 1959.
COUDENEC C., JOUBERT J.-P., REVOL R., *Trotsky, l'opposition de gauche et le GBL*, mémoire IEP, Grenoble, 1968.
COUTEAUX M., *Les femmes et les grèves de 1936, l'exemple des grands magasins*, mémoire de maîtrise, Paris-VIII, 1975.
COUTROT A., *Un courant de la pensée catholique, l'hebdomadaire* Sept, thèse de doctorat de recherche, Paris, 1960.

COX V., *Le mouvement pour le suffrage féminin pendant l'entre-deux-guerres*, mémoire de maîtrise, Paris-X, 1982.

DAUGER G., *Aux origines du Front populaire dans la Creuse*, thèse de 3e cycle, Paris-I, 1983.
DAUMAS J.-C., *Le Pacte d'unité d'action*, mémoire de maîtrise, Paris-I, 1972.
DAVET T., *Du sport rouge au sport populaire en France de 1919 à 1939*, mémoire de maîtrise, Paris-I, 1972.
DEFER C.A., *La fédération du bâtiment CGT au moment du Front populaire (1936-1938)*, mémoire de maîtrise, Paris-I, 1971.
DELAGE C., *Le cinéma à l'époque du Front populaire, 1936-1938*, mémoire de maîtrise, Paris-I, 1977.
DENIS-MORILLON A., *La femme et le syndicalisme dans la fédération CGT de l'habillement (1936-1946)*, mémoire de maîtrise, Paris-I, 1981.
DEPRETTO J.-P., *Les communistes et les usines Renault de Billancourt, 1920-1936*, mémoire de maîtrise, Paris-IV, 1977.
DESAINT C., *Attitudes et modèles culturels à travers* le Populaire *de Paris, 1929-1930*, mémoire de maîtrise, Paris-I, 1971.
DESTREBECQ, *Le rôle du Parti communiste au Parlement sous le Front populaire*, mémoire de maîtrise, Paris-I, 1968.
DREYFUS F., *Les élections législatives en Alsace de 1919 à 1936*, mémoire de maîtrise, Paris-I, 1968.
DUJARDIN-THOUMIN R., *Le Parti démocratique populaire dans le Nord, 1934-1939*, mémoire de maîtrise, Lille, 1974.
DULOUP Y., *Les liens de la JOC et du syndicat CFTC dans les années trente*, mémoire de maîtrise, Paris-I, 1983.
DUMONT M., RICHARD G., VIRIEUX D., *La chanson à succès dans les années 1930 à Paris*, mémoire de maîtrise, Paris-I, 1977.
DURUPT M.-J., *Les mouvements d'action catholique, facteurs d'évolution du milieu rural*, thèse de 3e cycle, Sorbonne, 1963.
DUWER T., FAVIER V., *Les problèmes des travailleurs immigrés en France de 1931 à 1936 vus à travers la presse*, mémoire de maîtrise, Paris-I, 1972.

GARCIA F., *La presse devant les grèves (août 1936-septembre 1939)*, mémoire de maîtrise, Paris-VIII, 1980.
GAUDU F., *Le PCF et la Défense nationale. Ses rapports avec l'Internationale sur ce point (1930-1940)*, mémoire de maîtrise, Paris-VII, 1975.
GAULTIER M., *Le Front populaire dans le département du Cher*, mémoire de maîtrise, Tours, 1972.
GELLY J.F., *Recherche sur les problèmes de l'unité organique du PCF et de la SFIO (1934-1937)*, mémoire de maîtrise, Paris-I, 1974.
GEORGI F., *La première Bataille socialiste, histoire et portrait d'une tendance dans le Parti socialiste SFIO*, mémoire de maîtrise, Paris-I, 1983.
GIRAULT J.-M., *L'antimilitarisme communiste dans les archives de l'Institut Maurice Thorez, 1925-1930*, mémoire de maîtrise, Paris-VIII, 1979.
GUÉGAN F., *Le PCF, la SFIO et le mouvement paysan et ouvrier de 1930 à 1939 dans les Côtes-du-Nord*, mémoire de maîtrise.
GIRARD P., *Léon Blum et la guerre d'Espagne*,

GUILLAUME M., *Le cinéma à l'époque du Front populaire*, thèse de 3e cycle, Aix-en-Provence, 1973.
GUIGNARD-PERREIN L., *Les Faucons rouges, 1932-1950*, thèse de 3e cycle, Paris-X, 1982.
GUIOMAR J.-Y., *Étude des relations entre les mouvements régionalistes, fédéralistes et autonomistes, et les partis français de gauche entre 1919 et 1939*, mémoire de maîtrise, Paris-I.
GUMPLOWICZ P., *Le PSOP*, mémoire de maîtrise, Paris-I, 1972.

HANEN P., *Le Parti communiste et la SFIO pendant le Front populaire en Basse et Moyenne-Corrèze*, mémoire de maîtrise, Paris-I, 1975.
HELLER L., *Histoire des Auberges de jeunesse*, doctorat d'État, Nice, 1984.
HOUDART P., *Les conséquences socio-politiques de la crise économique en France de 1936 à 1938, vues par la presse de gauche*, mémoire de maîtrise, Paris-I, 1978.
HUMBERT J.-L., *Les tendances à l'intérieur du PS du lendemain de la scission néo aux élections de 1936*, DES, Sorbonne, 1958.

JOSSERAN H., *Marcel Déat et les néo-socialistes*, mémoire IEP.
JOSPIN S., *La CGTSR à travers son journal,* le Combat syndicaliste, *1926-1937*, mémoire de maîtrise, Paris-I, 1974.

LABAT D., *Une tendance du Parti socialiste, la Gauche révolutionnaire*, mémoire de maîtrise, Paris-X, 1974.
LABROUSSE M., *La vie politique dans la Vienne de 1919 à 1939*, thèse de 3e cycle, Nanterre, 1972.
LANCHON Y., *L'action antimilitariste du PC et de la JC, 1928-1935*, mémoire de maîtrise, Paris-I, 1975.
LAPLACE S., Marianne et Vendredi, *deux hebdos de gauche à l'époque du Front populaire*, mémoire de maîtrise, Paris-I, 1978.
LASNE S., *L'insulte politique dans* le Populaire *et* l'Humanité *(1934-1936)*, mémoire de maîtrise, Paris-I, 1978.
LAUNAY M., *La CFTC*, doctorat d'État, Paris-I, 1980.
LEMARCHAND G., *Le Front populaire à Caen, 1934-1936*, mémoire de maîtrise, Caen, 1961.

MARKOVITZ L., *Le Parti communiste et la question coloniale du Rif au Front populaire, 1925-1936*, mémoire de maîtrise, Paris-I, 1973.
MASSE C., *La CGT à travers son quotidien* le Peuple *(1934-1936)*, mémoire de maîtrise, Paris-I, 1973.
MATHIEU S.L., *Essai sur Jacques Doriot et le PPF*, mémoire IEP.
MATUSIAK L., *Le SNI et le Front populaire*, mémoire de maîtrise, Paris-I, 1970.
MAUCO G., *Les étrangers en France*, thèse d'État, Institut de géographie, 1983.
MAYET C., *Le PCF et les catholiques, 1933-1939*, mémoire de maîtrise, Paris-I, 1975.
MAZABRAUD F., *Les grèves de 1936 en Haute-Vienne*, mémoire de maîtrise, Paris-I, 1980.
MÉLINAND C., *Pivertistes et trotskystes*, mémoire de maîtrise, Paris-I.

MOINE J.-M., *Le mouvement socialiste en Meurthe-et-Moselle sous la IIIe République*, mémoire de maîtrise, Nancy.

NARRAUD A., *L'Office du blé*, thèse de droit, Grenoble, 1938.

ORY P., *Dorgères et le dorgérisme*, mémoire de maîtrise, Nanterre, 1970.

PATE C., *La représentation de la guerre d'Espagne, 1936-1939 à travers les actualités cinématographiques françaises Gaumont et Éclair*, mémoire de maîtrise, Paris-I, 1982.
PENNETIER A.M. et C., *Influence et implantation de la Fédération communiste du Cher*, mémoire de maîtrise, Paris-I, 1970.
PESCHANSKI D., *Discours communiste et grand tournant, étude du vocabulaire de* l'Humanité, *1934-1936*, thèse de 3e cycle, Paris-I, 1981.
PINER G., *Le PCF et la Nation, 1936-1939*, mémoire de maîtrise, Paris-I, 1971.
PRAGER J., *La Fédération de la Seine de la JS entre 1934 et 1939*, mémoire de maîtrise, Paris-I, 1972.
PRODHOMME G., *La JOC et l'action syndicale (1927-1939)*, mémoire de maîtrise, Paris-I, 1975.
PRÉVOST F., *L'opinion française après la conférence de Munich*, mémoire de maîtrise, 1967.
PREVOSTO J., *Le PSF dans le Nord*, mémoire de maîtrise, Nanterre, 1971.
POCH M., *Le groupe Octobre, expérience de théâtre politique*, mémoire de maîtrise, Paris, 1970.

RHEIN C., *Jeunes femmes au travail dans le Paris de l'entre-deux-guerres*, mémoire de maîtrise, Paris-VII, 1977.
RICHET A., ROCHET C., *Mouvements fascistes français et riposte populaire, dans la presse communiste*, mémoire de maîtrise, Paris-I, 1972.
ROGER P., *La presse et la chute du gouvernement Blum*, mémoire de maîtrise, Paris-X, 1973.
ROLLAND F., *La SFIO et le Front unique, vus à travers* l'Humanité, mémoire de maîtrise, Paris-I, 1979.

SCHWEITZER T.A., *The French Communist Party and the Colonial Question, 1928-1939*, DMA, University of Wisconsin, 1968.
SCOFFHAM L., *Les problèmes de l'art prolétarien et de la culture prolétarienne à travers* Commune, *revue de l'AER, 1933-1935*, mémoire de maîtrise, Paris-VIII, 1972.
SENECAL D., *Le mouvement ouvrier en Indre-et-Loire, 1919-1939*, mémoire de maîtrise, Paris-I, 1974.
SEVOZ M.-F., Syndicats, *hebdomadaire du monde du travail (1936-1940)*, mémoire de maîtrise, Paris-I, 1970.
STEPHANY D., *Le personnel de la CGT de 1936 à 1939*, mémoire de maîtrise, Paris-I, 1973.
STORA B., *Messali Hadj*, thèse de 3e cycle, EHESS, 1978.

THEBAUD F., *Donner la vie, histoire de la maternité en France entre les deux guerres*, thèse de 3e cycle, Paris-VII, 1982.
TOURNAYRE V., GLEIZE J., *Renaud-Jean et le syndicalisme de classe à la campagne*, mémoire de maîtrise, Paris-I, 1974.

TRANSBERGER G., *La contre-offensive patronale de 1936 à 1938 : le patronat catholique*, mémoire de maîtrise, Paris-I, 1971.
TRIMOUILLE P., *Les syndicats chrétiens dans la métallurgie française de 1935 à 1939*, DES, Paris, 1949.
TRUFFIN D., *La SFIO dans le Nord de 1936 à 1939*, mémoire de maîtrise, Lille, 1974.

VANACKER F., *Le mouvement anarchiste à travers* le Libertaire *(1934-1939)*, mémoire de maîtrise, Paris-I, 1971.
VIETZ S., *De la naissance du GBL à la crise de la LCI*, mémoire de maîtrise, Paris-I, 1974.

ZEJGMAN M., *PCF, CGTU, MOI, les Juifs communistes dans la région parisienne entre les deux guerres mondiales*, mémoire de maîtrise, Paris-I, 1978.

Index géographique

1. Par villes

2. Par départements

Index des noms

Table

Dans la même collection

Littérature et voyages

Fadhma Amrouche, *Histoire de ma vie.*

Taos Amrouche, Le grain magique.

Ibn Batûtta, Voyages (3 tomes).

Louis-Antoine de Bougainville, Voyage autour du monde.

René Caillié, Voyage à Tombouctou (2 tomes).

Christophe Colomb, *La découverte de l'Amérique. Journal de bord et autres écrits, 1492-1493* (tome 1).

Christophe Colomb, *La découverte de l'Amérique. Relations de voyage et autres écrits, 1494-1505* (tome 2).

James Cook, Relations de voyages autour du monde.

Hernan Cortés, La Conquête du Mexique.

Bernal Díaz del Castillo, *Histoire véridique de la conquête de la Nouvelle-Espagne* (2 tomes).

Charles Darwin, *Voyage d'un naturaliste autour du monde.*

Charles-Marie de La Condamine, Voyage sur l'Amazone.

Homère, L'Odyssée.

Jean-François de Lapérouse, Voyage autour du monde sur l'Astrolabe et *la* Boussole.

Bartolomé de Las Casas, Très brève relation de la destruction des Indes.

Louis-Sébastien Mercier, L'an 2440, rêve s'il en fut jamais.

Louis-Sébastien Mercier, Le tableau de Paris.

Louise Michel, La Commune, histoire et souvenirs.

Martin Nadaud, Léonard, maçon de la Creuse.

Paul Nizan, Aden Arabie.

Mongo Park, Voyage dans l'intérieur de l'Afrique.

Lady M. Montagu, L'islam au péril des femmes.

Marco Polo, Le devisement du monde, le livre des merveilles (2 tomes).

Victor Serge, *Les Années sans pardon.*

Horace Benedict de Saussure, Premières ascensions au Mont-Blanc, 1774-1787.

Mémoires de Géronimo.

Victor Serge, *Les Années sans pardon.*

Victor Serge, *Le Tropique et le Nord.*

Inca Garcilaso de la Vega, *Commentaires royaux sur le Pérou des Incas* (3 tomes).

Essais

Mumia Abu-Jamal, Condamné au silence.

Mumia Abu-Jamal, En direct du couloir de la mort.

Lounis Aggoun et Jean-Baptiste Rivoire, *Françalgérie, crimes et mensonges d'États.*

Fadela Amara, Ni putes ni soumises.

Michel Authier et Pierre Lévy, Les arbres de connaissances.

Étienne Balibar, *L'Europe, l'Amérique, la guerre.*

Louis Barthas, Les carnets de guerre de Louis Barthas, tonnelier, 1914-1918.

Nicolas Beau et Jean-Pierre Tuquoi, *Notre ami Ben Ali.*

Michel Beaud, Le basculement du monde.

Stéphane Beaud et Younès Amrani, « Pays de malheur ! ».

Sophie Bessis, L'Occident et les autres.

Paul Blanquart, Une histoire de la ville.

Augusto Boal, Jeux pour acteurs et non-acteurs.

Augusto Boal, Théâtre de l'opprimé.

Lucian Boia, La fin du monde.

Philippe Breton, L'utopie de la communication.

François Burgat, L'islamisme en face.

Ernesto Che Guevara, Journal de Bolivie.

François Chobeaux, *Les nomades du vide.*

La Découverte/Poche

La Découverte/Poche

Denis Clerc, Déchiffrer l'économie.
Daniel Cohn-Bendit, Une envie de politique.
Sonia Combe, *Archives interdites.*
Georges Corm, *Le Liban contemporain.*
Georges Corm, *Orient-Occident, La fracture imaginaire.*
Adam Czerniaków, *Carnets du ghetto de Varsovie.*
Denis Duclos, *Le complexe du loup-garou.*
Alfred Dreyfus, *Cinq années de ma vie.*
Les Éconoclastes, *Petit bréviaire des idées reçues en économie.*
Guillaume Erner, *Victimes de la mode ?*
Frantz Fanon, Les damnés de la terre.
Gustave Folcher, Les carnets de guerre de Gustave Folcher, paysan languedocien, 1939-1945.
Daniel Guérin, Ni Dieu ni Maître (2 tomes).
Roger-Henri Guerrand, L'aventure du métropolitain.
Roger-Henri Guerrand, Les lieux.
Jean Guisnel, Guerres dans le cyberespace.
Jean Guisnel, Libération, *la biographie.*
Theodor Herzl, *L'État des Juifs.*
Rudolf Hoess, *Le commandant d'Auschwitz parle.*
Alain Joxe, *L'empire du chaos.*
Yazid Kherfi, Véronique Le Goaziou, Repris de justesse.
Joseph Klatzmann, Attention statistiques !
Paul R. Krugman, La mondialisation n'est pas coupable.
Bernard Lahire (dir.), *À quoi sert la sociologie ?*
Pierre Larrouturou, Pour la semaine de quatre jours.
Serge Latouche, *L'occidentalisation du monde.*
Christian Laval, *L'école n'est pas une entreprise.*
Jean-Pierre Le Goff, *Les illusions du management.*
Jean-Pierre Le Goff, *Mai 68, l'héritage impossible.*
Pierre Lévy, L'intelligence collective.
Pierre Lévy, Qu'est-ce que le virtuel ?
Paul Lidsky, Les écrivains contre la Commune.
André L'Hénoret, Le clou qui dépasse.
Alain Lipietz, La société en sablier.
Gilles Manceron, Marianne et les colonies.
Ernest Mandel, *La pensée politique de Léon Trotsky.*
Charles-Albert Michalet, *Qu'est-ce que la mondialisation ?*
Alexander S. Neill, *Libres enfants de Summerhill.*
Sven Ortoli et Jean-Pierre Pharabod, Le cantique des quantiques, le monde existe-t-il ?
Daya Pawar, Ma vie d'intouchable.
Paulette Péju, *Ratonnades à Paris.*
Philippe Pignarre, *Le grand secret de l'industrie pharmaceutique.*
Bernard Poulet, *Le pouvoir du* Monde.
Michel de Pracontal, *L'imposture scientifique en dix leçons.*
Jeremy Rifkin, *L'âge de l'accès.*
Jeremy Rifkin, La fin du travail.
Charles Rojzman, *Savoir vivre ensemble.*
Bertrand Schwartz, Moderniser sans exclure.
Armartya Sen, L'économie est une science morale.
Victor Serge, L'an I de la révolution russe.
Victor Serge, *Vie et mort de Léon Trotsky.*
Maryse Souchard, Stéphane Wahnich, Isabelle Cuminal, Virginie Wathier, Le Pen, les mots.
Isabelle Stengers, Sciences et pouvoirs.
Benjamin Stora, Imaginaires de guerre.
Benjamin Stora, La gangrène et l'oubli.
Charles Szlakmann, Le judaïsme pour débutants (2 tomes).
Pierre Vermeren, Le Maroc en transition.
Pierre Vidal-Naquet, *Algérie : les crimes de l'armée française.*
Pierre Vidal-Naquet, *Les assassins de la mémoire.*
Michel Wieviorka, Le racisme, une introduction.
Michel Wieviorka, Une société fragmentée ?

Sciences humaines et sociales

Louis Althusser, *Pour Marx.*

Jean-Loup Amselle et Elikia M'Bokolo, *Au cœur de l'ethnie.*

Benedict Anderson, *L'imaginaire national.*

Paul Bairoch, *Mythes et paradoxes de l'histoire économique.*

Étienne Balibar, *L'Europe, l'Amérique, la guerre.*

Étienne Balibar et Immanuel Wallerstein, *Race, nation, classe.*

Stéphane Beaud, *80 % au bac... et après ?*

Jean-Jacques Becker et Gilles Candar, *Histoire des gauches en France* (2 volumes).

Miguel Benasayag, *Le mythe de l'individu.*

Miguel Benasayag et Gérard Schmit, *Les passions tristes.*

Yves Benot, *La démence coloniale sous Napoléon.*

Yves Benot, *Massacres coloniaux 1944-1950.*

Yves Benot, *La Révolution française et la fin des colonies.*

Bernadette Bensaude-Vincent et Isabelle Stengers, *Histoire de la chimie.*

Pascal Blanchard *et al.*, *Zoos humains.*

Philippe Breton, *La parole manipulée.*

François Chast, *Histoire contemporaine des médicaments.*

Jean-Michel Chaumont, *La concurrence des victimes.*

Yves Clot, *Le travail sans l'homme ?*

Serge Cordellier (dir.), *La mondialisation au-delà des mythes.*

Georges Corm, *L'Europe et l'Orient.*

François Cusset, *French Theory.*

Mike Davis, *City of Quartz. Los Angeles, capitale du futur.*

Alain Desrosières, *La politique des grands nombres.*

François Dosse, *L'histoire en miettes.*

François Dosse, *L'empire du sens.*

François Dosse, *Paul Ricœur.*

Mary Douglas, *Comment pensent les institutions.*

Mary Douglas, *De la souillure.*

Florence Dupont, *L'invention de la littérature.*

Jean-Pierre Dupuy, *Aux origines des sciences cognitives.*

Abdou Filali-Ansary, *Réformer l'islam ?*

Patrice Flichy, *Une histoire de la communication moderne.*

François Frontisi-Ducroux, *Dédale.*

Yvon Garlan, *Guerre et économie en Grèce ancienne.*

Peter Garnsey et Richard Saller, *L'Empire romain.*

Jacques T. Godbout, *L'esprit du don.*

Olivier Godechot, *Les Traders.*

Nilüfer Göle, *Musulmanes et modernes.*

Jack Goody, *L'islam en Europe.*

Anne Grynberg, *Les camps de la honte.*

E.J. Hobsbawm, *Les bandits.*

Jacques Kergoat, *La France du Front populaire.*

Will Kymlicka, *Les théories de la justice. Une introduction.*

Camille Lacoste-Dujardin, *Des mères contre les femmes.*

Yves Lacoste, *Ibn Khaldoun.*

Bernard Lahire, *L'invention de l'« illettrisme ».*

Bernard Lahire (dir.), *Le travail sociologique de Pierre Bourdieu.*

Bruno Latour, *La fabrique du droit.*

Bruno Latour, *La science en action.*

Bruno Latour, *Nous n'avons jamais été modernes.*

Bruno Latour, *Pasteur : guerre et paix des microbes.*

Bruno Latour, *Politiques de la nature.*

Bruno Latour et Steve Woolgar, *La vie de laboratoire.*

Bernard Lehmann, *L'Orchestre dans tous ses éclats.*

Prosper-Olivier Lissagaray, *Histoire de la Commune de 1871.*

Geoffrey E.R. Lloyd, *Pour en finir avec les mentalités.*

Georg Lukacs, *Balzac et le réalisme français.*

Armand Mattelart, *La communication-monde : histoire des idées et des stratégies.*

Armand Mattelart, *Histoire de l'utopie planétaire.*

La Découverte/Poche

Armand Mattelart, *L'invention de la communication.*

John Stuart Mill, *La nature.*

Arno Mayer, *La « solution finale » dans l'histoire.*

Gérard Mendel, *La psychanalyse revisitée.*

Annick Ohayon, *Psychologie et psychanalyse en France.*

François Ost, *La nature hors la loi.*

Bernard Poulet, *Le pouvoir du Monde.*

Élisée Reclus, *L'homme et la Terre.*

Roselyne Rey, *Histoire de la douleur.*

Maxime Rodinson, *La fascination de l'islam.*

Maxime Rodinson, *Peuple juif ou problème juif ?*

Richard E. Rubenstein, *Le jour où Jésus devint Dieu.*

André Sellier, *Histoire du camp de Dora.*

Jean-Charles Sournia, *Histoire de la médecine.*

Isabelle Stengers, *Cosmopolitiques* (2 tomes).

Francisco Varela, *Quel savoir pour l'éthique ?*

Francisco Vergara, *Les fondements philosophiques du libéralisme.*

Jean-Pierre Vernant, *Mythe et pensée chez les Grecs.*

Jean-Pierre Vernant, *Mythe et société en Grèce ancienne.*

Jean-Pierre Vernant, Pierre Vidal-Naquet, *Mythe et tragédie en Grèce ancienne* (2 tomes).

Pierre Vidal-Naquet, *Le chasseur noir.*

Michel Vovelle, *Les Jacobins.*

Max Weber, *Économie et société dans l'Antiquité.*

Max Weber, *Le savant et le politique.*

William Foote Whyte, *Street Corner Society.*

C. Wright Mills, *L'imagination sociologique.*

État du monde

L'État du monde en 1945.

États-Unis, peuple et culture.

Rochdy Alili, *Qu'est-ce que l'islam ?*

Bertrand Badie (dir.), *Qui a peur du XXIe siècle ?*

Marc Ferro et Marie-Hélène Mandrillon (dir.), *Russie, peuples et civilisations.*

Anne-Marie Le Gloannec (dir.), *Allemagne, peuple et culture.*

Pierre Gentelle (dir.), *Chine, peuples et civilisation.*

Camille et Yves Lacoste (dir.), *Maghreb, peuples et civilisations.*

Jean-François Sabouret (dir.), *Japon, peuple et civilisation.*

François Sirel, Serge Cordellier et *al. Chronologie du monde au 20e siècle.*

La Découverte/Poche

BUSSIÈRE
GROUPE CPI

Impression réalisée par Bussière
à Saint-Amand-Montrond (Cher)
Dépôt légal : avril 2006.
N° d'impression : 061310/1.
Imprimé en France